독도 영유권 확립을 위한 연구 Ⅲ

영남대학교 독도연구소 엮음

景仁文化社

* 이 책은 2009년 교육과학기술부 지정 정책중점연구소 지원 사업에 의해서 연구되었음

책머리에

영남대학교 독도연구소는 2005년 5월 11일 전국의 대학 가운데 독도 전문학술연구기관으로 처음으로 설립되었다. 그 설립목적은 1) 독도가 한국 영토임을 다학문, 국제공동 연구를 통해 재확인하고, 2) 국제사회에서 용인되는 이론 개발로 일본측 주장의 허구성, 부당성을 증명하고, 3) 국내외 독도 전문 연구의 인프라 및 네트워크를 구축하고, 4) 독도 영유권 홍보를 국제적으로 실시하여 국제여론 환기 및 한·일에 올바른 독도 지식 전파를 하는데 있다.

독도연구소는 설립직후부터 전문학술지인 『독도연구』와 『독도연구총서』의 발간, 국내외 학술대회와 독도아카이브 운영, 독도우표 발행, '독도의 이해', '독도의 역사'란 교양강좌와 시민강좌, 교사연수프로그램의 개설 등을 통해 연구와 교육, 홍보에 노력하였다. 그 결과 설립 2년만인 2007년 12월에 한국학술진흥재단의 정책주제형중점연구소로 선정되었고, 그 이듬해 5월에 그 소속이 교육과학기술부로 이관되어 '교육과학기술부 정책중점연구소'가 되었다. 그로 인해 독도연구소는 교육과학기술부의 지원과 본교의 대응투자로 인해 독도에 대한 전문 학술연구기관으로서 지속적 연구를 할 수 있는 기반을 갖게 되어 도약의 기틀을 확보하였다.

교육과학기술부의 정책중점연구소인 본 연구소는 2007년 12월부터 【독도학 정립을 위한 학제간 연구】를 시작하였다. 지금까지 역사·지리·인류학·국제법·정치학 연구자들이 그 연구 결과를 『독도 영유권 확립을 위한 연구』(2009.5), 『독도 영유권 확립을 위한 연구』Ⅱ(2010.6)로 내놓은 바가 있다.

이제 그 세 번째 작업인 『독도 영유권 확립을 위한 연구』 Ⅲ을 내놓게 되었다. 정책중점연구소의 기본과제인 '역사·지리적 관점에서 바라본 독도영유권' 문제와 '국제법적 관점에서 바라본 독도 영유권' 문제를 다루었다. 그리고 수시과제로서 수행한 '일본 제국주의의 한국침략과 독도 강탈'과 '독도교육을 어떻게 할 것인가'를 특집으로 실었다.

수시과제 특집인 '독도교육을 어떻게 할 것인가'에 관한 학술대회는 독도연구자와 일선 현장교육 종사자들의 상호 소통의 목적을 갖고 있었다. 또 울릉도와 독도에서 정부의 영토관리대책단, 국내외 영토 관련 학자, 독도교육 종사자들이 함께 모여 '일본 제국주의의 한국침략과 독도강탈'에 관한 국제학술회의를 하였다. 이러한 학술대회를 통해 독도정책에 관한 토론과 국내외 인적 네트워크를 구축하였다.

앞으로 독도영유권을 더욱 공고히 하고 일본측의 주장에 대응하기 위한 정책 방안을 마련할 때 【독도의 영유권 확립을 위한 연구】 Ⅰ·Ⅱ·Ⅲ의 연구성과가 일본과 국제사회로부터 독도가 한국 땅임을 인정받는데 큰 역할을 할 것으로 기대한다. 그간 어려운 여건 속에 연구에 매진한 연구진에게 감사를 드리고, 흔쾌히 출판을 승낙해주신 경인문화사 관계자들께도 심심한 사의를 표한다.

2011년 7월
영남대학교 독도연구소장
김 화 경

목 차

초등학교 독도교육의 현황과 문제점 ▎ 박진숙

필자소개 ▎ 417

제1부
역사·지리적 관점에서 본 독도영유권

일본의 독도 인식에 관한 연구
-「일로청한명세신도」에 그려진 국경과 독도의 귀속을 중심 으로 한 고찰-

김 화 경

1. 머리말

지금까지 독도에 관한 많은 자료들이 제시되고 연구되어 왔다. 그렇지만 일본에서는 현재 내각의 전신이었던 태정관(太政官)에서 작성한 문서를 비롯하여 관련 자료들의 실체를 부정하고,[1] 1905년 2월 22일 시마네현(島根縣)의 고시 40호로 독도를 강탈한 사실이 타당했다는 것만을 강조하고 있다.

그리하여 일본의 외무성(外務省)은『죽도 문제를 이해하기 위한 10의 포인트』란 팸플릿을 만들고, 그것을 9개 외국어로 번역하여 독도에 대한 역사적 진실을 알지 못하고 있는 외국인들에게까지 자기들주장의 정당성을 강조하고 있다.[2] 게다가 문부과학성(文部科學省)은

---

1) 일본에서 17세기에 독도가 자기네 땅이었다는 증거로 제시하는『은주시청합기(隱州視聽合記)』에 나오는 "이 주를 일본의 서북 경계로 삼는다(日本之乾地以此州爲限矣)."라는 글귀가 있다. 이에 대해 이케우치 사토시(池内敏)가 이 주를 오키도(隱岐島)로 해석해야 한다고 것은 초보적인 미스라고주장하는 시모죠 마사오의 견해와 같은 자료 해석의 오류를 들 수 있다. 下條正男, 2007, '竹島の日條例から二年'『最終報告書』, 松江: 竹島問題研究會, 5.
2) 外務省, 2008,『竹島問題を理解するため10のポイント』, 東京: 外務省 アジア大洋州局 北東アジア課.

중·고등학교 사회 교과목 학습지도 요령 해설서의 개정을 통해, 지리
나 공민(公民) 교과서에 독도가 자국의 영토란 사실을 교과서에 삽입
하도록 하는 장치를 마련하였다.[3] 그러더니 2010년 3월 31일에는 초
등학교 사회와 지리 교과서에 독도가 자국 영토임을 표현하는 검인정
교과서를 승인하는 조치를 취하였다.[4]

이와 같은 일련의 과정 속에서 대구광역시에 거주하는 유성철(兪成
哲) 씨가 <일로청한 명세신도(日露淸韓明細新圖)>를 입수하여 제공하
였으므로, 2010년 4월 1일 이 지도를 언론에 공개했다. 이것은 1903년
(메이지(明治) 36년)에 일본의 '제국 육해 측량부(帝國陸海測量部)'가
편찬한 구대륙 전도이다.

이러한 이 지도에는 경도(經度)와 위도(緯度)가 그려져 있고, 또 청일
전쟁이 끝나고 난 다음에 취득한 대만(臺灣)까지도 일본의 경역에 넣
고 있었다. 그리고 이 지도의 또 한 가지 특징은 바다에 한국과 일본,
중국의 경계선을 명확하게 그어 놓았다는 것이다. 이것은 어느 의미에
서 보면 한·중·일 간의 국경을 최초로 획정한 지도라고 할 수 있다는
점에서 매우 중요한 의의를 가진다고 하겠다. 특히 이러한 이 지도가
국가 기관에 의해 제작된 것이라고 한다면, 이 국경의 획정은 공식적
인 조치였다고 볼 수도 있어 관심을 불러일으키는 것도 사실이다.

그런데 이렇게 그려진 한국의 국경 안에 독도를 나타내는 송도(松
島)가 들어 있다는 것은 그들이 독도를 한국의 영토로 인정하고 있었
음을 말해주는 것이 아닌가 하여 주목을 끈다. 따라서 이 지도를 보
는 경우, 일본의 외무성이 과연 독도를 "역사적 사실에 비추어 보더
라도, 또 국제법상으로도 명백하게 우리나라 고유의 영토입니다."[5]라

---

3) 文部科學省, 2008, 『中學校學習指導要領解說(社會編)』, 東京: 文部科學省, 49쪽.
　文部科學省, 2009, 『高等學校學習指導要領解說(社會編)』, 東京: 文部科學省, 107쪽.
4) 김봉철, 2010, '일, 초등교과서 독도 영유권 표기 확대 파문' "독립신문" 3월
　31일 기사.

고 주장할 수 있을까 하는 의심을 가지게 되는 것은 어쩌면 당연한 이치라고 할 수 있다. 더욱이 아직 판단력도 제대로 형성되지도 않은 초등학교 학생들에게 "죽도(竹島: 독도)가 일본 땅"이라는 지도를 통한 시각적인 교육을 하겠다는 문부과학성의 판단이 얼마만큼 역사적 진실성을 지닌 조치인가를 묻지 않을 수 없다.

그래서 본고에서는 이 지도가 독도 문제의 해결에 어떤 의미를 지니고 있는가 하는 것을 중점적으로 고찰하려고 한다. 이와 함께 이러한 사실을 통해서 독도를 강탈하기 이전에 일본이 가졌던 이 섬에 대한 인식을 구명함으로써, 올바른 독도 역사의 재구에도 이바지하는 것을 본 연구의 목적으로 한다는 것을 미리 밝혀둔다.

2. 문제의 제기

이 지도를 4월 1일 언론에 공개하고 난 다음에, 4월 5일 독도연구소 정기 세미나에서 필자가 「<일로청한 명세신도>의 사료적 가치」란 가제(假題)로 발표를 한다는 공고를 하였다. 그러자 제일 먼저 문제를 제기해온 사람은 호사카 유지(保坂裕二)였다. 그는 아래와 같은 문제점의 지적과 함께 몇 가지의 질의를 해왔다.

> 1. 당시 '육해 측량부'라는 부처는 일본 정부 내에 존재하지 않았습니다. 1871년에 일본 병부성 내에 설치된 육군 참모국(參謀局)이 초기에 내무성 지리국과 같이 지도제작 업무를 맡고 있다가 1888년에 '육지 측량부'로 통합되어 1945년까지 지도를 작성하는 공식 기관으로 존재했습니다. 일본이 2차 대전에 패전한 후에 '육지 측량부'는 현재의 '국토 지리원'으로 인수인계 됩니다. 그런데 '육해 측량부'라는 공식 기관은 존재하지 않았으며 그러므로 발표하신 지도는 국가의 공식 지도가 아닐 가능성이 높습니다.

---

5) 日本外務省ホームページ アジア竹島問題.

2. 더욱이 왼쪽 여백을 보면 민간인이 발행인으로 되어 있습니다. '육지 측량 부' 발행지도에는 민간인 발행인 같은 것을 기재하지 않습니다. 그러므로 이 지도는 민간인이 작성한 지도에 '육지 측량부'를 잘못 '육해 측량부'로 적 은 오류를 범한 지도가 아닐까 생각됩니다.

3. 동아일보를 통해 본인은 2006년 10월 25일에, 다케시마와 마쓰시마6)를 조 선 령으로 동해에 선을 긋고 명기한 지도(1895년 제작)를 공개했습니다. 그 러나 그것은 민간인이 제작한 〈일청한 군용정도〉였습니다.

그러므로 공개하신 지도가 민간인 제작의 지도라면 이번이 동해에 선을 그 은 지도는 최초 공개된 것이 아닙니다.

4. 일본이 1880년 이후 울릉도를 마쓰시마, 독도를 량꼬도로 기재하기 시작합 니다. 그 좋은 예가 일본의 '해군성 수로국'이 1885년 이후에 발행을 계속한 각종 『수로지』입니다. 『[수로지』에는 1905년 이전에는 독도를 '리앙코르트 열암', 울릉도를 '마쓰시마'로 기재해 놓았습니다.7)

한편 일본의 공식 지도에는 1880년 이후 울릉도는 마쓰시마, 혹은 울릉도로 기재되어 있습니다. 독도가 지도상에 모습을 나타낼 때는 1880년 이후 일본 의 공식 지도는 량코도로 적었습니다. 1880년 이후 일본 정부 제작의 공식 지도들 중에 독도를 '마쓰시마'로 기재한 지도는 존재하지 않는 것으로 알고 있습니다.

5. 1880년 이후 울릉도를 다케시마, 독도를 마쓰시마로 표기한 지도는 민간 지 도이고 그들은 전통적인 명칭 사용을 계속했다고 할 수 있습니다. 그러나 섬의 위치는 시볼트의 〈일본도〉(1840)의 영향을 받아 마쓰시마를 울릉도의 경·위도에 그린 것이 대부분입니다. 몇 가지 예외도 있습니다. 그것은 1882 년, 1894년 민간인 제작의 〈조선국전도〉이며 독도가 마쓰시마로 기재되어 독도의 경위도에 그려져 있습니다. (이 2점은 제가 조선일보와 중앙일보에 이미 발표했습니다.)

그런데 2006년에 제가 공개한 〈일청한 군용청도〉지도도 그렇고 이번에 공 개하신 지도도 그렇고 마쓰시마의 위치는 울릉도의 위치에 있습니다.

---

6) 호사카 유지(保坂裕二)가 '다케시마'와 '마쓰시마'라고 쓰고 있기 때문에 그 대로 옮겨 적었으나, 필자로서는 이미 조선시대부터 일본에서 부르는 이 명칭들이 실록에 기록되어 있다는 점에 착안하여 한국어 발음대로 '죽도' 와 '송도'라고 표기하기로 한다.

7) 일본의 해군 수로부에서 『조선수로지』 초판을 발간한 것은 1894년(明治 27 년)이었고, 이 책에는 독도를 '리앙코르도 열암'으로 지칭하고 있으며, 울릉 도는 그대로 '울릉도'라고 한 다음에 괄호를 하여 '송도'라고 표기하고 있다. 水路部, 1895, 『朝鮮水路誌(全)』 再版, 東京: 水路部, 255~257쪽.

그런 흐름으로 볼 때 이번에 발표하신 지도는 어디까지나 민간 지도이며 편찬자를 잘못 기재한 오류까지 범한 문제가 있는 지도로 볼 수밖에 없습니다.

6. 이번에 공개하신 지도를 일본 국가가 제작한 공식 지도로 주장하기 위해서는 우선 '육해측량부'라는 부처가 존재했는지를 확실히 하시고 마쓰시마에 대한 고찰을 더 깊이 하셔야 할 것입니다. 그렇지 못하면 위와 같은 내용을 잘 아는 일본인들이 한국의 연구는 신뢰할 수 없다는 반응을 보일 가능성이 큽니다. 오히려 우리 쪽 연구 수준이 낮다는 증명이 되지 않도록 부탁드리겠습니다.

7. 덧붙여서 이번 공개하신 지도는 일본 메이지 대학교에 소장되어 있습니다. 제가 시간이 있으면 참석해서 이상과 같은 토론을 할 것입니다. 그러므로 위의 내용을 세미나 때 활용하셔서 본인에게 답을 주시면 고맙겠습니다. 감사합니다.」[8]

이와 같은 호사카의 지적은 이 지도가 '육해 측량부'라는 국가기관이 만들었을 가능성이 있다고 발표한 것에 대한 우려의 표시라고 할 수 있다. 그리고 국경선이 그려진 지도는 그가 이미 발표한 바 있으며, 이 지도에 그려진 송도(松島)는 오늘날의 독도 위치에 그려진 것이 아니라 울릉도의 위치에 그려졌다는 것이다. 또 송도라는 명칭이 1903년 무렵에는 사용되지 않았다는 것을 전제로 하여, 이것이 민간 지도라는 것을 기정사실화하고 있다.

또 뒤이어서 일본 시마네현의 죽도문제연구회 좌장을 맡고 있는 시모죠 마사오(下條正男)도 이 지도에 대해 이론(異論)을 제기해 왔다. 그는 일본의 시마네현(島根縣) 총무과에서 관장하는 웹(Web) 죽도 문제 연구회의 연구 정보인 '실사구시(實事求是)' 26회에 올린 그의 「동북아시아 역사재단 주최의 <동해 독도 고지도전>에 대하여」라는 글에서 아래와 같은 주장을 하고 나섰다.

「이번의 〈동해 독도 고지도전〉에서는, 당 비르(J. B. d'Anville)의 〈조선왕국

---

8) 이 E-Mail은 본 연구소에 연구원으로 근무하는 김미영 군 앞으로 2010년 4월 2일에 온 것이다.

전도(朝鮮王國全圖: Royaume de Corée)〉(1737년)에 그려진 'Tchian-chan-tao(千山島의 중국 발음)'를 죽도(독도)로 보고 있으나, 그 'Tchian-chan-tao'는 〈팔도총도(八道總圖)〉의 오류를 답습한 것으로, 죽도(독도)가 한국 령이었던 증거로는 되지 않는 것이다. 한국 측에서는, 문헌 비판을 게을리 하면서 문헌과 고지도를 자의적으로 해석하여, 죽도(독도)를 한국 령이라고 하지만, 공정한 역사연구의 수법이 결여된 주장은 망언일 수밖에 없다.

이 4월 1일, 영남대학교의 독도연구소가 공개한 〈일로청한명세신도〉도, 그 예외는 아니다. 이 〈일로청한 명세신도〉는 1903년에 제국 육해 측량부에 의해 편찬된 것으로, 거기에는 일본과 한국의 사이에 경계선이 그어졌고, 한국 측에 죽도(울릉도)와 송도(독도)가 그려져 있다. 그래서 영남대학교의 독도연구소는, 지도에는 "일본 측에서 칭하는 죽도(울릉도)와 송도(독도)를 조선계(朝鮮界)에 속하는 것으로 표기하고 있다."고 하여, 독도연구소의 김화경 소장도 "일본 측은 스스로 국경선을 나누어, 독도를 한국 영토로 인정한 증거가 있는 상황에, 독도의 영유권 주장은 중지되지 않으면 안 된다."고 하는 것이다.

하지만 〈일로청한 명세신도〉에 그려진 죽도(울릉도)와 송도(독도)는, 그 경도(經度)로부터 보더라도 환영(幻影)의 섬 아르고노트 섬(Argonaut Island)을 의미하는 죽도(?)와, 울릉도에 해당되는 송도라고 해야 하는 것이다. 왜냐하면 일본에서는 메이지(明治) 16년(1883년) 전후로부터 울릉도를 송도로 인식하고 있었기 때문이다. 그 원인(遠因)은, 시볼트(P. F. von Siebold)가 서양에 전한 〈일본도(日本圖)〉에 있다. 시볼트의 〈일본도〉(1840년)에서는, 소재 불명의 아르고노트 섬(동경 129도 50분)을 죽도(?)[9]로 표기하고, 동경 130도 56분의 울릉도(다쥬레 섬(Island Dagelet)를 송도(松島)라고 불렀기 때문이다. 그로 인해 시볼트의 〈일본도〉 이후, 서양의 해도(海圖)와 지도에는, 소재 불명의 죽도(아르고노트 섬)과 송도(다쥬레 섬)라고 불리게 되었던 울릉도가 그려졌고, 일본에서도 그것을 답습했기 때문이다. 오늘날 한국 측이 불법 점령하고 있는 죽도(독도)는 동경 131도 55분에 위치한다. 시볼트의 〈일본도〉가 전한 동경 129도 50분의 죽도(?)와, 동경 130도 56분의 울릉도(송도)와는, 당연히 관계가 없는 것이다.

따라서 1903년에 제국 육해 측량부가 편찬한 〈일로청한 명세신도〉의 죽도와 송도는, 위도와 경도로부터 보더라도 아르고노트 섬과 다쥬레 섬이다. 그것을 독도연구소의 김화경 소장이, "일본 측은 스스로 국경선을 나누어, 독도를 한국 영토로 인정한 증거"라고 하는 것은, 역사의 사실을 무시한 벽설(僻說)이다. 에도 시대, 송도라고 불리고 있던 현재의 죽도(리앙쿠르 암초)는, 시볼트의 지

---

9) 일본 사람들은 Takasima(I. Arganaute)로 표기되어 있는 것을 죽도(竹島)를 의미하는 '다케시마'의 잘못 된 표기로 읽고 있다.

도에서 울릉도가 송도로 불렸기 때문에, 1905년 일본 령으로 편입했을 때, 호칭이 뒤바뀌어져, 울릉도를 의미한 죽도로 명명되었던 것이다.」[10]

이와 같은 시모죠의 이의(異議)는 일고의 가치도 없는, 허구에 불과한 것이다. 하지만 말이 되지 않는다고 그대로 내버려두면 그의 망발을 묵인하는 꼴이 되고 만다. 그는 밑줄을 그은 곳에서 보는 것처럼 "한국 측에서는, 문헌 비판을 게을리 하면서 문헌과 고지도를 자의적으로 해석하여, 죽도(독도)를 한국 령이라고 하지만, 공정한 역사 연구의 수법이 결여된 주장은 망언(妄言)일 수밖에 없다."라고 하여, 한국 학자들의 독도 연구를 학문의 기본이 갖추어지지 않은, 억지 주장이라고 매도하고 있다. 그렇지만 이런 지적을 한 시모죠 자신이야말로 자기 마음대로 사료(史料)를 짜깁기하는 사료 왜곡의 대가라는 점을 지적하지 않을 수 없다. 사료 왜곡의 대표적인 한 예로는, 그의 저서 『죽도, 일한 어느 쪽의 것인가』에서 아래와 같이 '가왜(假倭)' 문제에 대한 언급을 들 수 있다.

「『세종실록』의 세종 28년(1446)년 10월 임술(壬戌) 조에, 중추부 판사 이순몽이 "왜인은 12명에 지나지 않습니다. 그런데 본국의 백성이 왜인의 복장을 하고 무리를 이루어 난을 일으킵니다."라고 상소하고 있는 것처럼, 후세에 왜구로 불리는 자들 중에는 일본인 행세를 하는 조선 반도 출신자들이 많이 포함되어 있었던 것이다.」[11]

그러나 『세종실록』에 남아있는 이순몽(李順蒙)의 상소문 내용은 그가 인용한 것과는 상당한 거리가 있다. 그래서 그것을 그대로 옮겨 적는다면 아래와 같다.

「신이 듣자옵건대, 전 왕조(고려왕조)의 말기에 왜구가 흥행하여 백성들이

10) 下條正男, 2010, '東北アジア歴史財團の主催の東海獨島古地圖展について' "實事求是 26." 研究情報 http://www.pref.shimane.lg.jp/soumu/takesima/
11) 下條正男, 2004, 『竹島は日韓どちらのものか』, 東京: 文藝春秋, 22쪽.

살 수가 없게 되었습니다. 하지만 그 간의 왜인들은 (10명에) 1·2명에 지나지 않았는데도, 본국의 백성들이 거짓으로 왜인의 옷을 입고서 무리를 만들어 난을 일으켰으니, 이것도 또한 거울로 삼아 경계해야 하는 일입니다.」12)

이와 같은 실록의 문장은 두 부분으로 나누어 해석을 해야 한다. 곧 전반부의 문장은 고려 말의 상황을 언급한 것이고, 후반부의 문장은 조선 초기의 정황을 서술한 것이다. 환언하면 "전 왕조(고려)의 말기에 왜구가 홍행하여 백성들이 살 수가 없게 되었습니다. 하지만 그 간의 왜인들은 10명에 1·2명에 지나지 않았는데도"라고 한 것은 고려 말의 상황을 말한 것이고, "본국의 백성들이 거짓으로 왜인의 옷을 입고서 무리를 만들어 난을 일으켰으니, 이것도 또한 거울로 삼아야 하는 일입니다."라고 한 것은 조선 초기의 정황을 말한 것이다.

그런데도 시모죠는 고려 말과 조선 초의 상황을 하나로 연결시켜 자기 논리를 전개하고 있다. 곧 "왜인은 12명에 지나지 않습니다. 그런데 본국의 백성이 왜인의 복장을 하고 무리를 이루어 난을 일으킵니다."라는 전혀 다른 뜻의 해석을 하고 있어, 그의 한문 해독 능력 그 자체까지 의심스럽게 만들고 있다.

이순몽의 상소문을 통해서 고려 말기에는 왜구가 발호하였었는데, 그들 중에는 조선 사람들이 왜인을 가장하고 도적질을 하는 무리들도 있었다는 사실을 확인할 수 있다. 그리고 이런 폐습이 조선에까지 이어져 조선 사람들도 무리를 지어 난을 일으켰으니 그것을 거울로 삼아 경계해야 한다는 의미로 해석하는 것이 마땅할 것이다.13)

이처럼 자기는 한문 해석도 제대로 하지 못하면서, 한국의 학자들을

---

12)「臣聞前朝之季, 倭寇興行, 民不聊生, 然其間倭人不過一二, 而本國之民, 假著倭服, 成黨作亂, 是亦鑑也.」
『世宗實錄』 世宗 28년 10月 28日 壬戌條.
13) 김화경, 2007,「끝없는 위증의 연속 - 시마네현 죽도문제연구회의 최종보고서의 문제점 -」,『독도연구』, 영남대 독도연구소 연구지 3, 28~29쪽.

싸잡아 매도하는 것이 과연 학문을 하는 사람의 올바른 태도인가 하는 것을 되묻지 않을 수 없다. 사실 일본의 학자들은 자기들의 제국주의적 영토 팽창의 일환으로 독도를 강탈했다는 사실을 호도하면서 그 강탈 행위의 정당성만을 강조하고 있다. 그 때문에 한국 측의 주장을 부정하기 위하여 사료를 조작하는 말장난을 일삼고 있는 것이다.

어쨌든 호사카 유지와 시모죠 마사오의 위에서와 같은 문제 제기에 대해서는 직접 지도를 제시하면서 그 지적들이 가지는 문제점들을 실증적으로 해명해나가는 것이 이 지도가 지니고 있는 의의와 가치를 구명하는 방법일 것이다. 그래서 우선 그 제작 주체와 연대에 대한 문제부터 고찰하기로 한다.

3. 본 지도의 제작 주체와 그 연도

이 지도는 '제국 육해 측량부'가 편찬한 것으로 되어 있다. 하지만 현재로서는 이것이 어떤 성격을 가진 기관이었는지가 정확하게 확인이 되지 않고 있다. 그렇지만 '제국'이란 단어가 앞에 붙어 있는 것으로 보아, 국가기관이었던 것만은 사실인 듯하다. 왜냐하면 메이지 시대(明治時代) 초기에는 왕정(王政)이 복고되면서 민간들이 제국이란 단어를 함부로 사용하지 않았기 때문이다.

여기에서 호사카 유지가 지적한 것처럼, 그 당시에 '육지 측량부'란 기관이 존재했었다는 사실에 유의할 필요가 있다. 이 기관은 1888년 5월 칙령(勅令)에 의해 육군 참모본부(參謀本部)의 측량국(測量局)이 승격한 것으로, 해군의 수로부(水路部) 및 지질 조사소(地質調查所)와 더불어 지도 작성의 3대 기관의 하나였다. 1871년 7월 병부성(兵部省)에 신설된 참모국이 지질 조사·지도 작성·간첩 통보 등의 업무를 장악하게 됨으로써 시작되었다. 1873년부터 측량 사업을 시작하였는데, 1874년 6월 이 참모국이 7개의 과(課)로 개편되면서, 국외의 조사에 중점을 두게 되었다. 이때 지도 정지(地圖政誌) 담당의 제5과, 측량 담당의 제6과가 만들어져, 후일 육지 측량부의 모체가 되었다.[14) 또 위에서 언급한 해군의 수로부(水路部)에도 측량과가 설치·운영되고 있었다.[15) 이처럼 육군과 해군에 별도의 측량부서가 존재했었다는 사실을 고려하면, 러일전쟁을 준비하는 과정에서 이들 두 기관을 임시로 통합하여 '제국 육해 측량부"라는 기관을 만들었을 가능성을 배제할 수만은 없게 된다. 그렇지만 이 기구에 대해서는 앞으로 일본의 토지 측량사(測量史)나 육지 측량부의 연혁(沿革) 등을 면밀히 검토하여 정확한 사실을 구명하는 작업이 뒤따라야 한다는 것을 지적해둔다.

또 이 지도는 구리모토 쵸시치(栗本長質)라는 사람이 출판한 것으로 되어 있다. 구리모토에 대해서도 그다지 알려진 정보가 없다. 하지만 그는 1896년에는 『민법(民法)』이란 책을 집필하여 출판하였고,[16) 1904년에 『개정 징병령』이란 책을 저술하여 청일전쟁 이후 영토 팽창을 지향하고 있던 당시의 징병제도에 대한 해설을 한 바 있다.[17) 또 1905년에는 『재향군인의 지식』이란 책을 집필하여 그 당시에 직접 입대하지 않고 있던 사람들이 알아두어야 할 사항들을 자세하게 논의하기도 하였다.[18) 또 이처럼 몇 권의 책들을 저술하는데 그치지 않고, 1894년에는 『기독교 삼강령(基督教三綱領)』이란 책을 출판하기도 하였다.

---

14) 佐藤佑, 1993, 『國史大辭典(14)』, 東京: 吉川弘文館, 540 陸地測量部條 參照.
15) 海上保安廳水路部 編, 1981, 『日本水路史』, 東京: 日本水路協會, 水路部條例, 勅令第49號(1888年).
16) 栗本長質, 1896, 『民法』, 東京: 一二三館.
17) 栗本長質, 1904, 『改正徵兵令』, 東京: 一二三館.
18) 栗本長質, 1905, 『在鄕軍人の心得』, 東京: 一二三館.

이러한 사실들로부터 유추한다면, 이 지도를 출판할 무렵에는 그가 군(軍)과 밀접한 관계를 가지고 활동을 했던 것은 사실인 것 같다. 이렇게 군과 긴밀한 관계를 가졌을 것으로 상정되는 인물이 '제국 육해측량부' 편찬의 지도를 발행하였다는 것은 민간인의 신분으로서는 가능한 일이 아니었을 것이다. 그러므로 그가 러일전쟁의 준비에 상당히 깊이 관여를 하면서 국가기관의 도움을 받았거나 아니면 준국가기관의 성격을 가지는 곳의 지원을 받아 이 지도를 발행하였다고 보는 것이 좋을 듯하다. 이런 추정은 이것이 민간 제작의 지도로는 볼 수 없을 정도로 대단히 정교하게 만들어졌다는 점에서도 그 타당성을 인정해도 좋지 않을까 한다.

다음으로는 이 지도가 간행된 1903년 10월이란 시기에 주목할 필요가 있다. 이때는 이른 바 청일전쟁에서 승리한 여세를 몰아, 조선에서 러시아 세력을 몰아내기 위한 전쟁을 준비하고 있던 시기였다. 주지하다시피 고종은 민비(閔妃)가 살해된 을미사변(乙未事變) 이후 신변에 위협을 느낀 나머지, 러시아 공사 베베르(Waeber)와 협의하여 러시아 공관으로 이동하는 아관파천(俄館播遷)을 단행했다. 이 아관파천으로 인해 한국이 러시아의 보호국과 같은 지위로 전락되었다는 것은 주지의 사실이다. 이렇게 되자, 한국을 식민지로 만들려고 획책하던 일본의 계획은 적지 않은 차질을 빚지 않을 수 없었다.

그러나 러시아의 간섭이 심해지자, 고종은 그 영향에서 벗어나라는 내외의 압력을 이기지 못하고 러시아 공관을 떠나 경운궁(현재의 덕수궁)으로 환궁하여, 1899년 8월 17일 '대한국 국제(大韓國國制)'를 공포하였다. 이에 따라 국호를 대한제국(大韓帝國)으로 바꾸고 연호를 광무(光武)로 고치면서, 황제 즉위식을 거행하여 독립제국임을 내외에 선포했다.

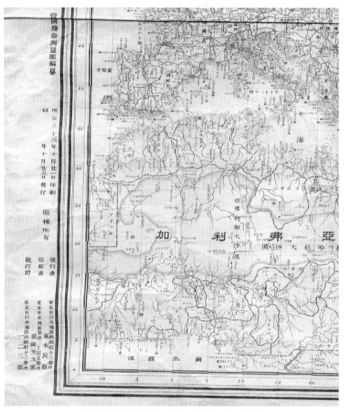

〈지도 1〉〈일로청한 명세신도〉의 간기 부분

이와 같은 일련의 상황 변화를 지켜보고 있던 일본은 러시아와의 전쟁을 통해 한국에서의 우위를 확보하고, 나아가서 한국을 식민지화하려는 계획을 본격화하기에 이르렀다. 그런 방침을 확정한 것이 이른 바 1903년 6월 23일에 열렸던 어전회의(御前會議)였다. 이 회의에서는 한국에 대한 일본의 우선권과 만주에 대한 러시아의 우선권을 각각 인정하는 만·한 교환론(滿韓交換論)이 대두되어 눈길을 끌었다.[19] 그렇지만 러시아가 이 제안을 받아들이지 않는다는 것은 너무도 자명했다. 그 이유는 일본의 한국 지배가 러시아의 만주 경영을

위협할 것이라는 사실이 명백했기
때문이었다.[20]

따라서 1903년은 일본이 이미 한
국 문제의 타결을 위해서는 전쟁을
감수할 수밖에 없다는 확고한 방침
을 세웠던 시기였다. 그런 때에 이
지도가 제작되었다는 것은 이것이
러일전쟁을 준비하기 위한 작업의
일환이었다고 보아도 아무런 지장
이 없을 것이다. 이런 의미에서 이

〈일로청한 명세신도〉의 범례에 있는 3국의
경계 표시

지도의 명칭은 <일로청한 명세신도>, 곧 일본과 러시아, 청국, 한국을
자세하게 그린 새로운 지도라고 하였으나, 실제로는 한국의 전략적 가치
를 고려하여 전쟁 전에 국경선을 명확하게 해둘 필요가 있어 만든 지도
라고 보는 것이 훨씬 더 설득력을 가진다고 할 수 있다. 바꾸어 말하면
장래 전장(戰場)으로 변할 것으로 상정되는 한국과 만주, 그리고 동해나
동지나해(東支那海)[21]를 중심으로 하여 만든 지도가 분명하다는 것이다.

이와 같은 추정이 가능한 까닭은 위의 경계 표시에서 보는 것처럼,
바다의 국경을 나타내는 것에서 조선의 경계는 점 하나를 찍었고(―·
―), 일본의 경우는 점 두 개(―··―)를, 지나(支那)의 경우는 점 세 개
(―···―)를 찍고 있다. 이런 사실은 한국을 중심으로 일본과 청국의
국경선을 표시했음을 말해주는 것이 거의 확실하다고 하겠다. 그렇지
않고는 한국의 바다 경계를 "―·―"와 같은 형태로 표시할 하등의 이
유가 없기 때문이다. 곧 한국을 중심으로 하여 주변 바다의 경계선을

---

19) 최문형, 2004, 『국제관계로 본 러일전쟁과 일본의 한국 합병』, 서울: 지식산
업사, 201~202쪽.
20) 최문형, 위의 책, 202쪽.
21) 이 <일로청한 명세신도>에서는 '동해(東海)'로 표기되어 있음을 밝혀둔다.

그었다고 보는 것이 타당하다는 것이다.

실제로 일본 메이지 대학(明治大學) 소장의 아시다 문고(蘆田文庫) 지도 목록에 실려 있는, 1904년에 발행된 이 지도의 축소판(縮小版)[22]에는 "군대 포켓용."[23]이라는 글귀가 들어있다. 이로 미루어 보아, 이 지도가 전쟁용으로 제작되었다는 것은 거의 확실하다고 보아도 좋을 것 같다.

4. 한·일 경계선과 독도

이처럼 바다에 한국과 중국, 일본의 경계선을 명확하게 표시한 지도는 이 <일로청한 명세신도>가 처음이었다. 물론 앞에서 호사카 유지가 자신이 공개했다고 한 <실측 일청한 군용정도(實測日淸韓軍用精圖)>가 있기는 하다. 이것은 그가 2005년 10월 25일 동아일보를 통해 공개한 것으로, "일본 군부가 10여 년 동안 조사한 내용을 바탕으로 민간인 요시쿠라 세이지로(吉倉淸次郎)가 1895년에 편집한 지도"[24]라고 한다.

이 지도는 가로 약 105Cm, 세로 약 75Cm로 된 것으로 여기에는 경도와 위도가 표시되어 있으며, 조선과 청나라, 일본, 러시아 일부가

---

22) 이것을 축소판이라고 하는 이유는 이번에 공개한 유성철 씨 소장의 지도가 54.5×78.5Cm인데 비해, 메이지 대학 소장본은 35×51Cm로 되어 있기 때문이다.

23) 帝國陸海測量部 編纂: <日露淸韓明細新圖> 東京日本橋, 栗本長質 明治37年(1904) 1枚 石版(色刷) 35×51Cm
    * 袋に<軍隊用ポケット入>とある.
    http://www.lib.meiji.ac.jp/ashida/articles/report-2000/cat/cat02.html

24) 조은아, 2005, '1895년 일본군 지도에도 독도를 한국 땅으로 표기' "동아일보" 10월 25일자 기사.

그려져 있다. 그리고 아래에 제시하는 지도 2[25]에서 보는 것과 같이, 울릉도(죽도, 竹島로 표기)와 독도(송도, 松島로 표기)가 조선 영해에 위치해 있다. 이에 대해 호사카는 "뚜렷하게 그어진 조선 국경선 안에 독도가 포함된 지도는 이번에 처음 공개된 것"이라며, "일본이 독도를 시마네현에 편입시킨 1905년 이전의 정확한 지도가 공개돼 현재 일본의 주장이 거짓임을 보여주고 있다."는 평을 하였다.[26]

〈지도 2〉〈실측 일청한 군용정도〉에 그려진 경계표시

이와 같은 호사카의 지적이 타당성을 가지기 위해서는 왜 동해의 일부에만 이렇게 경계가 표시되었는가 하는 문제가 규명되어야 한다. 물론 일본 사람들의 일반적인 인식을 바탕으로 경계선을 그은 것이라

---

25) 이 지도는 호사카 유지(保坂祐二)가 E-Mail을 통해서 보내준 것임을 밝혀둔다.
26) 조은아, 위의 기사.

고 한다면 그만일 수도 있다. 하지만 명백한 역사적 사실을 부정하면
서까지 독도의 영유권을 주장하고 있는 일본 사람들이 이것을 가지고
당시에 독도를 조선의 영토로 인식했었다고 믿어줄 수 있을까 하는
의문을 떨쳐버릴 수는 없는 것도 사실이다.

그런데 이 지도에도 조선의 송도(松島: 독도)와 일본의 오키도(隱岐島)
사이의 일부 바다에 선과 선 사이에 하나의 점만을 찍은 "—·—" 형태의
경계선이 표시되어 있다. 이런 경계의 표시는 <일로청한 명세신도>에
서 조선지계(朝鮮地界)로 나타낸 것과 같은 형태여서 관심을 끈다. 이와
같은 이들 두 지도의 공통점은 그 당시 동해(東海)에 조선과 일본과의 경
계선을 그리면서 이러한 형태의 선을 사용했을 가능성을 드러내는 것이
어서 앞으로 발견되는 자료들을 통해서 검증할 필요가 있을 것이다.

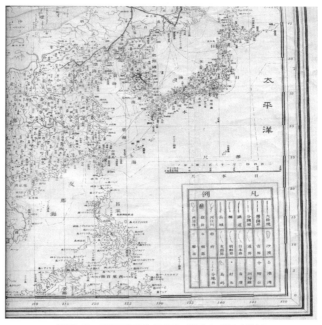

〈지도 3〉 〈일로청한명세신도〉 한국과 일본 부분도

이 문제는 어찌 되었든, 유성철 씨의 제공으로 필자가 공개한 <일로청한 명세신도>에 표시된 한·일 간의 경계선은, 위 지도 3에서 보는 것처럼 호사카에 의해 학계에 알려진 1895년 제작의 <실측 일청한 군용정도>와는 전혀 다른 형태로 되어 있다.

이 지도는 위의 부분도(部分圖)에서 보는 바와 같이, 우선 한국이나 일본, 중국의 해상에 있어서의 경계가 부분적으로가 아니라 전체적으로 그려져 있고, 또 각 나라의 영해(領海) 사이에는 공해(公海)에 해당되는 구역이 구분되어 있다는 특징을 지니고 있다. 이와 같은 특징은 당시에 바다의 경계를 명시적으로 표현할 필요성에 입각한 것이었다고 보아야 한다. 그런 필요성이 없었다고 한다면, 굳이 한·중·일 세 나라의 바다 경계선을 이렇게 표시할 하등의 이유가 없었기 때문이다.

그러면 그 이유는 무엇이었을까 하는 것을 생각해보지 않을 수 없다. 그 이유의 해명을 위해서는 앞에서 언급한 것과 같이 이 지도가 제작된 시기가 매우 중요한 의미를 지니고 있다. 곧 이것이 만들어진 1903년 10월은 러일전쟁이 일어나기 불과 4개월여 정도 전이었다. 따라서 러일전쟁에서 예상되는 해전(海戰)을 수행하기 위해 세 나라의 바다에 대한 경계를 명확하게 할 필요가 있었을 것으로 상정된다.

만약에 이런 상정이

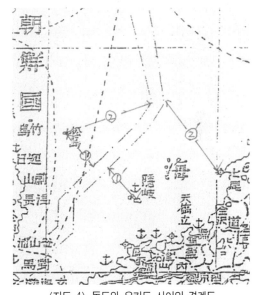

〈지도 4〉 독도와 오키도 사이의 경계도

타당하다고 한다면, '제국 육해 측량부'에서 어떤 기준에 의해 국경선을 설정하였는가 하는 것을 구명하지 않으면 안 된다. 이 문제의 구명을 위해 위의 지도 가운데에서 문제가 되는 송도(독도)와 오키도가 있는 부분만을 확대하여 제시하기로 한다.

이것은 원래의 지도에서 동경 130도와 135도, 북위 35도와 40도 사이에 그려진 경계선을 보다 명확하게 알아보기 위해 그 부분을 확대한 것이다. 이 확대도에는 이 구간 안에는 들어가야 할 울릉도(죽도)는 들어가지 않고, 송도(독도)와 오키도(隱岐島)만 들어가 있다. 이렇게 두 개의 섬만을 하나의 구간에 표시한 까닭은 이들 두 섬을 기점으로 하여 한국과 일본 사이의 경계를 획정하기 위한 수단이었을 것으로 추정된다. 실제로 전자와 조선의 경계선(표시 ①) 및 후자와 일본의 경계선(표시 ①')까지의 거리가 같은 거리이고, 또 송도(독도)에서 굽은 곳까지(표시 ②)와 노도 반도(能登半島)의 나나오(七尾) 항만까지의 거리도 같은 거리이다(표시 ②').[27] 실제 원 지도에서는 ①과 ①'가 0.486Cm로 표시되어 있고, ②와 ②'는 1.016Cm로 되어 있다.

이와 같은 사실은 이 지도를 편찬한 '제국 육해 측량부'가 한국의 동쪽 끝을 독도로 보았고, 일본의 서쪽 끝을 오키도로 보았다는 것을 말해주는 증거이다. 따라서 러일전쟁을 앞두고 이 지도를 만들 때까지는 매우 합리적인 방법에 의해 두 나라의 경계를 획정하고 있었다는 것을 확인할 수 있다. 이런 의미에서 일본은 독도를 강탈하기 이전에 독도를 한국의 영토로 간주하고 있었고, 또 독도와 오키도를 기점으로 하여 두 나라 사이에 경계선을 긋고 있었다는 사실을 구명하였다고 하겠다.

---

27) 그 밖의 경계선도 제각기 기점이 있어, 한국과 일본, 중국 사이에 등거리의 원칙이 적용되었다는 것을 확인할 수 있다. 이런 사실은 자료 제공자인 유성철 씨의 가르침에 의한 것임을 밝혀둔다.

5. 섬 이름의 혼란과 독도

이 <일로청한 명세신도>에 그려진 한국의 경계 안에 독도에 해당되는 송도가 들어있다는 사실을 공개하자, 시모죠 마사오는 앞에서 언급한 것처럼 "<일로청한 명세신도>에 그려진 죽도(울릉도)와 송도(독도)는, 그 경도부터 보더라도 환영(幻影)의 섬 아르고노트 섬(Argonaut Island)을 의미하는 죽도(?)와, 울릉도에 해당되는 송도라고 해야 하는 것이다. 왜냐하면 일본에서는 1883년(메이지(明治) 16년) 전후로부터 울릉도를 송도로 인식하고 있었기 때문이다. 그 원인(遠因)은 시볼트가 서양에 전한 <일본도>에 있다. 시볼트의 <일본도>(1840년)에서는, 소재 불명의 아르고노트 섬(동경 129도 50분)을 죽도(?)로 표기하고, 동경 130도 56분의 울릉도(다쥬레 섬(Island Dagelet)를 송도(松島)라고 불렀기 때문이다. 그로 인해 시볼트의 <일본도> 이후, 서양의 해도(海圖)와 지도에는, 소재 불명의 죽도(아르고노트 섬)과 송도(다쥬레 섬)라고 불리게 되었던 울릉도가 그려졌고, 일본에서도 그것을 답습했기 때문이다. 오늘날 한국 측이 불법 점령하고 있는 죽도(독도)는 동경 131도 55분에 위치한다. 시볼트의 <일본도>가 전한 동경 129도 50분의 죽도(?)와, 동경 130도 56분의 울릉도(송도)와는, 당연히 관계가 없는 것이다.[28]" 라고 하여, 여기에 표시된 송도가 울릉도라는 주장을 밝혔다.

그러나 이러한 시모죠의 이론(異論) 제기는 일본인 특유의 자국중심주의적인 태도, 즉 자기들에게 유리한 자료는 침소봉대(針小棒大)하여 그 당위성을 내세우고, 불리한 자료의 경우는 무슨 빌미를 잡아서라도 부정을 하려고 드는 자세를 그대로 반영하는 것이라고 할 수 있다.[29] 그렇지만 시모죠의 이와 같은 주장은 독도 강탈의 미련을 버리

---

28) 下條正男, 주 11의 글.
29) 이를테면 안용복을 거짓말쟁이로 몰면서, 그의 말을 전부 부정하려는 태도가 이러한 예에 속할 것이다.

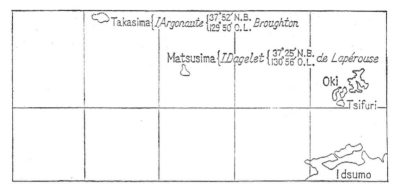

〈지도 5〉 시볼트의 「일본도」(1840년)[30]

지 못하고 있음을 드러내는 것이라고 하지 않을 수 없다. 그래서 그의 이런 주장이 지니고 있는 문제점을 짚고 넘어가지 않을 수 없다.

우선 시모죠가 무슨 대단한 발견이라도 한 것처럼, 일본의 막부시대부터 전통적으로 사용되어 오던 죽도(울릉도)와 송도(독도)에 대한 지명 혼란의 모든 책임을 덮어씌우고 있는 시볼트(P. F. von Siebold)의 지도부터 살펴보기로 한다.

시볼트의 <일본도(日本圖)>에는 죽도와 송도, 곧 일본 이름의 다카시마(Takasima)[31]와 마쓰시마(Matsuma)가 다음의 지도 5에서 보는 바와 같이 조선과 일본의 오키도 사이에 명확하게 그려져 있다. 그렇지만 이들 두 섬의 위치를 나타내는 경도와 위도는 잘못 표기하였다. 다시 말해 울릉도에 해당되는 죽도를 아르고노트 섬(I. Argonaute)이라고 하여, 북위 37도 52분 동경 129도 50분에 위치하는 것으로 표시하였다. 그리고 독도에 해당되는 송도를 다쥬레 섬(I. Dagelet)라고 하면서, 북위 37도 25분 동경 130도 56분에 자리하고 있는 것으로 표시하였다. 따라서 두 개의 섬이 존재한다는 인식은 정확한 사실에 바탕을 둔 것이

下條正男, 앞의 책, 69~77쪽.
30) 川上健三, 1996, 『竹島の歷史地理學的硏究』, 東京: 古今書院, 12쪽.
31) 이것은 아마도 다케시마(竹島: Takesima)의 잘못이 아닌가 한다.

지만, 그 위도와 경도의 표기에 오류를 범했다는 것을 알 수 있다.

그러나 일본 사람들은 이들 두 섬에 대한 이름의 혼란 원인을 이 지도의 탓으로 돌리고 있다. 이렇게 기묘한 이유를 최초로 고안한 사람은 일본에서 독도 문제를 본격적으로 연구하기 시작한 가와카미 겐죠(川上健三)였다. 그는 『죽도의 역사 지리학적 연구』라는 저서에서 '섬 이름의 혼란'이란 절을 설정하여 이 문제를 아래와 같은 지적을 한 바 있다.

「일본의 제 문헌과 지도에, 오키도와 조선 반도와의 사이의 일본해(동해를 가리킴: 인용자 주)에, 일본 가까이에 송도, 조선 가까이에 죽도라고 하는 두 개의 섬이 있다는 것을 알았던 ① 시볼트는, 다른 유럽의 지도에는 같은 해역(海域)에 일본 가까이에 다쥬레, 조선 가까이에 아르고노트라고 하는 두 개의 섬이 그려져 있는 것으로부터, 다쥬레 섬을 송도로, 아르고노크 섬을 죽도(Takasima)로 비정하여, 그것을 그의 〈일본도(日本圖)〉에 기입했다.

② 이것이 종래, 죽도(또는 기죽도(磯竹島))라고 불리고 있던 울릉도가, 송도라고 불리는 잘못을 범하는 단서가 되었던 것이다. 이것에 대해 좀 더 상세하게 기술한다면, ③ 울릉도가 잘못되어 다쥬레와 아르고노트라고 하는, 마치 두 개의 각각의 섬인 것처럼 지도상에 기재되게 된 다음, 1854년에 이르러 러시아의 군함 팔라다호(Pallada)가 울릉도의 위치를 자세하게 측량하였다. 그 결과, 이전에 콜네트(James Colnett)[32]가 아르고노트라고 부른 울릉도의 위치로 보고된 경·위도가 부정확했다는 것을 알았다. 그 때문에, ④ 그 후의 구미(歐美)에서 제작된 지도 내에는, 아르고노트 섬을 점선으로 나타내기도 하고, '현존하지 않는다(nicht vorhanden),'라고 주를 붙인 것 등이 나타나게 되어, 드디어 아르고노트라고 하는 섬 이름은, 지도상에서 그 모습을 감추게 되는 것이다.

⑤ 그 사이에 금일의 죽도(독도)가, 1849년에 프랑스의 포경선(捕鯨船) 리앙쿠르호(Liancourt)에 의해 발견되어, 리앙쿠르라고 이름 붙여지게 되었던 것은, 앞에서 언급한 대로이다. 이어서 1854년에는, 울릉도를 실측한 러시아 함정 팔라다호도 오늘날의 죽도(독도) 위치를 측정하고, 이것을 마나라이(Manalai) 및 올리부짜(Olivutsa)라고 명명하였으나, 그 다음 1855년에는 영국의 중국 함대 소속 기주함(汽走艦) 호네트호(Hornet)의 함장(艦長) 찰스 씨 포시드(Charles, C, Forsyth)도 이 섬을 측량하였는데, 영국의 해도(海圖)에는 그 후, 그것이 호

---

32) 콜네트는 영국의 연안 탐험가로, 1789년에 울릉도를 발견하여 아르고노트 섬이라고 명명한 것을 가리킨다.

川上健三, 위의 책, 10쪽.

네트 암(Hornet rocks)의 이름으로 기재되게 되었다.

　이로 인해, 일시는 아르고노트, 다쥬레, 리앙쿠르(또는 호네트)란 세 개의 섬이 기재되어 있는 구미 제작의 지도도 출현하게 되었다. 그 대표적인 것으로서는, 1856년 판의 ⑥ 페리(M. C. Perry) 제독의 『일본 원정기(日本遠征記)』 제1권의 접힌 지도인 '일본 근역도(日本近域圖)'와, 동 원정에 참가한 빌헬름 하이네(Wllhelm Heina)의 『중국·일본 등 원정기』에 게재되어 있는 '중국 및 일본 연안도'를 들 수가 있다. 두 지도 다 같이 시볼트의 '일본도'에 바탕을 두고 일본 부근을 그렸고, 거기에 내항할 때의 측량의 결과와 그 밖의 최신의 지식을 더하여, 1855년에 제작한 지도인 것이다.」[33]

　이와 같은 가와카미의 주장은 사실을 호도하기 위한 궤변에 지나지 않는다. 바꾸어 말하면 일본에서는 막부시대부터 전통적으로 울릉도를 '죽도'로, 독도를 '송도'라고 지칭해왔다. 그러다가 1905년에 독도를 강탈하면서 거기에 '죽도'라는 이름을 붙였다. 이것은 그때까지의 관행에서 벗어난 것으로, 독도를 빼앗기 위해 섬의 이름을 바꾸었다는 것을 의미한다. 이런 사실을 은폐할 목적으로 위에서와 같은 변명을 늘어놓았다고 볼 수밖에 없다는 것이다.

　우선 가와카미도 ①에서 지적한 것처럼 시볼트가 한국에 치우쳐 있는 섬을 다케시마(竹島: 아르고노트 섬)라고 했고, 일본에 치우쳐 있는 섬을 마쓰시마(松島: 다쥬레 섬)이라고 했다는 것을 인정하고 있다. 하지만 이렇게 표기한 것이 ②에서 말하는 울릉도가 송도라고 불리는 잘못을 범하는 단서가 되었다고 단정할 수는 없다. 그 까닭은 시볼트가 분명하게 울릉도를 죽도(다카시마)로, 독도를 송도(마쓰시마)로 표기하고 있기 때문이다.

　이처럼 명확한 사실로부터 자기들의 구미에 맞는 논리를 개발하려고 하다 보니, ③에서와 같은 구차한 변명을 늘어놓게 되었다. 다시 말해 ⑤에서와 같이 실제 측량에 의해 독도가 '리랑쿠르 암'이라든가, '마나라이', '호네트 암'과 같은 명칭을 갖게 되자, ③에서 언급하고

---

33) 川上健三, 위의 책, 12~13쪽.

있는 것과 같이 "울릉도가 잘못되어 다쥬레와 아르고노트라고 하는, 마치 두 개의 각각의 섬인 것처럼 지도상에 기재되게" 되었다는 것이다. 그렇지만 ④에서와 같이 이내 아르고노트 섬이 실존하지 않는다는 것이 알려져 지도상에서 모습을 감추었다는 점을 감안하면 세 개의 섬이 그려진 지도가 일반화되지 않았던 것은 분명하다고 하겠다.

그런데도 이러한 설명을 하면서 가와카미는 페리 제독의 『일본 원정기』에 접히어 붙어있는 지도 6을 제시하였다. 그러면서 그가 붙인 해명이란 것이 밑줄을 그은 ⑥이다. 여기에서 그는 페리 제독이 『일본 원정기』에 붙인 지도가 시볼트의 그것에 바탕을 두고 일본의 부근을 그렸다는 것을 강조하고 있다.

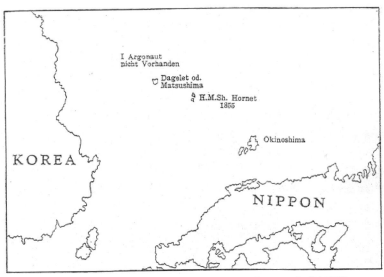

〈지도 6〉 페리 제독의 『일본 원정기』 제1권 소재 '일본 근역도'(1856)[34]

---

34) 川上健三, 위의 책, 13쪽.

그러나 페리 제독의 책에 들어 있는 <일본 근역도>가 시볼드의 <일본도>를 근거로 하여 그려졌다고 하는 정확한 근거는 없다. 그 뿐만 아니라 여기에는 아르고노트 섬은 존재하지 않는다고 확실하게 기록하고 있다. 이 때문에 다쥬레 섬, 즉 '마쓰시마(송도)'라고 표기된 섬이 울릉도가 되었고, 리앙쿠르 암이 독도로 인식하였던 것은 사실인 것 같다. 하지만 그렇다고 하여 리앙쿠르 암이 '죽도'라고 명명된 것은 아니란 것도 분명하게 해둘 필요가 있다. 단지 일본 사람들의 잘못 된 인식으로 섬 이름의 혼란이 생겼을 뿐이다. 그럼에도 불구하고 그들은 섬 이름의 혼란 책임을 전부 시볼트에게 전가하고 있다. 이것은 그들의 독도 강탈에 대한 왜곡된 논리의 조작 그 이상도 이하도 아니라는 것을 말해준다.

사실이 이런데도 불구하고 시모죠는 가와카미 겐죠의 논리를 원용하여 <일로청한 명세신도>에 그려진 '죽도'는 존재하지 않는 섬이고, '송도'는 울릉도이기 때문에 당연히 일본과는 관계가 없는 것이라고 주장하고 있다. 그의 이와 같은 견해는 1877년 태정관(太政官)의 우대신 이와쿠라 도모미(岩倉具視)가 내렸던 지령문을 부정하기 위해 만들어진 것이기 때문에 여기에서 간단하게 별견하기로 한다.

「지적편찬에 관한 질의의 전말(顚末)을, 『공문록(公文錄)』과 『태정류전(太政類典)』에서 확인해보면, 시마네현이 질의를 한 "죽도 타 1도"와, 태정관이 판단한 "죽도 타 1도"에는 차이가 있다. 『공문록』에 첨부된 시마네현 제출의 『기죽도 약도(磯竹島略圖)』에는, 현재의 죽도(독도)와 기죽도(현재의 울릉도)가 그려져 있어, 시마네현에서는 울릉도와 죽도를 일본령(日本領)으로 인식하고 있었다.

그런데 태정관이 "관계가 없다."고 한 "죽도 타 1도"를, 『공문록』과 『태정류전』에 수록된 관련 문서에서 보면, 울릉도에 해당하는 죽도와 "돗토리번(鳥取藩) 요나고(米子)의 오야 집안(大谷家) (사람들이) 표착한(漂着)한" 송도에 관한 기록이 있을 뿐으로, 현재의 죽도에 관해서는 아무 것도 적혀 있지 않은 것이다.

결론부터 말한다면, 태정관이 "관계가 없다."라고 한 "죽도 타 1도"는, 두 개의 울릉도를 가리키고 있으며, 현재의 죽도와는 관계가 없었던 것이다. 이 것은 당시, 사용되고 있던 지도에 기인(起因)하고 있다. 거기에는, 실재하지 않는 죽도(아루고노트섬)와 송도(다쥬레-섬)의 두 섬이 그려져 있기 때문이 다. 그 원인(遠因)은, 시볼트가 서구에 전한 『일본도(日本圖)』에 있다. 시볼트 의 『일본도』에는, 동경(東經) 129도 50분에 위치하는 죽도와, 동경 130도 56 분의 송도가 그려져 있다. 그렇지만 현재의 죽도는 동경 131도 5분에 위치하 며, 당시는 '리양쿠르 섬'이라고 불렸던 암초(暗礁)였다. 동경 129도 59분의 죽도와, 동경 131도 56분의 송도는, 처음부터 "본방(本邦) 여기 관계가 없다." 였던 것이다.

태정관 지령으로부터 3년 후, 태정관이 "타 1도(他一島)"라고 한 송도(다쥬 레-섬)는, 울릉도였던 것이 판명되었다. 1880년, 외무성이 아마시로함(天城艦) 을 송도에 파견하여, 측정조사를 명령했기 때문이다. 측량을 끝낸 아마시로함 은 "송도. 한국 사람들 이것을 울릉도라고 칭한다."라고 보고하여, 송도는 한 국의 울릉도라는 것이 확인되었다.」[35]

그의 이러한 견해에 대해서는 필자가 이미 「끝없는 위증의 연속 - 시마네현 죽도문제연구회 『최종보고서』의 문제점」이란 논고를 통해 서 자세하게 논한 바 있으나, 그 문제점의 파악을 위해 간단하게 요 약한다면 다음과 같다. 곧 1876년 10월 16일 시마네현 참사(參事)인 사카이 지로(境二郎)가 내무성의 내무경(內務卿) 오쿠보 도시미쩨(大久 保利通)에게 「일본해(동해를 가리킴: 인용자 주) 내 죽도 외 1도 지적 편찬에 관한 질의(日本海內竹島外一嶋地籍編纂方伺)」를 하면서, "산인 (山陰) 일대의 서부에 꿴 듯이 붙여야만(貫附) 한다."고 하면서, 울릉도 와 현재의 독도를 시마네현의 지적에 편입해야 하는지 어떤지를 질의 하였다. 이런 질의를 하면서 붙인 지도가 아래와 같은 <기죽도 약 도>이다.

---

35) 下條正男, 2004, 앞의 글, 2쪽.

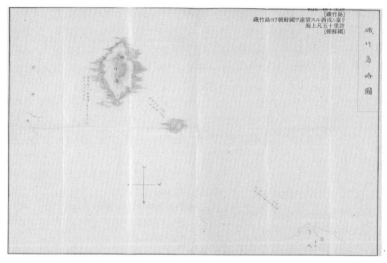

〈지도 7〉 시마네현에서 첨부했던 〈기죽도 약도〉36)

그러자 내무경 오쿠보 도시미찌의 대리(代理)인 내무소보(內務少輔) 마에시마 히소카(前島密)가 "판도(版圖)의 취사는 중대한 사건"이라는 인식에서, 이것을 그 이듬해인 1877년 3월 17일 태정관의 우대신 이와 쿠라 도모미(岩倉具視)에게 문의했다. 이렇게 하여 같은 해 3월 29일 태정관의 우대신이 내린 것이 "문의한 죽도 외 1도에 대하여 우리나라 (本邦)와는 관계가 없다는 것을 주지할 것"37)이라는 지령문이었다.

이와 같은 일련의 과정에서 일본의 독도 강탈을 정당화하는 데 가장 큰 걸림돌이 되는 것이 위의 지도 7 <기죽도 약도>와 "죽도 외 1도는 우리나라와 관계가 없다."고 우대신의 지령이었다. 이런 자기들의 약점을 잘 알고 있던 시모죠는 위에서 인용한 것처럼, "시볼트의 <일본도>에는, 동경(東經) 129도 50분에 위치하는 죽도와, 동경

---

36) 島根縣 總務課, '日本海內竹島外一島地籍編纂方伺' 添附 <磯竹島略圖>, 『公文錄』
37) "伺之趣竹島外一嶋之儀本邦關係無之儀ト可相心得事."
　　송병기 편, 2004, 『독도영유권자료선』, 춘천: 한림대출판부, 155쪽.

130도 56분의 송도가 그려져 있다. 그렇지만 현재의 죽도는 동경 131도 5분에 위치하며, 당시는 '리앙쿠르 섬'이라고 불렸던 암초(暗礁)였다. 동경 129도 59분의 죽도와, 동경 131도 56분의 송도는, 처음부터 "본방(本邦) 여기 관계가 없다."였던 것이라고 하는 해괴한 논리를 날조해냈던 것이다.

그러나 시모죠의 논리가 사실이라고 한다면, 태정관의 우대신 이와쿠라 도모미는 첨부된 지도 7의 <기죽도 약도>를 보지 않고 일부러 소재 불명의 엉터리 지도(지도 6과 같은 것)를 참조한 정신이상자였다고 볼 수밖에 없다. 하지만 이와쿠라가 그 정도로 분별력이 없는 사람은 아니었다. 그는 이토 히로부미(伊藤博文)과 더불어 당시에 개화를 적극적으로 추진했던 지식인이었다. 그런 그가 지도 한 장을 제대로 볼 수 있는 능력을 갖추지 않았었다는 것은 시모죠 이외에는 믿을 사람이 없을 것이다.

시모죠의 논리가 말이 되지 않는 다는 것은 위 인용문의 밑줄을 그은 곳에서 보는 것처럼, "『공문록』에 첨부된 시마네현 제출의 『기죽도 약도(磯竹島略圖)』에는, 현재의 죽도(독도)와 기죽도(현재의 울릉도)가 그려져 있어, 시마네현에서는 울릉도와 죽도를 일본 령(日本領)으로 인식하고 있었다."라고 하는 주장이다. 그의 말대로 시마네현이 울릉도와 죽도가 그려진 지도를 첨부한 것이 그 섬들을 일본 령으로 인식한 증거라고 한다면, 굳이 내무성에 그 편입 여부를 문의할 이유가 없다는 것은 너무도 분명하다.

그러나 그는 이와 같은 어불성설의 논리를 가지고 이번에 공개된 <일로청한 명세신도>에 대해서도 그대로 사용하고 있다. 말하자면 시볼트의 잘못 표기된 경도와 위도를 근거로 하여 또 죽도는 존재하지 않는 섬이고 송도는 울릉도라는 이론(異論)을 제기하였다.

하지만 이런 그의 주장은 타당성을 지닌 것이 아니다. 단지 독도를 일본의 땅으로 만들겠다는 생각에서 역사적 사실 왜곡한 것이다. 그가 사실을 왜곡하고 있다는 것은 한국과 일본의 오키도 사이에 존재하는 두 개의 섬을, 하나는 허구의 섬이고 다른 하나는 울릉도라고 하는 것을 통해서도 입증이 된다. 아무리 경도와 위도가 다르다고 하더라도 존재하지도 않는 섬을 그려 넣는다는 것은 생각할 수도 없기 때문이다.

이런 의미에서 이번에 공개한 <일오청한 명세신도>에 그려진 송도는 독도가 틀림없다는 것이다. 그리고 이런 독도를 한국의 동쪽 끝으로, 오키도를 일본의 서쪽 끝으로 인정하여, 같은 거리에 국경선을 그었다는 것은, 일본 사람들도 러일전쟁을 준비하는 과정에서는 독도를 한국의 영토로 간주하였다는 사실을 말해준다고 할 수 있다.

6. 맺음말

이제까지 2010년에 유성철 씨의 제공으로 공개한 <일로청한 명세신도>를 대상으로 하여, 이 지도에 표현된 일본 사람들의 독도에 대한 인식을 고찰하였다. 특히 이 지도가 공개되자, 호사카 유지로부터 몇 가지의 질의가 있었고, 시모죠 마사오로부터는 자료의 가치를 부정하는 이의(異議) 제기가 있었다. 그래서 본고는 이들이 제기한 문제점을 중심으로 그 사실 여부를 검토했다. 그러면서 얻은 성과들을 간단하게 요약하면 다음과 같다.

첫째 이 지도는 '제국 육해 측량부'에서 편찬한 것으로 되어 있으나, 현재로서는 이것이 어떤 기구였는지 확인할 수 없었다. 하지만 당시 육군에 육지 측량부가 존재했었고, 해군 수로부에 측량과가 존재했었다. 그리하여 러일전쟁을 준비하기 위해서 이들 두 기구를 임시

로 통합하여 만든 것이 '제국 육해 측량부'가 아니었을까 하는 추정
을 하였다.

둘째 이 지도의 출판자는 구리모토 쵸시치(栗本長質)이란 사람이었
다. 이 사람에 대해서도 정확하게 알려진 것이 없지만, 그는 그 무렵
에 『민법』과 『개정 징병령』, 『재향군인의 지식』과 같은 책들을 저술
하였고, 또 『기독교 삼강령』과 같은 책을 출판하기도 하였다. 이런 사
람이 '제국 육해 측량부' 편찬의 지도를 발행했다는 것은, 그가 러일
전쟁의 준비에 상당히 깊이 관여를 하면서 국가기관의 도움을 얻었거
나 아니면 준국가기관의 성격을 가지는 곳의 도움을 받아 이 지도를
발행하였을 것이라고 상정하였다.

셋째 이 지도가 1903년 10월에 발행되었다는 사실에 주목하였다.
두루 알다시피 이 시기는 이미 일본이 한국을 합병하기 위해서는 러
시아와 전쟁을 감수할 수밖에 없다는 확고한 방침을 세웠던 시기였
다. 그런 때에 이 지도가 제작되었다는 것은 이것이 러일전쟁의 준비
하기 위한 작업의 일환으로 보았다. 이런 추정은 일본 메이지 대학(明
治大學) 소장 아시다 문고(蘆田文庫)의 지도 목록에 실려 있는, 1904년
에 발행된 이 지도의 축소판에 "군대 포켓용"이라는 글귀가 있는 것
을 통해서도 그 타당성을 인정받을 수 있다.

넷째 그리고 러일전쟁 준비용으로 제작된 이 지도에는 한국과 중
국, 일본의 바다에 국경선이 그어져 있는데, 그 경계의 표시가 한국을
중심으로 한 것으로 간주하였다. 이렇게 본 이유는 선과 선 사이에
점을 찍었는데, 한국의 경우는 한 개(—·—)로 하였고, 일본의 경우는
두 개(—··—)로, 중국의 경우는 세 개(—···—)로 하여, 한국을 기초
로 한 것으로 볼 수 있기 때문이었다.

다섯째 동해안의 국경 표시에서는 독도에 해당되는 송도를 한국의
동단(東端)으로 하였고, 일본은 오키도를 서단(西端)으로 하여 같은 거

리에 경계선을 표시한 다음, 그 사이는 공해(公海)로 생각하여 비워 두었다는 것을 확인하였다. 이와 같은 사실은 일본이 러일전쟁 발발 전까지만 해도 독도를 자기네 땅이나 임자가 없는 땅으로 보지 않았 다는 것을 말해준다고 할 수 있다. 이런 의미에서 1905년 독도를 강 탈하기 이전에 일본 사람들은 독도를 한국의 영토로 인식하고 있었다 는 것을 알 수 있었다.

여섯째 이 지도에 그려진 죽도(울릉도)는 존재하지 않는 섬이고, 송 도(독도)는 울릉도를 가리킨다고 하는 시모죠 마사오의 주장이 독도 강탈의 정당성을 확보하기 위한 사실의 왜곡으로 간주하였다. 왜냐하 면 그들이 섬 이름 혼란의 원인이 1840년에 제작된 시볼트의 <일본 도(日本圖)>에 있다고 하였지만, 이 지도에는 분명하게 죽도(울릉도) 와 송도(독도)를 표시하고 있기 때문이었다. 단지 그 경도와 위도 표 기에 오류가 있었으나, 시볼트가 두 섬의 존재를 인식하고 있었던 것 은 부정할 수 없는 사실임을 확인하였다. 그리고 시모죠가 동해에 세 섬이 그려진 지도들을 보고 태정관의 우대신 이와쿠라 도모미가 "죽 도(울릉도) 외 1도는 우리나라와 관계가 없다는 것을 주지할 것"이라 는 지령을 내렸다고 주장하는 것 역시 어불성설의 거짓말이라는 사실 을 밝혔다.

이와 같은 결론을 내리면서, 독도 문제를 해결하기 위해서는 한·일 양국의 학자들이 지금가지 제시된 모든 사료와 자료들을 내어놓고, 사심 없는 학자적 양심으로 돌아가 허심탄회한 토론을 했으면 한다는 것을 첨언해둔다.

참고문헌

『世宗實錄』

『公文錄』

帝國陸海測量部 編纂, 1903, <日露淸韓明細新圖>, 東京: 一二三館.

帝國陸海測量部 編纂, 1904, <日露淸韓明細新圖>, 東京: 一二三館. 1枚 石版(色刷)

http://www.lib.meiji.ac.jp/ashida/articles/report-2000/cat/cat02.html

김봉철, 2010, 「일 초등교과서 독도 영유권 표기 확대 파문」, 『독립신문』 서울: 독립신문사. 3. 31일자 기사

김화경, 2007, 「끝없는 위증의 연속」, 『독도연구』, 경산: 영남대 독도연구소 연구지3.

조은아, 2005, 「1895년 일본군 지도에도 독도를 한국 땅으로 표기」, 『동아일보』, 서울: 동아일보사. 10월 25일자 기사

최문형, 2004, 『국제관계로 본 러일전쟁과 일본의 한국 합병』, 서울: 지식산업사.

文部科學省, 2008, 『中學校學習指導要領解說(社會編)』, 東京: 文部科學省.

文部科學省, 2009, 『高等學校學習指導要領解說(社會編)』, 東京: 文部科學省.

日本外務省ホームページ アジア竹島問題.

外務省, 2008, 『竹島問題を理解するため10のポイント』, 東京: 外務省 アジア大洋州局 北東 アジア課.

栗本長質, 1896, 『民法』, 東京: 一二三館.

_____, 1904, 『改正徵兵令』, 東京: 一二三館.

_____, 1905, 『在鄕軍人の心得』, 東京: 一二三館.

佐藤侊, 1993, 『國史大辭典(14)』, 東京: 吉川弘文館.

川上健三, 1965, 『竹島の歷史地理學的硏究』, 東京: 古今書院,

下條正男, 2004, 『竹島は日韓どちらのものか』, 東京: 文藝春秋.

_____, 「竹島の日條例から二年」, 『最終報告書』, 松江: 竹島問題硏究會.

_____, 「東北アジア歷史財團の主催の東海獨島 古地圖展について」, 『實事求

是 26』, 研究情報.

http://www.pref.shimane.lg.jp/soumu/takesima/

海上保安廳水路部 編, 1981, 『日本水路史』, 東京: 日本水路協會.

(『한국지도학회지』 10-1, 2010.6)

「일로청한명세신도」에 표기된 '일본해' 명칭의 역사적 의미

김 호 동

1. 머리말

2010년 3월 30일 일본 문부과학성이 초등학교 교과서 검정을 발표하면서 초등학교 5학년 모든 사회교과서에 "독도(다케시마)는 일본 땅"이라 하고, 독도를 일본 영해로 포함하는 경계선을 그은 지도를 포함시키도록 하였다(그림 1).

〈그림 1〉 일본 문부과학성 발표 사회교과서 지도

일본 문부과학성이 발표한 초등학교 사회교과서 지도(그림 1)에서 독도를 일본의 영토 경계선 안에 그려둔 사실을 논박하는 정부 당국과 학계의 주장을 담은 언론 보도가 많이 있었다. 그런데 위 지도의 또 하나 큰 문제점은 한국과 일본 사이의 바다, 즉 동해를 '日本海'라고 표기한 것이다. 그간 한국 정부와 학계에서는 국제적으로 동해를 '일본해'로 단독 표기한 것을 시정하기위해 많은 노력을 기울여 왔음에도 불구하고 위 지도에서 동해를 '일본해'로 표기되었다는 것을 반박하는 논평을 내놓지 못하였다.

일본 문부과학성의 교과서 검정 발표 직후인 4월 1일에 영남대학교 독도연구소는 1903년(明治 36년) 10월 23일에 발행된 일본 '帝國陸海測量部' 편찬의 「日露淸韓明細新圖」(소장자: 유성철<고미술수집가, 대구 동구, 56세>)를 공개하였다. 이 지도는 일본 검인정 사회교과서(그림 1)와는 달리 독도(松島)를 기점으로 하여 조선의 국경선을, 일본의 오키섬을 기점으로 하여 일본의 국경선을 각기 그어 놓았기 때문에 언론의 집중적 조명을 받았다.

「일로청한명세신도」에서 한 가지 더 주목할 사실은 이 지도가 '일본해' 명칭 단독 표기의 주장을 비판할 수 있는 지도라는 점이다. 대한민국 정부는 UNCSGN 및 IHO의 결의에 따라 'East Sea'와 'Sea of Japan'을 병기해야 한다고 주장한다. 이에 대해 일본 정부는 IHO의 결의에 대해서 "이 결의는 만 또는 해협 등이 2개 이상의 국가주권 하에 있는 지형을 상정한 것으로, 일본해와 같은 공해에 적용된 사례는 없다"고 주장하고 있다. 이러한 일본의 주장을 비판하기 위해서는 '일본해'의 명칭이 공해로서의 의미를 갖고 사용된 것이 아니라 '일본의 바다(영해)'로서의 의미를 갖고 있음을 증명하는 것이다. 「일로청한명세신도」는 한국과 일본 사이의 바다의 경계선을 명확히 그어 놓고, 그 사이에 '공해'를 표기해 놓았다. 그리고 일본의 경계선 안에

'일본해'라고 적어 놓았기 때문에 일본해의 명칭을 공해라고 할 수
없음을 보여준다. 일본은 '일본해'의 명칭이 19세기 후반의 일본의 팽
창주의 또는 식민지 지배의 결과였다는 한국측의 주장에 대해 19세
기 초 일본해의 명칭이 압도적으로 많이 사용되었다는 것을 근거로
하여 한국측의 주장이 전혀 타당성이 없다고 하지만 후술하겠지만
'제국육해측량부'가 편찬한 이 지도는 대만해역까지 포함한 '일본해'
의 경계선을 그어놓은 것으로 보아 '일본해'의 명칭이 영토팽창과 관
련하여 작성되었다는 것을 말해준다.

　최근 필자는 「메이지시대 일본의 동해와 두 섬(독도, 울릉도) 명칭
변경의도에 관한 검토」를 한 바가 있다.[1] 그 후속작업으로서 「일제
의 한국침략에 따른 '일본해' 명칭의 의미 변화」를 다루고자 하는 중
에 「일로청한명세신도」를 접하고, 그 입론을 논증하는 중요한 자료
라고 생각하여, 이 기회에 「일로청한명세신도」를 중심으로 '일본해'
의 명칭이 어떤 의미로 사용되었는가를 밝히고자 한다. 지금까지 동
해에 대한 수많은 연구가 있었지만 국내에서 일본의 일본해 명칭에
관한 연구동향을 분석한 논문[2] 외에 전론적 연구는 거의 없다. 앞으
로 이에 관한 연구가 활성화되어야만 할 것이다.

　본고에서 다루고자 하는 「日露淸韓明細新圖」(78.5×54.5cm)는 일본
제국육해측량부가 메이지(明治) 36년(1903) 10월 23일에 편찬한 지도
이다. 지도의 '판권소유'란에 '發行者 東京市 日本橋區鐵砲町 十三番
地 栗本長質, 印刷者 東京市 日本橋區築地二丁目五番地 發行所 東京市
日本橋區鐵砲町 十三番地 一二三館'으로 되어 있다. 당시 일본 정부에
서는 지도 제작을 육지측량부에서 하였고, 해군 수로부에서도 '수로

────────────

1) 김호동, 2009, 「메이지시대 일본의 동해와 두 섬(독도, 울릉도) 명칭 변경의
　 도에 관한 검토」, 『민족문화논총』 43, 영남대학교 민족문화연구소.
2) 심정보, 2007, 「일본에서 일본해 지명에 관한 연구동향」, 『한국지도학회지』
　 7-1.

지' 발간과 해도 등을 작성하였다. 1876년 이전의 경우 군부보다 내무성이 지도제작을 주도하였지만 점차 군부가 지도제작을 주도하여 갔다. 특히 1889년 육군 참모본부 직속의 육지측량부가 새롭게 태어나면서 육지측량부는 일본 근대지도의 총본산으로 자리잡으면서 청일전쟁 발발부터 제2차 세계대전이 끝날때까지 외국지도제작을 수행해 왔다.[3] 「일로청한명세신도」를 편찬한 '제국육해측량부'의 경우 공식기구로 존재한 것은 아닌 것 같다. 그렇지만 발행자인 栗本長質이 1904년에 군사용으로 포켓용 「日露淸韓明細新圖」(34.6×50.2 cm)를 발행하는 한편 『개정 징병령』이란 책을 쓰고,[4] 1905년에 『재향군인의 지식』이란 책을 집필한 것으로 보아[5] 민간인 제작용의 지도라고 볼 수 없다. 이 지도는 전쟁을 앞둔 시점에 육지측량부와 해군수로부가 함께 공동 작업한 것이기 때문에 임시 기구로서 '帝國陸海測量部'라고 하였을 가능성이 크고, 그 지도 발행을 栗本長質에게 맡겼다고 볼 수 있다.[6] 그런 점에서 이 지도는 독도 영유권 공고화와 동해/일본해 병기를 주장하는 한국측 논리의 강화에 큰 기여를 하리라고 본다.

---

3) 남영우, 2007, 「구한말과 일제강점기의 한반도 지도제작」, 『한국지도학회지』 7-1, 15~24쪽.

4) 栗本長質, 1904, 『改正徵兵令』, 東京: 一二三館, 일본국회도서관 디지털 아카이브 포털 참조.

5) 栗本長質, 1905, 『在鄕軍人の心得』, 東京: 一二三館, 일본국회도서관 디지털 아카이브 포털 참조.

6) 「일로청한명세신도」가 4월 1일, 언론에 공개되고 난후 영남대학교 독도연구소에서 4월 5일, ''「일로청한명세신도」의 사료적 가치'란 주제로 세미나를 가진 바 있다. 이때 호사카 유지가 이메일 토론문을 보내와서 「일로청한명세신도」를 편찬한 '육해측량부'는 존재하지 않는다고 하면서 '육지측량부'의 오자로 해석하면서 민간용지도라는 견해를 표출한 바가 있지만 이 주장은 잘못된 것이다.

2. 「日露淸韓明細新圖」에 나타난 '東海'와 '日本海' 명칭의 의미

1) 동해/일본해 명칭의 병기에 대한 한 일 양국의 시각 차

2007년부터 동북아역사재단에서 '한·중·일 역사인식 조사'를 해오고 있다. 이 조사는 서울과 동경, 북경의 시민들에게 한·중·일 역사 쟁점 현안에 대한 인식, 한·중·일 공동 역사 연구에 대한 인식, 한·중 / 한·일 / 중·일의 역사 현안 해결 방안에 대한 인식, 향후 한·중·일 세 나라 간의 관계 및 동아시아 공동체에 대한 전망과 인식 등을 묻는 설문조사이다. 그 문항 가운데 동해와 독도 표기에 관한 조사내용이 포함되어 있다.

2009년의 『한·중·일 역사인식 조사 결과보고서』(한국 갤럽, 2009)에 의하면 동해/일본해 표기에 대해 한국인의 90.1%가 '동해로 표기', 일본인의 72.0%가 '일본해로 표기'해야 한다고 하여 양국 모두 자국 이름으로 표기를 해야 한다고 생각하고 있다. 반면 동해/일본해 병기로 표현해야 한다는 주장은 한국의 경우 7.6%이고, 일본의 경우 19.1%에 불과하다. 이러한 여론조사의 결과는 현재 한국 정부가 동해/일본해 병기에 우선 목표를 설정하고 있는 것과 많은 차이가 있다. 이러한 요인은 한, 일 양국에서 각기 동해와 일본해를 역사적으로 '공해'로 인식하기보다는 자국의 '영해'로 인식한 결과에 기인한다. 이런 입장이다 보니 '동해/일본해'의 병기에 관해 양국에서 지지여론이 낮을 수밖에 없고, 각기 자국의 이름으로 표기해야한다고 주장할 뿐이다. 한국의 경우 '동해/일본해' 병기에 대한 일본과 국제사회의 설득 못지않게 대국민홍보에 대해서도 적극적으로 나설 필요성이 있음을 위 설문조사는 잘 보여주고 있다. 왜 한국에서 '일본해'의 명칭의 단독표기를 반대하고, '동해/일본해' 명칭의 병기를 주장하는가에 대해서 한 일 양국에 적극 홍보할 필요가 있다. 국립해양조사원의 '대한민국 동해 홈페이지(http://eastsea.khoa.go.kr)'에는 동해 표기의 정당성에 관한 한국정부의 입장을 다음과 같이 밝히고 있다.

1. 동해는 우리민족이 2000년전부터 사용해온 명칭으로서 일본이라는 국호가 공식적으로 사용되기 시작한 시점이 8세기이므로 일본이라는 이름보다도 700년이나 먼저 사용 되어진 명칭입니다. 따라서 동해가 일본해에 비해 역사적 정당성을 지닌다고 할 수 있습니다.

2. 동해지역은 한국, 북한, 일본, 러시아등 4개국이 인접한 해역이므로 관련국 중 일국의 국호를 따라서 동 해역을 명명하는 것은 옳지 않으며, 관련국 모두가 동의할 수 있는 명칭을 찾는 것이 필요하고 관련국간 합의에 이르지 못할 경우에는 관련국이 사용하는 명칭을 병기하는 것이 적절합니다. 지명의 표준화문제를 다루는 "유엔지명표준화회의"에서도 지명에 대한 분쟁이 있을 경우에는 관련국간 합의에 이르기 전까지 잠정적으로 병기할 것을 권고하고 있는 만큼 지명에 관한 국제규범의 관점에서도 동해를 일본해와 함께 병기하는 것이 정당한 것입니다.

3. 해양의 지명을 결정하는 일반적인 방법론은 대부분 관련 해역의 왼쪽에 위치하는 대륙의 명칭을 따르는 것이 관례인 바, 우리는 동해의 경우에도 한반도만이 아니라 유라시아 대륙의 동쪽에 위치하는 바다라는 의미로 동해의 사용을 주장하고 있는 것입니다.

4. 동해는 이와같이 역사적, 국제규범적 차원에서 정당성을 지니고 있는 명칭이며 무엇보다 한국민이 2000년 이상 사용하고 있는 명칭이라는 점에서 세계지도에 표기되어야 할 정당성을 지니고 있는 명칭이라고 할 수 있습니다.

한국의 경우 동해 표기의 정당성을 위와 같이 주장하고 있지만 동해지역의 명칭에 대해 한일간에 분쟁이 있는 것이 확실하므로 지명분쟁에 관한 국제규범인 유엔지명표준화회의 및 국제수로기구의 결의에 의거, 한일 양국이 공통의 명칭에 합의하기 전까지는 두 명칭을 함께 사용하는 것이 가장 바람직한 방안임을 '국립해양조사원'의 '대한민국 동해 홈페이지(http://eastsea.khoa.go.kr)'에서는 다음과 같이 천명하고 있다.

1. UN사무국은 '분쟁지명에 대한 양자간 합의에 이르기 전까지는 가장 널리 사용되는 명칭을 사용한다'는 사무국 내부의 관행을 유지하고 있으며 이러한 관행에 의거, UN 공식문서상에 「일본해」 단독 표기를 사용하고 있습니다.
2. UN사무국의 관행은 UN 차원에서 승인된 관행이 아니며 사무국 내부적으로 유지되고 있는 편의적인 관행이므로 UN이 「일본해」를 표준 지명으로 승인했다는 일측 주장은 사실과 다른 억지 주장입니다.
3. 정부는 분쟁지명에 대한 합의에 이르기 전까지는 병기할 것을 권고하고 있는 UN지명표준화 회의결의에 의거, UN사무국의 「일본해」 단독 표기 관행에 지속적으로 이의를 제기하면서 사무국 관행의 변경을 요청하고 있습니다.
4. 우리측 요청에 대해 UN 사무국은 한일 양국간 협의를 통해 합의를 도출할 것을 요청하면서 사무국의 「일본해」 단독 표기 관행이 한일 양국간의 분쟁에 있어 일방의 입장을 지지하기 위한 것이 아니며, 동시에 분쟁당사국 일방의 입장 강화를 위해 원용되어서도 안된다는 입장을 우리측에 표명한 바 있습니다.

일본 외무성의 홈페이지 '일본해' 사이트를 보면 한국이 일본해와 동해의 병기를 권고하는 유엔 및 IHO의 결의가 있다는 주장을 한 것을 비판하면서 "이 결의는 만 또는 해협 등이 2개 이상의 국가주권 하에 있는 지형을 상정한 것으로, 일본해와 같은 공해에 적용된 사례는 없다"고 하여 일본해의 명칭이 '공해'에 관한 명칭임을 부각하고 있다. 외무성이 "한국에서 과거 2000년간 '동해'란 호칭을 사용해왔다는 주장은 어디까지나 한국 국내의 명칭일 뿐이며, 해당 해역에 대해 국제적으로 널리 오랫동안 사용되어 온 것은 일본해라는 호칭뿐이다"라고 한 주장은 한국의 '동해'란 호칭이 '공해'보다는 '영해'란 의미를 내포하고 있으므로 공해를 칭하는 호칭으로 부적절하다는 것을 우회적으로 표현한 것이다. 일본의 이와 같은 논리를 극복하여 한국과 일본 사이에 가로 놓여있는 바다의 호칭을 '동해/일본해'로 병기하자고 주장하려면 일본해가 '공해'를 뜻하는 용어로 사용되었다기보다는 일본 '영해'의 의미를 내포하고 있다는 것을 드러내줄 필요가 있다. 그런 관점에 설 때 「일로청한명세신도」는 그것을 입증하는 중요한 자료가 된다.

2) 「일로청한명세신도」의 '동해'와 '고려해'의 의미

일본해가 공해를 뜻한다는 의미로 사용되었다는 주장을 반박하기 위해 「일로청한명세신도」에 표시된 바다의 이름을 살펴보기로 한다. <그림 2>는 전체지도이고, <그림 3>은 한국과 일본, 청나라의 바다에 대한 경계선을 그어놓은 부분만의 부분 지도이다.

<그림 3>에서 보다시피 「일로청한명세신도」의 경우 이전의 일본 지도와 달리 바다에도 경계선, 즉 국경선을 명확하게 그려놓고 있다. 조선계의 경우 '― · ―', 일본계의 경우 '―··―', 지나계의 경우 '―···―'로 표시하였는데, 한국과 일본, 그리고 중국의 섬과 항구, 등대를 기점으로 하여 세밀하게 국경선을 긋고 있다. 동해의 경우 송도(松島:독도)를 기점으로 조선의 경계를 그었고, 오키(隱岐)를 기점으로 일본계를 등거리에 그어 그 사이에 공해를 두었다. 이처럼 이 지도는 한국과 일본, 중국의 영해는 물론 공해까지 표시하였다. 특히 러일전쟁을 앞둔 시점에서 러시아와의 바다에서의 전쟁이 예상되므로, 그에 대한 상세한 경계선을 조사, 표시하였다고 볼 수 있다.

이 지도에서 공해의 명칭으로 볼 수 있는 것은 '黃海' 뿐이다. 한국과 중국의 경계선 사이의 공해에 해당하는 지점에 '황해'의 명칭을 기록하였고, 나머지 공해에 해당하는 바다에는 전혀 명칭을 적어놓지 않았다. 황해를 제외하고 각 나라의 경계선 안에 바다의 명칭이 기록되어 있기 때문에 그 명칭은 영해의 명칭이다.

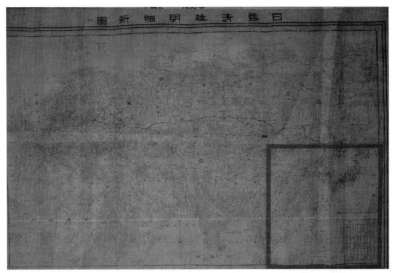

〈그림 2〉「일로청한명세신도」(1903, 78.5×54.5, 제국육해측량부 편찬)

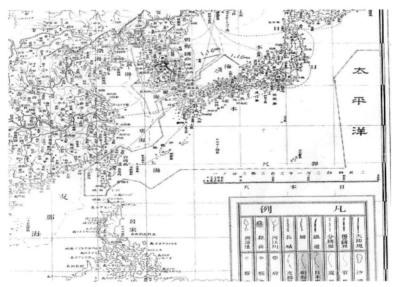

〈그림 3〉「일로청한명세신도」의 부분도

「일로청한명세신도」의 경우 '東海'를 '東支那海'에 표기하였다. 1894
년에 일본에서 제작한 「日韓實測精圖」에도 동해가 동지나해에 표기
되어 있다. 이에 주목하여 "1894년 일본이 청·일전쟁에서 승리하여
대륙 진출의 교두보를 마련한 다음부터 그들의 영토 확장 정책에 따
라 일본해가 본토 연안에서 동해로 진출하여 동해를 차지하고 그 대
신 동해는 동지나해 쪽으로 밀어내기 시작하였다"고 한 주장이 있다
(이상태, 1999:143). 얼핏 보면 그 주장을 뒷받침하는 지도라고 볼 수
도 있을 것이다. 그렇지만 「일로청한명세신도」의 '동해'와 그 아래의
'支那海'는 중국의 경계선 안에 그려져 있기 때문에 중국의 영해를 가
리키는 것이 분명하다. 일본의 지도상에 '동해'의 명칭이 동지나해에
그려진 것을 갖고 한국의 '동해'가 동지나해 쪽으로 밀려간 것이라고
할 때 국제사회에서 얼마만큼 설득력을 얻을 수 있을지 의문이다.
1880년에 만들어진 「淸國與地全圖」, 1903년에 만든 「日淸露韓極東地
圖」, 1904년의 「時事申報滿韓地圖」의 경우도 동지나해에 동해를 표기
하였다. 동지나해를 동해라고 표기한 지도가 몇 개 있다는 것, 「일로청
한명세신도」에서 '동해'가 중국의 경계선 안에 있는 것으로 보아 한
국의 '동해'를 동지나해로 밀어냈다고 보기 보다는 중국 내에서는
'동지나해'를 중국어로 '동해'로 부르기 때문에 일본에서 '동지나해'
를 '동해'라고 표기했을 가능성이 더 많은 게 아닌가 한다.

한국의 영해는 「일로청한명세신도」에서 '高麗海'로 표기되어 있다.
동해를 고려해로 부르자는 일부 주장이 있기도 하지만 '고려해'를 동
해로 보기는 어렵다. 「일로청한명세신도」를 살펴보면 한반도 동쪽 바
다에 조선의 경계선이 그어져 있다. 그 경계선 안, 바다에 '朝鮮國'을
표기하였고, 일본과 조선 사이의 대마도 왼쪽의 조선경계 안에서부터
남해에 걸쳐 '고려해'라고 표기하였다.

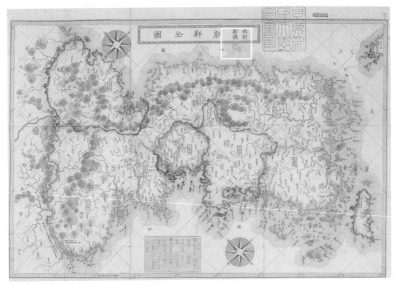

〈그림 4〉 「改訂新鐫朝鮮全圖」
(佐田白茅, 1875, 50cm×45cm, 서울대학교 도서관 소장)

1875년에 사다 하쿠보(佐田白茅)가 편찬한 「改訂新鐫朝鮮全圖」(그림 4)의 경우 동해를 고려해로 표기하였다고 한 연구도 있지만(이상태, 1999: 143) 실상 이 지도의 '고려해'는 「일로청한명세신도」와는 다르게 완연히 남해에 표기되어 있고, 동해를 '일본해'로 표기해놓고 있다.

일본에서 제작된 다른 지도를 살펴보면 '고려해' 외에 대한해협을 '高麗'란 이름을 부쳐 '高麗海峽'으로 표기한 경우도 있다. 1875년에 만들어진 세키구치 비쇼(關口備正)의 「朝鮮輿地全圖」(그림 5)의 경우 한반도와 대마도 사이의 바다를 '고려해협'으로, 대마도와 일본 본토 사이의 바다에 '日本海'라고 표기하였다.

〈그림 5〉「朝鮮與地全圖」
(關口備正, 1875, 34.6×62.0cm, 개인소장)

오무라 쓰네시치(大村恒七)의 「朝鮮全圖」(1882)와 「實測朝鮮全圖」(宗孟寬, 1894)에서도 대마도와 한반도 사이를 '고려해협'을 표기하였다. 「新撰朝鮮國全圖」(田中紹祥, 1894)와 「韓國全圖」(博文國, 일본국회도서관 소장, 1905)의 경우 '고려해협' 대신에 '朝鮮海峽'으로 표기하였다. 이 가운데 「新撰朝鮮國全圖」(그림 6)의 '조선해협'은 남해에 걸쳐 표기되어 있기 때문에 「일로청한명세신도」의 '고려해'라고 표기한 위치와 거의 비슷하다.

〈그림 6〉「新撰朝鮮國全圖」
(田中紹祥, 1894, 개인소장)

「일로청한명세신도」의 경우 대마도와 일본 본토 사이에 '玄海灘'을 표기하였다(그림 7). 흔히들 한국과 일본 열도의 규슈(九州) 사이에 있는 해협, 즉 대한해협을 '현해탄'이라고들 한다. 원래 현해탄은 일본 규슈 북쪽 후쿠오카 북쪽 바다를 이르는 말로서, 정확히 대마도와 규슈섬과 혼슈의 시모노세키 사이의 바다이다. '현해탄'이 '고려해협', 혹은 '조선해협'까지 삼켜버린 것은 1910년 일본이 조선을 식민지로 만들면서 나타난 현상일 것이다.

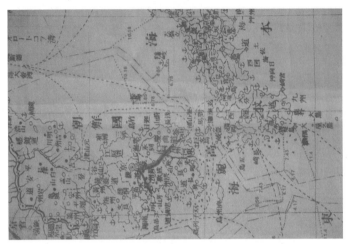

〈그림 7〉 「日露淸韓明細新圖」의 '현해탄'과 '고려해' 확대도

후술하겠지만 「일로청한명세신도」에는 '日本海'의 명칭이 일본의
동쪽 바다와 서쪽 바다의 일본 경계 안의 양쪽 바다에 다 적혀 있다.
그런 점에서 '일본해'의 명칭은 '일본의 영해'란 의미를 갖고 있다.
마찬가지로 '고려해'는 바다의 경계선이 명확히 그어진 속에 대한해
협과 남해에 걸쳐 적혀 있는 것으로 보아 동해와 남해, 더 나아가 서
해를 아우르는 '조선의 바다'를 통칭하는 의미, 즉 '조선의 영해'란
의미를 갖고 있다고 보아야 한다. 그런 의미에서 일각에서 '동해'란
명칭 대신에 '고려해'란 명칭의 사용을 주장하는 것은 분명히 문제가
있다.

3) 「일로청한명세신도」에 나타난 '日本海'의 의미

한국과 일본 사이에 가로놓여 있는 바다를 일본해라고 부르는 것
이 부당하며, 동해의 지명을 병기하자는 주장을 하려면 첫째, 일본해
의 명칭이 공해상의 유일한 명칭이 아니라 조선해, 동해 등의 이름으

로 서양지도나 일본의 지도에 존재한다는 점을 부각시키는 방법이 있고, 둘째, 일본해의 명칭이 일본 영해의 의미를 갖고 있다는 것을 부각함으로써 공해상의 유일한 명칭으로 부를 수 없다는 것을 입증할 필요가 있다.

첫째와 관련하여, 일본해의 명칭이 유일한 명칭이 아니라 조선해, 동해 등의 이름으로 서양지도나 일본의 지도에 존재한다는 점을 지적한 연구는 그간 많이 이루어졌다.[7]

두 번째 주장과 관련하여 한국에서는 19세기 후반의 '일본의 팽창주의 또는 식민지 지배'의 결과로 일본해의 호칭이 널리 알려지게 되었다는 주장을 펼치고 있다. 이에 대해 일본은 19세기 초 일본해의 명칭이 압도적으로 많이 사용되었다는 것을 근거로 하여 한국 측의 주장에는 전혀 타당성이 없다고 한다. 일본은 주로 서양지도를 갖고 그 통계수치를 통해 그런 주장을 펼치고 있다. 문제는 거기에 본질이 있는 것이 아니라 '일본해'의 명칭은 일본이 영해의 개념으로 주로 사용하였고, 일본의 대외팽창정책에 따라 일본해가 확장되었다는 점이다. 다시 말하면 제국주의 국가로 발돋움한 일본이 팽창정책을 추구하면서 영해로서의 '일본해'를 확장시켜 불러왔다는 점이다. 그것을 입증할 지도가 「일로청한명세신도」이다. <그림 2>에서 보다시피 태평양쪽과 동해 양쪽에 걸쳐 일본 경계선을 긋고, 그 안에 각기 '일본해'라고 표기하였다. 그런 점에서 일본해는 외무성 사이트에서 말하듯이 공해상의 명칭도 아니고 동해 만을 가리키는 것도 아니다. 일본은 1876년 태평양쪽의 오가사하라섬(小笠原島), 류구(1879), 유황도

---

7) 김덕주, 1999, 「동해 표기의 국제적 논의에 대한 고찰」, 『서울국제법연구』 6-2, 1~26쪽 ; 오일환, 2004, 「서양고지도의 '동해(東海, Sea of Korea)' 표기와 유형의 변화」, 『국제지역연구』 8-2, 167~186쪽 ; 이기석, 1998, 「동해 지리명칭의 역사와 국제적 평준화를 위한 방안」, 『대한지리학회지』 33-4, 541~556쪽.

(1891.9), 대만(1895), 팽호(1895) 등을 자국의 영토로 편입하였는데 「일로청한명세신도」에서 모두 일본의 영역으로 그려져 있다. 일본의 본토에 '大日本'이 적혀 있고, 대만에 '國'자를 아로새겨 놓은 것은 그 상징적 표현이다. 일본해는 당연히 대만과 그 주변해역까지를 포함하고 있다. 일본 동해안에서 대만 해역까지 영해로서의 '일본해'가 표기되어 있고, 일본 서해안 쪽에도 일본 영해 안에 '일본해'를 표기해놓고 있다. 이 지도상의 '일본해'는 결코 공해가 될 수 없다. 일본이 청일전쟁으로 인해 대만을 획득하자 "대만 및 팽호열도가 일본의 판도로 편입되자 세계 지도상 일대 변화가 일어났다. 이제까지는 유구만이 일본해의 끝이었으나 다시 지나해를 빼앗아 그 영역을 넓혀 무려 1,000方里에 이르는 팽호열도 주변까지 모두 일본해라 칭할 수 있게 되었다"(『山陰新聞』 1895년 4월 3일자, 「日本海と支那海」)고 한 것을 입증해주는 지도가 「일로청한명세신도」이다. 일본 외무성이 한국이 일본해와 동해의 병기를 권고하는 유엔 및 IHO의 결의가 있다는 주장에 대해 "이 결의는 만 또는 해협 등이 2개 이상의 국가주권 하에 있는 지형을 상정한 것으로, 일본해와 같은 공해에 적용된 사례는 없다"고 하는 주장은 이 지도로 인해 그 논거를 잃은 셈이다.

　청일전쟁기를 전후한 시기부터 1904년의 러일전쟁 직전까지의 기간에 일본은 원양어업법의 장려제정(1897), 조선해통어조합연합회의 결성(1900) 등을 통하여 일본 어민의 조선해 통어를 적극적으로 보호·장려하였다. 이에 힘입어 일본 어민들의 조선해 통어가 청일전쟁 후 급격히 증가하였다. 1898년도에 1,223척, 1899년도에 1,157척, 1900년도에 1,654척, 1901년도에 1,411척, 1902년도에 1,394척, 1903년도에 1,589척의 배가 조업에 나서 전기에 비해 약 2배의 증가를 보이고 있다. 통어 어민의 급격한 증가로 조선어민과의 사이에 분쟁이 많이 발생하자 일본정부나 각 부현에서는 통어민 보호와 분쟁방지를

위해 조선해 어업조사를 실시하기까지 하였다.8) 이때를 전후한 기록
에 "조선의 남쪽 경상도 전라도 연안에는 일본으로부터 많은 어선이
다니고 있어, 조선해가 아니라 마치 일본해와 같이 우리 일본인이 독
점하고 있다"9)고 한 것을 통해서도 '일본해'는 공해라고 여겨지기 보
다는 '영해'로 받아들여졌음을 알 수 있다.

일본 정부가 공식적으로 '일본해' 명칭을 사용하기 시작한 것은 러
일전쟁에서의 승리를 계기로 동해를 '일본해'로 공식 표기하면서부터
이다. 일본은 러시아 해전에서의 승리 직후 5월 30일 '관보'에서 5월
27일부터 28일까지 오키노섬(沖之島) 부근부터 울릉도 부근까지의 해
전을 "일본해의 해전이라 호칭함"이라고 공포함으로써 동해를 '일본
해'로 공식 표기하였다. 이렇게 볼 때 '일본해'의 사용이 일본의 확장
정책 때문이 아니라 구미인들이 일본해란 명칭을 사용한 것에 영향을
받아 '일본해'라고 부르게 되었다고 말할 수는 없을 것이다.10) 그런데
러일전쟁 직전에 만들어진 「일로청한명세신도」에는 '조선의 바다(영
해)'로서의 '고려해'와 '공해', 그리고 '일본의 바다(영해)'로서의 '일
본해'가 뚜렷이 구분되어 기록되어 있지만 일본의 영토와 같은 분홍
색의 채색이 '조선국'에 칠해져 있다는 것은 일본의 조선에 대한 영
토야욕을 여실히 증명해주고 있다.

일본이 동해를 일본해라고 부르기 시작한 것은 1894년 일본이 청·
일전쟁에서 승리하여 대륙 진출의 교두보를 마련한 다음부터 그들의
영토확장 정책에 따라 일본해가 본토 연안에서 동해로 진출하여 동해
를 차지하였다는 주장이 있다.11) 1894년에 다나카 조쇼(田中紹祥)가

---

8) 여박동, 2002, 「일제의 조선어업지배와 이주어촌 형성」, 서울: 보고사 ; 김
　호동, 2009, 「메이지시대 일본의 동해와 두 섬(독도, 울릉도) 명칭 변경의도
　에 관한 검토」, 『민족문화논총』 43, 536~545쪽.
9) 대일본수산회, 1901, "朝鮮明太魚漁業" 大日本水產會報 제230호, 4쪽.
10) 김호동, 앞의 논문, 542~543쪽.
11) 이상태, 1999, 「일본해가 밀어낸 동해 명칭」, 『한국사연구』 107, 137~155쪽.

만든 「新撰朝鮮國全圖」(그림 5)에서 동해를 '大日本海'로 표기한 것에 근거를 둔 주장이다. 그렇지만 청일전쟁이 일어나기 전에 일본에서 만들어진 지도 가운데 1872년의 기무라 분조(木村文造)의 「銅版朝鮮國全圖」와 1875년에 만들어진 사다 하쿠보(佐田白茅)의 「改訂新鐫朝鮮全圖」, 육군참모국의 「朝鮮全圖」에 동해를 '일본해'로 표기한 것이 있다. 이미 에도시대 말에서부터 메이지시대 초기에 걸쳐 征韓論이 강하게 일어났고, 그 연장선상에서 1876년 일본의 강요로 조선이 개국하였다는 사실에서 보다시피 바다를 통해 조선으로의 진출을 도모하면서 일부에서 동해를 일본해로 부르게 되었다는 것을 주장하는 것이 보다 설득력이 있을 것 같다. 그렇다고 이것을 공해상의 명칭으로서의 '일본해' 의미를 갖고 있다는 주장은 전혀 근거가 없다. 일본 외무성 홈페이지에 의하면 "한국에서 과거 2000년간 '동해'란 호칭을 사용해왔다는 주장은 어디까지나 한국 국내의 명칭일 뿐이다"고 한다.12) 마찬가지로 동해를 '일본해'로 표기한 일본의 지도 역시 어디까지나 일본 국내의 명칭일 뿐이지, 그것이 해당 해역에 대해 국제적으로 널리 오랫동안 사용되어 온 호칭이 될 수 없다.

일본에서 만들어진 지도 가운데에는 동해를 '일본해'로 표기한 지도도 있지만 '조선해'로 표기한 지도도 있다. 1850년의 야스다 라이슈(安田雷州)의 「本邦西北邊境水陸略圖」에는 동해를 '朝鮮海'라고 하였고, 1882년에 다케다 가쓰지로(武田勝次郎)의 「大日本朝鮮支那三國

---

12) 한국문헌과 고지도에서 '동해'의 명칭을 논한 연구로서 김신, 『잃어버린 동해를 찾아서』(두남, 1997), 이찬, 「한국의 고지도에서 본 동해」(『지리학』 27-3, 1992), 이상태, 「조선시대의 동해인식에 관한 연구」(대호 이융조교수 정년논총, 2007) 등의 글이 있다. 그리고 한국과 일본의 고지도와 문헌에 나타난 독도를 정리한 이상태의 『사료가 증명하는 독도는 한국땅』(경세원, 2007)에 '동해'의 명칭에 관한 대부분의 지도가 있다. 본 논문의 논지를 전개함에 있어서 「일로청한명세신도」를 제외하고, 이 책의 지도를 대부분 인용하였다. 따라서 별도로 그 전거를 밝히지 않았다.

全圖」(그림 8)에서도 동해를 '조선해'와 '대일본서해'로 표기하고 있
다. 「대일본조선지나삼국전도」의 경우 '일본서해'와 '대일본동해',
'일본남해'로 표기를 한 점에서 일본해가 동해를 대신할 수 있는 호
칭이 아니다.

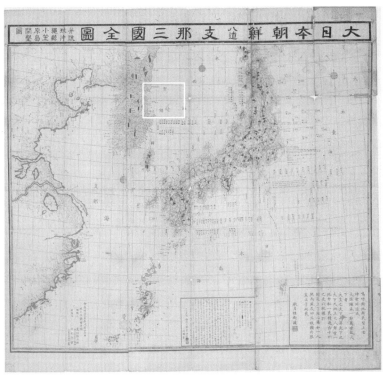

〈그림 8〉「大日本朝鮮支那三國全圖」
(武田勝次郎, 1882, 104.8×96.5cm, 서울대학교 도서관 소장)

일본 서해 연안의 바다 위치에 '일본해'라고 표기한 지도로서 「朝
鮮輿地全圖」(1875), 「朝鮮全圖」(1882), 「新撰朝鮮輿地全圖」(1882) 등이
있다. 서양지도와 일본지도에서 '일본해'라고 부르는 지도가 통계수

치상 많다는 것에 근거하여 일본 외무성 홈페이지에서 일본해라는 명칭이 '국제사회에서 오래 전부터 널리 사용되고 있는 유일한 명칭'이라고 하지만 일본에서도 동해의 명칭을 '일본해'의 명칭으로 부르는 것 외에 '조선해', 그리고 '조선해/일본서해'라고 병기한 지도가 있다는 것을 간과하고 있다. 더욱이 동해를 끼고 있는 한국에서 이 시기 '일본해'라고 표기한 지도가 없다는 것은 전혀 주목하지 않는다. 한국과 일본의 경우 역사적으로 '동해'와 '일본해'를 '자국의 영해'로 인식하는 경향이 강하므로 어느 한쪽의 명칭을 동해의 명칭으로 부른다는 것은 문제가 있다. '동해/일본해'의 병기가 바람직하다.

3. 맺음말

한국과 일본 사이에 가로놓여 있는 바다를 일본해라고 부르는 것이 부당하며, 동해의 지명을 병기하자는 주장을 하려면 첫째, 일본해의 명칭이 공해상의 유일한 명칭이 아니라 조선해, 동해 등의 이름으로 서양지도나 일본의 지도에 존재한다는 점을 부각시키는 방법이 있고, 둘째, 일본해의 명칭이 일본 영해의 의미를 갖고 있다는 것을 부각함으로써 공해상의 유일한 명칭으로 부를 수 없다는 것을 입증할 필요가 있다.

본고는 1903년 일본의 육해측량부에서 편찬한 「일로청한명세신도」를 갖고 '일본해'의 명칭이 일본 영해의 의미를 갖고 있고, 일본의 대외팽창에 따라 영해로서의 '일본해'가 확장되었음을 입증하였다. 따라서 일본 외무성의 주장이 한국이 일본해와 동해의 병기를 권고하는 유엔 및 IHO의 결의가 있다는 주장에 대해 "이 결의는 만 또는 해협 등이 2개 이상의 국가주권 하에 있는 지형을 상정한 것으로, 일본해와 같은 공해에 적용된 사례는 없다"고 한 일본 외무성의 주장이 전혀 근거가 없음을 밝혀내었다.

한일 양국에서 '동해'나 '일본해'의 사용은 '공해'의 의미로서 보다 자국의 영해의 의미로서 간주하는 것은 예나 지금이나 마찬가지이다. 그런 점에서 동해의 지명은 '동해/일본해'의 병기가 되어야만 한다. 더욱이 1882년에 다케다 가쓰지로(武田勝次郎)의 「대일본조선지나삼국전도(大日本朝鮮支那三國全圖)」에서 동해를 '조선해'와 '대일본서해'로 표기하고 있는 예도 있으므로(그림 8) '동해/일본해' 병기가 바람직하다.

한국과 일본의 일반 국민들이나 심지어 학자들마저도 동해 호칭의 문제가 영해를 포함하지만 본질적으로 공해의 호칭이고, 그것이 한일 양국 사이에 존재하는 바다의 명칭임을 별반 인식하지 못하고 있다. 그것에 대한 이해를 증진시킨다면 '동해/일본해'의 명칭의 병기가 바람직스럽다는 주장을 확산시켜 나갈 수 있으리라고 본다.

참고문헌

帝國陸海測量部 編纂, 1904, 「日露淸韓明細新圖」, 東京: 一二三館. 1枚 石版 (色刷). http://www.lib.meiji.ac.jp/ashida/articles/report-2000/cat/cat02.html

김덕주, 1999, 「동해 표기의 국제적 논의에 대한 고찰」, 『서울국제법연구』 6권 2호, 1~26쪽.

김신, 1997, 「잃어버린 동해를 찾아서」, 서울: 두남.

김호동, 2009, 「메이지시대 일본의 동해와 두 섬(독도, 울릉도) 명칭 변경의 도에 관한 검토」, 『민족문화논총』 43, 536~545쪽.

남영우, 2007, 「구한말과 일제강점기의 한반도 지도제작」, 『한국지도학회
　지』, 제7권 제1호, 19~29쪽.

심정보, 2007, 「일본에서 일본해 지명에 관한 연구동향」, 『한국지도학회지』
　제7권 제1호, 15~24쪽.

여박동, 2002, 「일제의 조선어업지배와 이주어촌 형성」, 서울: 보고사.

오일환, 2004, 「서양고지도의 '동해(東海, Sea of Korea)' 표기와 유형의 변화」,
　『국제지역연구』 제8권 제2호, 167~186쪽.

이기석, 1998, 「동해 지리명칭의 역사와 국제적 평준화를 위한 방안」, 『대
　한지리학회지』 제33권 4호.

이상태, 1999, 「일본해가 밀어낸 동해 명칭」, 『한국사연구』 107, 143. 137~155쪽.
　541~556쪽.

이상태, 2007a, 「조선시대의 동해인식에 관한 연구」, 『대호 이융조교수 정
　년논총』 497~526쪽.

이상태, 2007b, 「사료가 증명하는 독도는 한국땅」, 서울: 경세원.

이상태, 2009, 「고지도가 증명하는 독도의 영유권」, 『한국지도학회지』, 제9
　권 제2호, 33~58쪽.

이찬, 1992, 「한국의 고지도에서 본 동해」, 『지리학』 제27권 제3호, 263~267쪽.

한국갤럽, 2009, 「한·중·일 역사인식 조사 결과보고서」, 『동북아역사재단』,
　71~72쪽.

(『한국지도학회지』 10-1, 2010.6)

한·중·일 고지도에 표현된 이어도 해역 인식

오 상 학

1. 머리말

지도는 대표적인 그래픽 언어이다. 특히 과거에 그려진 고지도는 과학의 영역뿐만 아니라 역사의 기록이며 그 자체로 예술 작품이 된다. 단순히 지리적 실체를 표현하고 있는 것을 넘어 그 시대, 그 지역에서 살았던 인간들의 신념과 가치체계, 더 나아가 주변 세계에 대한 꿈과 희망도 아스라이 스며있다. 이처럼 고지도는 과학과 예술이 어우러진 독특한 문화 속에서 탄생되며 지역간 문화교류를 보여주는 지표가 되기도 한다(오상학, 2005).

동아시아의 대표적인 문화국가인 한국, 중국, 일본에서는 오래전부터 지도를 제작하여 사용해 왔다. 자신의 영토를 그린 지도뿐만 아니라 자신의 영토를 넘는 이역을 그린 지도들도 다양하게 제작하였다. 이러한 지도들은 특정 시대에 살았던 사람들의 특정지역에 대한 인식을 엿볼 수 있는 중요한 자료가 된다.

최근 한국과 중국 사이에 영토문제로까지 부각되고 있는 이어도는 한국, 중국, 일본과 접하는 해역에 위치해 있다(그림 1). 수중 암초이기 때문에 정밀한 측량지도가 제작되기 이전의 전통시대 지도에는 표시되지 않는다. 전통시대 지도에서 해상에 드러나지 않는 암초를 표현하는 사례는 극히 드물다. 따라서 본고에서는 이어도 자체에 대한 인식보다는 이어도가 위치한 해역에 대한 인식을 고지도를 통해 파악하고자 한다. 한국과 중국, 일본에서 제작된 고지도에서 이어도 해역에 대한 인식이 어떻게 표현되어 있는가를 고찰하여 동양 삼국의 이어도 해역에 대한 인식의 차이를 밝히는 것이다.[1]

이러한 연구를 통해 독도의 영유권 문제와 관련한 시사점을 얻을 수 있을 것으로 기대한다. 독도 문제 역시 독도라는 고립된 섬으로만 파악하기보다는 독도가 위치하고 있는 해역과 관련지어 인식할 필요성이 제기된다. 독도의 주변 해역 더 나아가 동해라는 바다의 인식이 독도의 역사적 권원을 확보하는 데 중요하기 때문이다.

2. 한국의 고지도에 표현된 이어도 해역 인식

1) 조선전기 지도에 표현된 이어도 해역

우리나라는 조선전기부터 지도제작이 활발하게 행해졌을 것으로 생각되지만 현존하는 지도는 그리 많지 않다. 특히 이어도 해역의 인

---

1) 본고에서 분석 대상으로 삼은 고지도는 다음의 도록에 수록된 것들을 활용하였다. 대한지리학회·국토지리정보원, 2000, 한국의 지도 ; 李燦, 1991, 韓國의 古地圖, 汎友社 ; 서울시립대학교박물관, 2004, 땅의 흔적, 지도 이야기 ; 이상태, 2007, 사료가 증명하는 독도는 한국땅, 경세원 ; 영남대학교 박물관, 1998, 한국의 옛 지도 ; 三好唯義 編, 1999, 圖說 世界古地圖コレクシヨン, 河出書房新社 ; 三好唯義 編, 2004, 圖說 日本古地圖コレクシヨン, 河出書房新社 ; 東京國立博物館, 2003, 伊能忠敬と日本圖 ; 오상학, 2005, 옛 삶터의 모습 고지도, 국립중앙박물관 ; 曹婉如 外(編), 1990, 中國古代地圖集: 戰國-元, 文物出版社, 北京 ; 曹婉如 外(編), 1995, 中國古代地圖集: 明代, 文物出版社, 北京 ; 曹婉如 外(編), 1997, 中國古代地圖集: 清代, 文物出版社, 北京.

〈그림 1〉 이어도 해역의 위성사진

식을 파악해 볼 수 있는 것은 일부의 세계지도와 『해동제국기』에 수록된 지도 정도이다. 여기서는 이들 지도들을 중심으로 이어도 해역에 대한 인식의 특징을 파악하고자 한다.

　우리나라에 현존하는 세계지도 가운데 가장 오래되고 널리 알려진 것은 『혼일강리역대국도지도(混一疆理歷代國都之圖)』라는 긴 이름을 지닌 지도이다(그림 2). 1402년(태종2)에 중국에서 수입한 지도와 일본 사신을 통해 입수한 일본지도, 그리고 조선의 지도를 합쳐 편집·제작한 것이다. 이 지도를 보면 아라비아 반도뿐만 아니라 아프리카, 유럽 지역까지도 그려져 있어서 당시 제작된 지도로는 세계적으로 가장 훌륭하다는 평가를 받고 있다. 이는 이미 고려시대 축적된 활발한

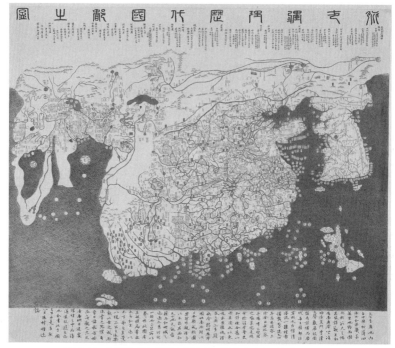

〈그림 2〉 혼일강리역대국도지도(서울대 규장각한국학연구원 소장)

대외 교류와 이 시기 형성되는 대외 관계의 개방적 태도 등을 통해 이루어 질 수 있었는데, 이슬람 지도학의 영향이 반영된 대표적인 지도로 평가된다(오상학, 2001).

지도에는 가운데에 중국이 크게 그려져 있고 그 동쪽에 조선이 실제보다 훨씬 크게 표현되어 있다. 서쪽에는 아라비아 반도와 아프리카 대륙, 그리고 유럽이 그려져 있다. 바다는 규칙적인 파도 무늬와 함께 녹색으로 채색되어 있다. 이어도 해역에는 바다 명칭이 표기되어 있지 않다. 제주도에서 일본의 큐슈, 그리고 지금의 오키나와에 해당하는 유구국이 그려져 있다. 지금의 대만에 해당하는 소유구(小琉球)가 유구국의 서북쪽에 있어 위치상의 오류도 보인다. 중국측 해안

〈그림 3〉 혼일역대국도강리지도(인촌기념관 소장)

에는 대서(岱嶼) 등의 지명이 표기되어 있다.

16세기의 대표적인 세계지도인 『혼일역대국도강리지도(混一歷代國都疆理地圖)』(그림 3)는 1402년의 『혼일강리역대국도지도』에 비해 그려진 영역이 축소되어 있다. 조선과의 직접적인 교류가 없었던 서쪽의 유럽과 아프리카가 지도에서 제외되었고 전통적으로 중국과 주변의 조공국으로 이루어진 직방세계로 한정되어 표현되었다. 지도에는 중국, 조선이 크게 그려져 있으나 일본은 작은 섬으로 처리하고 삼각형 안에 일본이라는 글자를 표기했다. 이어도 해역에는 양쯔강

〈그림 4〉「해동제국총도」(서울대 규장각한국학연구원 소장)

하구에 있는 삼각주인 숭명도(崇明島)가 크게 부각되어 그려져 있는
데 위치상의 오류가 보인다. 숭명도는 중국에서 세 번째로 큰 섬으로
양쯔강의 문호에 해당하며 중국동해의 영주(瀛洲)로 불렸다. 중국 영
파의 앞바다에 있는 주산(舟山) 군도의 군사가지인 정해(定海)가 직사
각형 속에 표시되어 있다. 이곳은 제주에서 중국으로 연결되는 남방
해로의 종착지점으로 해상교류의 중심지에 해당한다(윤명철, 2002).
제주와 중국 사이의 바다에 지명이 없는 일부 섬들이 그려져 있다.

　조선전기 이어도 해역에 대한 정보가 자세히 표현된 것은 1471년
신숙주가 간행한 『해동제국기』에서 볼 수 있다. 조선은 북으로는 중
국과 여진, 남으로는 일본과 유구 등의 주변 국가들과 교류하였다. 특
히 일본, 유구와의 교류를 위해서는 바다를 건너야 했는데, 바닷길에
대한 상세한 정보가 필요했다. 『해동제국기』는 이러한 현실적 상황에

서 간행된 것으로 이후 일본, 유구 등의 대외교류에서 지침서 역할을 하게 되었다. 이 책에 수록된 「해동제국총도」는 일본, 유구국에 이르는 해상의 정보가 자세히 표현되어 있다(그림 4).

지도에는 특히 일본과 유구 왕국의 모습이 상세하게 그려져 있다. 일본의 모습은 전통적인 행기도(行基圖)와 유사하지만 대마도와 이키섬 등은 실제 조사를 바탕으로 그려진 것으로 보인다(오상학, 2003). 특히 행기도 계열의 지도에 보이는 도로의 표시가 없고, 대신에 해로의 이정(里程)이 상세하다. 일본의 국도에 이르는 해로와 유구국의 국도에 이르는 해로의 이정이 이수(里數)의 표기와 함께 수록되어 있다. 행기도 계열을 따르면서도 조선의 현실적 필요가 반영된 것으로 해석되는데, 해상을 통한 일본과 유구와의 교류관계가 지도에도 그대로 투영된 것이다.

이어도 해역에도 섬들이 자세히 그려져 있는데 그 위치나 배열이 실제 상황을 반영하고 있다. 이는 당시 일본, 유구에 이르는 활발한 해상 왕래의 결과로 가능했던 것이다. 이어도 해역에 그려진 섬들로는 오도(五島)열도, 지금의 우치군도(宇治群島)에 해당하는 우지도(宇持島), 지금의 초원도(草垣島)에 해당하는 초장도(草墻島), 흑도(黑島), 구도(口島), 중도(中島), 악석도(惡石島), 율국도(栗國島)에 해당하는 율도(栗島), 이시명도(伊是名島)에 해당하는 이시나(伊是那), 구미도(久米島)에 해당하는 구미도(九米島)가 한자를 달리하여 표기되어 있고, 와사도(臥蛇島, 가자시마), 소와사도(小臥蛇島) 등 이어도 해역의 동쪽 지역에 있는 무인도도 그려져 있다. 현재의 실제 지명과 큰 차이가 없는데, 유구국과의 해상 교류로 인해 이어도 해역에 대한 인식이 높은 수준에 있었음을 보여주고 있다.

2) 조선후기 지도에 표현된 이어도 해역

조선후기에 제작된 지도에서는 이어도 해역이 좀 더 다양하게 표

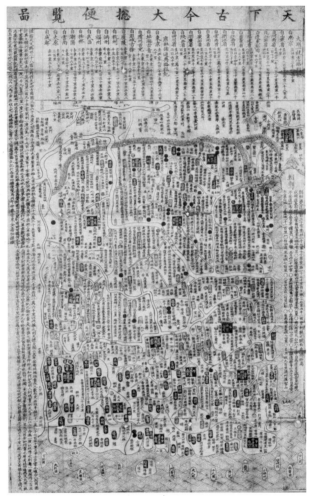

〈그림 5〉 천하고금대총편람도(역사박물관 소장)

현된다. 16세기의 『혼일역대국도강리지도』와 같은 직방세계를 표현한 전통적인 세계지도는 17세기 이후에도 세계지도의 주류로서 계속 제작되었다. 17세기에는 김수홍이 『천하고금대총편람도』(그림 5)라는 세계지도를 민간에서 제작하기도 했다. 지도를 보면 중국에서 제작되는 전통적인 세

계지도처럼 중국을 방형의 모습으로 크게 과장되어 표현하였고 조선 부분
에는 한반도의 윤곽을 그리지 않고 조선에 대한 간략한 설명문을 수록했
다. 이어도의 해역에는 제주도의 모습도 그려져 있지 않고 중국 남쪽 해안
으로 유구국, 소유구, 남만국 정도의 정보만이 소략하게 표현되어 있다.

전통적인 직방세계 중심의 세계지도는 18세기에도 계속 제작되는
데 국립중앙도서관 소장의 『천하대총일람지도』(그림 6)를 들 수 있다.
이 지도에도 중국과 조선이 지도의 대부분을 차지하고 있다. 일본은
아예 그려져 있지 않고 이어도 해역에는 유구국이 그려져 있다. 유구
국은 조선전기 『해동제국기』에 수록된 유구국의 모습을 그대로 답습
하고 있어서 새로운 정보를 지도에 반영하지는 못하고 있다.

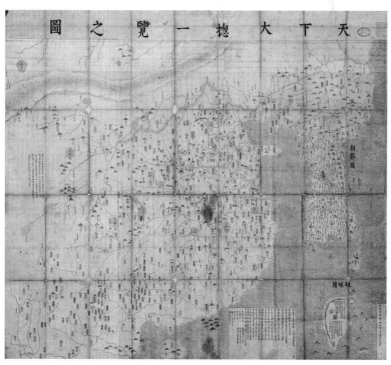

〈그림 6〉 천하대총일람지도(국립중앙도서관 소장)

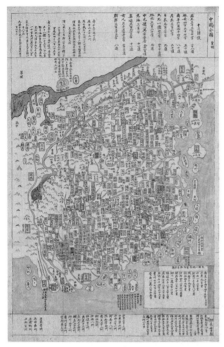

〈그림 7〉 중국전도(서울역사박물관 소장)

직방세계를 표현한 전통적인 세계지도이면서 이전의 지도와 약간 다른 지도가 역사박물관 소장의 『중국전도』(그림 7)이다. 18세기 이후에 제작된 지도이지만 수록된 내용은 중국 명대의 상황이다(대한지리학회·국토지리정보원, 2000, 92-93). 중국을 중심에 크게 그리고, 주변에 조공국을 배치시킨 구도는 앞서 본 직방세계 중심의 세계지도와 유사하다. 그러나 이어도 해역을 보면 먼저 제주도가 누락되어 있다. 황해에는 대청도와 소청도가 과장되게 그려져 있는데, 이러한 것은 중국에서 들여온 지도를 기초로 그리다 보니 당시 조선의 현실과는 동떨어진 형태로 표현된 것에 기인한다. 중국 양쯔강 하구의 숭명도와 영파부의 주산도가 강조되어 표현되었다. 그 남쪽에는 유구국과 지금의 대만에 해당하는 소유구가 그려져 있다. 그 위에는 영주(瀛洲)와 모인국(毛人國) 등과 같은 가상의 나라가 그려져 있다.

조선시대 대부분의 세계지도는 천원지방(天圓地方)이라는 전통적인 천지관(天地觀)을 바탕으로 제작되지만 중국에 온 서양선교사가 만든 서구식 세계지도는 지구는 둥글다는 지구설(地球說)에 바탕을 둔 것이다. 마테오리치의 『곤여만국전도』, 페르비스트의 『곤여전도』, 알레니의 『만국전도』 등은 중국을 통해 들여온 대표적인 서구식 세계지

도로 조선의 지식인에게 많은 영향을 주었다. 특히 이러한 세계지도
에는 '대항해시대'에 발견된 신대륙과 더불어 당시 조선의 지식인에
게 생소한 미지의 바다가 표현되어 있다.

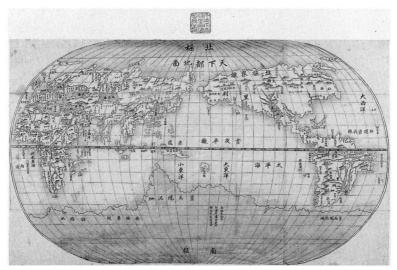

〈그림 8〉 천하도지도(서울대 규장각한국학연구원 소장)

『천하도지도(天下都地圖)』(그림 8)는 알레니의 『만국전도』를 기초
로 18세기 말에 조선에서 다시 제작된 것이다. 지도를 보면 남쪽에는
커다란 남방대륙이 황색으로 표현되어 있다. 이는 알레니의 『만국전
도』가 오세아니아 대륙이 탐험되기 이전의 세계지도를 기초로 제작
되었기 때문이다. 무엇보다 이 지도에는 다양한 바다의 명칭이 기재
되어 있는 것이 특징이다. 지금의 태평양에는 '태평해(太平海)'와 '대
동양(大東洋)' '소동양(小東洋)' 등으로 구분되어 있다. 특히 한반도 주
변 바다의 명칭이 마테오리치의 『곤여만국전도』와는 다르게 표기되
어 있다. 동해에는 '소동해(小東海)', 황해와 이어도 해역에 해당하는
바다에는 '소서해(小西海)' 등으로 우리나라를 기준으로 바다 이름이

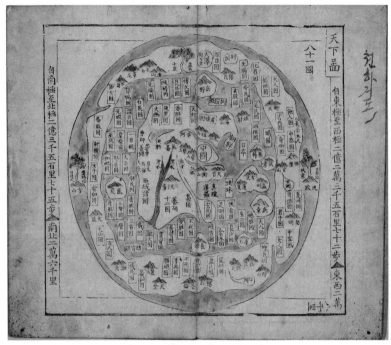

〈그림 9〉 천하도(국립중앙박물관 소장)

붙여져 있다. 마테오리치의 『곤여만국전도』에 지금의 동지나해에 표기되어 있던 '대명해(大明海)'는 일본 남쪽 필리핀 동쪽 해역에 붙여져 있다. 바다 이름을 조선을 기준으로 명명했던 대표적인 사례로 볼 수 있다.

서구식 세계지도를 통한 서양 지리지식의 유입은 전통적인 세계지도 제작에도 변화를 몰고 왔는데, 이의 대표적인 것이 원형 천하도의 출현이다. 원형의 천하도(그림 9)는 서양 지리지식의 유입으로 형성된 넓은 세계 인식을 담아내기 위해 만들어진 것으로 표현 방식과 내용은 전통에 의존하였다. 중국 고대의 신화지리서인 『산해경』을 기초 자료로 삼아 내대륙－내해－외대륙－외해의 구조를 만들고 지명을 각각의 위치에 배치하였다. 이외에 사서(史書)에서 보이는 실제 지명을 내대륙에 배치하고 신선 사상과 관련된 지명도 상당수 기입하였던 것이다(오상학, 2001a).

지도의 이어도 해역에는 바다 명칭이 없고 섬들도 거의 그려져 있지 않다. 다만 일본과 유구국 사이에 영주, 봉래, 방장 등의 삼신산이 그려져 있다. 실재하는 객관적 세계와 관념적인 상상의 세계가 공존하고 있음을 알 수 있다.

한편 해상을 통한 주변국과의 교류는 조선후기에도 이어졌는데, 실학이 부흥하는 18세기에는 『해동삼국도(海東三國圖)』(그림 10)라는 정교한 동아시아 지도가 제작되었다.[2] 지도의 표지에는 「일본조선유구전도(日本朝鮮琉球全圖)」라 되어 있고, 한반도를 비롯하여 중국의 만주 지역과 북경, 동부 연해지역, 대만의 서쪽 해안, 유구, 일본 등이 그려져 있다. 세로 248cm 가로 264cm의 대형 지도로 조선의 한양에서 사방 각지에 이르는 육로와 해로가 자세히 표현되어 있다.

지도의 하단에는 일본에 관한 기록이 수록되어 있는데, 도별 각 주의 명칭과 주에 소속된 각 군의 수가 대부분을 차지한다. 끝 부분에 살마주(薩摩州)에서 절강성(浙江省)까지, 대마도에서 부산포까지의 거리와 항해 일수, 그리고 살마주에서 유구, 대만, 안남(安南), 여송국(呂宋國)에 이르는 거리가 표시되어 있다.

이어도 해역은 조선시대 제작된 지도 가운데 가장 정교하게 표현되었다고 평가된다. 백리척을 사용하여 위치와 거리, 방위 등을 정교하게 반영하도록 노력하였다. 유구국이었던 지금의 오키나와 열도도 『해동제국기』의 지도에 비해 훨씬 정확해지고 실재를 반영하고 있다. 중국 동남쪽에는 대만도 그려져 있는데, 중국 본토와 접촉이 빈번한 동북쪽 해안을 중심으로 묘사되어 있다. 이러한 이어도 해역의 표현은 중국과 일본과의 문화교류를 통해 최신의 정보를 입수하면서 가능해진 것이다.

---

2) 『해동삼국도』 제작의 사회적, 시대적 배경에 대해서는 다음의 논문을 참조. 배우성, 1999, 「정조시대 동아시아 인식의 새로운 경향」, 『한국학보』 25(1), 일지사.

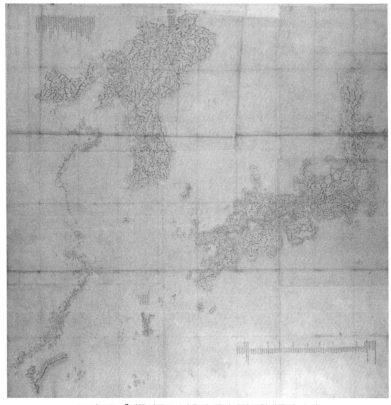

〈그림 10〉『해동삼국도』(서울대 규장각한국학연구원 소장)

　19세기에 제작된 세계지도 가운데 서양의 지리지식을 반영하면서
도 조선에 변용된 모습을 잘 보여주는 지도가 『여지전도』(그림 11)이
다. 목판본 『여지전도』의 규격은 세로 85cm, 가로 60cm 정도이다. 지
도의 상단에는 「여지전도(輿墜全圖)」로 표기되어 있는데 '지(地)'자가
고자(古字)인 '지(墜)'로 표기되어 있다. 지도에는 아시아·유럽·아프리
카·오세아니아 대륙이 그려져 있고 아메리카 대륙은 빠져 있다. 서양
의 많은 지명이 수록되어 있으며 조선의 윤곽도 비교적 잘 그려져 있
다(오상학, 2001b).

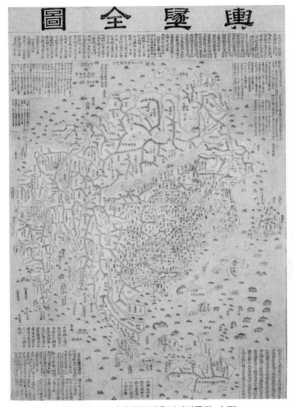

〈그림 11〉 여지전도(서울역사박물관 소장)

『여지전도』의 이어도 해역을 보면 제주도, 유구국이 그려져 있고, 양쯔강 하구의 숭명도, 중국의 영파가 섬으로 표현되어 있다. 지금의 황해를 발해(渤海), 동해의 북쪽을 슬해(瑟海)라고 표기했다. 유구국의 동쪽에는 소유구가 그려져 있는데, 중국에서는 전통적으로 대만을 소유구로 불러왔으나 여기서는 대만과 다른 섬으로 그려져 있다. 지금 대만 남쪽에 있는 소유구(小琉球, 리우치우)를 표현한 것으로 보인다. 무엇보다 이 지도에서 주목되는 것은 이어도 해역, 즉 제주와 중국 영파 사이에 있는 바다에 암초와 같은 섬이 그려져 있다는 것이다.

이것이 지금의 이어도를 표현한 것인지는 확실치 않으나 이 해역에 다른 섬이 없는 것을 고려해 볼 때 이어도를 표현한 것으로 보인다. 현존하는 한국의 고지도 중에서 이어도를 명시적으로 표현한 사례는 『여지전도』가 대표적이라 생각된다.

개화기에 이르러서는 일본이나 서양 제국으로부터 새로운 지리정보가 유입되면서 세계에 대한 인식이 급변하게 된다. 이러한 지리정보는 세계지리 교과서에 수록되게 되는데 1889년에 간행된 헐버트의 『사민필지』가 대표적이다. 당시 육영공원 교사였던 선교사 헐버트는 세계지리를 가르치기 위해 한글로 『사민필지』를 간행했다(남상준, 1988). 여기에는 아시아지도(그림 12)가 수록되어 있는데 이 지도에서 이어도 해역에 대한 당시의 인식을 엿볼 수 있다.

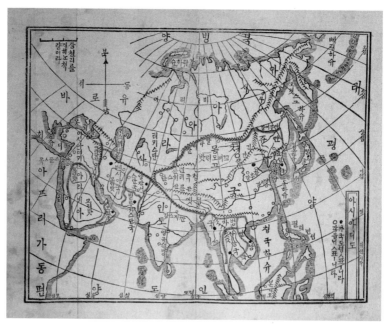

〈그림 12〉 사민필지의 아시아지도(서울역사박물관 소장)

지도에는 지명이 한자가 아닌 한글로만 표기되어 있다. 아시아 각 국의 나라 이름과 더불어 해양 명칭이 수록되어 있다. 일본의 동남쪽 방향으로 태평양을 배치시켰고, 남쪽에 인도양이 표기되어 있다.『곤 여만국전도』나『곤여전도』와 같은 서양 선교사의 서구식 세계지도와 는 달리 동남아 지역에 '청국하슈'가 표시되어 있다. 동해는 '일본하 슈'로 표기되어 있고 서해는 '황하슈'로 표기되었다. 이어도 해역은 '동하슈'로 표기하여 조선의 전통적인 바다 인식과는 다르게 되어 있 는데, 이는 중국이나 일본의 지리지식에 영향을 받은 것으로 보인다.

3) 제주도 지도와 문헌 자료에 표현된 이어도 해역

이어도 해역에 대한 인식은 세계지도나 동아시아지도 외에도 제주 도 지도에서도 일부 표현된다.[3] 이의 대표적인 것은 18세기 중엽에 제작된『해동지도』의「제주삼현도」(그림 13)로 제주도의 모습을 채색 을 사용하여 아름답게 묘사한 지도이다. 제주의 한라산과 하천, 중산 간의 오름을 비롯하여 마을, 포구, 군사기지, 봉수, 연대, 목마장 등이 상세하게 그려져 있다. 무엇보다 바다와 관련하여 이 지도의 특징은 제주도를 중앙에 놓고 주변 세계를 바라보고 있다는 점이다. 지도의 외곽에 24방위를 표시하고 바다 건너 각 방위에 해당하는 지역을 그 려 넣었다. 한반도의 육지뿐만 아니라 일본, 중국, 멀리 동남아시아까 지 그려져 있다. 주변 지역에 이르는 방위선은 그려져 있지 않지만 서양의 포르틀라노 해도를 연상케 한다. 유구국도 유구국과 소유구를 구분하여 그렸다. 중국과 동남아시아 각 지역을 방위에 따라 배치한 것은 이어도 해역에 대한 충분한 정보가 있었기에 가능한 것이라 판

---

3) 조선시대 제주도 지도에 대해서는 다음을 참조. 오상학, 2010,「조선시대 제주도 지도의 특성과 가치」,『제주지리론』, 한국학술정보.

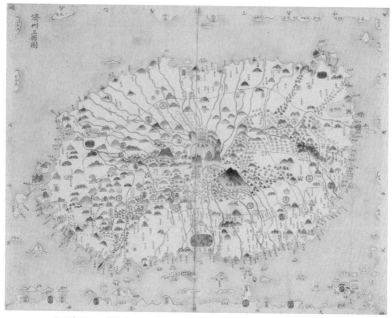

〈그림 13〉 해동지도의 제주삼현도(서울대 규장각한국학연구원 소장)

단된다. 이러한 지식은 과거 제주에서 중국과의 교류를 통해 축적되기도 했고, 조선시대에는 중국·동남아 등지에 표류하면서 얻어진 지식이 반영된 것이기도 하다. 이와 관련하여 최부의 『표해록』에 나오는 다음의 문장은 이어도 해역에 대한 인식과 지도와의 관계를 보여주는 대표적인 사례이다.

　"너희는 키를 잡고 배를 똑바로 가누되 방향을 몰라서는 안 된다. 내가 일찍이 지도를 보니, 우리나라 흑산도에서 북동쪽으로 가면 충청, 황해도이고 정북쪽으로 가면 평안도나 중국의 요동 등지고 서북쪽으로 가면 《서경》의 '우공(禹貢)' 편에 나오는 중국의 청주(靑州), 연주(兗州) 지역이고, 정서쪽으로 가면 중국의 서주, 양주 지역이다. 송나라가 고려와 교통할 때 명주(明州)에서 배를 타고 떠났다고 하였는데, 명주는 양자강 남쪽 지방이다. 그리고 서남쪽은 옛날의 민(閩) 땅, 곧 지금의 복건 지방이고 서남쪽으로 향하다가 좀 남쪽으로 치우치면 섬라(暹羅, 타이), 점성(占城, 지금의 베트남 남부), 만랄가(滿剌加, 말레이반도 서남쪽 말래

카)가 되고 동남쪽은 대유구국(大琉球國)과 소유구국이고 정남쪽은 여인국(女人國)과 일기도(一岐島)이고 정동쪽은 일본 대마도다. 지금 표류하여 다섯 낮밤 동안 서쪽으로만 왔기에 거의 중국 땅에 닿을 줄로 생각하였더니 불행히도 또 서북풍을 만나서 동남쪽으로 거슬러 떠가고 있으니 만일에 유구국이나 여인국에 닿지 않으면 반드시 끝없는 바다 밖으로 표류하여 나갈 것이다. 그리되면 장차 어찌한단 말이냐? 너희는 내 말을 명심하여 키를 똑바로 잡고 가야 한다."4)

위 인용문에서 기술하고 있는 내용은 『제주삼현도』의 모습과도 거의 일치하고 있다. 이어도 해역에 대한 이러한 정보가 수록된 것은 제주도가 지니는 지정적 특성에서 기인한다고 볼 수 있다. 제주도는 단순히 한반도의 변방이 아니라 군사적 요충지였고 동아시아 해양 교류의 관문이었기 때문에 주변 지역에 대한 파악이 중시되었고 이것이 지도에도 표현되었던 것으로 볼 수 있다.

규장각 소장 『해동지도』에는 또 하나의 「제주삼현도」(그림 14)가 있는데, 제주도의 윤곽이 왜곡이 심하고 수록된 내용도 문화적 특성이 많이 반영된 지도이다. 이 지도에도 지도의 외곽에 간지로 된 28방위가 표시되어 있다. 지도에서 서쪽과 남쪽으로는 중국과 동남아시아의 지역의 지명이 기재되어 있다. 중국의 등래주(登萊州), 항주(杭州), 소주(蘇州), 영파부, 만랄가(滿剌加), 점성, 섬라, 안남, 유구국과 더불어 대만까지도 그려져 있다. 지금의 이어도 해역에 해당하는 곳에는 전횡도(田橫島), 갈석(碣石), 마도(麻島) 등의 섬이 그려져 있고, 송악산 서남쪽에는 암초 모양의 봉우리가 천왕봉(天王峰)이라는 지명과 함께 그려져 있다. 이 지도는 거리와 방향이 정확한 지도가 아니기 때문에 중국 지역도 실제의 거리가 반영된 것은 아니다. 전횡도는 중국 산둥성 칭다오에 있는 섬으로 제나라의 전횡이 부하 500명과 자결했다는 전설이 전해지는 곳이다. 갈석은 신선이 거주한다는 산으로 산둥성 해안에 있다고 전해진다. 이러한 지명과 더불어 주목되는 것

---

4) 최부, 『표해록』 제1권, 무신년, 윤정월 8일.

〈그림 14〉 해동지도의 제주삼현도(서울대 규장각한국학연구원 소장)

이 천왕봉이다. 이어도 해역에 속해 있으면서 산방산 앞의 형제도처럼 암석으로 이루어진 섬이라는 점에서 여타의 섬과도 다르다. 형태적으로 본다면 지금의 이어도를 표현한 것일 수도 있는데, 천왕봉이라는 지명의 유래는 명확하지 않다.

이와 같은 고지도에 표현된 이어도 해역의 인식과 더불어 문헌 자료에서도 이어도 해역에 대한 인식을 확인해 볼 수 있다. 최부의 『표해록』과 이형상의 기록에서 확인해 볼 수 있다. 다음은 관련된 내용이다.

제주 서남쪽에 백해(白海)가 있다는 말도 흥미롭다. 지금 확인할 방법이 있을까? 물결은 용솟음치고 바다 빛은 희다. 예전에 정의 현감 채윤혜(蔡允惠)가 내게 했던 말이 생각난다. "제주 늙은이들이 말하기를, 맑게 갠 날 한라산 꼭대기에 오르면 멀리 서남쪽으로 아득히 떨어진 바다 밖에 백사장 같은 것이 보인답니다." 지금 보니 한라산에서 보인다던 그것인가 싶은데 이는 백사장이 아니고 백해(白海)다. 나는 권산 등에게 말하기를, "고려 때 너희 제주가 원에 조공할 때 명월포에서 순풍을 만나 직항로로 7일만에 백해를 지나 대양을 건넜는데, 지금 우리가 표류하는 길이 직항로인지 옆길인지 알 수가 없다. 다행히 백해 가운데로 들어갈 수 있다면 분명히 중국의 경계에 가까워질 것이다."라고 했다.[5]

낭중 등이 지도를 가리키며 나에게 말하기를 "그대는 어느 곳에서 출발하여 어디에서 머물렀소?"하였다. 나는 손으로 그 표류한 지역과 지나온 바다, 머물렀던 해안을 가리키니 해로가 바로 대유구국(大琉球國)의 북쪽을 경유하게 되었다. 대낭중이 말하기를 "당신은 유구의 땅을 보았소?"하였다. 나는 말하기를 "내가 표류하여서 백해(白海)로 들어가 서북풍을 만나 남하하였을 때 산 모양 같은 것이 보이기도 하고 보이지 않는 것 같기도 하였다. 또 인가에서 연기가 나고 있었는데 아마 그것이 유구의 땅인 것 같으나 정확히 알 수 없소"라고 하였다.6)

서쪽 하늘 닿는 끝을 바라보니 백색 사정(沙汀)같은 것이 있는데, 곧 표해록에 백해(白海)라고 칭한 곳이다. 향양(向讓)의 눈으로써 만되의 바닷길을 능히 바라볼 수 있었음은 그 또한 다행한 일이다. 곁에 늙은 아전이 있었는데, 일찍이 월남까지 표류하였다가 돌아온 내력을 기록한 '과해일기'(過海日記)를 가지고 있었다. 나에게 향하여 무릎걸음으로 앞으로 나와 말하기를 "저것이 마도(馬島)입니다. 강호(江戶)입니다. 옥구도(玉球島)입니다. 여인국(女人國)입니다. 유구국(琉球國)입니다. 안남국(安南國)입니다. 섬라국(暹羅國)입니다. 점성(占城)입니다. 만라가(萬剌加)입니다. 영파부(寧波府)입니다. 소항주(蘇抗州)입니다. 양주(楊州)입니다. 산동(山東)입니다. 청주(靑州)입니다." 라고 하였다. 역력히 숫자를 헤아리는 것이 마치 손바닥을 가리키는 것 같았다. 황홀하고 아찔하여 눈이 어지럽고 마음이 현란하였다. 다만 하늘은 덮개가 되고 물은 땅이 되어 내 다리 아래에서 위아래 입술처럼 합쳐진 것을 알 수 있을 뿐이다.7)

이상의 인용문에서 알 수 있듯이 지금의 이어도 해역은 '백해(白海)'라는 바다로 불리었다는 것을 알 수 있다. 제주도 서남쪽으로 보이는 백해라는 바다는 지금의 이어도 해역과 일치하기 때문이다. 백해라는 명칭이 붙여진 것은 백사정처럼 보여서일 수도 있지만 이어도 해역에 파도가 빈번하게 치면서 나오는 하얀 포말과 관련되는 것은 아닐까? 단정적으로 말하기는 힘들지만 지금의 이어도 해상을 왕래하는 과정에서 형성된 인식일 수도 있을 것이다.

고대로부터 제주는 동북아 해역의 중심에 위치한 입지적 특성으로

---

5) 최부, 『표해록』 제1권, 무신년, 윤정월 7일
6) 최부, 『표해록』 제3권, 무신년, 3월 29일.
7) 李衡祥, 『南宦博物』, 地誌條

인해 해상활동이 활발했다. 특히 중국과의 교류의 주요 항로인 동중
국해 사단항로의 거점으로 기능하였다(윤명철, 2002). 중국 절강 지방
의 영파나 주산군도를 출발하여 동중국해를 동북 방향으로 사단한 다
음 제주도를 경유하거나 기항하여 일본 방면이나 한반도의 각 지역으
로 항해하는 항로로 위의 최부의 언술에서도 7일만에 중국에 도착할
수 있다고 하고 있다. 다음의 인용문은 제주도를 거점으로 하는 항로
가 예로부터 사람과 물자의 교류에서 중요한 역할을 했던 사실을 잘
보여주고 있다.

> 탁라·화탈(火脫)·여서(餘鼠) 사이에는 바다가 깊고 검푸르며 매서운 바람과 높
> 은 파도가 많다. 매양 봄과 여름에 남쪽 수종(水宗) 밖을 바라보면 높은 돛을 단
> 큰 선박들이 무수히 지나간다. 여기는 흑치(黑齒)의 오랑캐들이 중국과 통상하는
> 길목이며 또한 해외 여러 만이(蠻夷)들의 물화가 유통되는 곳이다. 서남쪽으로는
> 백해(白海)와 마주하고 있는데 최부(崔溥)가 바다에서 표류(漂流)하다 동풍을 타
> 고 7일 만에 백해에 도착하였다 한다. 그 밖으로 대유구(大琉球)가 있다.[8]

3. 중국의 고지도에 표현된 이어도 해역 인식

1) 17세기 이전 지도에 표현된 이어도 해역

중국 고지도 가운데 가장 오래된 세계지도는 석각화이도(石刻華夷圖)
(그림 15)이다. 1137년(阜昌 7)에 서안(西安) 비림(碑林)에서 석각된 지도
로 당대 가탐(賈耽)의 지도를 개정한 것으로 보인다. 주변에 만이(蠻夷)에
관한 기록이 수록되어 있다. 가탐의 지도에서 오히려 퇴보한 느낌을 준
다. 우리나라는 반도의 형태로 비교적 크게 그려져 있다. 고려, 백제, 신
라, 옥저의 국명이 표기되어 있고 연혁과 관련된 주기가 기재되어 있다.

---

8) 許穆, 「眉叟記言」, 『記言』 제48권 속집, 四方2, 耽羅志.

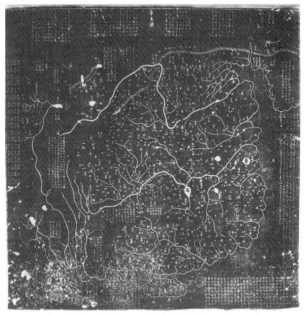

〈그림 15〉 중국의 석각화이도(서안 비림박물관 소장)

이어도 해역은 '東(동)'이라는 방위표시만 되어 있고 다른 섬이나 국가가
그려져 있지 않다. 이 지역에 대한 인식의 초기 단계를 반영하고 있다.

이어도 해역에 대한 표현은 전통적인 중화적 세계관을 반영한 세계
지도 이외에도 불교식 세계관을 표현한 지도에서도 볼 수 있다. 이의
대표적인 것이 『남섬부주도』(그림 16)와 『사해화이총도』(그림 17)이다.

『남섬부주도』는 명대의 인조(仁潮)가 1607년 간행한 『법계안립도
(法界安立圖)』에 수록된 것인데, 현장의 『대당서역기』에 기초한 지명
들이 기재되어 있다. 대륙의 중앙에 아누달지(阿耨達池)와 여기서 흘
러나가는 네 개의 하천이 기본적인 골격을 형성하고 있다(海野一隆,
1996, 21). 이 지도에서 중국은 동쪽 구석에 치우쳐 있고, 한반도는 섬
으로 그려져 '고려(高麗)'라 표기된 것이 특징적이다. 이어도 해역에는
몇 개의 섬나라가 그려져 있는데, 삼한(三韓), 왜국(倭國), 유구(琉球) 등

〈그림 16〉 법계안립도 소재의 남섬부주도

의 나라가 전부이다. 이전 시기 존재했던 삼한이 그려진 점이 특이하다.

「남섬부주도」와 더불어 불교적 세계관을 반영하는 지도가 『사해화이총도』(그림 17)이다. 『사해화이총도』는 1613년 간행된 명대의 『도서편』에 수록된 지도로 『산해여지전도』와 같은 서구식 세계지도와 같이 실려 있다. 이 지도는 『삼장(三藏)』, 『불조통기』에 수록된 「진단도(震旦圖)」와 「한서역제국도(漢西域諸國圖)」, 「반사서토오인도(盤師西土五印圖)」의 세 지도를 합하여 제작한 것인데, 지명은 여러 승려의 서역전(西域傳), 홍범(洪範) 등의 책을 참고하여 표기하였다.[9]

지도는 『남섬부주도』처럼 인도를 중심으로 그려져 중국이 동북쪽에 치우쳐 있다. 이어도 해역은 남섬부주도보다 진전된 인식을 보여준다.

---

9) 章潢, 『圖書編』 권29, 四海華夷總圖.

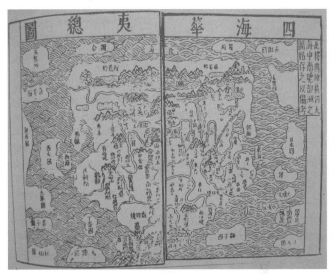

〈그림 17〉 도서편의 사해화이총도

　조선은 섬이 아닌 반도로 표현되어 있고 이어도 해역의 지명이 '동
해'로 표기되어 있다. 일본국이 동쪽에 그려져 있고 그 아래에 '왜(倭)'
가 그려져 있는데, 역사적으로 활약하던 왜구의 영향으로 일본과 별도
로 그려진 것으로 보인다. 남쪽으로 대유구와 소유구가 그려져 있다.
　중국 명대를 대표하는 지도로 『대명일통지도(大明一統之圖)』(그림
18)를 들 수 있다. 전통적인 중화적 세계관에 입각하여 그린 소략한
형태의 중국 지도로 『대명일통지』에 수록된 부도이다. 명대의 행정구
역인 13省과 북경과 남경이 주요 지명으로 수록되어 있다. 한반도는
남쪽이 뾰족한 반도의 형상으로 표현되어 있고 조선이라는 국명이 표
기되어 있다. 이어도 해역을 보면 일본이 동쪽에 그려져 있고 남쪽으
로 유구가 그려져 있다. 동남아시아의 안남국이 더 수록된 정도이다.
　이어도 해역이 비교적 상세하게 표현된 지도로는 『대명혼일도』(그
림 19)를 들 수 있다. 『대명혼일도(大明混一圖)』는 작자 미상의 세계

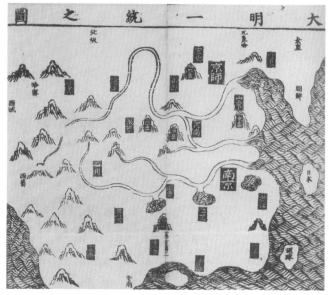

〈그림 18〉 대명일통지의 대명일통지도

〈그림 19〉 대명혼일도(북경 중국 제1역사 아카이브 소장)

〈그림 20〉 양자기의 여지도(旅順博物館 소장)

지도로 조선, 일본을 제외하면 『혼일강리역대국도지도』와 매우 유사한 모습을 띠고 있다. 특히 이 지도도 아프리카, 유럽까지 포괄하고 있는데 인도 반도를 제외하면 거의 같은 윤곽을 지니고 있다. 최근 중국측의 보다 자세한 연구에서는 지도상의 '광원현(廣元縣)'과 '용주(龍州)' 등의 지명을 토대로 볼 때, 1389년(홍무22) 1391년 사이에 제작된 것으로 추정하고 있다(汪前進·胡啓松·劉若芳, 1994, 52).

『대명혼일도』는 동쪽으로 일본, 서로는 유럽, 남으로는 자바, 북으로는 몽골에 이르는 광대한 영역을 포괄하고 있으며, 국가간 경계선은 없고 단지 지명이 표기된 사각형의 색깔로 구분하였다. 지도에는 명대의 산천과 행정단위를 중점으로 그려져 있다. 이어도 해역을 보면 일본이 다른 지도와 달리 크게 그려져 있다. 그 아래쪽에 유구국 등의 나라와 몇몇 섬들이 그려져 있다.

양자기(楊子器)의 여지도(그림 20)에서도 이어도 해역에 대한 인식을 살펴볼 수 있다. 이 지도는 중국 대련시(大連市) 여순박물관(旅順博物館)에 소장되어 있는 지도로 가로 164, 세로 180cm의 규격으로 비단에 채색으로 그려져 있다. 이 지도는 지명을 토대로 볼 때 양자기의 말년인 1512-1513년에 제작된 것으로 추정된다. 이 지도는 조선에도 바로 수입되어 상세한 조선전도를 첨가하여 다시 편집, 제작되기도 했다.

우리나라 부분은 상대적으로 소략하게 처리되어 있다. 뭉툭한 반도의 형상으로 표현되어 있으며 압록강에 의해 만주 지역과 분리되고 있다. 만리장성이 끝나는 지점에 백두산인 장백산의 모습이 그려져 있고 그 동쪽에는 '여진(女眞)'이라는 국명이 표기되어 있다. 반도의 남쪽에는 붉은 색 역삼각형 안에 '조선(朝鮮)'이라는 국명이 표기되어 있다. 이어도 해역은 비교적 간단하게 묘사되어 있다. 바다의 명칭은 보이지 않고 원 안에 일본, 유구 등의 나라가 표시되어 있다. 중국의 해안가에는 숭명도를 강조해서 표현하였다.

이어도 해역이 가장 상세하게 묘사되는 것은 나홍선(羅洪先)의 『광여도(廣輿圖)』에서 볼 수 있다. 『광여도』는 1555년(嘉靖 34)에 제작된 중국 최고(最古)의 세계지도 아틀라스이다. 주사본(朱思本)의 여지도를 참고하고 이택민도(李澤民圖)의 동해남해 부분을 취했다. 여기에 수록된 「東南海夷圖」(그림 21)가 그것인데 수록된 정보량도 이전 시기의 지도보다 훨씬 많다.

지도에는 조선이 반도로 그려져 있고 삼한, 신라, 부여 등 이전 시기의 나라가 섬으로 표현되어 있다. 탐라가 한반도의 남쪽에 그려져 있고, 남쪽으로 일본, 소유구, 대유구의 나라가 표현되어 있다. 동쪽에는 영주와 부상 등의 삼신산과 모인국과 같은 상상의 나라가 그려져 실재와 가상이 혼재된 느낌을 준다. 이어도 해역에는 진도, 백산도, 흑산도,

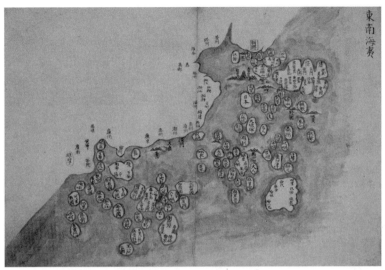

〈그림 21〉 광여도의 동남해이도 사본(국립중앙도서관 소장)

군산도 등 중국과의 해상교역을 할 때 중요한 경유지가 그려져 있다. 이들 전라도 근해에 있는 섬들은 고려시대 송과의 교류에서 중요한 경유지였다.[10] 이러한 이어도 해역에 대한 인식은 원대에 제작된 세계지도에서 취한 것으로 명대의 새로운 정보를 반영하는 것은 아니다.

2) 17세기 이후 지도에 표현된 이어도 해역

중국 고지도에서 이어도 해역 인식의 새로운 변화는 서양 선교사가 제작한 서구식 세계지도에서 볼 수 있다. 이의 가장 대표적인 것은 마테오 리치가 제작한 『곤여만국전도』로 현재에도 여러 판본이 남아 있다(土浦市立博物館, 1996). 서양의 지리지식을 바탕으로 제작된 서구식 세계지도로 조선과 일본에도 전래되어 많은 영향을 주었다.

---

10) 徐兢, 『高麗圖經』 제35권, 海道2.

〈그림 22〉 곤여만국전도의 이어도 해역(일본 京都대학교 소장)

지도(그림 22)는 1602년 북경판『곤여만국전도』로 대형의 목판본으로 제작된 것이다. 조선의 이미지는 이 시기 전통적인 중국지도에 표현되는 것과 비교해 볼 때 큰 차이를 보이고 있다. 뭉툭하게 왜곡되어 표현되었던 한반도의 형상이 실제와 가깝게 그려져 있고 팔도의 지명도 수록되어 있는 등 인식의 진전된 모습을 보여주고 있다. 이어도 해역을 보면 먼저 바다 이름을 '대명해'로 표기했다. 중국을 중심으로 바다 이름을 붙였는데, 지금의 태평양 동부에 '대동양'이라 하고 일본 동쪽의 바다를 '소동양'이라 했다. 제주도는 '고탐라'라고 하고 옆에 '제주'라고 표기했다. 대마도가 크게 그려져 있고 아래로는 일본의 오도(五島)열도, 그 남쪽으로는 소유구와 대유구가 그려져 있다. 이 시기에도 대만에 대한 인식이 명확하지 못함을 알 수 있다. 중국 해안을 따라 섬들이 그려져 있으나 구체적인 지명을 표기되어 있지 않다.

지로(武田勝次郎)가 편집한 것이다. 일본의 제국주의적 야망이 잘 반
영되어 있는 지도로 일본과 유구국이었던 오키나와가 매우 상세하게
그려진 반면 조선과 중국은 상대적으로 소략하게 그려져 있다. 특히
조선은 이 시기 제작되는 조선지도와 달리 윤곽의 매우 왜곡되어 있다.
대마도가 포구의 지명까지 상세하게 표시되어 있는 반면에 조선의 제
주도는 섬의 윤곽을 알아볼 수 없을 정도로 작게 그려져 있다. 조선의
윤곽은 북부지방뿐만 아니라 남부지방의 해안선 윤곽의 왜곡이 심하
다. 이 시기 일본에서 새롭게 측량하여 제작된 조선지도 대신에 민간
에서 이용되던 전통적인 조선지도를 기초로 제작된 것으로 보인다.

동해는 한반도 인근의 바다를 '조선해(朝鮮海)'라 표기하고 그 동쪽
에는 '일본서해(日本西海)'라고 표기되어 있다. 일본의 바다 명칭은 일
본을 중심으로 태평양 쪽이 남해, 혼슈 동쪽이 동해, 우리의 동해쪽을
서해라 표기된 점이 다른 지도와 다른 독특한 점이다. 이미 이 시기
에는 일본 열도의 남쪽 부분을 태평양이라 칭하고 동해를 '일본해'로
표기하는 것이 일반적이었기 때문이다. 이어도 해역은 '지나해(支那
海)' 곧 중국해라 명명했다. 오키나와 열도의 모습이 상세하게 그려져
있고 중국 절강성 연안의 주산군도가 길쭉하게 그려져 있다.

1874년에 제작된 『청십팔성여지전도(淸十八省輿地全圖)』(그림 32)는
영국의 위리토(威爾土)가 제작한 청의 18성도를 저본으로 하고 『대청일통
여지도』 등을 참고하여 일본에서 제작한 지도이다. 경위선을 사용하여
근대적 측량성과를 반영하고 있으나 조선의 윤곽은 왜곡되어 있다. 이어
도 해역은 '동해'로 표기되어 있다. 유구제도와 대만이 정교하게 그려져
있고 중국 연안에는 섬들도 상세하게 표현되었다. 바다 명칭에도 독특함
이 있는데 서해안을 황해로 표기하고 그 북쪽 바다를 발해로 표기했다.
동해를 일본해로 표기하고 지금의 남중국해를 '지나해'로 표기했다. 이
어도 해역에 대한 인식이 더욱 정교해지는 것을 확인해 볼 수 있다.

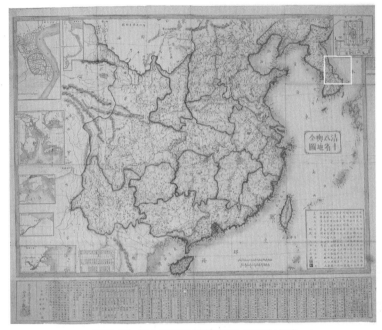

〈그림 32〉 淸十八省輿地全圖(서울대 도서관 소장)

5. 맺음말

본고에서는 한국, 중국, 일본의 고지도에 표현된 이어도 해역에 대한 인식을 파악해 보았다. 이어도의 영유권 문제와 별개로 이어도가 위치한 해역이 어떻게 인식되고 지도에 표현되는 지를 한국, 중국, 일본의 대표적인 고지도를 통해 살펴보았다. 이상에서 파악된 내용을 정리하면 다음과 같다.

첫째, 한국의 고지도에서 이어도 해역은 세계지도와 동아시아지도, 일부 제주도 지도에서 확인해 볼 수 있었다. 한국에서는 이어도 해역에 대한 뚜렷한 바다 명칭을 지도에 표기하지는 않았으나 일부 표해록의 기록에서 볼 때, '백해(白海)'라고 불리는 사례가 있었다. 한국의 고지도에 표현된 내용들은 대부분 중국에서 전해진 지리지식을 기반으로 하고 있다. 그러나 『해동제국기』의 지도처럼 실제의 경험을 바탕으로 이 지역에 대한 인식이 표현되는 경우도 있었고, 18세기를 거치면서는 중국에서 들여온 서양의 지리지식이 이어도 해역의 인식을 심화시켜 주었다. 규장각 소장의 『천하도지도』와 같은 사례는 서양의 지리지식을 조선적 관점에서 다시 수정한 것이고 『해동삼국도』는 주변국으로부터 최신의 정보를 입수하여 이어도 해역을 표현했던 대표적인 사례이다. 19세기의 『여지전도』와 같은 세계지도에서도 이어도 해역에 대한 인식이 더욱 정교해지는 것을 확인해 볼 수 있다.

둘째, 중국의 고지도에서 표현된 이어도 해역은 전통적인 중화적 세계관에 기초해 볼 때 이역(夷域)에 해당하기 때문에 중국 본토에 비해 인식의 정도가 떨어진다. 이어도 해역이 가장 자세하게 표현되었다고 평가되는 『광여도』의 「동남해이도」에서도 실재의 섬과 신선사상과 관련된 가상의 섬이 혼재되어 있다. 대부분의 세계지도에는 중국 연안의 숭명도나 주산군도와 같은 주요 섬 정도가 표현되며 대만의 모습도 18세기 이후에나 명확해진다. 이어도 해역에 대한 인식이 보다 구체화되는 계기는 서양선교사들의 서구식 세계지도의 간행 이후이다. 서구식 세계지도에서는 이어도 해역을 '대명해' 또는 '대청해'로 분명하게 표기했다. 이러한 영향은 19세기 『해국도지』나 『영환지략』과 같은 양무서의 지도에 반영되었다.

셋째, 일본의 고지도에 표현된 이어도는 16세기 이전에는 거의 찾아볼 수 없다. 16세기 나가사키를 거쳐 서양의 지리지식이 유입되면서 이어도 해역에 대한 인식도 서서히 심화되어 갔다. 특히 유구국과의 교류가 증대되면서 이 지역에 대한 인식이 정교해졌는데, 유구국에서 중국과의 항로도 구체적으로 파악할 수 있었다. 하야시의 『삼국

통람도설』의 지도는 이러한 성과가 반영된 것이었다. 19세기로 접어
들면서는 근대적 측량기술과 지도제작술이 전래되면서 이어도 해역
에 대한 인식이 훨씬 정교해졌다. 유구제도, 대만 지역에 대한 파악뿐
만 아니라 해상항로도 구체적으로 그려내었다. 다카하시의『신정만국
전도』와 같이 최신의 지리정보와 탐험성과를 지도제작에 반영하기도
하여 이어도 해역에 대한 인식을 심화시켜 주었다.

   본고는 한중일 삼국의 대표적인 고지도를 대상으로 이어도 해역의
인식을 살펴본 시론적 연구이다. 다양한 많은 지도를 검토하지 못한
점은 본고의 한계로 지적할 수 있다. 이어도 해역과 관련된 새로운
지도 자료를 발굴하는 것도 앞으로의 중요한 과제라 할 수 있다. 아
울러 이어도 해역 인식과 관련하여 서양에서 제작된 지도도 함께 검
토되어야 지리정보의 전달 루트를 제대로 추적할 수 있을 것이다. 이
를 통해 이어도가 위치해 있는 해역에 대한 이해를 심화시키고 이를
기반으로 앞으로 닥쳐올지 모를 영유권 분쟁에도 대비를 해야 한다.
이러한 경험은 독도 영유권 문제와 동해 지명 문제의 해결 방안을 모
색하는 데에도 중요한 시사점을 제공할 것으로 기대한다.

참고문헌

高麗圖經, 徐兢, 亞細亞文化史 影印本 (1972).
海東諸國紀, 申叔舟, 朝鮮史編修會 影印本 (1933).
南宦博物, 李衡祥, 韓國精神文化硏究院 古典資料編纂室　影印本 (1979).
圖書編, 章潢, 목판본 (1613).
漂海錄, 崔溥, 경희대 전통문화연구소 영인본 (1978).

국역眉叟記言, 許穆, 민족문화추진회 (1978).

남상준, 1988, 「개화기 근대교육제도와 지리교육」, 『지리교육논집』 19, 99~111쪽.
대한지리학회·국토지리정보원, 2000, 한국의 지도.
東京國立博物館, 2003, 伊能忠敬と日本圖.
배우성, 1999, 「정조시대 동아시아 인식의 새로운 경향」, 『한국학보』 25(1),
　　　92~125쪽.
배우성, 2006, 「조선후기의 異域 인식」, 『조선시대사학보』 36, 145~177쪽.
三好唯義 編, 1999, 圖說 世界古地圖コレクシヨン, 河出書房新社.
三好唯義 編, 2004, 圖說 日本古地圖コレクシヨン, 河出書房新社.
서울시립대학교박물관, 2004, 『땅의 흔적 지도 이야기』.
송성대, 2010, 「한·중간 이어도 海領有權 분쟁에 관한 지리학적 고찰」, 『대
　　　한지리학회지』 45(3), 414~429쪽.
영남대학교 박물관, 1998, 『한국의 옛 지도』.
오상학, 2001, 「조선시대 세계지도와 세계 인식」, 서울대학교 박사학위논문.
오상학, 2001a, 「조선후기 圓形 天下圖의 특성과 세계관」, 『지리학연구
　　　35(3)』, 231~247쪽.
오상학, 2001b, 「목판본 輿地全圖의 특징과 地理思想史的 意義」, 『韓國地圖
　　　學會誌』 1(1), 184~200쪽.
오상학, 2003, 「조선시대의 일본지도와 일본 인식」, 『대한지리학회지』 38(1),
　　　32~47쪽.
오상학, 2005, 『옛 삶터의 모습 고지도』, 국립중앙박물관.
오상학, 2010, 「조선시대 제주도 지도의 특성과 가치」, 『제주지리론』, 한국
　　　학술정보.
汪前進·胡啓松·劉若芳, 1994, 「絹本彩繪大明混一圖研究」, 『中國古代地圖集:
　　　明代』, 文物出版社.
윤명철, 2002, 「제주도의 해양교류와 대외항로」, 『한국사학』 37, 195~228쪽.
李 燦, 1991, 『韓國의 古地圖』, 汎友社.
이상태, 2007, 『사료가 증명하는 독도는 한국땅』, 경세원.
曹婉如 外(編), 1990, 『中國古代地圖集: 戰國-元』, 北京: 文物出版社.

曹婉如 外(編), 1995,『中國古代地圖集: 明代』, 北京: 文物出版社.
曹婉如 外(編), 1997,『中國古代地圖集: 淸代』, 北京: 文物出版社.
土浦市立博物館, 1996,『世界圖遊覽: 坤輿萬國全圖と東アジア』.
海野一隆, 1996,『地圖の文化史-世界と日本一』, 八坂書房.

(『지리학 연구』 45-1, 2011.3)

1392~1592 강원도의 섬 행정과 일본과의 교류

케네스 로빈슨

1. 머리말

1420년대 강원도 관아는 일본과의 접촉이 거의 없었고, 그때까지 왜구들의 침탈은 평화적인 교역으로 이루어지고 있었다. 이러한 일본인의 교류방식 변화는 조선전기 강원도의 우산도와 울릉도 섬에 대한 정책으로 조선조정에 알려졌다. 그리고 경상도의 제포, 부산포, 그리고 염포 3개의 항구에서 접촉이 주로 이루어진 교역은 수군영의 보호된 지역에서 일본과의 교역통로로 집중되었다.

송병기, 신용하, 김호동, 선우영준 등은 우산도와 울릉도에 관한 연구을 탐색하고 그 역사에 관한 중요한 측면을 밝혀내었다.[1] 이병휴와 김호동은 폭 넓은 역사에서 이들 섬의 중요성을 인식하고 울진현에서 그 여건을 보다 명확히 하고 있다.[2] 이 논문은 3부로 되어 있다. 제1

---

[1] 송병기, 1999, 『울릉도와 독도』, 단국 대학교 출판부 ; 신용하, 2003, 『한국과 일본의 독도 영유권 논쟁』, 한양대학교 출판부 ; 김호동, 2005년 12월, 「조선 초기 울릉도 - 독도에 대한 '공도정책' 재검토 - 」, 민족문화논총 32, 257~290쪽 ; 김호동, 2007, 『독도 울릉도의 역사』, 경인문화사 ; 선우영준, 2007, 『고려와 조선국 시대의 독도: 짙은 안개 속에서 밝은 햇빛 속으로』, 학영사.

부는『동국여지승람(東國輿地勝覽)』(1487년, 1499년)과『신증동국여지 승람(新增東國輿地勝覽)』(1531년)의 현존 원전에서 우산도와 울릉도를 조사하고 있다. 제2부는 조선 초 행정적인 면에서 이들 두 섬을 언급 한다. 그리고 제3부는 조선 조정 강원도 행정의 상세한 부분을 일본 과의 교류를 관리 면에서 폭넓고 상세하게 연결시킨다. 강원도에서 일본인들의 활동은 조선 조정 초기 경상도의 제한된 지역에서 특수한 접촉, 교류 그리고 교역을 장려하였기 때문에 15세기에는 상당히 잠 잠하였다.

2. 우산도와 울릉도

1)『동국여지승람』그리고『신증동국여지승람』에서의 우산도와 울릉도

「팔도총도(八道總圖)」는『동국여지승람』초판에서 보이는 것으로 1487 년 (성종 18)에 발간되었으며, 첨부된 지도의 경우 우산도가 나타나는 가 장 오래된 것이다. 강원도 제목 하에 가장 오래된 인쇄본인 이 지도는 1499년 (연산군 5)에 인쇄된『동국여지승람』의 별책으로 성암문고(誠庵 文庫)에 보관되어 있다. 이 두 섬은 조선왕조의 강원도에서 가장 동쪽에 있는 것으로 표시되어 있다.

1487년『동국여지승람』속의「팔도총도」지도는 1499년판『동국 여지승람』과『신증동국여지승람』에서도 모두 울릉도 서쪽에 우산도 가 표시되어 있다. 1487년『동국여지승람』「팔도총도」는 '우산도'와

---

2) 이병휴, 2002년 2월, 「울진 지역과 울릉도-독도와의 역사적 그리고 일영 성-」,『역사교육논집』28, 147~216쪽 ; 김호동, 1998, 「조선 시대 울진 지 방의 역할」,『민속연구』8, 11~30쪽.

'울릉도'를 묘사한 가장 첫 조선의 지도이다. 따라서 1499년『동국여
지승람』그리고『신증동국여지승람』「강원도」에는 울릉도 서쪽에 우
산도가 나타난다. 이「강원도」지도는 '우산도'와 '울릉도'를 나타내
는 가장 오래된 강원도 지도이다. 「팔도총도」속에 이 두 섬 이름은
세로로 나타난다. 「강원도」지도에서, 이 두 섬은 가로로 인쇄되어 있
고 오른쪽에서 왼쪽으로 읽게 되어 있다. 이 두 섬 이름에서 방향은
조선지도 필사본으로 강원도 지도에서 나타난, 「팔도총도」또는「강원
도지도」의 원본으로 생각할 수 있다.

「팔도총도」에서는 세로로 '우산도'와 '울릉도'가 나타나고「강원도
지도」에서는 '우산도'와 '울릉도'가 가로로 나타나는 것은 조선지도
와 강원도에서도 반복된다. 한국국립중앙도서관에 보관된 지도는 그
사례를 보여 준다. 이 두 섬 이름이 세로로 표시된 것은「팔도총도」
(1604년[선조 37])에서 볼 수 있고, 「천하지도(天下地圖)」(1637년[인조
15]이후)의 조선, 「천하지도」(1789년[정조 13]이후)의 조선, 그리고「신
편표제찬도환영지(新編標題纂圖寰瀛志)」(1822年 [純祖 22]「조선팔도
총도」에 나타나는 인쇄된 지도), 그리고「조선지도」(1800년[정조 24/
순조 즉위년]이후) 그리고「해동총도(海東總圖)」(1719년[숙종 45]이후)
의 조선총도에 나타난다.[3] 가로로 쓴 이들 두 섬 이름은「조선지도」
(1637년[인조 15]이후)의 강원도와「동람도(東覽圖)」(16세기 후반)의
강원도에 나타난다.[4]

　1487년「팔도총도」지도에서 우산도의 위치는 울릉도보다 한반도
에 가까이 그려져 있고 1499년 인쇄본『동국여지승람』, 그리고 1531
년『신증동국여지승람』, 그리고 1499년『동국여지승람』과『신증동국

---

3) 국립중앙도서관, 2009, 『독도관련자료 해제집』고문헌편, 국립중앙도서관,
　　20쪽, 22쪽, 24쪽, 25쪽, 26쪽, 32쪽.
4) 국립중앙도서관, 『독도관련자료 해제집』고문헌편, 21쪽 ; 『영남대박물관
　　소장 韓國의 옛 地圖』자료편, 汎友社, 1998, 15쪽.

여지승람』 강원도 지도는 그 설명이 될 수 있다. 『동국여지승람』, 그리고 『신증동국여지승람』에 인쇄된 지도는 이런 관보와 독립적으로 그려진 것이 아니다. 오히려 그 내용들은 보다 상세히 서술된 문장에서 보완되거나 유래된 것이다. 이들 지도는 시각적으로 도(道) 부분의 행정과 자연의 모습을 묘사한 것이다. 현(縣) 지도는 국가의 의례를 포함하여 자연의 모습을 묘사하고 있다.

1499년 『동국여지승람』 그리고 『신증동국여지승람』 울진현에서, 우산도와 울릉도는 산천조에 포함되어 있다. 1499년 『동국여지승람』과 『신증동국여지승람』에 우산도는 울릉도 앞에 기술되어 있다. 한 글자 공백이 이 두 장소의 이름을 구분하고 있다. 즉, '우산도' 장소에 뒤이어 설명된 작은 글자는 쓰여져 있지 않다. '울릉도' 이름 뒤에 나타나는 서술된 문장이 우산도에 대한 참고로 포함되어 있다. 이 두 섬의 위치에 대한 문장 설명은, "이 두 섬이 현의 동쪽 바다에 있다(二島在縣正東)"5)고 하였다. 우산도는 강원도 지도에서 울릉도보다 본토에 가깝게 그려져 있는데, 이것은 아마 관보 '산천조'에서 우산도를 먼저 그리고 울릉도를 두 번째로 그렸기 때문이라고 생각된다. 그리고 「팔도총도」에서 우산도가 본토와 가까운 것은 아마 1487년 『동국여지승람』, 1499년 『동국여지승람』, 그리고 『신증동국여지승람』에서 이들 현 지도가 각 판에서 8도 지도의 요약본이기 때문이다.

2) 행정적인 맥락에서 우산도와 울릉도

1499년 『동국여지승람』, 그리고 『신증동국여지승람』에서 우산도와 울릉도는 조선왕조실록 6개 조에서도 나타난다. 이들 조에서 '우산(于山)' 또는 '우산(牛山)'이, '무릉(武陵)' 또는 '무릉(茂陵)' 앞에 인쇄되

---

5) 『신증동국여지승람』 45: 25b-27a (울진현).

어 있다. 가장 먼저 나타나는 것은 1417년(태종 17) 2월 8일이다. 이 글자는 '우산무릉(于山武陵)'이다.[6] 다음에 나타난 것은 1417년(태종 17) 8월 6일 기축이다. 왜구의 내침을 알리면서, 두 섬은 '우산무릉(于山武陵)'으로 나타난다.[7] 세 번째 보고는 1425년(세종 7) 8월 8일 갑술에 이 두 섬에서 조정 관리의 직무를 수행하는 것이다. 문구 속에서 이전 장기 현사 김인우(前判長鬐縣事 金麟雨)가 우산무릉등처안무사(于山武陵等處按[安]撫使)로 임명되었다는 것이다.[8] 그리고 『세종실록지리지(世宗實錄地理誌)』 강원도 울진현 조에 우산도와 무릉도 정보가 함께 나타나는데, 우산도가 먼저 열거된다. 글자는 '우산무릉(于山武陵)'이다.[9] 전체 문장은 '우산무릉이도재현정동(于山武陵二島在縣正東)'인데, 이것은 세종실록지리지에 나타난 것에서 유래한 1499년 『동국여지승람』에서도 같은 내용일 가능성이 있다. 여섯 번째 기록은 '우산于山'이 아니라 '우산牛山'이다. 이 문장은 '강릉인이 말하기를 우산무릉 두 섬에 읍을 설치하였다(江陵人言牛山茂陵兩島可以設邑)'이다.[10] 조선왕조실록에서 우산도보다 무릉도가 먼저 나타나는 것은 한 번 뿐이다. 그 내용은 무릉도 우산도(武陵島牛山島)이다.[11] 여기서 추론해 보면, 문장 속에서 우산도와 무릉도 이름 순서가 일관되는 공통성을 나타낸다.

　　1436년(세종 18) 윤 6월 19일 갑신에 강원도 감사 유계문은 무릉도와 우산도(牛山島)를 기록하였다. 이 설명에서 이들 섬에 대하여 그는

　6) 『태종실록』 33년: 9a-b [1417 (태종 17).8.6 기축]
　7) 『태종실록』 34년: 9a [1425 (세종 7).8.8 갑술]
　8) 『세종실록』 29년: 19a (세종 7년 8월 8일 갑술) 以前判長鬐縣事金麟雨爲于山武陵等處按撫使; 『세종실록』 30년 : 5b-6a(세종 7년 10월 20일 을유)] ; 『세종실록』 30년: 7a (세종 7년 10월 26일 신묘).
　9) 『세종실록지리지』 153 : 10b-11a.
　10) 『세조실록』 7년 : 28a~29b [1457 (세조 3).4.16 기유]
　11) 『세종실록』 73 : 36b [1436 (세종 18).윤(閏) 6.19 갑신].(세종 18년.

땅이 비옥하고 많은 식물이 자란다고 하였다. 이 섬은 크기가 50리이고 이들 섬에 배를 댈 수 있다고 하였다. 유계문은 장기적인 수군지역 사령관 만호와 현-수준의 수령의 임명을 건의하였다. 세종은 이를 허락하지 않았다.12)

　　1457년, 강릉에서 온 사람이 말하기를 우산도(牛山島)와 무릉도는 풍부한 식물이 있고 여러 가지로 활용할 수 있기 때문에 현이 되어야 한다고 하였다. 이 식물들은 뽕나무, 삼베, 대나무, 그리고 다양한 나무들이 있다고 하였다. 그리고 새와 고기들이 있다고 하였다. 섬에 있는 것은 모두 활용할 수 있고, 삼척에서 서풍을 타면, 배는 하루 만에 닿을 수가 있다. 그러나 바람이 없으면, 항해는 1박 2일이 걸린다고 하였다. 그러나 병조 판서는 세조에게 아뢰기를 '두 섬이 현으로 승격하기에는 너무 멀고 항해하여 본토로 돌아오기가 어렵다'고 하였다. 더구나 고립된 섬의 현은 방어하기가 어렵다고 하였다. 병조판서는 바람이 잦으면 조정 관리를 섬에 파견하여 거기에 사는 사람들을 쇄환하는 것이 좋겠다고 건의하였다. 세조는 이 건의를 받아들였지만, 공식적으로 추방한 사람은 데리고 오지 말도록 하였다.13)

---

12)『세종실록』73 : 36b [1458 (세조 3).4.16 기유] 江原道監司柳季聞啓. 武陵島 牛山土沃多產東西南北各五十餘里沿海四面石壁周回又有可泊船隻之處. 請募 民實之. 仍置萬戶守令實爲久長之策. 不允. 유계문은 1435년 (세종 17년 6월 29일 기사에 강원도 감사로 임명되었다.『세종실록』68 : 36b-37a (세종 17 년 6월 29일 기사).

13)『세조실록』7 : 28a-29b [1458 (세조 3).4.16 기유]. 江陵人言. 牛山茂陵兩島 可以設邑. 其物產之富. 財用之饒. 如楮木苧桑大竹海竹魚膠木冬栢木栢子木梨 木柿木鴉鶻黑色山鳩海衣䱻魚文魚海獺等物. 無不有之. 土地膏腴禾穀十倍他 地. 東西南北相距各五十餘里. 可以居民. 四面險阻. 壁立千仞. 而亦有泊船處. 水路則自三陟距島. 西風直吹則丑時發船亥時到泊. 風微用櫓. 則一晝一夜可 到. 無風用櫓亦二日一夜可到. 命兵曹議之. 兵曹啓. 牛山茂陵兩島縣邑設置事. 兩島水路險遠往來甚難. 海中孤島設邑持守亦難. 其上項條件幷勿擧行. 但本道 人民不流寓兩島之. 請待風和時遣朝官刷還. 其墳沙諸浦內兵船專未出入處. 令其道觀察使審度移泊處. 以啓. 從之. 但兩島流寓者勿令刷還.

1416년(태종 16) 조선 조정은 처음으로 안무사를 파견하였다. 고려 조정은 993년(성종 12), 그리고 현종(1009-1031) 즉위년에 안무사를 파견하였다.[14] 1425년(세종 7) 8월 우산도와 무릉도에 지명을 한 후에, 조선왕조실록에 기록된 관리 임명은 제주도에 관리를 임명한 것뿐이다. 이러한 1425년의 관리 임명은 '우산'의 경우에 처음 기록된 것으로 특히 임시 안무사의 자격으로 임명된 것이다.

안무사는 조선왕조실록에 4명의 관리가 나타나고 있는데, 김인우가 처음이다. 그는 1416년(태종 16)에 무릉등처안무사, 그리고 1425년(세종 7)에 우산·무릉등처안무사로 나온다. 두 번째 관리는 이흥문(李興門)이다. 그는 세종 때 제주안무사로 임명된다.[15] 그는 1426년(세종 8) 종 6품 부사정(副司正)으로 종사하였고, 나중에 삼군진무(三軍鎭撫)로 종사하였다.[16] 1447년(세종 29) 이흥문은 제주목사로 종사하였다.[17] 세 번째 관리는 이명겸(李鳴謙)이다. 이들 4명의 관리 중에서 그는 1423년(세종 5) 유일하게 조선조정 문과에 합격하였다.[18] 이명겸은 1424년(세종 6)과 1439년(세종 21) 사이에 승문원정자(承文院正字), 집현전 박사, 집현전 부교리(集賢殿 副校理), 집현전 응교(集賢殿 應敎), 평안도 경력(平安道 經歷), 그리고 수토사 사헌부 장령(司憲府 掌令)으로 종사하였다.[19] 그리고 그는 1442년(세종 24) 제주 경차관 (濟

---

14) 李基白, 196,「高麗 地方 制度의 整備와 州縣軍의 成立」,『曉城趙明基博士華甲記念佛敎史學論叢』, 曉城趙明基博士華甲記念佛敎史學論叢刊行委員會, 374~379 ; 崔貞煥, 1998,「高麗時代 5道 兩界의 成立」,『慶北史學』, 第21號, 7~15.

15) 『정종실록』 96:20b-21b [1478 (정종 9).11.28 을유]. 世宗朝爲濟州安撫使

16) 세종실록 33:11b [1426 (세종 8).8.17 무인] ; 세종실록 107:17a [1445 (세종 27).3.16 기축].

17) 세종실록 116:9a [1447 (세종 29).윤(閏) 4.16 정축].

18) 『國朝榜目』 大韓民國國會圖書館, 1971年, 17.

19) 세종실록 23:19b-20a [1424 (세종 6).2.12 무오]; 세종실록 36:24a [1427 (세종 9).6.13 경오]; 세종실록 61:5b [1433 (세종 15).7.7 무오]; 세종실록 68:24a-b [1435 (세종 17).6.8 무신]; 세종실록 80:24a-b [1438 (세종 20).2.27 신사]; 세

州 敬差官) 그리고 1449년(세종 31)에는 제주 목사로 종사하였다.20)

1450년(문종 즉위년) 10월 18일 기록에 의하면, 그는 '안무사'로 임명된다. 제주 선위별감(濟州 宣慰別監) 이종겸이 그를 '안무사'로 기록하였기 때문에 이명겸은 안무사로 보인다.21) 네 번째 관리는 복승리(卜承利)이다. 그도 역시 종9품 사용(司勇)으로 복무하였고, 그리고 상호군(上護軍)으로 승진한 1461년(세조 7) 10월 3일 기사와 다음날 1461년(세조 7) 10월 4일 기사에 의하면, 그는 전라도 진도 수토사 경차관으로 임명받는다. 그는 1461년(세조 7) 12월 14일 경진 훈련관사(知訓鍊觀事)로 임명을 받는다.22) 1463년(세조 9), 그는 제주 안무사로 종사한다.23) 이들 4명의 관리는 <표1>를 참고할 수 있다.

〈표 1〉 우산·무릉에 파견된 안무사

官職名	名前	備考	年月日	原点
武陵等處安撫使	金麟雨	以…爲	太宗16年9月2日 庚寅 1416	太宗實錄 32:15a-b
于山武陵等處按[安]撫使	前判長鬐縣事 金麟雨	以…爲	世宗7年8月8日 甲戌 1425	世宗實錄 29:19a
安撫使	李鳴謙		文宗卽位年10月 18日 戊子 1450	文宗實錄 4:26a-b
濟州安撫使	卜承利	馳書啓	世祖9年閏7月 14日 辛未 1463	世祖實錄 31:3a
濟州安撫使	李興門	世宗朝爲	成宗9年11月 28日 乙酉 1478	成宗實錄 96:20b-21b

종실록 87:19b [1439 (세종 21).11.13 정사].
20) 세종실록 97:13b [1442 (세종 24).7.29 정해]; 세종실록 125:13b [1449.8.19 병인].
21) 문종실록 4:26a-b [1450 (문종 卽位年).10.18 무자].
22) 세조실록 2:54a-68b [1455 (세조 1).12.27 무진]; 세조실록 26:2a-b [1461 (세조 7).10.3 기사]; 세조실록 26:2b-3a [1461 (세조 7).10.4 경오]; 세조실록 26:25a-b [1461 (세조 7).12.14 경인]. In 1402, 이 계급은 종3품이다. 태종실록 3:22a-b [1402 (태종 2).4.18 경오].
23) 세조실록 31:3a [1463 (세조 9).윤(閏) 7.14 신미].

「팔도총도」에 우산도와 울릉도가 포함된 현 지도의 별도본이다. 내용에서 그 섬들은 조선 영토에서 가장 먼 곳으로 표기된다. 이 지도에서 섬은 두 가지 양식으로 나누어지는데 섬 현과 섬으로 구분된다. 섬의 현은 경상도의 거제현과 남해현, 그리고 전라도의 남해, 진도군, 그리고 경기도의 강화도호부와 교동현(喬桐縣)이다. 기타 섬으로 강원도의 우산도와 울릉도, 전라도의 제주, 흑산도, 그리고 군산도 그리고 '대마도'가 있다. 여기서 초점이 되는 것은 '흑산도', '대마도', '우산도', 그리고 '울릉도'이다.

흑산도는 나주현에 있다. 이 섬은 『신증동국여지승람』에서 현, 도, 또는 현행정과 관련이 없다. 그러나 관찬사서 『송사(宋史)』에서는 '이 섬은 중국 명주 정해현에서 8일 걸린다(自明州定海縣遇便風三日入洋. 又五日抵黑山入其境. 卽此島也.)고 하고 이 섬은 고려 영토의 시작이라고 말하고 있다.[24] 흑산도는 현 지도에 포함되는데 그것은 이 섬이 중국 송나라와 영토로 구분되는 지역이기 때문이다. 전라도 현 지도에는 이 섬이 왕국의 최남단으로 표시되고 있다.

「팔도총도」 남동쪽에는 쓰시마가 한국어로 '대마도(對馬島)' 또는 '대마(對馬)'로 표시되어 있다. 1499년 『동국여지승람』, 그리고 『신증동국여지승람』 동래현 산천조에는 '대마도(對馬島)'가 있다.[25] 조선 조정은 이 섬을 역사적으로 한국의 영토로 인식하였다. 사람을 가르치기 위하여 발행하는 교지에는 1419년(세종 1) 6월 9일 임오에 퇴위한 왕 태종이 대마도는 과거부터 한국 땅이었으며, 알 수 없는 시기

---

24) 『신증동국여지승람』 35 : 2b-4a (Naju 현). In 『宋史』 宋史 is 自明州定海遇便風三日入洋. 又五日抵墨山. 入其境. 『宋史』 卷487 例傳 第246 外國3高麗, 14055, 中華書局出版, 1977年. 이 문장은 신증동국여지승람과 두 가지가 예외적으로 일치한다. 첫째 한자 「縣」은 신증동국여지승람 내용에 있다. 그러나, 『宋史』에는 없다. 2장 신증동국여지승람 한자 「黑」은 宋史에 「墨」으로 나온다.

25) 『동국여지승람』(1499) 23:2a-3b (동래현) ; 신증동국여지승람 23:2a-3b (동래현).

부터 일본인들이 와서 살게 되었다고 한다.[26] 태종은 1419년 6월과 9월(세종 1)에 섬에 사는 사람들이 더 이상 해적짓을 하지 못하도록 정벌하기 전에 이런 언급을 하였다. 이 섬의 역사에서 태종은 이 섬을 정벌하고 조선의 영토로 삼았다

그러나 조선조정은 이 섬을 완전하게 조선의 영토로 편입시키지는 못하였다. 그 대신 조선조정은 문인(文引)을 도입하여 이 섬에 법적인 관할권을 행사하였다. 조선조정은 대마도 수호 종정성(對馬守護 宗貞盛)의 요구를 받아들여 섬 사람들이 자기의 허락 하에 경상도의 제포, 부산포(富山浦-후에 釜山浦), 그리고 염포에 도항할 수 있는 면허를 발행하고, 조선조정은 교역을 허가하였다. 1433년(세종 15) 6월, 대마도 사람들은 수호(守護)로 부터 문인(文引)을 받아 도항하였다. 1441년부터 조선조정은 문인을 받지 않은 통행자에 대해서는 출입을 허용하지 않았다. 1472년, 모든 일본인들은 대마도로부터 문인을 받아야만 했고, 배 두 척이 접촉하려면 문인 2개가 필요하였다.[27]

일본인이 내왕하는 삼포에서 문인 서류는 그들로 하여금 대마도를 조선영토로 생각하게 하였다. 일본 대마도주는 이 조선문서를 일본인에게 발행하여 대마도로부터 출발할 수 있게 하였다.[28] 「팔도총도」 지도에서 경상도 동래현 '산도조(山道條)'에 대마도를 포함시킨 것은 조선영토로 완전히 편입되지 않은, 조선조정의 능력 밖에 있는 일본 영토였다. 불완전한 조선영토로서, 이 섬은 조선국의 남동쪽에 표시되었다.

---

26) 『세종실록』 4:14a-15a [1419 (세종 1).6.9 임오]. 對馬爲島本是我國之地. 但以阻僻隘陋聽爲倭奴所據.

27) 文引에 대해서는 Kenneth R. Robinson, 1996, 「15세기와 16세기 쓰시마 - 대마도주와 일본의 조선 접근규제 -」, 『한국학연구』 20, 30~40쪽.

28) 조선조정의 쓰시마 - 對馬의 한국영토 간주에 관해서는 Kenneth R. Robinson, 2006, 「역사에서 본 대마도(An Island's Place in History: Tsushima in Japan and in Choseon), 1392~1592」, 『한국학연구』 30, 40~66쪽.

우산도와 울릉도는 아마 강원도의 동쪽 끝에 표시되었다. 그러나 우산도, 울릉도, 그리고 흑산도는 대마도와 달리 조선영토 안에 있었다. 영토주권과 관련하여 추가로 법적인 관할권은 우산도, 울릉도, 그리고 흑산도에 미쳤다. 조선왕의 법적인 재판관할은 대마도에 미치지는 않았다. 그러나 예를 들어, 왕은 대마도에 세금을 부과하고 거두지는 않았지만, 일본인들의 거주나 조정의 조사를 허용하지 않았으며, 일본의 군사훈련도 허락하지 않았다. 남동쪽의 경계는 다른 조선의 지역과는 달랐다.

3. 강원도 동쪽의 행정상황

〈표 2〉 1392년~1592년간의 울진현 수령들

성 명	문과 또는 사마	무과	음관 또는 잡과시험	날짜	원전
權 任 Kwŏn Im				1394	『蔚珍郡誌』116
白 Paek				1396	『蔚珍郡誌』116
金益祥 Kim Iksang				1426.2.1 을축	世宗實錄 31:11a
徐 晉 Sŏ Chin	Tong Chinsa 1401			1426.3.3 chŏngyu	世宗實錄 31:23b
鄭 隣 Chŏng In				1439.12.13 chŏnghae	世宗實錄 87:30a 蔚珍縣守
余德閏 Yŏ Tŏgyun				1443.7.13. pyŏng'in	世宗實錄 101:9b
朴而敬 Pak Igyŏng				1450.9.18 kimi	文宗實錄 3:37a-39a
金仲本 Kim Chungbon				1450.11.3 kyemyo	文宗實錄 4:43b
李壽枝 Yi Suji		무과 1460		1464.5.25 정축	世祖實錄 33:20a-b
盧從愼 No Chongsin		무과?所 授發兵 符		1484.4.19 을해 1490.6.7 무자	成宗實錄 165:6b-7a 成宗實錄 241:4a

성 명	문과 또는 사마	무과	음관 또는 잡과시험	날짜	원전
姜 堪 Kang Kam				1499	『蔚珍郡誌』116
朴信亭 Pak Sinjŏng				1504	『蔚珍郡誌』116
崔世忠 Ch'oe Sech'ung				1505	『蔚珍郡誌』116
尹希男 Yun Hŭinam				1507	『蔚珍郡誌』116
金允濯 Kim Yunt'ak				1513.8.22 정사	中宗實錄 18:54b-55a
張至孝 Chang Chihyo				1513	『蔚珍郡誌』116
朴 壕 Pak Ho	문과 1502			1516	『蔚珍郡誌』116
李成忱 Yi Sŏngch'im				1516.2.13 kapcha	中宗實錄 24:10b
辛 鶴 Sin Hak				1517	『蔚珍郡誌』116
趙如晦 Cho Yŏhoe				1519	『蔚珍郡誌』116
李傳孫 Yi Chŏnson				1522	『蔚珍郡誌』116
韓 㬉 Han Hae				1526	『蔚珍郡誌』116
權 傳 Kwŏn Chŏn				1529	『蔚珍郡誌』116
李 軼 Yi Il				1531	『蔚珍郡誌』116
慶世新 Kyŏng Sesin				1535.5.18. muin	中宗實錄 79:53a-b
李用剛 Yi Yonggang				1535	『蔚珍郡誌』116
張漢輔 Chang Hanbo				1538	『蔚珍郡誌』117
金 X Kim [Chin?]				1539	『蔚珍郡誌』117
金寧胤 Kim Yŏngyun				1542	『蔚珍郡誌』117

성 명	문과 또는 사마	무과	음관 또는 잡과시험	날짜	원전
金 威 Kim Wi				1544	『蔚珍郡誌』117
金士文 Kim Samun	문과 1538			1546	『蔚珍郡誌』117
趙世勛 Cho Sejŏk				1550	『蔚珍郡誌』117
黃以瓊 Hwang Igyŏng				1552	『蔚珍郡誌』117
李昌榮 Yi Ch'angyŏng				1554	『蔚珍郡誌』117
朴世賢 Pak Sehyŏn				1555	『蔚珍郡誌』117
李彦華 Yi Ŏnhwa			역관 (중국어)	1555	『蔚珍郡誌』117
蘇克仁 So Kŭgin				1560	『蔚珍郡誌』117
林世卿 Im Segyŏng				1563	『蔚珍郡誌』117
李忠伯 Yi Ch'ungbaek				1565	『蔚珍郡誌』117
崔光灝 Ch'oeKwangho				1566	『蔚珍郡誌』117
林 球 Im Ku				1567	『蔚珍郡誌』117
趙世王.咸 Cho Seham				1569	『蔚珍郡誌』117
丁龜壽 Chŏng Kwisu				1572	『蔚珍郡誌』117
韓克誠 Han Kŭksŏng				1574	『蔚珍郡誌』117
李世輔 Yi Sebo				1575	『蔚珍郡誌』117
柳帶春 Yu Taech'un				1579	『蔚珍郡誌』117
金興祖 Kim Hŭngjo				1581	『蔚珍郡誌』118
玄德良 Hyŏn Tŏngnyang				1582	『蔚珍郡誌』118
龍虎臣 Yongho-sin				1583	『蔚珍郡誌』118

성 명	문과 또는 사마	무과	음관 또는 잡과시험	날짜	원전
尹 定 Yun Chŏng				1585	『蔚珍郡誌』118
黃世達 Hwang Sedal				1586	『蔚珍郡誌』118
田 浹 Chŏn Hyŏp		무과 1583		1587	『蔚珍郡誌』118
柳 坡 Yu P'a	문과 1579			1590	『蔚珍郡誌』118
閔 說 Min Sŏl				1591	『蔚珍郡誌』118
李彦善 Yi Ŏnsŏn		무과 1583		1592	『蔚珍郡誌』118
蘇繼門 So Kyemun				b. 1414 d. 1489	「先考贈嘉善大夫吏曹參判行通訓大夫蔚珍縣令府君墓表」 曹偉著『梅溪集』 4:37a-b
曺顔仲 Cho Anjung					「形曹參判平壤府君曹墓道碑」姜渾著『木溪集』 1:13b-16b
康應謙 Kang Ŭnggyŏm					「吏曹參議李公墓碣銘」 申用漑著『二樂亭集』 15:13b-17b

주 : 「X」는 확인할 수 없는 한자.
출전 : 『朝鮮王朝實錄』: 『蔚珍郡』, 「官案」, 『韓國近代邑誌25 慶尙道19』, 韓國人文
科學院, 1991年 : 曹偉著, 『梅溪集』, 『韓國文集叢刊16』, 民族文化推進會,
1988年 : 姜渾著, 『木溪集』, 『韓國文集叢刊17』, 民族文化推進會, 1988年 : 申
用漑著, 『二樂亭集』, 『韓國文集叢刊17』, 民族文化推進會, 1988年 : 한국학중
앙연구원, 「한국역대인물종합정보시스템」(http://people.aks.ac.kr/index.aks)

강원도에서, 울진현은 남쪽으로 경상도와 경계를 하고 있는 동쪽
끝이다. 경상도와 울진현 사이에는 평해현이 있고, 이곳은 "강원도에
서 왜구와 마주치는 첫 장소로 방어하지 않을 수 없는 곳이다."[29]
조선시대 초기 울진현 목사는 종5품 현령(縣令), 종2품 목사를 임명

___
29) 『세종실록』 37:4a-b [1427 (세종 9).7.16 임인. 且倭賊初面之地. 不可無備.

하였다.[30] 현령에 대한 예비 연구에 의하면, 임명을 받은 많은 관리들
이 문과에 급제하지 않았다. (이 내용은 마지막 <표2> 참조.) 삼척현
그리고 평해현은 모두 높은 지위의 행정관청이 있었다. 삼척현은 도
호부(都護府)로 종삼품이었고, 평해현은 군수로 종사품이 임명되었다.
이와 비슷한 예비 연구에서 군수가 평해현에 임명되었다는 것은 문과
에 급제한 사람들이 울진현보다는 평해현에 더 많이 있었음을 말한
다. (이 내용은 <표3> 참조)

〈표 3〉 1392年~1592年의 평해군 수령

성 명	문과 또는 사마	무과	음관 또는 잡과시험	날짜	원전
許恒 Hŏ Hang				1426.1.17 imja 知平海郡事	世宗實錄 31:5a
金布 Kim P'o				1427.12.26 kimyo 知平海郡事	世宗實錄 38:19b
盧從德 No Chongdŏk				1433.9.3 임오 知平海郡事	世宗實錄 61:52a
全由性 Chŏn Yusŏng				1435.12.17 kabin 知平海郡事	世宗實錄 70:13b
林臯 Im Po				1450.9.18 kimi 知平海郡事	文宗實錄 3:37a-39a 1450.9.18 kimi
朴允昌 Pak Yunch'ang	문과 1429			1450 1450.11.10 kyŏngsul 知平海郡事	『平海郡邑誌』305 文宗實錄 4:47b
朴纘祖 Pak Ch'anjo	문과 1447			1466.11.2 kyŏngo	世祖實錄 40:8b-9a
蔡申保 Ch'ae Sinbo				1471	『平海郡邑誌』307
金慶孫 Kim Kyŏngson	문과 1451			1476	『平海郡邑誌』307

30) 『경국대전』 1:49b-50a 兵曹 外官職條; 『신증동국여지승람』45:25b (울진현).

성 명	문과 또는 사마	무과	음관 또는 잡과시험	날짜	원전
金漢哲 Kim Hanch'ŏl	문과 1469			1481	『平海郡邑誌』 307
睦哲成 Mok Ch'ŏlsŏng				1482	『平海郡邑誌』 308
李箴 Yi Cham	문과 1462 (경주 이) 또는 1469 (경주 이)			1487 1490.3.14 pyŏng'in	『平海郡邑誌』 308 成宗實錄 238:6b
李仲賢 Yi Chunghyŏn	문과 1476			1490.9.3 임자	成宗實錄 244:3b
鄭綸 Chŏng Yun	문과 1477			1495	『平海郡邑誌』 308-309
全仲孫 Chŏn Chungson				1497	『平海郡邑誌』 309
朴始文 Pak Simun	문과 1486			1501	『平海郡邑誌』 309
李云達 Yi Undal				1502	『平海郡邑誌』 309-310
林有宗 Im Yujong				1507	
李菀/李琬 Yi Wan		亦有名 武士		1509 1509.3.21 kyech'uk	『平海郡邑誌』 310 中宗實錄 8:10b-11a
韓禹昌 Han Uch'ang				1509	『平海郡邑誌』 310
任贊 Im Ch'an				1509	『平海郡邑誌』 310
李継長 Yi Kyejang		以臣 堂上		1514 1525.9.3 kimi	『平海郡邑誌』 310 中宗實錄 55:19a-b
李 X Yi X				1514	『平海郡邑誌』 310
金世瑀 Kim Seu	문과 1501			1517	『平海郡邑誌』 310-311
辛熙貞 Sin Hŭijŏng	문과 1506			1523.2.28 kihae	中宗實錄 47:20a-b
沈希佺 Sim Hŭijŏn	문과 1516			1523	『平海郡邑誌』 311
張玉 Chang Ok	문과 1515			1526.10.22 imsin	中宗實錄 57:55a
申億壽 Sin Ŏksu	문과 1513			1527	『平海郡邑誌』 311

성 명	문과 또는 사마	무과	음관 또는 잡과시험	날짜	원전
崔秀珍 Ch'oe Sujin				1527	『平海郡邑誌』 311
韓倬 Han T'ak				1530	『平海郡邑誌』 313
朴亨幹 Pak Chŏnggan	문과 1516			1530	『平海郡邑誌』 313
全公侃 Chŏn Konggan	문과 1517			1531	『平海郡邑誌』 313
李苓 Yi Ryŏng		무과 1510		1532	『平海郡邑誌』 313-314
韓慶勳 Han Kyŏnghun				1534	『平海郡邑誌』 314
尹祥孫 Yun Sangson		무과 1504		1535	『平海郡邑誌』 314
田承漑 Chŏn Sŭnggae	문과 1517			1537	『平海郡邑誌』 314-315
李敬長 Yi Kyŏngjang	문과 1534			1539	『平海郡邑誌』 315
愼敦信 Sin Tonsin				1540.8.23 imo	中宗實錄 93:62b-63a
李 X Yi X				1540	『平海郡邑誌』 315
李兆孫 Yi Choson	문과 1524			1544	『平海郡邑誌』 315
李顯祖 Yi Hyŏnjo				1547	『平海郡邑誌』 316
李纘祖 Yi Ch'anjo				1549	『平海郡邑誌』 316
李應龍 Yi Ŭngyong				1552	『平海郡邑誌』 316
陳瓘 Chin Kwan	문과 1543			1552	『平海郡邑誌』 317
金慶元 Kim Kyŏngwŏn	문과 1553			1557	『平海郡邑誌』 317
李蘭秀 Yi Nansu	문과 1548			1559	『平海郡邑誌』 317
金克一 Kim Kŭg'il	문과 1546			1560	『平海郡邑誌』 318
申碩汀 Shin Sŏkchŏng				1564	『平海郡邑誌』 318
朴虎 Pak Ho	문과 1546			1566	『平海郡邑誌』 318

성 명	문과 또는 사마	무과	음관 또는 잡과시험	날짜	원전
洪 溥 Hong Chŏn	문과 1553			1569	『平海郡邑誌』 318-319
權敏中 Kwŏn Minjung				1571	『平海郡邑誌』 319
朴孝元 Pak Hyowŏn	문과 1555			1572	『平海郡邑誌』 319
徐進德 Sŏ Chindŏk				1573	『平海郡邑誌』 319-320
車 軾 Ch'a Sik	문과 1543			1574	『平海郡邑誌』 320
朴億秋 Pak Ŏkch'un				1575	『平海郡邑誌』 320
河世濬 Ha Sejun				1576.7.4 을미	中宗實錄 10:8a-b
任 瀚 Im Han	문과 1564			1576	『平海郡邑誌』 320-321
柳 容 Yu Yong				1580	『平海郡邑誌』 321
柳希X Yu HŭiX				1585	『平海郡邑誌』 321
高 明 Ko Myŏng				1587	『平海郡邑誌』 321
高敬祖 Ko Kyŏngjo	문과 1562			1588	『平海郡邑誌』 322
金德寬 Kim Tŏkkwan				1591	『平海郡邑誌』 322
朴漢柱 Pak Hanju				「弘治十年丁巳」 以後任	洪貴達著 「送豊泉郡守朴候天文貴達 赴任」 洪貴達著 『虛白亭集』 1:15b-16a

주 : 「X」는 확인되지 않은 한자.
출전 : 『朝鮮王朝實錄』: 「郡先生」, 『平海郡邑誌』, 『江原道邑誌6』, 서울大學校奎章閣,
　　　1997年 : 洪貴達著, 『虛白亭集』, 『韓國文集叢刊14』, 民族文化推進會, 1988年 :
　　　한국학중앙연구원한국역대인물종합정보시스템(http://people.aks.ac.kr/index.aks)

울진현의 군사적인 현황은 15세기에 변화하였다. 수군사 만호는 해
군제도에서 고려부터 조선조정 초기까지 내려온 것이다. 뒤이어 조정
은 수군 만호를 종사품에 부하였다.

처음 10년 동안 조선조정은 울진현 수산포 그리고 평해현 월송포 수군영을 두었다. 1432년(세종 14) 국가에서 수집한『세종실록지리지』에 의하면, 9개현에서 6개에 수군영(水軍營)이 있었다. 그 6개 현은 남쪽에서 북쪽으로 평해, 울진, 삼척, 강릉, 양양, 그리고 고성군이었다. 조선조정은 간성군 간성현, 통천군 통천현, 그리고 흡곡현에서는 남쪽에서 북쪽으로 군사나 수군영을 두지 않았다.

〈표 4〉 1432년 강원도 수군영의 위치

水軍營	郡縣	舡數	軍人數
越松浦	平海東	舡一艘	軍七十
束草浦	襄陽北	舡三艘	軍二百單十
江浦	高城南	舡三艘	軍一百九十六
三陟浦	府[三陟]東	舡四艘	軍二百四十五
守山浦	蔚珍南	舡三艘	軍一百九十一
連谷浦	縣[江陵]東	舡三艘	軍一百九十一

원전 : 세종실록지리지 153:2b.

만호 수군사는 이들 수군영에 근무하였다. 수산포에는 3척의 배와 191명의 군인이 있었다. 월송포에는 배 한 척과 7명의 군사가 있었다.[31] 삼척현에는 가장 많은 4척의 배 그리고 군인 245명이 주둔하고 있었으며 도청이 있는 강릉현과 남쪽으로 접하여 있다. 즉, 삼척현에 있는 수군영은 도의 수도를 방어하였다. 아래 <표4>는 1432년(세종 14) 조선조정의 당시 배와 군인을 보여 준다. 조정은 이들 6개 수군영에 만호를 임명하였다.

---

31)『세종실록지리지』153:2b.

〈표 5〉 1485년 강원도 수군영

水軍營	郡縣	武官 · 品
三陟浦鎭	三陟大都護府	水軍僉制使 從三品
安仁浦	江陵都護府	水軍萬戶 從四品
高城浦	高城郡	水軍萬戶 從四品
蔚珍浦	蔚珍縣	水軍萬戶 從四品
越松浦	平海郡	水軍萬戶 從四品

출전 : 『經國大典』兵曹 外官職條 4:10b-13a.

언제부터 조정이 수산포영을 폐쇄하였는지는 분명하지 않다. 그러나 1462년(세조 8) 9월 14일 을사를 보면, 조정은 강릉현에 있는 연곡포를 폐쇄하고 새로운 하부 수군영을 울진현과 삼척현에 두었다. 울진현과 삼척현에 둔 이유는 그 지역이 왜구의 침략로이며, 잠재적으로 행정의 문제점을 안고 있었기 때문으로 간주할 수 있다.32) 1468년(세조 14) 6월 4일 임인을 보면, 조정은 강릉현 안인포에 수군영을 설치하기로 결정한다. 여기에는 가까운 항구인 연곡포와 양양현(아마 속초포로 추정된다)에서 배와 수부를 이동시켰다. 연곡포에 정박시설을 하는 것은 항구가 바위와 울퉁불퉁한 암석으로 되어있기 때문에 어려웠다.33) <표5> 에서는 1485년 (성종 16)『경국대전』발간 당시 강원도 수군영을 나타낸 것이다.

〈표 6〉 1531년 강원도의 수군영

郡縣	守令	水軍營	武官 · 品
江陵大都護府	大都護府使		水軍節度使 正三品
三陟都護府	都護府使	三陟浦鎭	水軍僉節制使 從三品
襄陽都護府	都護府使	大浦營	水軍萬戶 從四品

---

32) 세조실록 29:11b [1462 (세조 8).9.14 을사] 蔚珍三陟兩浦則賊程要衝. 乃以守令兼管. 倘有事變則兼治水陸軍. 其勢甚難. ;『신증동국여지승람』45:27b (울진현 蔚珍縣).

33)『세조실록』46:26b-27a [1468 (세조 14).6.4 임진]. 連谷浦則浦口多巖石. 亦難泊船.

郡縣	守令	水軍營	武官・品
平海郡	郡守	越松浦營	水軍萬戶 從四品
高城郡	郡守	高城浦營	水軍萬戶 從四品
蔚珍縣	縣令	蔚珍浦營	水軍萬戶 從四品

<출전> 『신증동국여지승람』, vols. 44-47쪽.

조정은 삼척영에 높은 직급의 군관을 파견하고 삼척현 삼척포에는 낮은 행정관이 감독하였다. 삼척포 수군첨제사는 강릉에 상주하는 관찰사 아래 수군절도사가 주재하였다. 그러나 조정은 1484년(성종 15) 4월 19일 을해조에 안인포영을 폐하였다고 1531년(중종 26)에서 밝히고 있다.[34] 안인포의 배와 군인들은 1492년(성종 23) 1월 8일 기유조에 모두 이동시켜 강릉 북쪽에 있는 양양현 대포로 옮겼다.[35] <표 6>은 1531년 강원도 수군영의 현황이다.

15세기와 16세기 강원도 수군영은 조선조정의 일본인들과 왜구에 대한 걱정 때문에 영향을 받았다.

4. 일본인 교류와 강원도

일본인들은 조선관리들의 기록과 행동을 통하여 조선조정의 정책에 영향을 미쳤다. 왜구와의 교역은 강원도보다는 경상도에 더 큰 영향을 끼쳤다. 그리고 조선조정의 평화적 일본인과의 교역 성공으로 경상도 3개 항구에는 일본인 교역과 거주민들이 집중되었다. 강원도, 그리고 수도의 관리들은 정기적인 교류 논의와 정책을 상세히 검토하

---

34) 『정종실록』 165:6b-7a [1484 (정종 15).4.19 을해] 安仁浦萬戶金孟隱 ; 『신증동국여지승람』 44:7a.

35) 『정종실록』 261:5b-6a [1492 (정종 23).1.8 기유]. 安仁浦水路有石阻礙. 故今移于大浦.

기 보다는 왜구를 두려워하였다.

왜구침략으로 강원도의 해안수역에 왜구 배가 나타난다. 예를 들어, 1396년(태조 5). 8월 26일 신해에 태조왕은 이천우를 강원도 조전절제사로 임명한다.36) 1396년 후반(태조 5) 조정은 경상도 북쪽 능해현에서 왜구와 싸운 것을 통하여 왜구들이 북쪽 강원도로 오려는 것을 알게 되었다.37) 그리고 1412년(태종 12) 12월 1일 임자일에 조선조정은 삼척현 옥원역(沃原驛)에 역승(驛丞)을 두었다. 그리고 왜구가 침략하는 길목에 성 가까이에 수성천호(守城千戶)를 두었다.38) 이런 환경에서, 조선조정은 강원도 감찰사의 계(啓)를 받아, 1403년(태종 3)에 무릉도에 사는 사람들을 본토로 옮겨오도록 하였다.39) 14년후인 1417년(태종 17) 8월, 왜구들이 우산도와 무릉도에 침입하였다.40)

그동안에 일본과 한국인들은 무릉에 거주하는 것을 두고 이익을 다투었다. 1407년(태종 7), 대마도 수호 종정무(宗貞茂)는 하카타인(博多人) 平道全 (Taira Dōzen)을 조선에 파견하였다. 왜구들이 잡아간 한국인들을 돌려보내면서, 종정무(Sadashige)는 일본인들이 무릉에 살 수 있도록 허락해줄 것을 요청하였다. 태종은 이 제안을 거절하고 '일본

---

36) 『태조실록』 10:4b [1396 (태조 5).8.26 신해]. 又以商議中樞院事李至爲忠淸全羅慶尙道都察理使. 前商議中樞院事李天祐爲江原道助戰節制使. 前泥城道兵馬節制使李龜鐵爲忠淸慶尙道助戰節制使. 備防倭也.

37) 『태조실록』 10:8a [1396 (태조 5).11.13 정묘]. 慶尙道都節制使崔雲海擊斬倭寇于寧海. 倭還騎船. 向江原道.

38) 『태종실록』 24:28a [1412 (태종 12).12.1 imja] 置沃原驛丞兼守城千戶. 江原道都觀察使報. 道內三陟府有沃原驛. 乃倭寇要衝之地. 故國家嘗築城. 差定千戶守之. 若有變以其驛及附近龍化驛吏守禦久矣. ; 『신증동국여지승람』 44:30b (삼척현). 그러나, 조선 조정은 가까운 지역에 군대를 파견하지 않았다. 『세조실록』 7:28a-29b [1457 (세조 3).4.16 기유]. 且三陟蔚珍相距遙隔. 故於中間沃原驛築城以驛丞兼差千戶之任. 然不置守城軍卒. 有名無實.

39) 『태종실록』 6:5a [1403 (태종 3).8.11 병인]. 命出江陵道武陵島居民于陸地. 從監司之啓也.

40) 『태종실록』 34:9a [1417 (태종 17).8.6 기축]. 倭寇于山武陵.

국왕' (당시 조선왕의 지위는 중국 명나라 조공의 위치에서 일본과
외교적 위치가 같았다)에게 그 섬은 "영토 내에(在其境內)"에 있음을
통지하였다.[41] 나중에 조선조정은 1412년(태종 12) 4월 11가구와 60
명의 사람들이 거기에 살고 있었고, 1417년(태종 17) 2월에는 80명의
사람들이 15가구를 이루며 살고 있음을 알게 되었다. 그리고 1425년
(세종 7) 8월, 조선인들은 여러 가지 방식으로 섬에 이주하였다.[42]

지방관리들이 일본인이 개입된 사건에 대응하는데 문제가 발생한
것 때문에 조선조정은 민간인을 군사관리로 임명하여 평해현으로 파
견하였다. 조선조정은 1427년(세종 9) 이전에 평해현 월송포에 있는
수군영을 폐쇄하고 수군 배를 수산포와 삼척포로 옮겼다. 그러나 월
송포는 왜구가 강원도로 들어오는 입구에 있기 때문에 그 영을 폐쇄
하는 것이 옳은지는 논쟁거리가 되었다. 조선조정은 결국 그 항을 재
개하였다.[43]

1444년(세종 26) 9월 2일 정축에 강원도 감찰사 이맹상(李孟常)은
평해현 지사는 월송포 수군사의 임명이 확실하지 못하다고 하였다.
그는 민간인과 군인이 관리로 파견되면 통치가 혼란하여 문제가 발생
한다고 계를 올려 의정부에서는 과거의 예를 따라 강원도는 왜구들이
가는 길이 아니기 때문에 평해현에 영구적으로 군사적 관리를 임명하
기로 하였다. 이맹상(李孟常)은 따라서 평해현의 행정이 읍성(邑城)벽

41) 『태종실록』 13:13a [1407 (태종 7).3.16 경오]. 對馬島守護宗貞茂. 遣平道全.
   來獻土物. 發還俘虜. 貞茂請茂陵島欲率其衆落徙居. 上曰. 若許之. 則日本國
   王謂我爲招納叛人無乃生隙歟. 南在對曰. 倭俗叛則必從他人. 習以爲常. 莫之
   能禁. 誰敢出此計乎. 上曰. 在其境內. 常事也. 若越境而來則彼必有辭矣.
42) 김호동, 『독도 울릉도의 역사』, 81쪽.
43) 『세종실록』 37:4a-b [1427 (세종 9).7.16 임인]. 還置兵船於平海郡越松浦. 以
   知郡事兼萬戶. 初以本浦積沙水淺. 革萬戶. 分屬兵船於蔚珍守山浦及三陟浦.
   至是郡民以本郡邑城不完. 且倭賊初面之地. 不可無備. 請開沙還泊. 以備不虞.
   監司以啓. 遂命復舊.

으로 보호되지 않는다고 알렸다. 그는 수산포 천호(千戶)가 월송포 남쪽으로 이동하여 울진현 현령이 수산포를 통제하여야 한다고 건의하였다. 조선조정은 병조와 논의하였으나 결국 병조의 건의를 따르지 않기로 하였다. 의정부에서는 이맹상의 제안이 가능하다고 하여 세종은 그렇게 하도록 명령을 내렸다.[44]

이보다 두 달 앞서, 관찰사 趙遂良(조수량)은 항구에 대한 장계를 보내어 일본 왜구가 '100년' 동안 강원도에 침입하지 않았음을 논하였다. 세종은 수십 년 동안 모래가 항구에 쌓였기 때문에 왜구가 침략해 올 경우 배가 항구에 정박할 수가 없다고 하였다.[45]

평화의 지속은 조선조정 관리들에게 문제가 되었다. 1417년(태종 17) 대마도 사람들이 조선 항구에서 교역의 이익(興利)를 취하는 것이 금지되었지만, 평해로 들어와 교역을 요구하였다.[46] 이들은 15세기 전반에 걸쳐서 조선 전역에서 교역을 시도하였다. 이 문제는 조선조정의 국가차원의 제재로 경상도 3개 항에서 교역을 하기로 제한함에 따라 점차 사라지게 되었다.[47]

또한, 다른 형태의 교역이 조선조정에 문제가 되기도 하였다. 1426

---

44) 『세종실록』 106:1a [1444 (세종 26).9.2 정축].
初江原道觀察使李孟常啓. 知平海郡事例. 兼越松浦萬戶. 倘有賊變勢難兩治. 請別差萬戶以專其任. 下議政府議之. 僉議啓. 江原道非倭賊要衝. 依舊兼任爲便. 孟常更啓. 平海郡旣無邑城. 轉輸米穀. 皆露積于地. 倘有倭賊潛入竊發. 則所儲糧餉. 皆非我有. 平海郡守以一身. 固難兼治. 別遣萬戶. 實爲便益. 若常置不可. 則限漕轉築城. 權設爲便. 若爲官冗. 則水山浦千戶. 移差越松浦. 令蔚珍縣令兼任水山浦. 下兵曹議之. 兵曹報議政府曰. 越松浦萬戶. 仍舊兼任. 其議已定. 不宜更改. 且難以遙度. 請遣大臣審定後. 更議. 議政府啓曰. 可依觀察使所啓. 從之.

45) 『세종실록』 105:9b-10a [1444 (세종 26).7.20 정묘]. 浦口窄狹. 兵船體大出入爲難.

46) 『태종실록』 33:55a [1417 (태종 17).윤(閏) 5.28 kyemi]. 朝鮮各浦堅禁興利.

47) 長節子著, 『中世 國境海域の倭と朝鮮』吉川弘文館, 2002年, 334~356頁.

년(세종 8) 12월 13일 임신 병조판서와 강원도 관찰사는 세종에게 장계를 올려 영동 해안에 사는 사람들이 화약을 만드는 음모를 하고 있어 조선관리들은 조선인들이 무릉, 또는 대마도로 도망가서 일본인들에게 화약 만드는 법을 가르쳐 줄까 염려한다고 하였다. 세종은 이 안을 수락하여 그 해안 지역에 사는 사람들이 화약무기를 만들지 못하도록 하였다.[48] 분명히 왜구침략의 문제는 이 건의와 결정, 그리고 명령에서 알려지게 되었다.

그리고 1444년(세종 26) 윤 7월 조선조정은 경상도, 전라도, 황해도, 그리고 강원도 관찰사들에게 일본인들이 대마조정의 허가서인 문인을 받지 않고 큐슈 사람들이 전라도의 거제도로 항해하여 왔음을 알렸다.

강원도 관찰사의 보고를 통하여 일본인들이 조선 수역에 허가문인을 받지 않고 내항하지 못하도록 하였다. 조선조정이 요구하는 문인을 휴대하지 않은 일본인들은 전라도 고초도(孤草島) 거제도에서 고기잡이를 하려는 일본인이었다. 일본인들은 문인을 거제현에 있는 지세포 수군장에게 가져오고 지세포에서 거제도로, 그리고 지세포로 돌아가는 새로운 문인을 발급받았다. 지세포로 돌아간 수군장은 대마도주가 발행한 문인을 그들에게 돌려주었다. 대마도주가 발행한 문인이 없이 거제도 또는 지세포로 항해하면 수군사는 이들을 왜구로 간주하였다. 일본인들이 경상도 3개 항에서 교역을 하려면 대마도주로부터 다른 문인을 받았다. 즉, 조선조정은 일본인에게 위의 지역에 항해를 허가하고, 그리고 그 지역 항해에는 문인의 휴대를 필요로 하였다. 조선조정은 영토로 간주하였으나, 조선조정이 허가하지 않은 곳에 일본인들이 나타나지 못하게 하였다. 즉, 대마도주는 문인 발행을 함에 있어서 조선조정이 허락하지 않은 지역에 대해서는 문인을 발급할 수가 없었다. 강원도 관찰사는 무

---

48) 『세종실록』 34:16b-17a [1426 (세종 8).12.13 임신]. 兵曹據江原道監司關啓. 道貢焰焇曾於嶺東沿海各官煮取. 因此每人傳習. 慮有奸民及背主奴僕逃往茂陵對馬等島. 將火藥秘術. 教習倭人. 自今沿海各官. 勿令煮取. 從之.

릉도 또는 우산도, 또는 해안을 따라 일본인들이 불법적으로 출몰함에 따라 예측할 수 없는 침략에 대하여 방어의 어려움을 토로하였다.[49] 다시 말하면, 일본인들은 강원도 수역으로 항해하였다.

5. 맺음말

경상도 삼포에서 성공적으로 일본인 교역을 허용하는 정책을 수행함에 따라 우산도와 울릉도는 15세기와 16세기에 일정하고 지속적인 문제점을 드러내지는 않았다. 그러나 조정은 모든 강원도 지역을 일본인들의 출현을 금지하였다. 강원도 지역에는 일본인들이 문인을 가지고 도항할 곳이 없었다. 즉, 조선조정은 일본 배가 부적절한 방식으로 해안 수역에 나타나지 못하도록 제한하였다. 강원도 해안에는 섬이 적은 관계로 일본인들이 강원도로 내왕하기 어려웠다.[50] 조선시대 우산도와 울릉도 역사는 일본인 접촉과 교류로 연관되어 있었다.

(『독도연구』 9, 2010. 12)

---

49) 『세종실록』 105:16a-b [1444 (세종 26).윤(閏) 7.7 갑신]. 諭慶尙全羅道觀察使及都節制使水軍處置使黃海江原道觀察使. 對馬島商販倭人告曰. 佐志殿管下. 倭船十三隻. 托以孤草島捕魚. 不受宗貞盛文引. 今七月過對馬島向孤草島. 前項倭人. 果如不受文引而來. 則志在報讎. 其害不淺. 沿邊各浦各官各鎭防禦諸事. 不輕布置. 謹烽火. 多斥候. 修戰艦練士卒. 如或犯邊. 則臨機制勝. 又或非處近島到泊. 則審其風水. 發船掩捕. 其中不戰來降者. 勿殺生獲逆戰不降. 則依法斬獲. 且前日倭人等來言. 倭船體少. 故依泊島浦. 覆以松枝與草樹. 則候望者不得見之. 其備細候望. 毋陷賊術.

50) 『정종실록』 256:16b [1491 (정종 22).8.26 경오]. 江原道敬差官李苖來復命. 引見. 苖啓曰. 大抵倭船必依泊島嶼. 窺伺竊發. 本道則自平海郡至歙谷凡九邑. 皆濱大海. 東至對馬島. 茫無島嶼. 無可泊船之處. 形勢異於全羅. 慶尙道. 臣與監司. 巡審倭船來泊可疑處三十餘地. 然彼賊不知本道道路迂直. 且無島嶼. 何以泊船作耗乎? 雖乘風來泊. 其還亦必待風. 則賊難入寇. 上曰. 然則此道倭變無虞矣.

울릉도쟁계의 타결과 쓰시마번(對馬藩)

송 휘 영

1. 머리말

고려말부터 울릉도에는 여진과 왜의 약탈이 심하였고 이곳을 소굴로 하여 동해안 연안을 침략하는 것을 막기 위해 섬의 거민을 육지로 데리고나와 울릉도는 빈 섬으로 황폐화하게 되었다. 그러한 틈을 타서 쓰시마는 15세기 및 17세기 초반에 걸쳐 울릉도 영유를 획책[1]하였고 일본 서해안 연안의 어민들에게도 울릉도가 노출되었다. 호키주(伯耆州) 요나고정의 어민 오야(大谷) 및 무라카와(村川)의 양가에 의

---

1) 1407년(태종7, 應永14) 3월 쓰시마도주 소 사다시게(宗貞茂)가 사신 다이라노 도오젠(平道全)을 조선 조정에 파견하여 토산물을 헌납하고 왜구들이 납치해간 포로들을 송환하였다. 그와 동시에 울릉도에 쓰시마 사람들을 집단으로 이주시켜 쓰시마도주 자신이 통솔하게 해 줄 것을 요청하였다. 그러나 태종은 "만약 국경을 넘어오는 일이 생기면 저들도 반드시 말썽을 일으킨다"고 하면서 쓰시마의 요청을 거절하였다. 또한, 1614년(광해군6, 慶長19)에는, 소 요시토시(宗義智) 도주가 조선국 동래부사에게 서신을 보내어, 기죽도(磯竹島)를 조사(探見)하려고 하는데 큰 바람을 만날까 두려우니 길 안내를 요청하였다. 이에 대해 동래부사(東萊府使)인 윤수겸(尹守謙)과 박경업(朴慶業)의 서신을 통해 기죽도는 조선의 울릉도로 이는 여지도에 실려 있으며, 만일 점거할 경우 해적으로 간주한다고 하여 강경하게 거절하였다. 『太宗實錄』太宗 7年 3月條 및 『通航一覽』卷百三十七.

해 죽도(울릉도) 도해면허에 대한 신청을 돗토리번을 통해 하기에 이르렀으며 막부는 1625년(寬永2) 돗토리번으로 한시적 면허를 내린다.[2] 그 후 안용복 등 조선어민이 출현하기까지 70년간 두 집안이 독점적으로 도해하여 어렵을 지속하여 왔었다.

1693년(元祿 6) 4월 18일 조일 양국의 어민이 경합적으로 조업하던 중 안용복과 박어둔을 납치하는 사건이 발생하였고, 이를 계기로 울릉도를 둘러싼 조일양국의 영토분규가 발생하게 되었다. 돗토리번(鳥取藩)으로 두 사람을 데리고 간 오야가(大谷家) 선원들은 자신들의 조업권을 침해당하였다고 판단하여 번을 통해 막부에 제소하였고 막부는 두 사람을 나가사키와 쓰시마를 통해 송환하고 조선인들의 죽도 출어를 금지하게 하라는 지시를 쓰시마번에 내리게 되었다. 이것이 바로 울릉도쟁계 즉 죽도일건의 시작이다. 막부의 명을 받은 쓰시마번은 1693년 11월 다다 요자에몽(多田與左衛門)을 정사로 하여 안용복 등을 데리고 부산 왜관으로 향하였고 단순한 조선인의 죽도 출어 금지 조항에 '일본의 죽도'로의 출어금지라고 하여 죽도[3] 영유권 문제로 확대하여 서계를 동래부를 통해 조선 조정에 전달하게 되었다. 일찍부터 쓰시마는 죽도 영유를 수차례 계책하기도 하였으므로 이 기회에 막부의 힘을 등에 업고 울릉도 탈취를 도모하고자 한 것이다. 그러나 조선 조정은 '귀계죽도'로의 출어는 금하겠으나 '폐경지울릉도'조차 해금을 하고 있다는 다소 애매한 답서를 보냈다. 즉 '2도2명'으로 사태를 수습하고자 하는 조선 조정의 소극적 의도가 담긴 내용

---

2) 「죽도도해면허」가 내려진 시기는 1618년 설, 1620년 이후라는 설, 1625년 설 등이 있었으나 최근 1625년이라는 것이 타당한 것으로 받아들여지고 있다. 池內敏(2006), 245~250쪽 및 송병기(2007), 54~56쪽.

3) 당시 일본에서는 울릉도를 두고 기죽도(磯竹島), 의죽도(礒竹島) 혹은 죽도(竹島)라고 불렀다. 이하에서 '죽도'라 함은 특별히 주기하지 않는 한 울릉도를 가리키는 것임을 밝혀둔다.

이었다.

여기서 울릉도라는 명칭만 제거한다면 조선이 죽도(울릉도) 영유를 인정하는 것이 되므로 쓰시마번은 집요하게 '울릉도'라는 문구를 삭제하여 서계를 개찬해줄 것을 요구하였다. 그러던 사이에 조정에서는 소론계 강경파가 집권을 하였고 접위관 유집일이 안용복에 대한 추가 조사를 통해 막부의 의도가 아닌 쓰시마번의 계책이라는 것을 알아차리고 처음 보낸 서계를 회수하여, '죽도·기죽도는 곧 우리나라의 울릉도로 귀국 어민의 월경을 금한다'는 취지의 서계를 보내어 강경하게 대응하였다. 그리하여 1695년 여름까지 3년에 걸친 울릉도쟁계 교섭은 교착상태가 계속되었다. 그러나 1695년 10월 에도 참근(江戶參覲)을 계기로 죽도 즉 울릉도의 정황을 에도 막부가 파악하게 되었고 이듬해 1696년 1월 28일 「죽도도해금지」를 명함으로써 울릉도쟁계는 타결을 보게 된다.

지금까지 울릉도쟁계(竹島一件)의 해결 과정에 대한 연구에서는 남구만의 소론계 정권이 강경노선으로 선회함으로써 울릉도쟁계의 타결을 유도하였다고 보는 시각이 일반적이었다.[4] 그러나 쓰시마번 내부에서도 죽도가 일본 영토라는 주장이 무리라는 것과 번내 강경파에 대해 이치에 합당한 현실적 대응을 해야 한다는 온건파의 주장이 일기 시작하였다. 본 연구는 이러한 쓰시마번내 온건파와 스야마 쇼에몽(陶山庄右衛門)에 초점을 맞추어 울릉도쟁계의 결착과정을 조명하고자 한 것이다. 특히 1695년 6월 이후부터 1696년 1월의 「죽도도해금지령」이 내려지기까지의 과정을 고찰하고자 한다. 즉 일본측 사료를 중심으로 하여 울릉도쟁계의 과정을 재평가하고자 하였다. 지금까지의 국내의 울릉도쟁계에 대한 연구가 주로 국내자료에 근거하여 이루어진 것에 대해 본고에서는 『죽도기사』 및 『죽도문답』 등 일본측

---

4) 예를 들어, 송병기(2007), 91~95쪽 ; 신용하(1996), 147~149쪽을 참고할 것.

1차자료를 중심으로 분석하고자 한다. 이러한 작업은 '안용복 사건'
과 '울릉도쟁계'를 보다 객관적으로 검증하는 데 보탬이 될 것이며
17세기말 한일관계사를 짚어보는 데에도 일조할 것으로 생각된다.

2. 울릉도쟁계의 교섭과 그 경과

1) 1차 울릉도쟁계의 교섭

안용복(安龍福)과 박어둔(朴於屯)의 납치사건5)을 계기로 막부는
1693년 5월 13일 연행해온 조선인을 나가사키(長崎)로 이송하여 쓰시
마(對馬島)를 통하여 송환하고, 조선인의 죽도출어를 금지할 것을 지
시하였다. 이 명령은 5월 25일에 돗토리번에 전달되었고 쓰시마번에
는 6월 3일에 도착하였다(<표1>을 참조). 1693년 6월 7일 돗토리 성
하를 떠나 육로6)로 나가사키에 도착한 것은 6월 30일이었고, 7월 1일

---

5) 흔히들 1693년 4월 18일에 울릉도에서 발생한 안용복·박어둔 납치사건을
'안용복의 1차도일'이라 부르고, 3년 뒤인 1696년 5월에 안용복이 일본에
간 것을 '안용복의 2차도일'이라고 불러왔다. 최근 池內敏은 1696년의 안용
복의 도일행위를 '협의의 안용복 사건'이라고 하고 1693년의 안용복이 돗
코리번령에 연행된 사건까지를 포함하여 '광의의 안용복 사건'으로 규정하
였다(池內敏(2008),「安龍福と鳥取藩」,『鳥取地域史研究』第10号, 鳥取地域史
硏究學會, 17~28쪽). 이에 반해 김호동은 1693년의 안용복·박어둔이 일본
에 납치된 사건을 '渡日'이라고 하는 것은 국제적 납치사건을 올바르게 표
현한 것이 아니라는 점을 말하고, 또 池內敏이 말하는 '협의의 안용복 사
건'과 '광의의 안용복 사건'이라고 부르는 것도 '피납'이라는 문제를 희석
하는 의도가 담긴 것으로 보았다(김호동(2009),「이케우치의 '일본 에도시
대 다케시마·마츠시마 인식'에 대한 문제제기」,『독도연구』6, 영남대학교
독도연구소, 231쪽 ; 김호동(2010),「독도 영유권 공고화와 관련된 용어 사
용에 대한 검토」,『대구사학』98, 대구사학회, 2010, 77~78쪽).
6) 돗토리번에서는 납치된 두 사람이 흉폭한 행동을 할까 염려하여 육로로 이

나가사키 봉행소(奉行所)[7]로 인계되어 몇가지 조사를 받았다. 다만 안용복의 귀국 후의 진술에서도 알 수 있듯이 이곳 나가사키에서는 지금까지 십수명의 수행원을 붙여 가마로 호송했던 후대와는 달리 죄인취급을 하여 두 사람을 가두고 심문을 하게 되었다. 다시 8월 14일에 쓰시마번 사자에게 인계되어 쓰시마 후츄(府中)에 도착한 것은 9월 3일이었다(<표1>).

<표1> 울릉도쟁계 관련 연표

연도	날짜	내 역	비 고
1692 (元祿5)	3.27	무라카와가(村川家)의 배가 죽도(울릉도) 하마다우라(浜田浦)에서 배 2척과 조선인 30명과 조우	竹嶋之書附
1693 (元祿6)	4.17	오야가(大谷家) 죽도(鬱陵島) 도착 조선인과 조우	竹島考
	4.18	안용복·박어둔을 연행하여 죽도를 출발	竹島紀事
	4.20	일행 후쿠우라(福浦)에 도착	竹島考
	4.27	요나고(米子)에 도착	竹嶋之書附
	5.10	요나고에서 「조선인 구술서」 작성 에도에 보고	御用人日記
	5.13	막부 조선인들 나가사키 이송과 죽도출어금지 요청 (5.25 돗토리번, 6.3 쓰시마번 도착)	竹島紀事
	6.30	안용복 일행 나가사키 도착	竹島紀事
	9.3	안용복 일행 쓰시마에 도착	竹島紀事
1693 (元祿6)	11.1	다다 요자에몽(多田與左衛門) 부산에 도착(**1차교섭 시작**)	竹島紀事
	12.10	다다와 동래부사 홍중하와 교섭(안용복 인도) 소 요시츠구(宗義倫)의 서간이 넘겨짐	竹島紀事
1694 (元祿7)	2.22	다다 요자에몽 귀국(**1차교섭 종료**)	竹島紀事
	5.13	전관 다다(多田)가 도선주 야나기 사에몽(柳左衛門), 봉진 데라사키 요시에몽(寺崎與四右衛門)과 함께 재차 건	竹島紀事

송하였다. 『竹島紀事』 元祿六年 六月條를 참조.
7) 가마쿠라(鎌倉)시대 이후 봉행(奉行)이 재판·사무 등의 업무를 보는 관청(役所)을 두고 일컬었던 말임.

연도	날짜	내 역	비 고
		너와 답서 개찬요구(**2차교섭 시작**) 접위관 유집일 임명, 울릉도가 조선땅이라는 서계 전달	
	8.14	예조참판 이여(李畬) 명의의 2차서계 작성	肅宗實錄
1695 (元祿8)	5.11	스기무라 우네메(杉村采女), 스야마 쇼에몽 왜관 도착	竹島紀事
	5.15	4개조힐문서 동래부에 제시, 5.30까지 회답요구	竹島紀事
	6.10	왜관을 떠남(**2차교섭 종료**)	竹島紀事
	7.8	스야마 쇼에몽이 가시마 효스케에 죽도의 건을 문의	竹島文談
	7.13	가시마의 답신	竹島文談
	8.30	소 요시자네(宗義眞) 일행 에도로 떠남	竹島紀事
	10.15	소 일행 에도 도착	竹島紀事
	12.24	돗토리번저에 죽도에 대한 7개조 질의서 전달	竹島紀事
1696 (元祿9)	1.28	죽도도해금지령 노중 입회하에 쓰시마번과 돗토리번에 전달	御用人日記
	2.29	돗토리번이 받은 막부의 죽도도해허가 반납	磯竹島覺書
	8.1	죽도조해금지의 봉서 오야·무라카와 양가에 전달	御用人日記

　　안용복에 대한 쓰시마번의 대응도 아주 차가웠고 그를 포박하여 죄인 취급을 하였으며 그에 대한 심문을 위해 약 2개월간 쓰시마에 억류하였다. 9월 4일 쓰시마번은 우치노 규로자에몽(內野九郎左衛門)으로 하여금 두 조선인을 심문하게 하였고, 9월 24일 나가사키 봉행이 다시 '향후 죽도에 조선인이 도해하지 않도록 하라'는 로쥬(老中)[8]의 의향을 전달하였다.[9] 안용복을 심문하면서 쓰시마번 내부에서는 막부가 내린 명령의 의도에 대해 의구심을 품는 의견도 나타났다. 만일 막부가 죽도를 호키국의 소속으로 생각하였다면 1620년 야자에몽[10]의 체포를 호키국(伯耆國)[11]에 명령했을 것이다. 이것을 쓰시마

---

8) 에도 막부의 최고의 직명으로 도시요리(年寄)라고도 하였다. 장군 직속으로 정무 일반을 총괄하였으며 지금의 대신 또는 장관에 상당한다.
9) 『竹島紀事』 元祿六年 九月四日條 및 九月二十四日條.

번에 명령한 것은 막부가 죽도를 조선영토로 생각하고 있었기 때문일
지도 모르며 이를 막부에 문의해야 한다는 의견이 소 요시자네(宗義
眞)[12]의 측근인 가노 고노스케(加納幸之助)를 통해 제시되었다.[13] 그
러나 그때의 중론은 막부의 명령은 따를 수밖에 없다는 결론이었고
그 이상의 논의는 없었다. 쓰시마번으로서도 막부의 명령은 절대적인
것으로 죽도가 조선땅이라고 하더라도 그 명령에 따라 그 섬에 조선
인의 출어를 금지하도록 조선에 요구하기로 방침을 결정하였다.[14]

　10월 22일 쓰시마번은 다다 요자에몽을 정사(正使)로 하여 쓰시마
에서의 조사를 마친 두 사람을 데리고 후츄를 출발하여 11월 1일에
부산 절영도에 도착하였다. 부산의 초량왜관에서는 11월 2일부터 동
래부에 건네주기까지 1개월 9일을 더 체류하게 된다(<표1>). 울릉도
쟁계의 제1차 교섭이 시작된 것이다. 다다 요자에몽은 동래부사 홍중
하(洪重夏)와 교섭에 임하면서 안용복과 박어둔을 조선측에 건네주었
고 아울러 '일본의 죽도(本國竹島)[15]'에 조선어민들이 건너가는 것을

10) 『通航一覽』 卷百三十七을 참조. 이 사건은 1620년(元和6)에 울릉도에서 거
　　주하며 밀무역을 하다가 에도로 알려져 체포된 사건으로, 막부는 쓰시마번
　　으로 하여금 사기사카 야자에몽(鷺坂弥左衛門)·니에몽(仁右衛門) 부자를 포
　　박하여 에도로 호송하도록 하였다. 사기사카는 이소타케(礒竹弥左衛門) 또
　　는 다케시마(竹島弥左衛門)라는 이름으로 불리어지기도 하였다. 또한 사건
　　의 구체적 경위는 「元和覺書」에 기록되어 있으며, 당시 에도와 쓰시마번은
　　기죽도(磯竹島=울릉도)가 조선령임을 명확히 인식하고 있었다.
11) 현재 돗토리현(鳥取縣) 서부지역의 옛이름.
12) 소 요시자네(宗義眞, 1639~1702)는 1657~1692년까지 쓰시마번의 3대번주
　　로 가독을 이어받았다. 1692년 차남인 요시토모(義倫)에게 가독을 물려주나
　　1694년 일찍 사망하자 어린 요시미치(義方)가 5대번주에 취임하자 섭정을
　　하면서 조선과의 울릉도쟁계 등의 업무에 실질적으로 관여 하였다.
13) 전게서, 元祿六年 九月四日條.
14) 박병섭(2007), 『안용복 사건에 대한 검증』, 한국해양수산개발원, 44쪽을 참조.
15) '본국 죽도(本國竹島)'라는 표현에 대해 송병기(2008)는 막부가 지시한 '죽
　　도로의 출어금지 요청'에 쓰시마번이 '본국'을 추가한 것은 죽도 영유권 문
　　제를 들고 나온 것으로 보고 있다. 송병기, 「安龍福의 活動과 竹島(鬱陵島)

금해 달라는 소 요시츠구(宗義倫)의 서간도 전달하였다.

> (A-①) 귀국의 바닷가 어민들이 근년에 본국의 죽도에 배를 타고 와서 몰래 고
> 기잡이를 하고 있는데, 이곳은 절대로 와서는 안 되는 곳입니다. 그렇
> 기 때문에 토관(土官)이 국금(國禁)임을 상세히 알려 다시는 오지 못하
> 게 하고, 이내 저들을 모두 돌려보냈습니다. 그런데 올봄에 또다시 국금
> 을 아랑곳하지 않고 어민 40여 명이 죽도에 들어가서 뒤섞여서 고기잡
> 이를 하였습니다. 이에 토관이 그 어민 중에서 2명을 구류하여 주사(州
> 司)의 인질로 바쳐 일시의 증거로 삼도록 하였기 때문에 우리나라 이나
> 바주(因幡州)의 주목(州牧)이 즉시 전후의 상황(事狀)을 들어 에도(東都)
> 에 치계(馳啓)하였던 바, 〔에도에서〕 저들 어민을 폐읍(弊邑)에 맡겨 본
> 토로 돌려보내 주고 이 뒤로는 그 섬에 어선이 절대로 접근하지 못하게
> 하여 금제(禁制)를 더욱 엄하게 하라고 하였습니다. 〔겐로쿠(元祿) 6년
> 계유(癸酉, 숙종 19, 1693) 9월 일〕16)

내용은 작년(1692)에 이어 조선의 어민이 다시 일본의 죽도에 어렵
을 하였으므로 일본의 토관이 와서는 안 되는 곳이라 일렀음에도 듣
지 않아 두 명의 어민을 인질로 삼았다고 하였고, 막부의 명에 따라
이들을 돌려보냄과 동시에 향후 조선인이 죽도에 출어하지 않도록 요
구하였던 것이다. 원래 막부에서 하달한 내용에서 '본국'의 죽도라고
함으로써, 단순한 독점적 어렵지라고 생각했던 울릉도(죽도)에 건너
오지 말아달라는 요구에서 쓰시마번으로서는 이전부터 울릉도 영유
를 기도해오던 터라 '본국의 죽도'라는 영유권 문제로 삼았던 것이다.
또한 작년에 연번으로 도해하였던 무라카와가(村川家)의 어부를 토관

渡海禁止令」, 『東洋學』 제43집, 단국대학교동양학연구소, 2008, 5쪽을 참조.
16) 「貴域瀕海漁氓、比年行船於本國竹島、窃爲漁採、極是不可到之地也、以故
土官詳諭國禁、固告不可再、而乃使渠輩盡退還矣、然今春亦復不顧園禁、
漁氓四十餘口、往入竹島、雜然漁採、由是土官拘留其漁氓二人、而爲質於
州司、以爲一時之證、故我因幡州牧速以前後事狀馳啓東都、令彼漁氓附與
敝邑以還本土、自今而後決莫容漁船於彼島、弥可制禁云」, 『竹島紀事』元祿
6年(1693) 10月條.

(土官)으로 격상시키고 있다.

이 소식을 접한 조선의 조정에서는 여러 가지 대책이 논의되었다. 그러나 임진왜란의 경험이 있는 조선은 일본과의 충돌을 걱정하여 울릉도가 조선의 영토인 것만을 암시하는 것으로 '2도2명설'을 제시하기로 하였다. 예조참판 권개(權瑎)의 명의로 대마도주 앞으로 보내는 제1차 답서는 다음과 같다.

> (A-②) 폐방(弊邦)은 해금(海禁)이 지극히 엄하여 바닷가 어민을 단속하여 외양(外洋)에는 나가지 못하도록 하고 있습니다. 비록 우리 지경인 울릉도(弊境之蔚陵島)라 하더라도 거리가 멀므로 절대로 마음대로 왕래하지 못하게 하고 있는데, 하물며 그 밖이겠습니까? 이번에 어선들이 감히 귀계의 죽도(貴界竹島)에 들어가 번거롭게 압령(押領)해 보내고 먼 길에 서계를 띄워 일러 주기까지 하니 인호(隣好)의 정리가 참으로 고맙습니다. 어민이 고기를 잡아 생계를 꾸려 나가자면 혹 바람을 만나 표류할 염려가 있으나, 경계를 넘어 깊이 들어가서 뒤섞여서 고기잡이를 하는 것은 법으로 엄하게 징계해야 하겠습니다. 이번에 범인들은 법률에 의거하여 과죄(科罪)하고 이 뒤로는 연해 각처에 엄히 과조(科條)를 설정하여 특별히 신칙(申飭)하겠습니다. 〔계유년(元祿6, 1693) 12월 일〕[17]

이 답서를 받은 대마도에서는 '폐경지울릉도(幣境之鬱陵島)'를 거론한 조선측의 의도에 대해 의구심을 품는 한편 이 울릉도란 문구만 삭제되면 조선으로부터 죽도(울릉도)의 지배를 실질적으로 추인하는 것이 되므로, 이 문구를 삭제하지 않으면 에도 막부로부터 중죄를 면치 못할 것이라며 죽도만 기재하고 울릉도는 삭제해 줄 것을 요구하였다. 정관 다다(多田)는 접위관의 유화책을 거부하고 울릉도는 임진왜란 이후 일본의 영토가 되었으니 조선인의 왕래를 금지할 것을 요구

---

17) 「敝邦海禁至嚴、濱海漁民、使不得出於洋、雖弊境之蔚陵島、亦以遼遠之故、切不許任意往來、況其外乎哉、今此漁民敢入貴界竹島、致煩領送遠勤書諭、鄰好之誼實所欣感、海氓獵魚以爲生理、或不無過風漂轉之患、而至越境深入、雜然漁採、法当痛懲、今將犯人等、依科條各別申筋」『竹島紀事』元祿六年(1693) 十二月條.

하였고 강경한 주장으로 맞섰다.[18] 그러나 이 구절의 삭제 문제를 두고 양국간에 팽팽한 대응이 이어졌지만 결국 교섭은 결렬되었다. 이렇게 3개월의 기간 동안 펼쳐졌던 교섭은 1694년 2월 22일 다다 요자에몽이 쓰시마로 귀국함으로써 끝이 났다. 이로써 1차 울릉도쟁계의 교섭은 일단락 지워지게 되었다.

2) 2차 울릉도쟁계의 교섭

본국으로 소환되었던 다다 요자에몽이 1694년 윤5월 13일 대차사(差倭)의 자격으로 재차 부산 왜관으로 왔다. 서계 개찬 교섭의 목적으로 다시 파견된 것으로 '폐경지울릉도'라는 구절의 삭제를 요구하는 쓰시마번주 소 요시츠구의 서계를 전달하기 위함이었다. 또한 조선에서 받은 서계를 납득할 수 없다며 돌려주고자 하였다. 이에 조정에서는 유집일(兪集一)을 접위관으로 임명하여 동래부에 파견하였고 2차 교섭이 시작된 것이다. 다다는 그가 조선에 재차 파견될 것이라는 소식을 듣고 처음에는 가지 않으려고 하였다. 당시 조선에서는 갑술옥사(甲戌獄事)로 남구만(南九萬)의 소론계 정권이 집권하여 강경노선으로 급선회하여 울릉도를 일본에 양보해서는 안 된다고 숙종에게 진언한 것을 알고 있었다. 그 동안 조선 조정에서는 동래부의 보고를 바탕으로 쓰시마측이 삭제를 요구하는 진의가 일본의 울릉도 침탈에 있다고 판단하여 남구만·윤지완 등은 지난번의 답서를 되찾아 와서 일본인의 울릉도 도해를 문책할 것을 숙종에게 건의하였다. 또한 일본이 울릉도를 점거할 경우 강원도 연안 지방이 피해를 입을 것을 걱정하여 장한상(張漢相)을 삼척 첨사(僉使)로 삼아 울릉도에 파견하고 진을 설치(設鎭)하기 위한 조사를 하도록 하였다.[19] 거민을 모집하여

---

18) 『竹島紀事』元祿六年(1693) 十二月條, '正官口上'을 참조할 것.

이주하게 하고 진을 설치하여 지키게 한다면 일본이 노리는 근심거리를 방지할 수 있다고 판단한 것이다. 유집일이 안용복과의 상담을 통해 서계에서 '죽도'란 말은 쓰시마도주가 에도에 공을 세우기 위한 계책이었음을 비로소 알아차렸다. 남구만이 전일의 답서를 고쳐 이여(李畬)의 명의로 작성한 서계를 전달하였다. 두 번째 답서는 다음과 같다.

〈예조참판 이여(李畬) 명의의 2차 답서〉

(A-③) 우리나라 강원도의 울진현(蔚珍縣)에 속한 울릉도란 섬이 있는데, 본현(本縣)의 동쪽바다(東海) 가운데 있고 파도가 험악하여 뱃길이 편리하지 못하기 때문에, 몇 해 전에 백성을 옮겨 땅을 비워 놓고, 수시로 공차(公差)를 보내어 왕래하게 하여 수검(搜檢)하도록 했습니다. 본도(本島)는 봉만(峰巒)과 수목을 내륙(內陸)에서도 역력히 바라볼 수 있고, 무릇 산천(山川)의 굴곡과 지형이 넓고 좁음 및 주민의 유지(遺址)와 나는 토산물(土産物)이 모두 우리나라 《여지승람(輿地勝覽)》이란 서적에 실려 있어, 역대에 전해 오는 사적이 분명합니다. 이번에 우리나라 해변의 어민들이 이 섬에 갔는데, 의외에도 귀국(貴國) 사람들이 멋대로 침범해 와 서로 맞부딪치게 되자, 도리어 우리나라 사람들을 끌고서 에도(江戶)까지 잡아갔습니다. 다행하게도 귀국 대군(大君)이 분명하게 사정을 살펴보고서 넉넉하게 노자(路資)를 주어 보냈으니, 이는 교린(交隣)하는 인정이 보통이 아님을 알 수 있는 일입니다. 높은 의리에 탄복하였으니, 그 감격을 말할 수 없습니다. 그러나 우리나라 백성이 어채(漁採)하던 땅은 본시 울릉도로서, 대나무가 생산되기 때문에 더러 죽도(竹島)라고도 하였는데, 이는 곧 하나의 섬을 두 가지 이름으로 부른 것입니다. 하나의 섬을 두 가지 이름으로 부른 상황은 단지 우리나라 서적에만 기록된 것이 아니라 귀주(貴州) 사람들도 또한 모두 알고 있는 것입니다. 그런데 이번에 온 서계(書契) 가운데 죽도를 귀국의 지방이라 하여 우리나라로 하여금 어선(漁船)이 다시 나가는 것을 금지하려고 하였고, 귀국 사람들이 우리 나라 지경을 침범해 와 우리나라 백성을 붙잡아간 잘못은 논하지 않았으니, 어찌 성신(誠信)의 도리에 흠이 있는 일이 아니겠습니까? 깊이 바라건대, 이런 말뜻을 가지고 동도(東都)에 전보(轉報)하여, 귀국의 변방 해안(海岸) 사람들을 거듭 단속하여 울릉

---

19) 『肅宗實錄』, 肅宗 20年 7月條.

도에 오가며 다시 사단을 야기하는 일이 없도록 한다면, 서로 좋게 지내는 의리에 있어 이보다 다행함이 없겠습니다.[20]

이 2차 답서에서 울릉도는 강원도 울진현의 동쪽 바다 가운데 위치한 섬으로 죽도와 울릉도는 이름은 다르지만 같은 섬이며 울릉도가 조선의 영토임을 명확히 하는 한편 일본인의 울릉도로의 도해 금지를 요청하여, 1차 서계에 비해 대단히 강경한 것이었다. 이에 차왜가 '침범해 오다'는 것과 '붙잡아 갔다'는 표현 등을 고쳐달라고 청하였으나 유집일이 들어주지 않았다. '울릉'이라는 두 글자를 삭제해 주기를 청한 서계의 회답을 받고자 하였으나 끝내 허락하지 않았다. 그러나 다다(多田)는 오랫동안 동래에 머물면서 돌아가지 않고 기어코 자신이 청한 것을 성사시키려 하였다. 1694년 5월부터 이듬해인 1695년 5월까지도 울릉도 문구를 삭제하기 위한 서계 개찬작업은 해결되지 않았다. 다다 요자에몽이 1년 동안 버티었으나, 교착상태가 계속될 뿐이었다.[21]

---

20) 「弊邦江原道蔚珍縣 有屬島曰鬱陵 在本縣東海中 而風濤危險 船路不便 故中年移其民空其地 而時遣公差 往來搜檢矣. 本島峰巒樹木 自陸地歷歷望見 而凡其山川紆曲 地形濶狹 民居遺址 土物所産 俱載於我國輿地勝覽書 歷代相傳事跡昭然. 今者我國海邊漁氓 往于此島 而不意貴國之人 自爲犯越 與之相値 乃反拘執我人 轉到江戶 幸蒙貴國大君 明察事情 優加資遣 此可見交隣之情 出於尋常 欽歎高義 感激何言. 雖然我氓漁採之地 本是鬱陵島 而以其産竹 或稱竹島 此乃一島二名也 一島二名之狀 非從我國書籍之所記 貴州人亦皆知之 而今此來書中 乃以竹島爲貴國地 方欲令我國禁止漁船之更往 而不論貴國人 侵涉我境 拘執我氓之失 豈不有欠於誠信之道乎 深望將此辭意 轉報東都 申飭貴國邊海之人 無令往來於鬱陵島 更致事端之惹起 其相好之誼 不勝幸甚.」, 『肅宗實錄』肅宗20年 8月 23日條.

21) 다다 요자에몽은 2년에 걸쳐 왜관에 머물면서 반드시 요구를 달성하고자 하였다. 그리하여 자신이 사신의 임무를 다하지 못하였다고 하여 조정이 사신의 준례로 하사한 물품을 받지도 않고 헤진 옷을 입고 거지 행세를 하기도 하면서 여러 고초를 겪는다. 그는 끝내 태도를 바꾸지 않았고 그의 행실로 인하여 민심이 흉흉하여 임진왜란과 같은 변란이 장차 일어날 것이라

이에 쓰시마번은 1695년 5월 11일 정사 스기무라 우네메(杉村采女)
와 도선주(都船主) 스야마 쇼에몽을 파견하여 다다 요자에몽과 함께
서계 개찬작업을 추진하도록 하였다. 그러나 남구만 정권은 강경한
태도를 바꾸지 않았으며 두 번째 서계(울릉도 삭제를 요구한 쓰시마
번주의 2차 서계)의 답신은 끝내 들어주지 않았다. 그리하여 쓰시마
번청은 재판(裁判)22) 다카세 하치에몽(高瀨八右衛門), 스야마 쇼에몽
(陶山庄右衛門), 아비루 소베에(阿比留惣兵衛)로 하여금 정사 이하 귀
국을 명하였다.23) 정사 다다 요자에몽(多田與左衛門)24)은 재판 다카세

고 하는 소문이 일기도 하였다. 『肅宗實錄』 肅宗21年 6月 20日條.

22) 에도시대 외교관계를 담당하고 있던 직명으로 초량왜관에도 외교담당관으
로 재판(裁判)을 두고 있었다.

23) 이때의 교섭단은 4월말에 쓰시마를 출발하여 5월 1일 부산에 도착하는데,
참판사를 보면 다음과 같다. 정관(正官) 스기무라 우네메(杉村采女), 부관(副
官) 이쿠타비 로쿠에몽(幾度六衛門), 도선주(都船主) 스야마 쇼에몽(陶山庄
右衛門), 봉진역(封進役) 기데라 도시베에(木寺利兵衛)로 구성되었다. 정관
은 정사(正使), 부관은 차관, 도선주는 사절단 일행의 단장으로 실무관의 총
책임자였으며, 봉진역은 헌상할 물품과 서한의 담당자로 일행의 회계책임
자였다. 이들은 1695년 2월에 지명되어 4월말에 4척의배로 후츄(府中)를 출
발한다. 일행의 총인원은 74명이었다. 5월 11일에 부산의 초량왜관에 들어
가 약 1개월에 걸쳐 동래부와의 외교교섭을 계속하게 된다. 그러나 이 교
섭은 타결되지 않아 6월 10일 부산을 출발, 6월 17일 쓰시마 후츄(府中)로
돌아왔다. 권오엽·오니시 도시테루(2010), 267~8쪽.

24) 쓰시마의 가로(家老)였던 다다 요자에몽은 중국식 이름으로 다치바나 마사
시게(橘眞重, 귤진중)라고도 한다. 그의 족적을 살펴보면, 1693년 이 죽도일
건으로 최초의 사자로서 부산으로 건너간다. 다다가 쓰시마의 후츄를 출발
한 것은 1693년(겐로쿠 6) 10월 22일의 일로, 안용복과 박어둔을 데리고 부
산 절영도를 거쳐 초량왜관에 도착한 것은 11월 2일이다. 그 후 왜관에 머
물며 조선과의 사이에서 곤란한 교섭을 해나간다. 다시 쓰시마에 돌아오는
것은 1694년의 일로 2월 22일에 승선하여 그는 24일에 쓰시마의 북쪽 와
니우라(鰐浦)에 도착하였다. 후츄(府中)에 들어오는 것은 27일이다. 이때 조
선에서 받아온 서한에 죽도와 울릉도라고 하는 1도2명의 기재가 있었던 것
이다. 「귀계죽도」, 「폐경지울릉도」가 그것이다. 하지만 이 울릉도라는 문구
는 소 요시자네(宗義眞)과 번의 가신들의 의향에 맞지 않는 것이었다. 이

(高瀬)와 상의한 다음, 1695년 5월 15일 동래부사에게 서신을 보내어 예조서계에 대한 의문점 4가지를 열거하면서 조선국 정부의 불신을 힐책하는 글을 조정에 전할 것을 요구하였다. 마침 일본에서는 다다 (多田=귤진중)를 소환하여 귀국(歸國)하라고 하였으므로, 6월 15일을 길을 떠나는 시기로 잡고 동래부에 편지를 보냈다. 네 가지 조항을 힐문(詰問)하며 이를 조정에 전달해서 한 달 이내로 개시(開示)해 줄 것을 청하였던 것이다.

〈4개조 힐문서〉 1695.6.10

(A-④) ①답서(答書) 가운데, '수시로 공차(公差)를 파견하여 왕래하며 수색하고 검사하게 하였다.'고 말했습니다. 삼가 살펴보건대, 인번(因幡)·백기 (伯耆) 두 주(州)의 변민(邊民)들이 해마다 죽도(竹島)에 가서 고기잡이를 하여, 2주(州)가 해마다 그 섬의 복어(鰒魚)를 동도(東都)에 바치는데, 그 섬은 바람과 물결이 위험하므로, 해상(海上)이 안온(安穩)할 때가 아니면 왕래할 수가 없습니다. 귀국(貴國)에서 만일 실지로 공차(公差)를 파견한 일이 있다면 역시 분명히 바다가 안온할 때였을 것입니다. 대신군(大神君)으로부터 지금까지 81년 동안 우리나라 백성들이 일찍이 귀국에서 공식적으로 파견한 사자(使者)들과 그 섬에서 서로 만났다는 사실을 상주(上奏)한 적이 없었는데, 이제 회답하는 서신 가운데는 '수시로 공차(公差)를 파견하여 왕래하며 수색하고 검사하게 하였다.'고 말한 것은 무슨 뜻인지 알 수 없습니다.

②회답하는 서신 가운데, '뜻밖에 귀국의 사람이 스스로 범월(犯越)하였다.' 하고, '귀국의 사람들이 우리 국경을 침범하였다.'고 하였습니다. 삼가 살펴보건대, 양국(兩國)이 통호(通好)한 이후에 죽도(竹島)를 왕래하던 어민(漁民)들이 표류하여 귀국 땅에 이르면 예조 참의(禮曹參議)가 표류민(漂流民)을 되돌려 보내는 일로 폐주(弊州)에 서신을 보낸 것이 모두 세 차례입니다. 우리나라의 변방 백성들이 그 섬에 가서 고기잡이한 실상은 귀국이 일찍이 알고 있던 바인데, 아주 오래 전에 우리 백성들이 그 섬에 가서 고기잡이한 것을 범월(犯越)이나 침섭(侵涉)한 것으로 여겼다면, 일찍이 종전 세 차례의 서신 가운데에서는 어찌하여 범월과 침섭의 뜻을 말하지 아니하였습니까?

문구의 삭제를 위해 다시 다다가 사자로 도해하기를 명하게 된다.

③회답하는 서신 가운데, '동일한 섬이 두 가지 이름으로 되어 있는 사실은 다만 우리나라 서적에 기록되어 있을 뿐만 아니라, 귀주(貴州)의 사람들도 또한 다 안다.'고 하였습니다. 귀국이 일찍이 동일한 섬이 두 가지 이름으로 되어 있는 사실이 서적에 기재되어 있는 것을 상고하고, 또 '동일한 섬이 두 가지 이름으로 되어 있는 사실을 폐주(弊州)의 사람들도 또한 다 안다.'고 생각하였다면, 첫번째의 답서(答書)에서는 어찌하여 '귀계(貴界)의 죽도(竹島)는 폐경(弊境)의 울릉도(鬱陵島)이다.'라고 말하였습니까? 만일 애당초 죽도가 바로 울릉도인 줄 알지 못하고 두 섬이 두 이름으로 되었다고 생각하였다면, 지금의 답서(答書)에서는 어찌하여, '동일한 섬이 두 가지 이름으로 되어 있는 실상은 다만 우리나라 서적에 기록되어 있을 뿐만 아니라, 귀주(貴州)의 사람들도 또한 다 안다.'고 말하였습니까?

④삼가 살펴보건대, 82년 전 폐주(弊州)에서 동래부에 서신을 보내어 의죽도(礒竹島)를 자세히 조사하는 일을 알리니, 동래 부사의 답서(答書)에 이르기를, '본도(本島)는 바로 우리나라의 이른바 울릉도(鬱陵島)라는 곳으로서 지금은 비록 황폐해져 있으나, 어찌 다른 사람들이 함부로 점거하는 것을 허용하여 시끄럽게 다투는 단서를 열겠는가?' 하였고, 그 두 번째 답서도 또한 그러하였습니다. 그런데 78년 전에 본방(本邦)의 변민(邊民)이 그 섬에 고기잡이하러 갔다가 표류하여 귀국 땅에 이르렀을 때 예조 참의가 폐주(弊州)에 보낸 서신에, '왜인(倭人) 마다삼이(馬多三伊) 등 7명이 변방의 관리에게 체포되었기에 그들이 온 연유를 물어보니, 울릉도에 고기잡이하러 왔다가 풍랑을 만나 표류하여 온 자였다. 이에 왜선(倭船)에 태워 귀도(貴島)로 돌려보낸다.'고 하였습니다. 대개 82년 전에 '어찌 다른 사람이 함부로 점거하는 것을 허용해서 시끄럽게 다투는 단서를 열겠는가?'라고 말하였다면, 78년 전에 다른 사람이 가서 고기잡이한다는 것을 듣고 허용하였을 리가 없었을 것입니다. 그런데 지금 회답하는 서신 가운데, '동일한 섬이 두 가지 이름으로 되어 있는 사실을 귀주(貴州)의 사람들도 또한 다 안다.'고 말한 것은 82년 전 동래부의 답서에 '의죽도(礒竹島)란 실은 우리나라의 울릉도이다.'라고 한 문구가 있기 때문입니까? 82년 전의 서신과 78년 전의 서신의 내용이 서로 부합되지 않으니, 지금 청문(請問)하지 않을 수 없습니다.[25]

---

25) 「其一曰: 回答書中言時遣公差, 往來搜撿云。謹按因幡、伯耆二州邊民, 年年往竹島漁採, 二州年年獻彼島鰒魚於東都, 彼島風濤危險, 非海上安穩之時, 則不得往來。貴國若實有遣公差之事, 則亦當海上安穩之時。自大神君至今八十一年, 我民未曾奏與貴國公差相遇于彼島之事, 而今回答書中, 言時遣公差往來

이 힐문서의 내용은 ①1694년 예조서계에서 "때로는 공차(公差)를 파견하여 왕래하며 수검(搜檢)을 한다"고 하는 것은 사실이 아니라는 점, ②답서 중에 "귀국인 스스로 월경을 하였다", "귀국인이 우리 지경을 침범하였다"고 하는데 일본국 어민이 죽도에 출어하는 것은 조선의 국경을 범한 것에 해당하지 않는다는 점, ③답서 중에 "1도2명의 상황은 우리나라 서적에 기록되어 있을 뿐만아니라 귀주의 사람 모두 이것을 알고 있다"라고 하고 있으나, 1693년 예조 서계에 '귀계 죽도', '폐경지울릉도'라고 명기하여 1도2명이 아니라는 사실을 인정하고 있다. 이러한 불합리한 것은 어떤 이유에 의한 것인가? 하는 점, 그리고 ④82년전 동래부사가 소씨에게 보낸 서계에는 "의죽도는 우리의 울릉도이다(礒竹島我鬱陵島也)"라는 구절이 보이는데, 이는 처음의 예조서계(1차 조선의 답서)에서 말하는 것과 일치하지 않는다는 것이었다. 그러나 태도를 명확히 굳힌 조선에서 더 이상 회답을 얻지

搜撿者, 未知何意? 其二曰: 回答書中, 不意貴國人自爲犯越云, 貴國人侵涉我境云. 謹按兩國通好之後, 往來竹島之漁民, 漂到于貴國地, 禮曹參議以送返漂民, 與書於弊州總三度矣. 本邦邊民往漁于彼島之狀, 貴國所曾知也, 以上上年我民往漁于彼島, 爲犯越侵涉, 則曾前三度書中, 何不言犯越侵涉之意乎? 其三曰: 回答書中一島二名之狀, 非徒我國書籍之所記, 貴州之人, 亦皆知之云. 貴國曾考一島二名之狀, 載于書籍之中, 而又謂一島二名之狀, 弊州之人, 亦皆知之, 則初度答書, 何言貴界竹島弊境鬱陵島乎? 若初不知竹島卽鬱陵島, 而爲二島二名, 則今之答書, 何言一島二名之狀, 非徒我國書籍之所記, 貴州之人亦皆知之乎? 其四曰: 謹按八十二年前, 弊州寄書於東萊府, 以告看審礒竹島之事, 府使答書云: "本島卽我國所謂鬱陵島者, 今雖荒廢, 豈可容他人之冒占, 以啓鬧釁耶?" 其再答書亦然. 七十八年前, 本邦邊民往漁于彼島, 漂到于貴國地之時, 禮曹參議與弊州書云: "倭人馬多三伊等七名, 被獲於邊吏, 問其來由, 則乃往漁于鬱陵島, 遇風漂到者也. 玆付倭船, 送回貴島." 蓋八十二年前, 言可容他人之冒占, 以啓鬧釁耶, 則無七十八年前, 聞他人往漁而容許之理矣. 今回答書中, 言一島二名之狀, 貴州之人, 亦皆知之者, 以八十二年前東萊府答書, 有礒竹島者, 實我國之鬱陵島也之句乎? 八十二年前書, 七十八年前書, 辭意不相合, 今不可不請問之」, 『肅宗實錄』肅宗21年 6月 20日條.

못하자 다다는 6월 10일 왜관을 떠나 귀도의 길에 올랐다. 이로써 2
차 교섭은 끝났다.

3. 울릉도쟁계 교섭의 전환과 쓰시마번(對馬藩)의 대응

1) 울릉도쟁계의 전환과 스야마 쇼에몽

죽도에 대한 제2차 교섭이 성과 없이 끝나자 쓰시마번내에서는 그
대책을 두고 부심하였다. 조선 조정에서 건넨 두 차례의 서계는 물론
에도에 전달이 되지 않았고, 나중에 울릉도쟁계의 해결의 실마리를
제공하는 온건파인 스야마 쇼에몽과 같이 번내의 강경노선에 대한 반
성이 일어났다. 타국의 섬을 억지로 빼앗아 에도의 공의로 바치는 방
법은 불의라 할 수 있어도 충공이라고는 할 수 없다고 비판적 견해를
가지고 있었다.[26] 다다(多田)의 1차 교섭이 실패로 끝나자 스야마는
울릉도쟁계의 교섭에 대해 소 요시자네(宗義眞)로부터 의견을 개진
받았다. 제1차 교섭 직후인 1694년 4월 15일 교섭에서 돌아온 다다도
함께 배석하였다. 스야마는 2가지의 대책을 제시하였고 제1책으로 지
금까지 교섭과정을 모두 막부에 보고하고 지시를 받은 다음 조선과의
교섭에 임하여야 한다고 주장하였다. 하지만 이 제안은 소 요시자네
가 받아들이지 않았다. 오히려 강경파들 중에서는 멀지 않아 죽도가
일본의 소속이 된다고 확신하는 발언을 일삼기까지 하였다.[27] 번내에
서 향후의 교섭에 대해 어떤 견해나 의견을 가진 자의 소견을 문장으

---

26) 陶山鈍翁(1915), 「竹島文談」, 431쪽 및 권오엽·오니시 도시테루(2010), 185쪽.
27) 울릉도쟁계에 대해 생각하는 것을 로쿠로에몽과 시게자에몽은 이번 일로
   일본의 섬으로 이미 결정될 것으로 보고 있었다. 또한 이 분쟁은 일본에 충
   분히 승산이 있다고 주변에 자주 이야기하곤 하였다.

로 기록하여 제출하고 이를 모아서 울릉도쟁계의 해결책을 찾고자 하였다.

> (B-①) 이번에 저는 조선에 건너가 그 나라와 왕복한 서한을 입수하였습니다. 한문과 일문의 것 모두 합하여 13통으로 이것을 번에 보여드리고자 가져왔습니다. 이것을 귀하에게 보여드리겠습니다. 이 13통은 제가 별도로 여분을 보존하고 있지 않습니다. 그러니 2~3일 보신 후에 확실한 비각 편으로 이쪽으로 다시 보내 주십시오. 이번에 우네메님에게 말씀 드렸습니다. <u>사이산지, 가노 고노스케님, 다키 로쿠로에몽님, 히라타 시게자에몽님 모두가 문재가 뛰어나고 조선의 사정도 충분히 아시는 분들입니다. 앞의 네 분들의 생각을 기록한 것을 받아 그 의견서를 번의 중신들이 보시면 죽도일건에 대해 도움이 될 것으로 생각합니다. 그러한 여러 가지 의견 청취를 의뢰하시면 어떻겠습니까? 그렇게 하면 이 죽도일건도 용이하게 진행되지 않겠습니까</u> 하고 말씀드렸습니다.[28)]

그러나 이러한 의견도 쓰시마번에 받아들여지지 않았다. 번내에서 이 교섭의 논의에 가담한 집정관은 가로 스기무라 우네메(杉村釆女), 사이산지(西山寺)의 주지, 가노 고노스케(加納幸之助), 다키 로쿠로에몽(瀧六郎右衛門), 히라타 시게자에몽(平田茂左衛門) 그리고 스야마 쇼에몽(陶山庄右衛門)이었다. 위에서 보면 조선과 왕복한 서한과 관련 문서 13통을 집정관들은 검토를 하고 있었고 자신의 의견을 상의하고자 유배중 은거생활을 하던 가시마 효스케(賀島兵助)[29)]에게 제시하

---

28) 「今度某朝鮮へ罷渡、彼方と往復之書付眞文和文共に十三通致進覽掛御目候、比十三通は某方に別に控無之候間、二三日御覽被成候はゞ、慥成る飛脚便にて比方へ御送登せ可被下候、比程釆女殿へ申入候は、西山寺加納幸之助殿、瀧六郎右衛門殿、平田茂左衛門殿文才も有之、朝鮮之事をも被存たる儀に御座候間、右四人之存寄書付させ御覽被成、御用に立ち可申儀に御座候はゞ、被仰聞被下候へかしと御賴被成候得」,『竹島文談』, 429쪽.

29) 가시마 효스케(賀島兵助, 1645~1697)는 쓰시마번정사에 이름을 남긴 후츄(府中)번사로 청렴결백한 행정가였다. 1675년 부대관(副代官)으로 히젠국(肥前國) 다시로(田代)로 가서 식림, 치수, 양잠 등을 추진하였다. 그 치적을 인정받아 1687년(貞享4) 오오메츠케(大目付)가 되었으나 제출한 의견서가 번주의 화를

고 있다. 스야마는 관련 문서를 보더라도 죽도가 일본의 섬이 아님을
명확히 인식하고 있었다.

(B-②) 그러나 제가 생각하기엔 가령 귀하가 사자가 되어 조선에 건너가신다
해도 죽도를 일본의 섬으로 결정할 수 있는 그러한 답서는 도저히 받을
수 없을 것입니다. 비록 성공할 기세라 하더라도 이쪽에서 그처럼 이치
에 맞지 않은 요구를 해서는 안 됩니다. 조선의 도리도 세우고 일본의
도리도 설 수 있도록 그러한 답서를 성심을 다하여 받아서 돌아오는 일
입니다. 좋지 않은 답서를 요구하는 것 등에는 저는 전혀 관심이 없습
니다. 귀하께서 그간 노고가 많으셨다는 것을 알고 있으나 그에 비해
제 공이 적음을 느낍니다. 그러한 형편을 저는 걱정하고 있습니다.[30]

트집을 잡아 섬을 탈취하려는 것은 이치에도 맞지 아니하며 조선
의 도리도 세우고 일본의 도리도 세울 수 있도록 성심의 예로써 답서
를 받아야 하며 좋지 않은 무리한 답서를 요구해서는 안 된다고 생각
하고 있었다. 설령 가시마 효스케가 사신으로 가서 교섭에 임할 지라
도 지금까지의 근거나 정황으로 보아 죽도를 일본의 섬으로 할 수가
없다는 것이었다.

쓰시마에서는 지혜를 결집하기 위해 스야마가 네 명의 집정관에게
의견을 제시하도록 가로(家老) 스기무라(杉村)에게 건의하여 의견서를

불러 이나군의 고시타카무라로 유배(幽閉)되었다. 이후 귀양지에서 11년간 외롭
게 지내다가 1697년 5월 이곳에서 병사하였다. 호는 죠켄(怒軒)이라 하였으며
향년 53세였다. 『デジタル版 日本人名大辞典＋Plus』(http://kotobank.jp/word/)
30)「此一件心易く相濟候存寄有之候由六郎右衛門殿茂左衛門殿と被申候由、方々に
て承事に御座候、六郎右衛門殿は竹島今度日本之島に極申候樣成行被遊方可有
之事に候、公事者日本十分之御勝公事と申儀を度々某にも被申、近來も彌左樣
被申候と之儀方々にて承り申事に御座候得共、某見識にては尊公御使者に御波被
成候、而も竹島を日本之島に極たる返翰御座被成候儀は、決て不相成儀にて、假
令成申勢にても、此方より左樣之不理成儀被仰掛間敷儀にて御座候、彼國之理も
立、日本之理も立候御返簡を御心を被盡御取歸被成候ても、不宜返翰など申候沙
汰御座候ては、某には少も構不申候得共、尊公之御苦勞之功少き樣成行申候段
如何と奉存候、」、「竹島文談」、429쪽.

제출하도록 한다. 그러나 다른 세 명은 스야마가 내놓은 의견서에 대해 동의하지 못한다는 언급만을 되풀이 하였다. 그러나 조금씩 번내에서는 스야마의 의견이 인식되고 있었고 오히려 강경파인 세 명의 의견에 대해서는 번의 수뇌부에서도 신용하지 않는 분위기가 조성되었다. 강경파의 대응에 대해 ①에도의 장군에게 지금의 정황을 알려야 한다는 점, ②죽도와 울릉도는 2개의 섬이 아니라 1개의 섬이라는 점, ③답서를 왜관에 맡겨두고 가져오지 않은 잘못, ④죽도가 과거에는 조선에 속해있었다고 인정하지 말아야 하는 점 등에 대해 조금씩 현실적 대응의 필요성이 일어나고 있었다.

스야마는 1695년 7월 7일 소 요시자네로부터 에도참근에 동행할 것을 명받았다. 에도 참근 때 그간의 정황을 설명하고 막부의 통지를 기다려 조선에 재차 건너가고자 생각하고 있었다.[31] 그 때문에 스기무라 우네메가 재차 조선에 건너가기로 한 계획도 연기가 되었던 것이다. 요시자네가 에도행 수행을 명령한 것은 장군과 상담한 다음 그 후에 다시 사자를 파견할 생각이었고 에도의 도시요리들에게 전후의 사정을 스야마로 하여금 설명하도록 하기 위한 것이었다. 처음 에도로부터 조선인의 도해를 금지를 명받았을 때 죽도의 사정을 에도에 충분히 보고하고 교섭에 임해야 했으나 장군의 명이라는 것만으로 즉시 조선에 강경하게 맞섰다는 것에 대해서도 쓰시마 내부의 양식 있는 사람들은 인식하고 있었다.

> (B-③) 일본 막부는 그 섬의 내력을 조금도 알지 못합니다. 그래서 재작년 (1693)에 쓰시마번에 이 교섭을 명하시어 다시는 조선인이 건너오지 않도록 하라고 명하신 것입니다. 그 취지를 확실히 저쪽에 전하라고 엄중히 명령하셨습니다. 그 때 그 섬의 사정을 장군에게 보고하라고 분별이 있는 사람들은 모두가 말하고 있습니다. 그러나 집사는 그러한 일에 동의하지 않고 그저 장군의 명이라는 이유만으로 즉시 조선에 제기하였

---

31) 권오엽·오니시 도시테루(2010), 162쪽.

습니다. 조선에서 답서가 왔을 때도 그것을 장군에게 보고하여 승낙을 얻은 다음, 생각하고 있는 것을 말씀드리고 그 다음에 어떻게 대처해야 하는가 분별이 있는 사람들은 모두 그렇게 말했습니다. 하지만 역시 집사의 생각으로 그런 일에 동의하지 않고 즉시 그 답장의 서한은 돌려주고 말았습니다. 조선의 기세는 그 때문에 바뀌어 지금의 답서는 일본을 크게 탓하는 형태의 내용이 되어있습니다.[32]

그리고 조선의 답서에 대해서도 에도에 보고하지 않은 채 쓰시마가 막부에 공을 세우고자 독자적으로 대처한 것에 대한 자성과 조선의 1차 답서를 반환한 것조차 번내 강경파의 일방적인 대응으로 에도와 상의했어야 했다는 의견이 나오고 있었다. 그로 말미암아 조선의 2차답서에서는 아주 강경한 자세로 바뀐 것으로 스야마는 생각하였다.

또한 가시마 효스케도 13편의 증빙문서들을 검토한 다음 울릉도가 조선의 속도로 일본의 부속섬이라는 증거가 전혀 없음을 인식을 하고 있었다.

(B-④) 이 서한의 문답을 보고 삼가 말씀 드립니다만, 울릉도는 조선의 속도입니다. 그리고 80년 전부터 일본에 속한다고 말하고 있습니다만 그러한 증거는 보이지 않습니다. 더구나 표류민을 송환시켰을 때 조선이 보낸 서간문을 트집 잡아 어떻게 해서든 이유를 만들어 말씀하시고 계십니다. 그것은 트집처럼 들립니다. 만약 이 쟁론에서 이겨 그 섬이 일본에 속하는 것으로 결정된다면, 그것은 표류민 송환 때 보낸 서간에 오류가 있었던 것을 트집 잡아 말로서 이긴 것입니다. 즉 트집으로 탈취했다고 말할 수 있는 일입니다.

---

32) 「日本之公儀は彼島之來歷援少しも御知も不被成候故、去々年御國へ之被仰付に、重て朝鮮人彼島に不罷越樣に被申付-候得之旨、急度申渡候へとの御事に御座候、其節御國より彼島之儀を公儀へ可被仰上事と、心有る人は皆々申候得共、執事之心に同意無之、公命之趣を以て直に朝鮮へ被仰掛候、朝鮮より之御返簡到來之節公儀へ被仰出、御同意を御受被成思召入を被仰上候て、其上にて如何樣共可被成儀と心有人皆々申候得共、執事之心に同意無之、また直に彼御返翰を被差返、朝鮮之勢變じ候て、只今之返翰は大に日本を咎たる紙面にて御座候」、「竹島文談」、431~432쪽.

저쪽에서 80년 전에 울릉도를 일본의 부속으로 했다고 하는 증문이 있
다면 그것을 제출해달라고, 혹시 말했다면, 이쪽에 증문이 될 만한 것이 있
을까요. 세 번의 서간은 표민을 보내기 위한 서간이라고는 하나 증문이 되
는 것은 아닙니다. 실제로는 저쪽에서 송환시 보낸 답변의 서부에, 단지 넝
쿨처럼 집요하게 파고들어 그 결과 이쪽의 주장에 말려든 것으로 그렇게 이
쪽의 주장은 쓰여 있습니다. 참으로 교활한 수단을 부리고 있다고 생각합니
다. 지금 이 쟁론을 중화(中華)로 판단한다면 왜 일본에 부속하고 있다는 것
입니까. 무엇보다 이쪽에서 아무리 논변을 한다 해도 조선이 일본에 섬의
귀속을 옮겨주는 것과 같은 일은 저나라에서는 도저히 따를 수 없는 일이겠
지요.[33]

이번 일의 시작부터 지금에 이르기까지 문서를 보면 옛날부터 죽
도가 일본에 소속되었다고 하는 사실은 보이지 않으며, 그 외의 서장
이나 경과를 보더라도 일본의 주장이 견강부회의 설이라는 것이 명백
하다고 하고 있다. 그리고 쓰시마가 과거의 표류민 송환 때 조선의
서간문을 트집 잡아 섬을 탈취하고자 하는 참으로 교활한 수단을 부
리고 있다고 보고 있었다. 또한 쓰시마에서 건네는 서신에는 졸렬한
말을 사용하고 있으며 외교교섭의 태도가 무례함을 지적하기도 하였
다. 특히 쓰시마에서 보내는 서신에서 에도의 무위로 조선을 위협하
는 부분과 대화를 중단시킬 듯한 강한 어조의 협박적인 언사가 있으
며 이러한 점은 좋지 못하다는 것도 아울러 언급하고 있다.

스야마는 가시마와 주고받은 서신을 통해 성신의 예로써 조선과

---

33) 「此御書翰御問答之御書付を見候に、乍恐蔚陵島は朝鮮之屬島にして、八十年前よ
   り日本に屬し來り候と有之候事、其證據見へ不申候、然るを漂民を被送還候時之書
   翰文を只今何角と被仰候樣聞へ申候、若し爭勝に成り、日本に屬候樣極り候へば、
   三度之書翰に謬有を以て言勝被成、御取被成たると申物にて可有之、彼方より八十
   年前蔚陵島日本に附候證文を御出し候得と被申候はゞ、證文に成り候もの可有之
   哉、三度之書翰は漂民迯り之書翰にてこそ候へ、證文には成間敷候、誠に彼方之
   答之書付に藤かづらのやうにと被書候事、實にもと奉存候、今爭論ど中華より判斷被
   成候はば、何として日本に御附可有之哉、尤も此方より何程論辯を被設候とも、朝
   鮮より日本に附け候はんとは隨ひ被申間敷と奉存候」,「竹島文談」, 434쪽.

교섭하겠다는 자신의 판단이 올바른 것임을 확인하고 번내 여론을 조금씩 변화시켜 갔다. 그리하여 에도참근을 하는 소 요시자네의 의향도 '에도에 보고하여 에도의 판단을 듣는 것'으로 변화하게 된다. 그의 대응에 대해 가시마와 아메노모리 호슈(雨森芳洲)도 같은 생각을 갖고 있었다.

2) 울릉도쟁계 교섭의 타결

소 요시자네(宗義眞)를 비롯한 쓰시마번의 에도 참근을 위한 일행이 쓰시마를 출발한 것은 1695년 8월 30일이었다. 그 일행에는 스야마 쇼에몽과 번유 아메노모리 호슈, 집정관 히라타 나오에몽도 포함되어 있었다. 에도로 떠나기 전 스야마는 가시마 효스케의 자문으로 죽도의 상황과 증빙자료를 에도에 보고하기로 자신의 방향을 결정하였고 참근 일행들에게도 같은 여론을 조성하였다. 그러나 그는 도중에 병을 얻어 교토에서 머물며 요양을 해야만 했다. 같은 번유인 아메노모리 호슈와 전 번주 소 요시자네 일행은 1695년 10월 5일 에도에 도착하여 같은 달 15일부터 에도의 중신들과 죽도의 건에 대해 검토를 시작했다. 에도에서는 번주와 에도의 도시요리들이 장군과 상의하여 면밀하게 협의가 진행되었다. 11월 25일에는 로쥬 아베붕고노카미(阿部豊後守)의 가신인 미사와 요시자에몽(三澤吉左衛門)과 면담하였으며,[34] 보충자료로서 소 요시자네의 구상서와 조선과의 왕복서한, 『여지승람』과 『지봉유설』 등의 문헌을 제출하였다.[35]

이를 계기로 막부는 죽도에 대한 별도의 조사를 위해 12월 24일 돗토리번에 대해 7가지 질문을 하였다.[36] "인슈(因州)·하쿠슈(伯州)에

---

34) 박병섭(2007), 50쪽을 참조.
35) 『竹島紀事』 元禄八年(1695) 十一月條.
36) 송휘영(2010), 57~59쪽의 각주에서 질의서의 전문을 제시하고 있다.

부속한 죽도는 언제부터 양국에 부속된 것인가?" "죽도 이외에도 인
백(因伯) 양주에 부속한 섬은 있는가?"라고 질문을 한다. 그런데 돗토
리번의 회답서에서는 "죽도(울릉도)·송도(독도)는 이나바(因幡)[37]·호
키(伯耆)의 부속섬이 아니다"라고 밝혔다. 에도에서는 죽도가 돗토리
번이 지배하는 부속섬이라고 착각한 듯하다. 돗토리번은 울릉도(죽
도)는 물론 독도(송도)까지도 돗토리번의 영역이 아니라고 인식하고
있었다. 따라서 막부의 죽도에 대한 방침은 굳어져 갔다.[38]

그러는 사이 아메노모리 호슈는 12월 16일 에도번저의 문고에 있
는 기밀문서를 열람하였다. 죽도 문제에 관한 외교관계 문서를 조사
하여 열람하고 나름의 식견을 가지고 소 요시자네와 아베 붕고노카미
(阿部豊後守)와 절충하는 히라타 나오에몽(平田直右衛門)의 상담에 응
하기 위한 것이었다. 여기서 축적한 지식을 전제로 해서 호슈는 솔직
한 의견을 개진하였다. 히라타 나오에몽은 호슈의 자문을 받아 로쥬
아베 붕고노카미에게 교착상태에 빠진 울릉도쟁계에 대해 그 타결책
을 비롯한 모든 것을 보고하였다. 1696년 1월 9일 아베 붕고노카미는
히라타 나오에몽을 불러 죽도문제에 대해 다음과 같이 말했다.

〈1696년 1월 요시자네와 막각의 상의에서 붕고노카미(豊後守)의 발언〉

(C-①) 죽도가 이나바(因幡)에 속해 있다고 하지만 아직 우리 백성이 거주한 적
이 없다. 태덕군(台德君) 때 요나고무라(米子村)의 마을 사람(街人)이 그
섬에 가서 어채하고자 청원함에 따라 이를 허락하였던 것이다. 지금 그
곳의 지리를 헤아려보건대 이나바(因幡)로부터는 160리(里) 남짓, 조선
으로부터는 40리 남짓 떨어져 있다. 이는 일찍이 조선의 지계임에 틀림
없는 것이다. 국가가 만약 병위(兵威)로써 이에 임한다면 무엇이든 얻지
못할 것이 없다. 단지 쓸모없는 소도(小島)를 가지고 이웃나라(隣國)와
우호를 상실하는 것은 좋은 일이 아니다. 더욱이 처음부터 이 섬을 조
선에서 빼앗은 것이 아니므로, 지금 다시 이것을 돌려준다고 말할 수 없

---

37) 현재의 돗토리현(鳥取縣) 동부지방의 옛이름으로 인슈(因州)라고도 함.
38) 전게서, 60쪽을 참조.

다. 단지 우리나라 백성이 가서 어채하는 것을 금지해야 할 따름이다. 이번(今朝)의 일은 이전과 다르다. 서로 다투어 싸움이 끊이지 않기보다는 각기 무사하기 위해 이 뜻을 조선국에 잘 알아듣도록 해야 할 것이다.[39]

죽도에는 일본의 백성이 거주한 적도 없을 뿐만 아니라 도쿠가와 히데타다(德川秀忠)[40] 시기에 어렵을 허락했지만 죽도는 이나바(돗토리 동부지방)에서는 160리나 떨어져 있는데 반해 조선에서는 40리이며 조선의 지계임이 틀림없다고 하였다. 그와 같은 작은 섬의 일로 이웃나라와 다투어 우호를 잃는 것은 득책이 아니다. 그러므로 이번에 일본인의 죽도 출어를 금하면 어떤가 라고 말했다. 어업권과 같은 일로 이웃나라 조선과 분쟁을 해서는 안 된다는 것이었다. 그리하여 1월 28일 로쥬들이 소 요시자네에게 이 방침에 따라 사건을 처리하도록 해야 한다는 명령이 내려진 것이다. 즉, 당초의 방향과 정반대로 일본 어민이 섬에 가는 것을 금지하는 「죽도도해금지령(竹島渡海禁止令)」이었다. 로쥬 입회하에 에도의 쓰시마번 및 돗토리번저에 전달되는데 아래는 돗토리번에 전달된 문서이다.

(C-②) 지난해(先年) 마츠다이라 신타로(松平新太郎) 인슈(因州) 하쿠슈(伯州)를 영지로 삼고 있을 때, 문의를 한 하쿠슈(伯州) 요나고(米子)의 쵸닌(町人) 무라카와 이치베에(村川市兵衛)·오오야 진키치(大屋甚吉)가 다케시마(竹島)에 도해하여 지금에 이르기까지 어업을 하고 있습니다. 향후 다

---

39) 「竹島の地因幡に屬せりといへども、また我人居住の事なし。台德君の時に在て、米子村の街人其島に漁せん事を願ひしに、依て是を許されし也。今其地理を計るに、因幡を去るもの百六十里計、朝鮮を距る四十里計なり。これ曾て彼の地界たる、其疑なきに似たり。國家若兵威を以てこれに臨まば、何を求むとしてか得べからざらむ。但無用小島の故を以て、好みを隣國に失する計の得たるに非ず。しかも其初是を彼に取に非ざる時は、今また是を返すを以て詞とすべからず。唯我人往き漁するを禁ぜらるべきのみ。今朝議以前に同じからず。其相爭ふてうやまざらんよりは、各無事ならむにしかじ。宜しく此意を以て彼國に諭すべし。」,『朝鮮通交大紀』卷八.
40) 에도 막부의 2대 장군으로 재임 기간은 1605~1623년이다.

케시마에 도해하는 건은 금지(禁制)를 명령한다는 분부가 내려졌으므로 명심하도록 그 취지를 전달합니다. 공공근언(恐々謹言)

(1696) 1월 28일　　　　　　츠치야(土屋) 사가미노카미(相模守)

　　　　　　　　　　　　　도다(戸田) 야마시로노카미(山城守)

　　　　　　　　　　　　　아베(阿部) 붕고노카미(豊後守)

　　　　　　　　　　　　　오쿠보(大久保) 가가노카미(加賀守)

마츠다이라(松平) 호키노카미(伯耆守) 전[41]

　그리고 같은 해 2월 29일에는 돗토리번에 내려진 막부의 「죽도도 해허가」가 반납되었고, 8월 1일 「죽도도해금지」의 봉서가 요나고무 라(米子村)의 오야·무라카와 양가에도 전달 되었다. 이 봉서가 6개월 이나 늦게 전달한 이유는 오쿠보 가가노카미(大久保加賀守)로부터 돗 토리 번주가 직접 귀국하여 전달하라는 지시가 있었기 때문이다. 로 쥬가 전달시기를 늦춘 이유는 쓰시마번의 요청을 다소 배려한 것일 수도 있다.[42) 쓰시마번이 울릉도경계로 교섭 중에 있었고 대조선 외 교창구로서의 독점적 지위가 곤란해질 수 있으므로 막부에 대해 「죽 도도해금지령」의 공개를 늦추도록 요청했던 것이다.

　막부에 의한 죽도도해금지령은 바로 조선에 전달된 것은 아니었다. 그것을 어떻게 조선에 전달할 것인가 하는 문제와 힘든 교섭의 결과 막부의 결정은 쓰시마번의 요구와는 정반대의 결론이었기 때문이다. 그러나 1696년 5월 안용복의 제2차도일로 인하여 급하게 진전되었다.

---

41)「先年松平新太郎因州伯州領知の節、相伺の伯州米子の町人村川市兵衛·大屋 甚吉竹島江渡海、至于今雖致漁候。向後竹島江渡海の儀制禁可申付旨被仰出 候間、可被存其趣候。恐々謹言

　　　　　　正月廿日　土屋　相模守

　　　　　　　　　　戸田　山城守

　　　　　　　　　　阿部　豊後守

　　　　　　　　　　大久保加賀守

　松平伯耆守殿」,『鳥取藩史』第六卷,「事變志」(1971), 466쪽.

42) 박병섭(2009), 315쪽을 참조.

쓰시마번은 막부와 협의하여 일본인의 죽도도해금지 사실을 구두로 전달하기로 방침을 정하였다. 정반대의 결과를 기록으로 남는 정식문서로 전달하기를 주저하였기 때문이었다. 가볍게 구두로 전달하는 것은 조선에서 도해역관사가 쓰시마로 온 것을 기회로 삼았다. 10월 16일 소 요시자네는 조선의 도해역관사 변동지와 송판사를 불러 구상서로 하여 막부의 결정을 전달하였다. 역관사 두 명이 귀국하는 것은 1697년 1월 10일이므로 「죽도도해금지」가 조선측에 알려지는 것은 그 이후의 일이다. 이듬해 죽도를 조선령으로 하여 일본인의 도해를 금지한 것에 대해 예조참의가 쓰시마번에 감사의 서간을 보내었고, 조선의 서간을 에도의 장군이 확인하였다는 서장(書狀)을 쓰시마에 보냄으로써 울릉도쟁계의 일본 국내처리가 결착을 보게 되었다.

4. 울릉도쟁계의 타결에 대한 재평가

지금까지 울릉도쟁계의 타결을 두고 조선조정의 강경노선이 이를 주도했다는 논조가 일반적이었다. 그러나 쓰시마번의 내부에서도 에도의 명이라는 핑계로 강경하게 맞선 것에 대한 반성이 일기 시작하였다. 2차 죽도교섭이 끝나고 에도 참근을 떠나기까지 3개월간의 변화였다. 다시 말해 스야마 쇼에몽(陶山庄右衛門)과 아메노모리 호슈(雨森芳洲)와 같은 유학자가 성신의 예로써 외교교섭을 해야 하며 자료에 나타나 있는 그대로를 에도 막부에 솔직히 보고하고 막부의 지시를 받기로 한 것이 온건파인 스야마의 주도로 여론 형성이 되었다는 것이다. 여기서 스야마의 울릉도쟁계 교섭에 대한 대응과 그 타결 과정을 보면 다음과 같은 것을 지적할 수 있다.

첫째, 이 사건에 대해 에도로부터 '조선어민의 출어를 금지하라'고 명받았을 때 죽도에 대한 내력에 대해 막부의 인식범위를 문의하여 정보를 입수할 필요가 있었고, 쓰시마로서도 있는 그대로를 상세하게 보고하여 방침을 결정할 필요가 있었다는 반성이다. 1차 교섭이 끝나고도 쓰시마의 교섭 집정관들은 대부분 강경노선으로 쉽게 죽도가 일본의 부속섬이 되리라고 믿고 있었다. 그러나 스야마는 그것이 무리라는 것을 알고 있었다.

둘째, 쓰시마가 일본령이라고 주장하는 근거는 검토한 13통의 문서 어디에도 죽도가 옛날부터 일본령이라는 사실은 보이지 않는다는 것이다. 울릉도쟁계의 발단에서부터 에도에 보고한 내용과 쓰시마 내부에서 논의되는 내용에서도 죽도가 일본령이라는 증거로서는 불확실한 것뿐이라는 것이다. 즉 왕래 서간을 트집 잡아 죽도를 탈취하고자 하는 것은 일본측의 견강부회라는 것이 명백하다고 인식하고 있었다.

셋째, 죽도교섭의 왕복문서에서 외교교섭의 문서로는 적당하지 않은 언설을 쓰는 등 무례함이 엿보인다는 것과 에도의 무위로써 조선을 위협하는 등 대화 중단을 불사하는 강한 어조의 언사가 있음에 대한 자성이 있었다. 이러한 협박적인 태도로는 교섭이 되지 않으며 조선과는 성신의 예로써 대하고 함부로 말하지 말고 잘 판별하여 신중하게 교섭에 임해야 한다고 생각하고 있었다.

넷째, 교섭문서에서 죽도가 80년 전부터 일본에 속한다고 주장하고 있으나 그러한 증거는 전혀 보이지 않는다는 것이다. 표류민을 송환할 때 조선이 보낸 서간을 트집 잡고 이유를 만들어 언쟁을 하고 있으나 이러한 태도는 무리가 있는 것이며 잘못된 것이라는 판단이다. 교활한 말재주로 다투어 보아도 죽도가 일본땅이 되는 일은 없을 것이며, 교섭의 잘못을 바로잡아 조선과의 인교를 수복하는 것이 바람직하며 그것이야말로 쓰시마가 안정되고 일본 전체가 안정되는 올바른 충절이라는 것이다.

다섯째, 죽도를 일본땅에 부속시킨다는 서한을 반드시 받고자 하는 것이 이번 교섭의 방침이었으나, 2도 2명(二島二名)의 서한으로 일본의 죽도에 향후 조선인이 건너와서는 안 된다는 서한을 받게 되면 이는 앞으로 두 나라의 화근이 될 것이라고 판단하고 있었다. 그러므로 이러한 교섭은 바람직하지 못하다는 것이다.

물론 남구만 정권의 강경노선이 전혀 효과를 거두지 않았다고는 할 수 없다. 조선 조정의 강경노선이 있었기에 교섭이 장기 교착 상태에 빠졌고 이 두 가지 일이 어우러져 일본막부의 태도변화를 유도할 수 있었다고 본다. 게다가 안용복의 2차도일로 말미암아 「죽도도해금지」의 사실을 조선측에 통보하지 않고 있던 것을 조선 역관 일행을 쓰시마로 불러들여 전달하게 하였다는 측면에서, 안용복의 2차도일이 울릉도쟁계의 타결을 앞당긴 것도 사실이다.

5. 맺음말

울릉도쟁계의 해결 과정에 대해 기존의 연구에서 남구만 정권의 강경노선이 그 타결을 주도하였다는 주장이 지배적이었다. 이에 대해, 본고에서는 일본측 자료를 중심으로 분석하였으며 당시 쓰시마번의 내부에서도 일본측의 무위(武威)라는 위협을 바탕으로 한 강경책에 대해 반성이 일기 시작하였고 조선에 대해 인교의 도리로써 대응해야 한다는 스야마 쇼에몽과 같은 온건파의 주장이 대두하였으며, 결국 그의 설득과 번내 여론 주도로 말미암아 에도 막부가 조선어민의 죽도도해를 금지하라는 당초의 주장과는 정반대의 결과인 「죽도도해금지」를 명령하게 되었다는 것을 고찰하였다. 이는 남구만 정권의 강경대응과 아울러 쓰시마 번내의 온건파의 역할이 함께 중요한 역할을 하였기 때문이다. 그 중심에 유학자이자 쓰시마번의 유력번사였던 스야마 쇼에몽이 있었던 것이다. 그는 가시마 효스케, 아메노모리 호슈와 같은 번사들과의 교분을 통해 자신의 대조선 외교를 상의하였고 결국 교착상태에 빠진 울릉도쟁계에 대해 죽도(울릉도)의 정황을 정확히 에도에 인식하게 함으로써 에도 막부는 독자적으로 돗토리번에 죽도영유에 대한 조사를 하게 되었다. 그 결과 죽도는 조선의 영토임을 인식하여 정반대의 결론으로 타결을 보게 되는 것이다.

본고에서 고찰된 점을 요약하는 것으로 마무리에 가름하고자 한다. 첫째, 죽도교섭의 기회를 틈타서 쓰시마는 죽도(울릉도) 영유를 획책하게 되나 막부의 인식과 정보를 문의하여 방침을 결정할 필요가 있었다는 인식이 생겨났다. 둘째, 쓰시마가 죽도는 일본령이라고 주장하며 죽도 교섭에 임하지만 증빙 문서의 어디에도 죽도가 일본령이라는 사실이 없다는 것을 스야마는 인식하고 있었고 왕복문서로 생트집을 잡아 죽도를 탈취하는 것은 견강부회라는 반성이 있었다. 셋째, 외교교섭에서 무례함과 무위로 협박하는 등의 태도에 대한 자성과 조선과의 교섭을 선신의 예로써 잘 판별하여 신중하게 교섭해야 한다고 생각하였다. 넷째, 교섭문서에서 죽도가 옛날부터 일본에 속한다고 주장하고 있으나 그러한 증거는 전혀 보이지 않는다는 것이다. 표류민을 송환할 때 조선이 보낸 서간을 트집 잡아 분쟁을 하고 있으나 이러한 태도는 무리가 있으며 잘못된 것이라는 판단을 하고 있었다.

그리고 이러한 무리한 교섭으로 죽도를 일본에 부속시킨다고 하더라도 이는 장차 두 나라의 화근이 될 것이며 바람직하지 못하다고 생각하였다. 이러한 양심적 지식인의 생각과 설득이 죽도 교섭의 전환에 상당한 영향을 끼치게 된 것이다. 그렇다고 해서 남구만 정권의 강경노선이 전혀 효과를 거두지 않았다고는 할 수 없다. 조선 조정의 강경노선이 있었기에 교섭이 장기 교착 상태에 빠지게 되었고 이 두 가지 일이 어우러져 일본막부의 태도변화를 유도할 수 있었다고 본다. 게다가 안용복의 2차도일로 말미암아 「죽도도해금지」의 사실을 조선측에 통보하지 않고 있던 쓰시마번이 조선 역관 일행을 쓰시마로 불러들여 전달하게 하였다는 측면에서, 안용복의 2차도일이 울릉도쟁계의 결착을 앞당기게 된 것이다.

죽도도해금지령 이후 죽도(울릉도)와 송도(독도)가 조선령이라는 인식은 메이지 정부가 들어서기까지 이어졌다. 시마네현의 지적편찬 문제가 제기되었을 때 태정관은 '죽도외일도' 즉 죽도와 송도가 '본방과 관계없다'는 결론을 내렸다. 그 조사과정에서 '죽도와 송도가 조선부속이 되어있는 사정'이라고 하여 내무성이 조선령이라고 하였으므로 당시 최고결정기관이었던 태정관으로서도 두 섬이 일본영토가 아님을 재확인하였던 것이다.

참고문헌

권오엽·오니시 도시테루(2010), 『고문서의 독도 죽도문답』, 한국학술정보.

김호동(2010), 「독도 영유권 공고화와 관련된 용어 사용에 대한 검토」, 영남대 독도연구소 『독도 영유권 확립을 위한 연구Ⅱ』 경인문화사, 448~449쪽.

박병섭(2009), 「안용복 사건과 돗토리번」, 『獨島硏究』 제6호, 영남대학교 독도연구소, 281~342쪽.

_____(2007), 『안용복 사건에 대한 검증』, 한국해양수산개발원.

송병기(2007), 『울릉도와 독도』, 단국대학교출판부.

_____(2008), 「安龍福의 活動과 竹島(鬱陵島)渡海禁止令」, 『東洋學』 제43집, 단국대학교동양학연구소, 2008, 1~14쪽.

송휘영(2010), 「일본의 독도에 대한 "17세기 영유권 확립설"의 허구성-일본 외무성의 죽도 홍보 팸플릿의 포인트 3, 4 비판-」, 『민족문화논총』 제44집, 영남대학교 민족문화연구소, 35~70쪽.

신용하(1996), 『독도의 민족영토사 연구』, 지식산업사.

이 훈(1996), 「조선 후기의 독도(獨島) 영속 시비」, 한일관계사연구회편 『독도와 대마도』, 지성의 샘, 13~54쪽.

하우봉(1996), 「한국인의 대마도 인식」, 한일관계사연구회 편 『독도와 대마도』, 지성의 샘, 123~162쪽.

池內敏(2006), 『大君外交と「武威」』, 名古屋大學出版會, 245~250쪽.

_____(2008), 「安龍福と鳥取藩」, 『鳥取地域史硏究』 第10号, 鳥取地域史硏究學會, 17~28쪽.

川上健三(1966), 『竹島の歷史地理學的硏究』, 古今書院.

越常右衛門(1726), 『竹島紀事』, 對馬藩.

佐久間正(1983), 「経世濟民と心學-陶山訥庵の硏究」, 長崎大學敎養部 『長崎大學敎養部紀要人文科學編』 第24卷 第1號, 37~91쪽.

陶山鈍翁(1915), 「竹島文談」, 『日本經濟論叢』卷13, 日本經濟學會.

林復齋編(1853), 『通航一覽』卷百三十七·卷百二十八.

本庄榮治郎(1936), 「近世中期の經濟思想」, 京都帝國大學經濟學會 『經濟論叢編』, 第49卷 第6號, 791~815쪽.

鳥取縣編(1971), 『鳥取藩史』第六卷 「事變史」, 鳥取縣立鳥取圖書館, 466~477쪽.

(『일본문화학보』 49, 2011.5)

독도의용수비대 정신 계승을 위한 제안

김 호 동

1. 머리말

일본과 중국 사이의 영토 분쟁 지역인 댜오위댜오(釣魚島·일본명 센카쿠열도) 인근 해역에서 2010년 9월 7일 일본의 중국 어선 나포로 촉발된 양국 갈등이 격화되었다. 이때 중국의 경우 한국과 일본 사이의 독도문제에 관해 관심을 보였다. 한 예를 들면 홍콩의 「亞洲週刊」 은 2010년 9월 26일자에서 "한국이 일본을 상대로 독도를 되찾은 투쟁 전략을 타산지석으로 삼아야 한다"는 글을 실었다. 「亞洲週刊」은 "독도는 신라시대부터 한국 영토였지만 1900년 초 일본의 강압으로 빼앗긴 뒤 6·25 전쟁 와중에 홍순칠씨가 중심이 된 '독도의용수비대' 가 일본 군인들을 몰아냈다"고 소개했다고 한다.[1] 이처럼 해외 언론 에서도 주목하는 홍순칠 이하의 독도의용수비대원들에 대해 정작 한 국에서는 논란의 대상이 되고 있는 현실이다.

2000년대에 접어들어 독도의용수비대의 활동기간, 활약상, 대원 수 등의 문제에 걸쳐 끊임없는 논란이 제기되었다. '가짜 독도수비대원' 논란 등 독도의용수비대에 대한 논란은 해방과 한국전쟁 등으로 인해

---

1) 조선일보 2010.9.20

국가적 차원의 독도수호가 제대로 이루어지지 않았던 시기에 일본의 독도 침탈 야욕에 맞서 자발적으로 독도를 지키려고 했던 그들의 공적마저 부정하려는 움직임으로 연결되지 않을까 하는 우려가 들 정도이다. 2009년 3월 3일 재단법인 '독도의용수비대 기념사업회'가 발족하였다. '독도의용수비대기념사업회'의 출범으로 인해 동 기념사업회는 원하던 원치 않던 그간의 모든 논란의 중심에 서게 되었고, 그러한 역할을 자임해야만 한다. 동 기념사업회가 발족한 날, 독도수호대가 <독도의용수비대기념사업회 출범에 대한 독수호대 입장-독도경비사와 독도의용수비대 역사 재정립에 앞장서길 바라며->라는 입장을 밝히면서 "산적한 문제는 독도의용수비대기념사업회의 몫이다"라고 한 것은 그 논란의 중심에 '독도의용수비대기념사업회'가 들어섰음을 단적으로 드러낸 것이다. 2009년 11월 26일, 【독도의용수비대의 역사적 의의와 국토수호 정신 계승】 이란 주제로 독도의용수비대기념사업회 설립기념 학술회의를 가진 것은 아마 '독도의용수비대기념사업회'가 그러한 논란에 대한 역할을 자임하려는 의지의 소산으로 필자는 해석하고자 한다. 이날 개별 발표주제는 「독도의용수비대의 실효적 지배와 국가 관할권(유하영)」, 「독도의용수비대의 국토수호정신 고찰(나홍주)」, 「독도의용수비대의 활동사항과 의의(이예균)」였다. 2010년 10월 29일, 동 기념사업회가 【독도영유권 수호를 위한 애국심 함양 방안】 이란 주제로 제2회 독도수호 학술회의를 가진 것도 그런 의의를 갖고 있다고 보아야 할 것이다. 본고는 제2회 학술회의에서 「독도의용수비대 정신 계승을 위한 제안」이란 제목으로 발표된 원고이다.[2] 그때 제1회 학술회의에서 발표된 「독도의용수비대의 국토수호정신 고찰(나홍주)」에서 제기된 국토수호정신을 요약하고, 이에 대한 몇 가지 첨

---

2) 그날 본고 외에 「청소년 독도교육과 독도의용수비대 기념사업회의 역할」 (홍성근), 「독도의용수비대 기념관 건립 및 활용을 위한 제안」(이재완) 등의 주제가 발표되었다.

언을 하고, 독도의용수비대 정신 계승을 위한 제안을 담은 글을 필자
는 발표하였다. 본고는 그 때의 발표문을 일부 수정하여 쓴 글이다.

2. 독도의용수비대 정신과 그 계승을 위한 제안

1) 독도의용수비대 정신이란?

독도의용수비대의 정신에 대해 나홍주가 「독도의용수비대의 국토
수호정신 고찰」에서 이미 언급한 바가 있다. 그는 독도의용수비대의
정신을 "국토수호정신"으로 규정하고, 그 국토정신은 1) 우리 민족의
전통적 의병정신에서 그 역사적 연원을 찾을 수 있고, 2) 국토(독도)
수호를 위하여 목숨을 아끼지 않는 남다른 결사대적 국토수호정신,
3) 臨戰無退 정신, 4) 자유민주시민사회의 핵심적 덕목인 自救精神, 5)
물욕 등을 떠나 오직 "의로움"만을 좇는 것을 생명으로 하는 "선비정
신"의 발로, 6) 모범적 재향군인정신의 발로, 7) 숭고한 애국애족의 민
족정신의 발로, 8) 克日精神의 표상, 9) 홍순칠 대장의 탁월한 지도력
(특히 전투조의 군기유지 및 수련)과 지휘관 및 대원 상호신뢰 정신이
라 하였다. 이 9개 정신으로 응결된 독도의용수비대의 국토수호정신
은 "동서양의 역사상 일찍이 그 유래를 찾아보기 어려운 자율적이고,
창조적인 그리고 영토주권의 온전성 수호에 무엇보다 최우선 순위를
둔 자기희생적 '숭고한 나라사랑 정신'이라고 말 할 수 있을 것이다"
라고 하면서, "우리 국민들은 독도의용수비대의 이 숭고한 국토(독도)
수호정신을 배우고, 또 이 정신을 후대에 계승하여할 역사적 사명을
다 하여야 마땅할 것이다"라고 하였다.

이에 첨언하여, 독도의용수비대의 정신을 모험정신과 개척정신으

로 규정할 수 있지 않을까 한다. 1883년 개척령이 내리기 이전과 이후에 울릉도를 찾아들었던 사람들은 모험정신과 개척정신에 가득찬 사람들이었고, 홍순칠 이하 독도의용수비대의 대원들은 개척민의 후예들이 대부분이었을 것이므로 모험정신과 개척정신을 계승한 사람들이라고 할 수 있다.

아울러 독도의용수비대의 경우 독도를 지키겠다는 역사적 소명의식을 가졌기 때문에 독도를 지킬 수 있었다. 그들이 독도를 지키겠다는 역사적 소명의식을 갖게 되는 과정을 홍순칠을 통해 살펴보기로 한다.

홍순칠의 조부인 홍재현의 경우 울릉도 개척령이 내려진 후 1883년 4월의 개척민 제1진 16호 54명[3] 중의 한 명으로 울릉도에 들어왔다고 하지만[4] 16호 54명의 명단에는 홍재현 일가가 포함되지 않는다. 그렇지만 그 전후에 강원도 강릉에서 울릉도로 들어와서 삶의 뿌리를 내렸음은 분명하기 때문에[5] 개척민의 후예로 규정할 수 있다.

1947년 8월 16일에서 25일까지 민정장관 안재홍의 명에 따라 한국산악회가 편성한 독도학술조사단이 울릉도와 독도를 현지 답사하였을 때 홍재현은 이에 적극 협조하였다. 그때 그가 작성한 학술조사단

---

3) 『光緖九年七月 日 江原道鬱陵島 新入民戶人口 姓名年歲及田土起墾 數爻成冊』, 서울대학교 규장각도서, No.17117.

4) 김명기, 1998, 『독도의용수비대와 국제법』, 다울, 15~16쪽.

5) 홍순칠, 1997, 『독도의용수비대 홍순칠 대장 수기 이 땅이 뉘 땅인데!』, 혜안, 13쪽, "1883년 (음력) 4월 초8일 강원도 강릉에서 향후 10년을 예정으로 울릉도로 낙향한 할아버지(홍재현洪在現)께서 4일간 뱃길로 해서 지금의 울릉군 북면 현포동에 당도하셨는데, 그때 울릉도의 주민이라고는 고작 두 가구가 살고 있었다. 강릉을 떠나실 때 가지고 온 씨앗들은 바닷물에 젖어 못 쓰게 되고 또 먼저 울릉도에 온 두 가구에게도 곡식의 씨앗들은 전혀 없었다. 그리하여 매일 산에서 칡을 캐고 바다에서 소라, 생복, 문어 등과 미역, 김, 해초를 따다 생명을 유지하면서 울릉도와 강원도 간을 횡단할 수 있는 배를 만들기 시작하셨다. 그러나 배를 만드는 데 필요한 연장들이 없기에 그 과정은 힘들고 또 진척이 늦었다."

에 제공한 '진술서'를 통해 홍순칠이 독도를 지키겠다는 역사적 소명
의식을 가지게 된 계기를 엿볼 수 있다.

진술서

우가에 왕림하여 울릉도의 속도에 관한 인식을 尋問하심에 대하여 좌와
여히 진술함

一. 나는 거금 60년전 강원도 강릉서 移來하여 지금까지 본도에 거주하고 있는
洪在現입니다. 년령은 85세입니다.

一. 독도가 울릉도의 속도라는 것은 본도 개척당시부터 도민의 주지하는 사실입니다.

一. 나도 당시 金量潤과 裴秀檢 동지들을 作伴하여 거금 45년전(묘년)부터 45차
나 甘藿採取 獵虎捕獲次로 왕복한 예가 있습니다.

一. 최후에 갈 시는 일본인의 본선을 차대하여 선주인 村上이란 사람과 大上이
란 선원을 고용하여 가치 포획한 예도 있습니다.

一. 독도는 천기청명한 날이면 본도에서 분명하게 조망할 수 있고 또는 본도
동해에서 표류하는 어선은 從古로 독도에 표착하는 일이 종종 있었던 관계
로 독도에 대한 도민의 관심은 深切한 것입니다.

一. 광무 10년에 일본 隱岐島司 일행 10여인이 본도에 渡來하여 독도를 일본의
소유라고 무리하게 주장한 사실은 나도 아는 일입니다.

一. 당시 군수 沈興澤씨는 隱岐島司 일행의 무리한 주장에 대하여 반박항의를 하는
동시에 부당한 일인의 위협을 배제하기 위하여 당시 鄕長 田在恒 외 다수의 지
사인들과 상의하여 상부에 보고하였다는 것을 내가 당시에 들은 사실입니다.

一. 나는 당시 田鄕長在恒氏와 交誼도 있었고 또 慰問 出入도 종종 하였던 관계
로 본도의 중요한 안건이라는 것은 거지 알고 있습니다.

一. 일인 隱岐島司 일행이 독도를 일본소유라고 주장하였다는 전문을 들은 당
시 도민, 더구나 어업자들은 크게 분개하였던 것입니다.

一. 당시 군수가 상부에 보고는 하였지마는 일본세력이 우리나라에 위압되는 기시의
대세라 아무런 쾌보도 듣지 못한 채로 합병이 되고 만 것은 통분한 일이었습니다.

서기 1947년 8월 20일

울릉도 남면 사동 170번지
홍 재 현

남조선 과도정부 외무처
일본과장 秋仁奉 귀하

위 진술서를 통해 홍재현 등의 울릉도민은 수시로 독도를 바라보면서 독도가 울릉도의 속도임을 인지하고 있었고, 눈에 보이는 독도에 홍재현은 1947년 이전까지 총 45차나 어로활동을 하였고, 1906년의 隱岐島司가 울릉도에 와서 독도를 일본의 소유라고 한 것이 부당하다는 것에 대한 지적 등을 한 것으로 보아 그러한 경험담을 홍재현으로부터 누차 들었을 것이다. 그러면서 홍순칠은 어릴 적부터 독도가 울릉도민의 삶의 텃밭임을 자각하고 독도를 지키겠다는 역사적 소명의식을 갖게 되었다고 볼 수 있다. 그러한 역사적 소명의식을 갖게 된 주요한 계기는 1947년의 한국산악회가 편성한 독도학술조사단이 울릉도와 독도를 현지 답사한 사건이었을 것이다. 1929년생인 홍순칠의 경우, 이때의 나이가 감수성이 강한 18세였기 때문에 한국산악회 독도학술조사단이 홍재현가에 머물고, 홍재현이 독도조사에 대하여 협조하고, '진술서'를 작성하는 것을 보면서 독도가 한국 땅이고, 울릉도민의 삶의 터전임을 자각하고, 그것을 지키겠다는 역사적 소명의식을 갖게 되었을 것이다.

독도는 홍재현의 진술서에서도 언급되었다시피 울릉도민의 삶의 텃밭이다. 독도의용수비대에 대한 활동이 왜곡·과장되었다는 주장을 펼치는 측에서 이 점을 간과하고 있는 것이 아닌가 한다. 그 점을 지적하기 위해 「오마이뉴스」의 [독도수비대의 진실]의 한 기사 전문을 인용하고자 한다.

[독도수비대의 진실①]
미역 채취선 타고 8개월간 독도경비[6]
"1953년 4월 20일 창설. 미군으로부터 소총과 기관총을 훔쳐 독도 경비. 일본 수산고등학교 실습선 하도마루호 나포. 일본 해상보안청 소속 순시선 해구라호, 오키호 등과 수차례 총격전 격퇴. 일본 항공기와 대공전투. 독도 동도에

---

6) 「오마이뉴스」 2006년 10월 30일(김영균 기자).

'한국령(韓國領)' 암각. 1956년 12월 국립경찰에 독도방어 임무를 넘겨주기까지 3년 8개월간 독도 수호.”

독도박물관과 국립경찰사 등의 기록에 남아있는 '독도의용수비대(대장 홍순칠·작고) 33명'의 활약상은 이처럼 눈부시다. 하지만 누구도 의심하지 않았던 이 영웅들의 이야기가 사실과 다른 것으로 밝혀진다면 어떨까.

지난 9월말 〈오마이뉴스〉는 “독도의용수비대의 활약상이 왜곡·과장됐다”는 제보를 받았다. 이 제보를 근거로 20여 일에 걸쳐 경북 포항과 경주·울릉도, 그리고 울산광역시에 흩어져 살고 있는 독도의용수비대원과 전직 경찰관들 10명을 추적해 만났다. 아쉽게도 '왜곡·과장'이 사실로 확인됐다.

재향군인들 달래려 '독도 미역 채취 3년' 독점권

가장 먼저 확인된 점은 독도의용수비대의 영웅담은 창설 시기부터 활동 기간, 활동 내용이 과장되거나 왜곡됐다는 것이다.

지금껏 알려진 공식 기록에는 독도의용수비대가 1953년 4월에 창설됐고, 3년 8개월 동안 독도에 상주하며 수차례 전투를 치러온 것으로 돼있다.

“홍순칠씨가 독도에 처음 들어간 것은 1954년 5월이다. 군에서 제대한 홍씨가 울릉도 재향군인회를 결성하자 당시 울릉경찰서장이던 구아무개씨가 울릉군수, 어업협동조합 이사와 협의해 울릉도 최대 이권사업인 독도 미역채취권을 3년간 맡긴 게 독도의용수비대가 시작하게 된 계기다.”

지난 9월말 경북 포항시에서 만난 김산리(78세)씨는 당시 상황을 생생히 기억하고 있었다. 1954년 당시 경사 계급으로 울릉경찰서 병사계장을 맡았던 김씨는 의용수비대가 “원래는 미역을 채취하러 들어간 사람들”이라고 확인했다.

“당시 일본 순시선이 자주 출몰하고 하니까 위험하다고 총기를 달라고 했는데, 경찰에서는 민간인에게 총기를 그냥 줄 수 없어 처음에는 의용경찰이라는 명분을 내세워 무기를 대여해준 것이다. 미역을 채취하는 김에 경찰에 협조해 독도경비도 같이 해 달라는 부탁을 했다.”

홍순칠 대장을 비롯한 재향군인회에 독도 미역채취권 3년을 보장한 이유에 대해 김씨는 “당시 재향군인회의 행패가 이만저만 아니었기 때문”이라고 회고했다. 이권사업을 줘서라도 상이군인들을 달래야 했다는 것이다.

전 수비대원 “길게 잡아야 8개월 경비했다”

홍대장을 비롯한 민간인들이 독도의용수비대란 이름을 달고 독도에 처음 상륙한게 '1954년 봄'이었다는 점은 전직 수비대원을 통해서도 확인할 수 있었다. 독도의용수비대 제1전대장으로 이름이 올라 있는 서기종(78세·울산광역시)씨는 “1954년 4월 홍순칠 대장과 6명이 처음 독도에 들어갔다”고 전했다.

“1954년 8월 제대하니까 홍순칠씨가 불러서 '독도의용수비대를 같이 할 생각

이 없느냐'고 했다. 그래서 얘기를 들어보니까 좋은 뜻 같아서 같이 하기로 했다. 나는 나중에 합류했는데 그 몇 달 전에 벌써 몇 명이 다녀왔다."

독도의용수비대 활동이 1953년이 아니라 1954년부터 시작됐다는 점은 1978년 출판된 〈다큐멘터리 독도수비대〉란 책에서도 드러나고 있다. 홍 대장은 이 책 서문에서 "우리가 1954년부터 3년간 무인고도 독도에서…"라고 썼다. 스스로 독도의용수비대의 결성 시기를 1954년으로 인정한 셈이다.

작고한 고 홍순칠 대장의 딸인 홍연순씨도 "정부가 독도의용수비대 활동 시작을 인정하는 시기는 1954년이 맞다"고 전했다. 다만 홍씨는 "민간인이던 아버지(홍순칠)가 독도에 처음 상륙한 의미 있는 날짜는 수기(홍순칠 저, 〈이 땅이 뉘 땅인데〉)대로 1953년 4월 20일이라고 알고 있다"고 말했다.[7]

독도의용수비대의 해산 시기도 사실과는 크게 다른 것으로 확인됐다. 현재 정부는 독도의용수비대가 1956년 12월까지 활동한 것으로 인정하고 있다. 하지만 생존 수비대원의 증언에 따르면, 독도의용수비대는 결성된 그 해(1954년) 12월 사실상 활동을 중단했다. 독도의용수비대원 중 일부가 경찰로 특채되면서 경비업무 자체가 경찰로 넘어간 것이다.

서기종씨는 "1954년 12월 독도의용수비대원 중 9명이 울릉경찰서 경찰관으로 특채됐다"며 "그 이후에는 독도의용수비대가 아니라 경찰관으로서 독도 경비 업무를 했다"고 밝혔다. 독도의용수비대 제2전대장이었던 정원도(78세·경북 울릉군)씨도 "1954년 12월에 경찰관으로 특채됐다"고 회고했다.

전직 독도의용수비대원들의 증언을 뒷받침하는 자료는 오래된 을릉경찰서 배명기록(근무명단)에도 남아있다. 1955년 울릉경찰서 배명기록에는 1954년 12월 독도의용수비대원에서 순경으로 특채된 9명의 명단이 그대로 나와 있다.

당시 순경으로 채용된 9명은 서기종(제1전대장)·정원도(제2전대장)·김영복(제2전투대원)·이규현(제2전투대원)·김영호(제2전투대원)·황영문(수비대 부대장)·이상국(제2전투대원)·양봉준(제1전투대원)·하자진(제1전투대원)씨 등이다.

반면 홍연순씨는 "1956년 12월 독도의용수비대가 경비 임무를 국립경찰에 넘겨주면서 15명이 한꺼번에 경찰관으로 특채된 것으로 들었다"고 말했다. 이는 홍순칠 대장의 수기에 나와 있는 내용 그대로다.

증언과 기록을 종합하면, 독도의용수비대의 실제 활동은 1954년 4월부터 같은 해 12월까지 단 8개월뿐이었다는 사실이 드러난다. 울산에서 만난 서기종씨도 "독도의용수비대로 활동한 것은 길게 잡아도 8개월 밖에 안 된다"는 직접적인 증언으로 이를 뒷받침했다.

---

7) 「오마이뉴스」에서 홍순칠의 딸로 언급된 '홍연순'은 '홍연숙'이다.

　전직 경찰들"고작 2~3개월 경비... 미역 캐러 가놓고 경비라니"

　그렇다면 독도에 상주하며 경비했다고 알려진 나머지 기간 동안의 독도의용수비대의 활동은 무엇일까. 당시 상황을 기억하는 울릉도의 노인들은 "제주도 해녀들과 함께 미역을 채취했던 게 고작"이라고 입을 모았다.

　1953년부터 울릉경찰서 경사로 10여 차례 독도 경비대장을 맡았던 최헌식(85세·경북 울릉군)씨는 "홍순칠 대장이 미역캐러 다닌 것은 나이든 울릉도 사람들이 다 안다"고 말했다.

　"홍대장이 남긴 다큐멘터리 수기를 봤는데, 3년 8개월 동안 독도를 지켰다는 기록은 95%가 거짓말이다. 울릉도 사람들한테 물어보면 '자기(홍대장)가 언제 독도 지키러 갔느냐, 미역캐러 다녔지'라는 말이 대부분이다. 순 엉터리다."

　최헌식씨는 "1954년 7월 울릉경찰서가 예산을 들여 독도 초소를 짓고 8월 말부터 경비를 시작했다"며 "독도의용수비대가 경비를 했다고 주장하더라도 고작 2~3개월 밖에 안했다"고 지적했다.

　울릉도 등에서 경찰관 생활을 한 뒤 경북 포항시에서 은퇴 생활을 하고 있는 박병찬(79세)씨도 "홍 대장은 독도 서도에 30여 명을 데리고 가서 미역을 캐는 일을 했다"고 전했다.

　결국 홍순칠 대장이 1953년 4월 20일부터 독도의용수비대를 창설해 1956년 12월까지 3년 8개월 동안 독도를 지켰다는 지금까지의 기록은 사실과 많이 달랐던 셈이다.

　그나마 독도의용수비대가 독도를 지키며 경비업무에 도움을 준 것은 길게 잡아도 8개월. 나머지 기간은 울릉도 최대 이권사업인 미역채취에만 전념했다는 게 생존자들의 증언이다.

　위 기사에 의하면 독도의용수비대의 활동을 비난하는 측에서는 울릉도의 최대 이권인 독도미역 채취권을 3년 보장받았다는 점을 거론하면서 미역 캐러 가놓고 무슨 독도를 경비했다고 하는가라는 식의 비판이다. 독도는 울릉도민, 특히 어민들의 삶의 터전이었다. 홍재현의 '진술서'에서 "일인 隱岐島司 일행이 독도를 일본소유라고 주장하였다는 전문을 들은 당시 도민, 더구나 어업자들은 크게 분개하였던 것입니다"라고 언급한 바와 같이 독도는 울릉도민의 삶의 텃밭이었다. 위 김산리의 증언에 의하면, 의용수비대가 "원래는 미역을 채취하러 들어간 사람들"이고, "의용수비대는 미역을 채취하는 김에 경찰에 협조해 독도경비도 같이 해 달라는 부탁을 했다"고 한 바와 같이 홍순칠 등은 군에서 제대한 후 울릉도에 들어와 1953년 4월경부터 미역 채취를 하러 독도를 드나들다가 일본의 독도에 대한 침탈이 계속 되자 1954년 5월 홍순칠이 울릉도 재향군인회를 결성하여 당시 울릉경찰서장과 울릉군수, 어업협동조합 이사와 협의해 울릉도 최대 이권사업인 독도 미역채취권을 3년간 맡게 되어 독도의용수비대의 활동이 시작되었다고 할 수 있다. 홍순칠 이하 독도의용수비대는 그 공적이 인정되어 그 대원의 일부가 경찰로 특채되었지만 독도를 지키는 동안 국가로부터 봉급을 받은 것이 아니다. 그 절해고도에서 일본의 위협 아래 독도를 지키면서 그들의 최소한의 삶을 영위하기 위한 미역 채취 등의 생업활동을 한 것이 왜 비난의 대상이 되어야 하는지 알 수 없다. 독도의용수비대와 기념사업회는 그 부분을 당당히 말해야만 한다. 국방의 의무를 진다는 의식과 함께 자신과 자신의 이웃의 삶의 터전을 지키려는 정신이 독도의용수비대에게 더해졌을 때 그들은 독도에서 견뎌낼 수 있는 강인한 의지를 가질 수 있었다고 보아야 한다. 1966년 4월 12일, 홍순칠에게 근무근로훈장증이 주어졌을 때 "귀하는 투철한 애국심과 향토애로서 1954년 6월, 30여명의 대원을 모집하여 막대한 사재를 기울여 독도 의용수비대를 조직하고 경비에 심혈을 경주하여 왔으며"라고 한 '향토애'는 바로 여기에서 비롯되는 것이지, 그것이 지고지순한 희생정신에 의한 것이라 여겨서는 안된다. 조선시대의 임진왜란 때의 의병 역시 이런 관점에서 파악된다.

해방 후 연합국과 일본 사이에 샌프란시스코평화조약이 체결되는 과정에서 일본은 독도를 한국의 영토라고 규정한 초안을 변경하기 위해 적극적 로비에 나섰고, 그와 함께 독도에 대한 여러 차례 도발을 해왔다. 이러한 일본의 도발행위로 인해 독도에 대한 어로활동을 나선 사람들은 심각한 위기의식을 느꼈다. 특히 한국전쟁 당시에 전선

에서 잡은 중공군의 배낭 속에서 울릉도 오징어가 발견된 것을 계기
로 유엔군사령부는 울릉도 오징어의 수출을 금지시켰다. 그 결과 오
징어 가격의 폭락으로 인해 울릉도 어민들은 잡어가 많이 잡히는 독
도어장으로 너나 할 것 없이 진출하여 고기와 소라, 전복 등을 잡고
미역을 캐 생계를 이어갔었다. 그렇지만 일본이 독도가 자국의 땅이
라는 푯말을 세우는 등 위협을 가해오자 울릉군청과 경찰서에 찾아가
안전조업을 위한 대책을 요구하기 시작하였고[8] 그 염원의 결과 민과
관의 상호 협조와 양해 아래 독도의용수비대가 결성되었다고 보아야
한다. 그런 점에서 울릉도민의 삶의 터전을 지키려는 민관협동정신에
의해 독도의용수비대가 결성되었다고 할 수 있다.

2) 독도의용수비대 정신 계승을 위한 제안

독도를 지킨 사람들로서 빠짐없이 거론되는 인물이 이사부, 안용
복, 그리고 홍순칠과 독도의용수비대이다. 독도가 한국 땅이고, 그것
을 지키는데 일익을 담당한 인물들을 통해 그것을 입증하려다보니 그
당위성에 치중하여 영웅화가 이루어지면서 후대 윤색이 가해진 면이
없지 않다. 이사부나 안용복은 과거의 역사 속의 인물이지만 독도의
용수비대의 일부 인물 가운데 생존자가 살아 있음에도 불구하고 그
활동기간, 공적 등에 관한 논란이 끊임없이 제기되고 있는 현실은 그
만큼 해방 이후의 국가가 전면적으로 독도 수비에 대한 적극적 방어
를 할 수 없었던 특수한 환경 때문에 기인한다. 그런 점에서 그와 관
련한 공적 문서가 없이 홍순칠 개인의 수기에 근거하여 지금까지 논
의되어 왔기 때문에 독도의용수비대의 역할이 과장, 왜곡되었다는 주

---

8) 홍순칠, 1997, 『독도의용수비대 홍순칠 대장 수기 이 땅이 뉘 땅인데!』, 혜안,
   220~221쪽.

장이 나올 수밖에 없다. 그러다보니 현재의 독도 경비를 책임지고 있
는 독도경비대의 역사를 정립하고자 할 때 그 기본시각은 독도의용수
비대의 역할에 가리워져 있는 독도경비대의 역할을 밝혀보려는 시각
에서 출발하기 때문에 '독도경비사'는 독도의용수비대의 역할의 부정
으로부터 시작될 수밖에 없었다.

2009년 3월, 경찰대학 부설 치안정책연구소는 1950년대 독도경비
사 재정립을 위한 연구용역 공모를 통해 【독도를 수호한 경찰경비사
정립에 관한 연구】(이서행)를 수행한 바 있다.[9] 그 결과는 아직 일반
에 미공개된 상태이지만 '민간인이 독도를 수호했다는 기존의 주장은
정부당국이 독도를 실효적으로 지배하지 못했다는 반론을 제기할 위
험성을 내포하고 있다'는 논리에 입각하여 연구가 수행된 것으로 알
려지고 있다. 「오마이뉴스」 2009년 3월 24일자의 김점구 기자의 '가
짜 유공자에 혈세 낭비가 웬 말'이란 기사를 보면 "홍순칠의 수기와
국가기관에 의해 부정되고 있는 1950년대의 대한민국 독도경비사 재
정립 즉, 대한민국 정부의 실효적 지배근거를 밝혀 독도의 국제법 지
위향상을 위한 일이다"라고 한 지적의 연장선상에서 독도경비사가
정립될 것이다. 그런 관점에 서면 독도의용수비대의 공적의 상당부분
을 비판하는 선에서 독도경비사의 집필이 이루어지게 마련이다. 2005
년 '독도의용수비대지원법'의 제정 이후 정부의 독도의용수비대 관련
업무는 국가보훈처가 담당하고, '독도경비사' 등 연구는 경찰청이 담
당하게 되었다. 결국 정부기관 내에서 1950년대의 독도 경비의 주체
를 두고 상반된 주장을 하게 되는 것이 과연 독도의 국제법 지위향상
을 위한 일인지 의문이 든다.

앞 절에서 필자는 민관협동정신에 의해 독도의용수비대가 결성되
었다고 보아야 한다고 하였다. 홍순칠의 수기를 보더라도 이 점은 분

---

9) http://www.psi.go.kr/psi/servlet

명하다. 동란으로 한국 정부의 혼란을 틈타 독도를 침탈당하게 되자 당시 울릉군수, 울릉경찰서장, 경북도경 등 암묵적 지원 아래 홍순칠 은 독도의용수비대를 결성하게 되었다[10]는 인식이 전제되지 않으면 독도의용수비대의 활동을 올바르게 이해할 수 없다. 그럼에도 불구하 고 독도의용수비대의 결성에 대하여 홍순칠 등의 울릉도 주민, 민간 인들에 의해 자발적으로 조직되었다는 점을 너무 강조하다 보니 결국 경찰들의 독도경비사가 자리 잡을 공간마저 부정되기에 이르러 독도 의용수비대의 부정에서 독도경비사를 재구성하려는 반작용이 나타났 다고 보아야 한다. 그런 점에서 독도의용수비대기념사업회가 발족하 던 날에 독도수호대가 '독도의용수비대기념사업회 출범에 대한 독수 호대 입장-독도경비사와 독도의용수비대 역사 재정립에 앞장서길 바 라며-'라는 입장을 밝히면서 "산적한 문제는 독도의용수비대기념사업 회의 몫이다"라고 한 지적을 독도의용수비대기념사업회에서 곰씹어 보기를 제안한다.

장외에서 언론을 동원한 논박보다는 독도의용수비대기념사업회에 서 능동적으로 독도경비사를 수행한 연구진, 그리고 독도의용수비대 의 활동에 비판적 태도를 가진 인사들을 공개적으로 초청하여 학술회 의 형태의 세미나를 통해 서로의 자료와 주장을 내놓고 사안별 하나 하나 토론을 해나갈 것을 제안한다. 그리고 지금까지의 논의를 보면 독도의용수비대원, 그리고 경찰 측 인사들을 개인별로 인터뷰하여 자

---

10) 이예균, 2009.11.26, 「독도의용수비대의 활동사항과 의의」, 『독도의용수비 대의 역사적 의의와 국토수호 정신 계승』, 독도의용수비대기념사업회설립 기념학술회의 자료집, 79쪽. 이 학술대회에서 발표한 유하영, 「독도의용수 비대의 실효적 지배와 국가 관할권」에서도 "독도의용수비대는 조직 구성 에서부터 상시 정부기관 및 경상북도 등의 지원과 양해 하에 임무가 수행 되었고, 해산 및 인수인계와 동시에 국가적 관할권 행사로 추인되었다"(10 쪽)고 하여 그 기간 동안 국가적 관할권 행사를 하지 않은 것은 아니라는 점을 분명히 하고 있다.

신의 입장에서 유리한 방향의 질문을 통해 논리를 이끌어나가는 측면
이 없지 않았다. 이제 반복되는 개별적 인터뷰는 부질없이 똑같은 결
과를 이끌어낼 뿐이다. 몇몇 살아남지 않은 당시의 인물들, 경찰 쪽의
김산리와 최헌식, 구국찬, 그리고 독도의용수비대쪽의 정원도, 서기
종, 이필영, 이규현, 박영희 등을 한 자리에 모아서 지금까지 문제가
되는 사항을 쟁점별로 의견을 개진하는 인터뷰를 행하는 것이 반드시
필요하다. 생존자들이 증언할 수 있는 시기는 얼마 남지 않았다. 역사
는 진실에 입각해서 이루어져야 한다는 점에서 이것이 반드시 필요하
리라고 본다. 그렇지 않으면 논란은 계속 될 수밖에 없다.

　이러한 과정을 거쳐 독도의용수비대기념사업회와 경찰대학 부설
치안정책연구소가 공동으로 '1950년대 독도를 지킨 사람들'에 대하여
연구를 시작하기를 제안한다. 그러한 공동작업을 통해 독도 경비의
주체가 민간인이냐, 경찰이냐의 논란에 치중하기 보다는 1945년 8월
15일 해방과 동시에 독도에 대한 어민들의 조업활동이 어떻게 이루
어졌는가를 밝혀내어 독도가 울릉도 및 동해안 어민들의 삶의 텃밭이
었다는 점을 부각시키고, 일본의 독도 도발에 대응하여 한국산악회의
활동, 독도의용수비대의 창설과 운영에 울릉군과 경상북도, 경찰이
어떤 역할을 하였는가를 구체적으로 밝혀내고, 그것을 통해 독도의용
수비대의 역할이 어떤 식으로 대한민국 경찰의 독도경비에 기여를 하
여, 계승되었는가를 논할 필요가 있다.

　「오마이뉴스」 2009년 3월 24일자의 김점구 기자의 기사, 그리고 『독
도경비사』의 경우 1953년 6~7월 경, 독도를 정기적으로 순시하며,
'이승만라인'이라는 해양주권을 지켜낸 초기 독도수호세력은 당시 울
릉도경찰서 '독도순라반'이었다고 한다. 『독도문제개론』에 따르면
'독도순라반'은 사찰주임 경위 김진성, 경사 최헌식, 순경 최용득으로
편성되었다고 한다. 그렇지만 『독도경비사』의 경우, 이 순라반이 상

시적으로 독도에 주둔하여 독도경비를 전담한 것은 아니었기 때문에 독도경비의 공백을 막기 위하여 '독도의용수비대'의 필요성이 절실했다고 본다. 그런데 『독도문제개론』의 기록을 살펴보면 1953년 7월의 일본 해상보안청 소속 헤쿠라호를 격퇴한 사건의 경위를 기록한 문건 가운데 '제5차 침범사항'의 항목에 다음과 같은 기록이 있다.

> 일본선박의 불법영해침입과 猥等의 협박적인 태도와 언동으로서 순진한 한국인 어로자들은 불안과 공포심에서 어로를 중단하는 형편이므로 관하 울릉경찰서에서는 연해와 동도주변에서 어로중의 한국인의 보호와 동도에 빈번하게 침범하는 일본인들을 감시차 1953년 7월 11일 오전 11시 울릉경찰서근무 사찰주임 경위 김진성 경사 최헌식 순경 최용득 3명으로 구성된 輕機 2門으로 장비된 순라반은 울릉군 남면 도동 배성희의 소유 발동선에 편승하여 동일 오후 7시에 동도에 도착 작업중이든 한국인 10여명에 대하여 외국선박 발견시 연락요령을 교시하고 동일 야간은 발동선에서 일박하였든바(하략)

이 기록에 의하면 '독도순라반'이 등장하지만 전후 기록에 '독도순라반'의 활동이 모호하다. 더욱이 위 기록에서 '독도순라반'이 울릉군 남면 도동 배성희의 소유 발동선에 편승하고 있는 것으로 나타나고 있다. 과연 그것을 갖고 '독도순라반'이 독도를 정기적으로 순시하였다고 할 수 있는지 의문이다. 그런 점에서 독도의용수비대기념사업회와 치안정책연구소의 공동연구가 필요하다는 점을 강조하고자 한다. 일본 해상보안청 소속 헤쿠라호를 격퇴한 사건에 대해 홍순칠로부터 이야기를 들었다고 하는 사람들 가운데에는 이 활동은 원래 독도의용수비대가 한 것인데 민간인이 그랬다고 한다면 문제가 될 것 같아서 최헌식 등의 이름을 대었다고 한 증언도 있으므로 이 증언의 사실 여부, 그리고 '독도순라반'의 활동 등에 관해 공동 조사와 연구가 병행되지 않으면 계속 논란의 여지를 남길 것이다. 또 독도의용수비대원 9명의 경찰 특채가 1956년 12월이 아니라 1954년 12월이었다는 데 대해 2년 소급하여 경찰에 특채되었다는 주장도 있다는 점 등등 상호 주장하는 바가 대립되고 있다. 이러한 점들을 고려하여 독도의용수비대의 공적에 대한 논란이 되고 있는 사실을 사안별로 공동 조사와 연구를 행할 필요가 있다. 그것을 '독도의용수비대기념사업회'에서 주도적으로 해주기를 제안한다.

3. 맺음말

조선시대 울릉도와 독도를 지켜오는데 가장 큰 역할을 한 사람이 '안용복'이라고 한다면 해방 후의 혼란과 한국전쟁의 와중을 틈타 독도를 일본의 영토로 집어삼키려는 일본의 야욕을 분쇄하는데 가장 큰 역할을 한 것이 홍순칠 대장이 이끄는 '독도의용수비대'이다. 독도의용수비대의 경우 그 공적이 인정되어 국가보훈처로부터 포상을 받았고, 2005년 '독도의용수비대지원법'이 제정된 이후 독도의용수비대 관련 업무는 국가보훈처가 담당하고 있다. 그렇지만 독도의용수비대의 역할에 대해서는 많은 논란이 있다. 특히 '독도경비사'를 논하는 입장에서 이에 대한 이의제기가 많다. 2009년 3월, 경찰대학 부설 치안정책연구소가 1950년대 독도경비사 재정립을 위한 연구용역 공모를 통해【독도를 수호한 경찰경비사 정립에 관한 연구】(이서행)를 수행한 것은 그 단적인 예이다. 그 연구결과는 아직 공개되지 않고 있다. 그것은 기존의 '독도의용수비대'의 활약상과 다른 결과 때문에 논란의 여지가 있기 때문일 것이다. 독도의용수비대가 민간인 위주의 자발적인 조직체임이 너무 강조되다보니 현재 독도경비사의 집필이 이루어지게 되었다는 점을 감안하여 1950년대의 독도의용수비대의 역할과 경찰의 역할이 어떻게 이루어졌는가를 함께 논하는 자리가 이루어지길 바란다.

독도의용수비대기념사업회 측에서는 아래와 같은 취지에서 독도의용수비대사를 정리하고, 그와 연결하여 독도경비사의 정리에도 적극 의견을 개진할 필요가 있다.

1950년대의 독도 경비에 있어서 중요한 것은 독도의용수비대가 활동을 개시함으로써 정식 경찰수비대가 주둔하게 되는 계기가 되었다는 것을 강조할 필요가 있다. 당시 어떠한 경찰도 독도주둔을 원치 않았기 때문에 할 수 없이 독도에 어로활동을 하는 홍순칠에게 독도경비를 맡겨 독도의용수비대가 결성되었고, 또 그 공적을 인정하여 원하는 사람을 경찰로 특채해서 독도에 주둔시켰다는 사실 하나만 보더라도 독도의용수비대는 독도를 지키는데 큰 역할을 하였다. 독도의용수비대의 주둔기간이 8개월이냐 3년 8개월이냐가 중요한 것이 아니고 독도의용수비대의 주둔이 경찰이 주둔하는데 계기가 되어, 독도의용수비대의 정신이 독도경비대에 계승되었다는 점을 부각할 필요가 있다. 그리고 미역 채취는 생계를 위한 최소한의 조치였는데 그걸 가지고 트집을 잡는 것은 바람직하지 않다. 생업활동을 하였다는 그것 자체가 더 중요한 것이다. 그것이 울릉도민, 나아가 한국민의 삶의 터전임을 말해주는 것이다. 독도의용수비대는 정부의 지원 없이 독도에 가서 자신의 삶의 터전을 지키겠다고 나선 것이고, 그것이 오늘날 독도가 일본 땅이 되는 것을 결과적으로 막았다는 점을 강조할 필요가 있다.

1953년 4월 20일, 독도의용수비대가 창설되었다고 정부 측이나 경상북도, 울릉군 등에서는 공식적으로 언급하고 있다. 그렇다면 2013년이 독도의용수비대 창설 60주년이 된다. 60주년이란 것은 '환갑'이기 때문에 '독도의용수비대기념사업회'에서도 독도의용수비대 창설 60주년을 기념해야만 할 것이다. 그를 위해 정부나 연구자들에게 독도의용수비대의 활동에 대한 시시비비의 해결을 해주리라고 맡기기보다는 '독도의용수비대기념사업회' 측에서 보다 적극적으로 나서서 독도의용수비대사와 독도경비사를 정리하여 60주년 기념식을 독도의

용수비대에 대한 논란을 잠재우는 기회로 삼기를 바란다. 그리고 60
주년 기념식을 계기로 독도의용수비대원의 국토수호정신에 걸 맞는
생존자와 유족에 대한 대우가 이루어진다면 향후 국토수호에 헌신하
는 후속세대가 이어질 수 있을 것이다.

곧 울릉도에 '독도의용수비대기념관'이 건립될 것이다. 그 속에 무
엇을 담아낼 것인가를 고민해야할 시점이다. 독도의용수비대원들의
경험담과 그 이후의 삶의 이력에 대한 진술 등, 그리고 그 삶의 이력
에 관한 자료 등을 전시한다면 독도에 대한 좋은 교육거리가 되지 않
을까 한다.

참고문헌

김명기, 1998, 『독도의용수비대와 국제법』 다울.

나홍주, 2009.11.26, 「독도의용수비대의 국토수호정신 고찰」, 『독도의용수
　　　　비대의 역사적 의의와 국토수호 정신 계승』, 독도의용수비대기념
　　　　사업회 설립기념 학술회의 발표자료집.

유하영, 2009.11.26, 「독도의용수비대의 실효적 지배와 국가 관할권」, 『독
　　　　도의용수비대의 역사적 의의와 국토수호 정신 계승』, 독도의용수
　　　　비대기념사업회 설립기념 학술회의 발표자료집.

이예균, 2009.11.26, 「독도의용수비대의 활동사항과 의의」, 『독도의용수비
　　　　대의 역사적 의의와 국토수호 정신 계승』, 독도의용수비대기념사
　　　　업회 설립기념 학술회의 발표자료집.

홍순칠, 1997, 『독도의용수비대 홍순칠 대장 수기 이 땅이 뉘 땅인데!』, 혜안.

한일협정에 있어서 한국의 독도 주권 확립과 일본의 좌절
-일본 비준국회의 의회속기록을 중심으로-

최 장 근

1. 머리말

한일협정은 사실상 미소를 중심으로 하는 자유진영과 공산진영과의 대립상황 속에서 공산진영에 대응하기 위한 미국의 극동아시아 전략의 일환으로 한일양국이 국교정상화를 강요당하여 체결된 것이다. 그 결과 이 협정은 부득이 한일 양국 모두가 자신들의 입장을 전적으로 주장하지 못하고 다소 양보하는 차원에서 이루어졌다. 특히 독도문제는 한일 양국의 국교정상화에 있어서 피할 수 없는 주된 과제였다.

한국에 있어서의 독도문제는 양보할 수 없는 주권문제로 인식되고 있었고, 일본은 한국에 대응하는 형태로 영토주권을 주장했다. 이러한 입장 차이에서 독도문제가 최종적으로 어떻게 처리되었는가하는 것이 과제이다. 최근 한일협정 관련 사료가 공개되면서 사실관계가 다소 소상하게 밝혀진 부분도 있다.

본 연구는 한일협정 체결이후 비준을 위한 일본국회에서 정부안에 대한 전문위원들의 질의, 특히 사회당출신의 전문위원들의 추궁과 정부위원들의 응답내용을 분석하여 한일협정에서 독도문제가 어떻게 처리되었는가를 규명하는 것이 목적이다. 연구방법으로서는 우선 일본 국회의원들이 독도현황에 대해 어느 정도로 알고 있었는지 분석하고, 둘째로는 비준국회에서 독도문제의 어떠한 부분이 논쟁점이 되었는가, 그리고 셋째로는 비준국회에서 확인된 한일협정에서의 독도 지위가 어떻게 결정되었는가의 순으로 고찰한다. 이는 선행연구에서의 미흡한 점을 보완함과 동시에 1965년 시점에서 독도영유권에 대한 일본정부의 독도영유권 인식의 본질을 규명하게 될 것이다. 선행연구에 대해서는 한일협정에서의 독도 지위에 관한 연구는 다소 존재했지만,[1] 일본 의회속기록을 통해본 일본정부의 독도영유권 인식의 본질을 소상하게 고찰한 연구는 없다고 하겠다.

2. 비준국회에서의 독도 현황 인식

1) 한국인의 독도 상주와 일본인의 접근 불가

1945년 8월 15일 종전과 더불어 포츠담선언에 의거하여 한국이 독립되었고, SCAPIN 677호에 의해 일본인의 독도 접근이 금지되었다.[2] 실질적으로 한국이 자유롭게 독도에 상륙하고 주변해역에서 어업에 종사하게 되었다.[3] 따라서 시마네현의 일부 어부들을 제외하면 일본

---

1) 정미애, 2010.5, 「일본의 국회의사록을 통해서 본 독도에 대한 일본의 대응」, 『일본공간』 7, 206~221쪽 ; 최희식, 2009, 「한일회담에서 독도영유권문제 - 한국외교문서의 분석과 그 현대적 의미 - 」, 『국가전략』 제15권 4호, 117~138쪽 ; 김영수, 2008.4, 「한일회담과 독도영유권 - 샌프란시스코 강화조약과 한일회담 기본관계조약을 중심으로 - 」, 『한국정치학회보』 42.
2) 신용하, 1996, 『독도의 민족영토사 연구』, 지식산업사, 253~322쪽 ; 최장근, 2005, 『일본의 영토분쟁』, 백산자료원, 33~71쪽 ; 최장근, 2009, 『독도문제의 본질과 일본의 영토분쟁 정치학』, 제이앤씨, 235~281쪽.
3) 신용하, 1996, 『독도의 민족영토사 연구』, 지식산업사, 253~322쪽.

정치권은 물론이고 일본인들의 독도에 대한 영유권 인식은 거의 전무했다. 이러한 상황은 일본 의회속기록4)에서도 확인할 수 있다.

마쓰모토 위원이 1965년 10월 27일 죽도현황에 관해서 질문을 했다.5) 이에 대해 시이나 외무대신은 「아주 최근 실정에 대해서는 소상히 알지 못합니다만, 죽도에 대해 저희가 알 수 있는 최근 정보로는 약간의 경관인지 군인인지는 모르지만 어쨌든 무장한 사람들이 20명 정도 죽도를 점거해서 섬에 접근하는 자가 있으면 발포하는 상황입니다. 최근 국회의원 유지들이 죽도 실정을 시찰하고 싶다고 하셔서 심의 관계상 실정을 보시는 것도 타당하다는 생각에서 상황을 알아봤는데 여전히 이런 상태였습니다. 그래서 이곳에 가까이 다가가는 것은 위험한 일로 사료됩니다.」6)라고 하여 한국이 독도를 실효적으로 지배하고 있음을 언급했다. 당시 일본정부는 한국의 군경 혹은 경관이 무장하여 주둔하고 있어서 일본인의 접근이 불가능한 상황이었고, 일본의 국회의원이 독도를 조사하려고 했지만 사실상 한국의 주권행사에 의한 발포 가능성 때문에 접근이 불가능했다는 인식이었다.

한국은 한국전쟁 때에 일본인들이 불법으로 독도를 점령하려는 것을 확인하고 1953년 의용수비대를 거쳐 1956년부터 정식으로 경찰관을 배치하고 등대도 설치했다.7) 일본은 이에 대해 「올해(1965) 2월 13일 해상보안청 경비선이 이 죽도 상에 한국 관헌이 주재한다는 것을 확인했기 때문에 4월 10일자로 정식 항의서를 제출하여 즉시 퇴각

---

4) 동북아역사재단편, 2009, 『일본국회독도관련기록모음집』 1부(1948~1976년), 동북아역사재단.
5) 마쓰모토 위원의 발언, [214/254] 50-중의원-일본과 대한민국 간...-4호, 1965년 10월 27일, 958~959쪽.
6) 마쓰모토 위원의 발언, [214/254] 50-중의원-일본과 대한민국 간...-4호, 1965년 10월 27일, 959쪽.
7) 최장근, 2009, 『독도문제의 본질과 일본의 영토분쟁 정치학』, 제이앤씨, 235~281쪽. 1954년 8월, 영토 표지석과 무인등대 설치, 1955년 신등대설치 등.

시킬 것을 요구했습니다.」⁸⁾라고 하여 일본은 한일협정과정에서도 일본순시선을 파견하여 순시했고, 이를 토대로 일본정부가 외교적 수단으로 한국정부에 대해 한국관헌의 철수를 요구했던 것이다.

당시 일본정부는 한일협정에서 교환공문을 통해 한일 양국이 분쟁지역임을 인정했다고 주장했으나, 실질적으로는 한국의 독도 점유에 대해 그다지 크게 문제시 하지 않았다. 이에 대해 일본사회당의 마쓰모토 위원은 「한국정부 쪽에 죽도 실정에 대해 보고를 요청한 적은 없습니까? 그런 식으로 멀리 일본 경비선상에서 바라보는 것이 아니라 한국정부로부터 죽도 실정에 대한 보고를 받은 적은 없습니까?」 「이번 조약의 교환공문에서도 분쟁 대상이 되어 있다고 정부가 말하지 않았습니까? 그리고 한국 역시 분쟁대상으로서 양해하고 있다면 이 문제는 보고서를 요구해 한국 측 정부가 알아보도록 하는 것도 가능할 것이고 일본 국권의 최고기관인 국회가 자신의 영토로서 서로 분쟁이 된 이곳을 조사하러 가고 싶다는데 발포를 한다면 그런 무례가 어디 있습니까?」⁹⁾라고 비난했다. 즉 일본정부가 한일협정에서 양국이 독도를 분쟁지역으로 인정하고 평화적으로 해결하기로 합의했다고 한다면, 분쟁지역을 인정한 한국정부가 당연히 독도의 상황을 알려줘야 할 터인데 그렇지 않고 순시선으로 멀리서 독도현황을 살폈다고 하는 정부요인의 발언으로 봐서 일본정부가 거짓말을 하고 있다는 것이다. 이것은 즉 일본정부가 한국정부로부터 독도가 분쟁지역임을 인정받지도 못했을 뿐만 아니라 평화적으로 해결하기로 약속했다고 하는 주장도 거짓말이라는 것을 알 수 있다. 실제로 한국정부는 '독도문제는 존재하지 않는다'는 입장을 최후까지 관철하여 조약을 체결했다.

---

8) 우시로쿠(後宮) 정부위원의 발언, [214/254] 50-중의원-일본과 대한민국 간…-4호, 1965년 10월 27일, 959쪽.
9) 마쓰모토 위원의 발언, [214/254] 50-중의원-일본과 대한민국 간…-4호, 1965년 10월 27일, 959쪽.

2) 국회의원의 독도 시찰의 불가

비준국회에서 중의원 외무위원들과 일부 참의원 외무위원이 독도의 실태를 파악하기 위해 독도시찰을 일본정부에 신청했다. 이에 대해 오카다 쇼지(岡田宗司)는 「중의원의 외무위원회가 먼저 외무위원회를 통해 해상보안청에 죽도시찰을 신청했습니다. 그런데 죽도에 다가가면 총격을 받기 때문에 신변의 안전을 보장할 수 없다는 이유로 보류상태입니다. 참의원 외무위원회가 올해 8월에 후쿠오카, 나가사키, 대마도 시찰을 끝낸 다음에 외무위원회 입장에서 나가는 것은 아니지만 제가 해상보안청에게 직접 주도 시찰하겠다고 한 것은 상륙해서 어떻게 하겠다는 뜻이 아니라 죽도주변까지 해상보안청 선박으로 가서 멀리서 바라보겠다고 한 것이다. 이것도 하나의 시찰방법이기 때문에 신청을 했습니다. 그런데 해상보안청 정무과장이 직접 거절을 했는데 아무래도 이 문제는 외무성의 양해가 없으면 배를 태울 수 없다는 것이었습니다. 저희 국회의원은 국정조사권을 갖고 있습니다.」[10]라고 지적하여 일본정부가 신청을 반려했다고 비난했다. 그 이유는 한국이 독도를 실효적으로 점유하고 있고 한국 주둔경관으로부터 발포되어 신변의 위협이 있을 수 있다는 것이었다. 이는 일본정부가 한일협정에서 독도문제 해결에 대한 적극적인 의지가 없었다는 것을 의미한다.

실제로 한일협정에서 일본정부는 독도영유권에 대해 독도가 분쟁지역임을 한국정부로부터 동의를 받아내려고 했던 것이 실패로 끝났다. 한국의 입장은 단호했다. 독도는 엄연한 한국영토이기 때문에 일

---

10) 오카다 쇼지(岡田宗司)의 발언, [226/254] 50-참의원-한일조약 등 특별위원회-5호, 1965년 11월 26일, 1026쪽.

본인이 접근할 경우 국제법 위반으로 간주하여 발포한다는 입장에는 변함이 없었던 것이다. 일본정부는 한일협정을 성사시키기 위해 이러한 한국의 입장을 존중했던 것이다.[11]

3) 광산 채굴권 및 어업권 행사의 불가

일제시대에 대한제국영토가 일본에 강탈당하였을 때부터 독도는 시마네현 어부들의 어장으로 사용되었다. 일본의 패전으로 조선의 독립과 더불어 일본인의 독도 접근이 금지되자, 직간접적으로 독도에 관련을 갖고 있었던 일본인들 중에는 독도에 대한 관할권을 주장하기도 했다.[12] 그 일환으로 일부 관련자들은 한국이 독도를 실효적으로 점령하고 있음에도 불구하고 일본정부에 대해 광업권 또는 어업권을 신청하여 승인을 받기도 했다.[13] 이러한 상황에 대해 마츠모토 위원은 「죽도에는 일본국민 중에 여러 이해관계를 갖고 있는 사람이 있다고 생각합니다. 지금 그곳에는 없다하더라도 정부로서는 당연히 국민의 생명과 재산을 보호할 의무가 있습니다. 몇 년 전에 문제가 되었던 광산채굴권 문제를 비롯해 그런 문제에 대해서는 현재 어떤 보호대책을 강구하고 있습니까?」[14]라고 질문했다. 이에 대해 우시로쿠 정부위원은 「죽도 산업권 문제에 대해서는 아시다시피 광업권문제와 어업권문제가 있습니다만 광업권에 대해서는 그쪽의 광업권을 획득한 일본이 한국의 점유 때문에 광업권을 행사할 수 없다는 것에 대한

---

11) 조약안에 「독도」 혹은 「죽도」라는 명칭이 삽입되지 않았던 것으로도 증명됨.
12) 田村淸三郞, 1965.10, 『島根縣竹島の新硏究』, 島根縣總務部總務課, pp.116~142.
13) 田村淸三郞, 1965.10, 『島根縣竹島の新硏究』, 島根縣總務部總務課, pp.66~80, pp.207~215.
14) 마쓰모토 위원의 발언, [214/254] 50-중의원-일본과 대한민국 간...-4호, 1965년 10월 27일, 959쪽.

손해배상 재판을 한 적이 있다는 것은 여러분도 아실 것입니다. 그때 당시는 일단 일본정부로서는 보상책임이 없다고 판결이 내려졌으며 이후 그 상태로 계속 남아 있습니다.」15) 또한 어업에 대해서는 「죽도의 어업은 전쟁 전에는 강치가 주로 잡혔습니다. 그 후에는 미역, 돌김, 우뭇가사리, 전복, 소라, 해삼, 성게, 문어와 같은 암초 생산물 위주로 조업을 했습니다. 전쟁이 끝나기 전에는 일종의 공동어업권이 허가되었는데 전쟁 후에는 이것을 행사할 수 없게 되어 1953년에 일단 제1종 어업권 갱신을 한 상태입니다만 실제 문제는 잡으러 갈 수 없다는 것입니다.」16)라고 하여 '죽도' 산업으로서 광산채굴권과 어업권이 있다고 지적했고, 이는 한국의 점유로 인해 권리행사를 할 수 없게 되었다는 것이고, 그 책임은 일본정부에 없다는 것이었다. 즉 비준국회에서 실제로 한국이 독도를 실효적으로 지배하고 있는 반면, 일본의 실효적 지배는 전적으로 중단되어있었음을 확인했던 것이다.

3. 「교환공문」에 대한 양국의 인식

1) 일본정부의 주장

한일협정에서 한일양국은 「분쟁해결에 관한 교환공문」17)을 교환했다. 그런데 이 공문 안에는 「죽도」 혹은 「독도」라는 명칭이 없다. 비준국회에서 사실관계를 둘러싸고 정부위원과 전문위원 간에 논쟁이

---

15) 우시로쿠(後宮) 정부위원의 발언, [214/254] 50-중의원-일본과 대한민국 간...-4호, 1965년 10월 27일, 959쪽.
16) 나와 정부위원의 발언, [214/254] 50-중의원-일본과 대한민국 간...-4호, 1965년 10월 27일, 960쪽.
17) 「분쟁해결에 관한 교환공문」을 줄여서 표기.

벌어졌다.

일본사회당 노하라 위원은 「죽도문제는 한일회담의 중요한 현안사항이기 때문에 우리는 죽도문제도 당연히 한일조약협정을 심의하는데 있어서 그 대상이 된다는 관점에서 이것이 분쟁이 되는지 안 되는지 분명한 자료를 제출해줄 것을 요청한 것입니다.」[18]라고 하여 「죽도」 영유권 문제를 철저히 심의하려고 했다.

일본정부는 「교환공문」의 성격에 대해 「국교정상화에 앞둔 양국 간의 제반현안을 전면적 해결의 일환으로서 죽도의 영유권을 둘러싼 분쟁문제를 해결하는 것이 목적입니다. 이로써 양국 간의 모든 분쟁은 특별한 합의가 있는 경우를 제외하고는 외교상의 경로를 통해 해결하고 그것이 어려울 경우에는 조정을 통해 해결하는 것입니다. 또한 이 교환공문에는 죽도라는 이름은 명시되어 있지 않지만 여기에서 말하는 양국 간의 분쟁에 죽도가 포함되는 것은 이 문제에 대한 지금까지의 경위를 보더라도 객관적으로 매우 명백한 사실이며 또 조문 해석 문제도 이 공문에서 말하는 양국 간의 분쟁에 죽도를 포함하지 않는다는 특별한 합의가 없는 이상 이 문제가 여기에 포함되는 것은 확실합니다.」[19]라고 하여 교환공문이 죽도문제를 해결하기 위한 것이라고 주장했다.

시이나 외무대신은 이번 한일협정에서 일본정부의 죽도문제에 대한 입장에 대해, 「정부는 죽도가 역사적 사실에 비추어 또 영토귀속에 관한 근대 국제법상의 원칙에서 보더라도 일본 고유의 영토라는 것을 확신하고 있습니다. 하지만 한국도 죽도에 대해 영유권을 주장하고 있습니다. 과거 십여 년 동안 한일 간의 분쟁이 되고 있는 문제입니다. 이 분쟁에 대해서는 이번 분쟁에 관한 교환공문에 의해 정부

---

18) 노하라 위원의 발언, [193/254] 49-중의원-예산위원회-2호, 1965년 8월 4일, 890쪽.
19) 후지사키 마사토(藤崎万里) 정부위원의 발언, [223/254] 50-참의원-한일조약 등 특별위원회-2호, 1965년 11월 22일, 1018쪽.

가 오래 전부터 분명히 밝혀온 방침대로 평화적 해결의 길을 모색한
것입니다. 즉 죽도문제 그 밖의 양국 간의 분쟁은 별다른 합의가 없
는 한 우선 외교 채널을 통해 해결을 도모하고 만약 그것이 불가능해
졌을 경우에는 조정에 의해 해결하기로 합의를 보았습니다. 정부로서
는 한일 간의 제반 협정이 발효되어 한일관계가 새로운 시대로 접어
들면 한일관계도 호전되어 한일 쌍방에게 있어 죽도문제를 거론하기
쉬운 우호적인 분위기가 형성될 것으로 확신하고 있습니다. 그 시기
를 가늠하여 적절한 때에 협상을 재개할 수 있도록 한국에 건의할 생
각입니다.」[20]라고 하여 일본정부는 한국이 죽도를 분쟁지역으로 인
정했고, 그 결과 향후에도 죽도문제를 외교적 수단으로 해결하기로
했고, 그것이 불가능할 경우는 「조정」에 의해 평화적으로 해결할 수
있게 되었다. 따라서 이번 협정은 일본에게는 죽도문제 해결을 위한
진일보한 조약이라고 주장했다.

　사실 교환공문은 한일 양국 사이의 의견 차이에 의해 애매한 문구
로 표현되었다. 양국의 주장을 피해가려고 했던 것이다. 독도라는 명
칭을 사용하지 않았던 것은 독도문제가 없다고 하는 한국의 입장이
관철되었던 것이고, 독도를 포함한다고 한국이 인정은 하지 않았지만
한일협정에 <교환공문>이 삽입된 것은 분쟁지역화 하려는 일본의
입장이 반영된 것이었다.

2) 한국정부의 주장

　한국의회에서도 야당의원은 독도문제에 대해 한국정부를 추궁했
다. 야당위원은 「독도, 평화선, 또 구 조약의 무효시점 등에 대해 일

---

20) 시이나 에쓰사부로의 발언, [208/254] 50-중의원-본회의-4호, 1965년 10월 15일,
　　933쪽.

본에 가서 일본외무대신의 각서를 받아오라는 말씀이 있었습니다.」라
고 하여 한국정부에 대해 「현안문제를 외교적으로 해결하고 그것이
불가능 할 때는 조정으로 해결한다.」고 하는 「분쟁해결에 관한 교환
공문」이 독도와 무관한 것인지 여부를 추궁했다.21)

한국정부의 독도영유권 인식에 대해 이동원 외무부장관은 「독도는
우리영토이며 우리 영유권입니다. 우리 영토이고 우리영유권을 다른
나라인 외국 일본에 가서 일본 외무대신에게 어서 이것이 우리 것이
라고 보증해 달라, 각서를 써달라고 말할 수 있습니까? 알기 쉽게 말
하면 저랑 동거하는 제 아내를 옆집 다른 남자 집에 가서 이 사람이
내 아내라고 보증해달라고 말하라는 것이 아니고 무엇입니까?」라고
하여 독도가 한국영토임에 분명하다고 답변했다.22) 이러한 한국정부
의 주장에 대해, 김대중 위원이 「이동원 장관 부인이나 내 아내를 (옆
집사람이) 집요하게 자기 부인이라고 우기는 것이 아니냐! (중략) 네
부인이 아니니까 돌려 달라, 내가 같이 살 것이다. 라고 하니까 문제
인 것이다. 분명히 자기 아내가 맞는데 상대가 돌려달라고 우기니까
문제인 것이다. 당신이 대표로 가서 이 사람은 내 아내가 맞다고 해
서 해결하고 왔다고 하니까 당신에게 묻는 것이 당연하지 않느냐? 그
러니까 해결했다는 증거를 보여 달라」23)라고 하여 이동원 장관에게
독도가 한국영토라고 하는 확증을 보여 달라고 요구했던 것이다. 이
것을 보면 한국정부도 일본으로부터 독도가 한국영토라고 하는 확증
을 받은 것이 아니고 한국정부가 일방적으로 한국영토라고 주장하고

---

21) 마쓰모토 위원의 발언, [214/254] 50-중의원-일본과 대한민국 간...4호, 1965년
   10월 27일, 964~965쪽.
22) 마쓰모토 위원의 발언, [214/254] 50-중의원-일본과 대한민국 간...4호, 1965년
   10월 27일, 964~965쪽.
23) 마쓰모토 위원의 발언, [214/254] 50-중의원-일본과 대한민국 간...4호, 1965년
   10월 27일, 964~965쪽.

있음을 알 수 있다.

야당의원의 질문에 답하는 형식으로 문주덕 외무부차관은 한일협정에서 독도문제가 거론된 경위에 대해 설명했다. 즉 「정부는 한일회담을 추진하는데 있어서 독도는 전혀 한일회담에 있어서 현안문제로 다룬 적이 없습니다만, 일본은 독도문제를 자신들의 영토라고 주장하며 과거 30여 차례에 걸친 정식 외교문서를 통해 전해왔습니다. 이런 독도문제가 한일회담에 직접 관련되어 논의되지는 않았지만 기본조약을 체결하는 단계에 이르러 독도문제를 또다시 일본이 꺼냈다는 경위에 대해서는 어제 외무부장관의 답변이 있었습니다. 그 당시 어제 외무부장관께서 답변하신 것처럼 일본은 어디까지나 기본조약의 조인, 적어도 조인 전이나 동시에 이 독도문제에 대한 언질을 얻으려고 노력한 것은 사실입니다. 그러나 외무부 장관이나 회담대표는 이것은 어디까지나 별개문제이다. 기본조약에 조인을 하지 않는 한이 있더라도 독도문제에 대해서는 어떠한 타협도 있을 수 없다. 조정에 응할 용의조차도 없다는 요구가 교환된 결과, 우리 측으로서는 일본이 독도문제에 있어서 요구를 철회하지 않는다면 기본조약에 조인하지 않겠다고 해서 일본이 더 이상 독도문제에 대한 고집을 부리지 않게 되어 조인이 이루어진 것이다. 따라서 이러한 경위를 거쳐 조인이 이루어진 이후 이제야 일본이 또다시 여기에 대한 문제를 논의한다는 것은 부당하며 우리는 계속해서 그 부당성을 지적하고 향후 이 문제에 대해서는 의연한 태도로 처리하겠다는 것을 거듭 말씀드립니다.」[24] 라고 하여 한국정부는 독도문제를 한일회담의 의제로 삼지 않았는데, 일본이 기본조약에 독도문제를 명시하려고 뒤늦게 문제시했던 것이다. 하지만 한국정부는 기본조약을 체결하지 않는 한이 있더라도 독

---

24) 마쓰모토 위원의 발언, [214/254] 50-중의원-일본과 대한민국 간...-4호, 1965년 10월 27일, 966쪽.

도문제를 다루지 않겠다는 입장을 명확히 전달했고, 일본이 여기에 동의했다고 주장했다.

또한 독도문제를 거론한 일본의 태도에 대해서는 「독도는 우리나라의 엄연한 영토로 영유권 논쟁을 할 여지가 없습니다. 여러분도 아시다시피 일본은 독도가 일본영토라고 주장하여 영유권에 관한 논쟁을 국제 재판을 통해 분명히 하자고 강경한 태도를 10여 년 동안이나 지속하고 있습니다. 이번 회담 체결 때에도 이 문제를 해결하지 않으면 안 된다는 태도를 보였습니다. 그러나 정부는 독도가 우리나라 영토이기 때문에 국교정상화가 수립되지 않는다 해도 일본의 주장을 받아들일 수 없을 뿐만 아니라 이 문제로 일본과 논란할 여지가 없다는 것을 분명히 밝혀 우리 입장을 최종적으로 관철시켰습니다.」25)라고 하는 것으로 보아 한국은 독도에는 영유권문제가 없다는 입장을 관철했고, 일본이 한국의 주장을 꺾지 못했다는 것을 알 수 있다.

즉 다시 말하면 교환공문에서 「독도」 혹은 「죽도」라는 명칭이 없는 것은 한국의 의지에 의한 것이고, 또한 교환공문은 독도와 무관하다는 입장을 한국정부가 일본에 관철시켰다는 주장이다.

이는 1965년 8월 5일 이동원 외무부장관의 발언에서도 확인할 수 있다. 즉 「독도문제는 현 정부의 정책으로는 우리나라 영토이며 우리가 영유권을 소유하고 있기 때문에 한일회담의 대상이 될 수 없으며 또 이 정책에 대해서는 앞으로 그 어떤 변화도 없습니다. 어제 정일향 위원이 매국 외교라고 하시면서 독도문제를 일본에 양보했다고 말씀하셨습니다. 일본에서는 사회당이 사토 총리에게 독도문제를 팔아넘겼다, 매국노라고 국회에서 비난했다는 기사를 봤습니다. 극단적으로 다른 내용이 양 국회에서 있었습니다만 이 점에 대해서는 제가 말

---

25) 마쓰모토 위원의 발언, [214/254] 50-중의원-일본과 대한민국 간...-4호, 1965년 10월 27일, 962쪽.

씀드린 것이 가장 정도입니다.」「독도는 우리나라 것이며 우리나라 것이라고 일본이 양해했으며 또 일본 사회당이 사토 총리에게 공격한 것처럼 사토 총리가 저에게 독도를 팔아넘긴 적도 없지만 제가 받은 적도 없습니다.」라고 하여 사토 총리가 독도문제에 대해 언급하지도 않았지만, 그와 상관없이 독도는 일본도 한국영토라고 양해했는데, 독도를 팔아먹었다고 하는 야당의원의 주장은 터무니없다고 반박했다.

야당 위원 측에서 독도를 팔아먹은 매국외교라는 비난에 대해 이동원 외무부장관은 여러 번 이에 반론했다. 8월 9일에는「독도문제에 대해 일본과 우리나라 대표 간에 다소 날카로운 말이 오가며 대립했던 것은 사실입니다. 그러나 독도문제가 한일회담의 현안문제가 된 적도 없고 또 동시에 한일회담의 중추적인 역할의 대상이 된 적도 없습니다. 그 이유는 우리 정부의 정책이 과거도 현재도 또 미래도 그러하겠지만 시종일관이기 때문입니다. 독도는 우리 영토이며 독도의 영유권은 우리에게 있습니다. 그런 까닭에 일본과 이 문제에 대해서는 협의, 협상할 필요가 없다고 단호히 입장을 밝혔습니다.」라고 하여 독도문제가 한일회담의 의제가 된 적이 없다고 했다.

또한 우이동의 '선운각'이라는 요정에서 시이나 외무대신이 독도문제를 꺼내었을 때「시이나씨, 사람도 살지 않고 개조차도 싫어서 살지 않는 독도, 우리는 우리영토이기 때문에 어쩔 수 없이 지키지만 당신은 무엇 때문에 그렇게 열심히 트집을 잡느냐고 했습니다. 그 후 한국에 체재하는 동안 시이나 외무대신이 두 번 다시 독도 문제에 대해서는 언급하지 않았습니다. 또 제가 일본에 갔을 때 독도문제에 대해 시이나 외무대신이 언급했습니다. 그때 김동작 대사, 연아주 국장이 동석한 외상회의 자리에서 모든 문제가 체결된 다음, 일본의 시이나 외상이 제게 독도가 한국 영유권이라는 것을 부정하지 않았다. 그러나 독도문제를 일종의 한일 간의 분쟁대상으로서 인정하고 제3국

또는 국제사법재판소에 제기해 향후 심의를 받자는 선에서는 합의해 달라고 말했다. 그래서 저는 바로 자리에서 일어나 한일 문제를 타결 하려는 것인가 말자는 것인가! 일본에게는 독도문제가 정치문제일지 모르지만 한국에서는 국민감정을 폭발시키는 다이너마이트이다. 그렇기 때문에 독도문제에 대해 두 번 다시 언급할 때에는 나는 보따리를 싸서 바로 한국으로 돌아가겠다고 말했다.」라고 하여 일본이 분쟁 대상으로 규정해달라는 요구에 동의하지 않았다고 주장했다.

또한 「이번에 일본에 간 우리 측 대표는 저를 포함해서 차균희 농림부장관, 김동작 대사 모두 40대입니다. 앞으로 반세기 이상 이 땅에서 살아야합니다. 만일 독도문제로 여러분을 일시적으로 속여 팔아넘기거나 양보했다면 이것은 시간이 흐르면 들통이 납니다. 그것이 명백해졌을 때는 우리는 이후로 이 땅에 살수 없을뿐더러 자손대대로 매국노 또는 역적, 그 밖의 온갖 욕설을 다 듣게 되겠지요.」라고 하여 자손들의 명예를 걸고 독도문제를 일본에 양보하지 않았다고 피력했다.

이동원 외무부장관은 전관수역에 관해서 이야기 할 때에도 「독도는 시종일관 우리정부는 한일회담과는 관계가 없었으며 또 한일회담의 현안 대상으로 삼지 않았으며 우리가 주장하는 독도 영유권은 우리의 것이며 또 동시에 독도의 영유권, 관할권을 현재 대한민국이 행사하고 있습니다.」「10여명이 경찰이 독도에 가서 지키고 있습니다. 물론 과거 이승만 박사 시대 이래로 독도문제는 한일 간의 논쟁 대상이 되었던 것은 사실입니다. 이번에 제가 일본에 갔을 때에도 여기에 대한 상세한 경위 설명을 했지만 일본은 독도문제를 해결하려고 했습니다. 그 해결방법으로 국제사법재판소에 제소하지 않으면 제3국에 조정을 의뢰하려고 했습니다. 이것이 일본의 입장이고 우리 입장은 어디까지나 독도는 우리의 것이기 때문에 이것은 국제사법재판소가 되든 제3국이 되든 협상의 대상이 되지 않는다는 것이 우리의 입장이었습니다. 만일 이 같은 우리의 입장이 관철되지 않을 때는 한일회담에 조인할 수 없다고 저는 단언했습니다. 그 결과 일본이 우리의 입장을 허용했으며 자신들의 입장을 포기했기 때문에 독도문제를 끝으로 한일회담에 대한 정식조인이 이루어졌습니다. 물론 언제 어느 나라라고는 하지 않고 아무리 우호국가간에 체결된 조약이라도 때로는 분쟁이 생깁니다. 그래서 국제외교 관례상 특히 중요한 조약을 체결할 때는 분쟁해결에 대한 대책이 교환공문서로서 교환되는 예가 많이 있습니다. 이번에 우리도 일본과 분쟁해결에 관한 교환 공문이 있습니다. 이것은 어디까지나 독도를 포함한 것이 아니라 이번에 조인된 한일회담에 대한 모든 현안에 대해 분쟁이 발생할 경우에는 이것을 어떻게 해결할 것인지에 대한 것이다. 김(대중) 위원은 일본이 만일 사토정권이 아니라 다른 정권으로 되어 독도문제에 또다시 트집을 잡아 문제화할 때는 이 교환공문을 통해 어떤 결과를 초래할 것인가라는 걱정을 표명하셨는데 그것은 모든 국민이 똑같은 걱정을 하시리라 생각합니다. 그러나 모든 절차가 분명합니다.」 「여기서 중재가 아닌 조정으로 되어있습니다. 법적으로 해결한다고 규정한 것이 아니라 해결을 도모하겠다고 한 것입니다. 그래서 독도문제는 분쟁해결에 관한 교환공문과는 상관이 없습니다.」라고 하여 교환공문은 독도문제와 무관하다고 주장했다.

이처럼 한국정부는 「교환공문」과 독도와는 무관하다는 입장을 조약체결의 최후까지 지켜내었던 것이다.

4. 국제사법재판소 제소를 둘러싼 한일 양국의 자세

일본은 1954년 한국정부에 독도문제를 국제사법재판소에서 해결하자고 제안한 적이 있었다. 당연히 한국정부는 엄연한 한국영토를 국제사법재판소에 기탁하는 것은 있을 수 없는 일이라고 거절했던 것이다.

일본정부는 이번 한일협정을 체결함에 있어서 죽도문제를 국제사법재판소에서 해결하자고 한국정부에 제안했던 것이다.

1965년 5월 17일 호즈미(穗積) 위원은「한 가지 한일협정에 대해 질문 드리고 싶은 것은 최근 한국 정계에서 문제가 되고 있는 '죽도' 문제에 대한 한국정부의 태도에 관한 것입니다. 일본에서는 일본 측 영토라고 주장하면서 한일협정 석상에서는 이 문제를 국제사법재판소에 회부하자, 개별협상에서 타결되지 않으면 국제사법재판소에 제소해서 문제를 객관적으로 해결했으면 한다는 생각을 갖고 있는 듯한데, 우리는 절대로 받아들일 수 없다. 한국영토라는 것이 너무나도 분명한 사실이기 때문에 국제사법재판소에 제소하는 것에 동의할 생각은 추호도 없으며 언급조차 하지 않았다. 아니 생각해본 적도 없으며 앞으로도 생각하지 않겠다고 딱 잘라 말하고 있습니다. 이것은 앞서 어업문제와 더불어 지금까지 예비 절충한 한일협정의 내용이 차차 양국 국민들에게 알려지면서 한국에서도 야당 및 일반 여론이 굴욕적인 외교이다, 매국적 외교라고 강하게 비판함에 따라 정치적 압력, 밑에서부터 압력이 들어오는 가운데 현재 어업에 대한 수정의견, 또 '죽도'에 대해 강하게 나오는 것이 다시금 확인되었습니다. 우리로서는 지금까지 국민에게 일괄타결을 약속드렸는데 그 점에 대해서도 앞으로 어떻게 해나갈 것인지, 이제 최종단계로 접어들기 직전인데 이 시점에서 외무성의 입장은 어떤 것인지를 꼭 듣고 싶습니다. 이점은 한국국내 논쟁과 비교하는 데 있어서도 아주 중요하기 때문에 폐회 전에 충분히 해주셨으면 합니다.」[26] 라고 하여 국제사법재판소에서의 해결에 대한 한국의 입장은 거기에 응할 생각이 전혀 없음을 지적했다.

---

26) 호즈미 위원의 발언, [190/25]48-중의원-외무위원회-21호 1965년 5월 17일], 877쪽.

그런데 시이나 국무대신은 「죽도 영유권문제는 국제사법재판소의 판정을 일단 기다려본 연후에 결정하고자 합니다.」라고 대답했다.27) 이에 대해 호즈미 위원은 「(국제사법재판소)에서 결정한다고 하시는데 상대(한국)는 전혀 고려의 여지도 없다, 또 그런 이야기는 한 기억도 없고 앞으로도 하지 않을 것이다, 라고 딱 잘라 말하고 있지 않습니까? 그것을 어떻게 무너뜨릴 수 있다고 생각하십니까? 이러쿵 저러쿵 따지지 말고 결과를 보고 비판하라는 뜻이겠지만 지금까지의 협상과정을 지켜본 바로는 '죽도'문제에 대해서는 구두 상으로도 아무런 양해를 얻어내지 못한 것은 아닌지요? 의제로도 거론조차 하지 않은 것은 아닙니까? 확인차원에서 이 질문들에 대한 답부터 부탁드립니다.」라고 있다.28)

이에 대해 시이나(椎名) 국무대신은 「이 문제는 사무당국 간에 여러 자료를 토대로 연구조사를 해야 하는 사안이 아닌지라 별도로 다루고 있습니다.」라고 하여 답변을 회피했다.29)

이를 보면 ①일본이 사법재판소에서 해결하자고 한국정부에 제의한 적이 있었다. ②국제사법재판소 제의를 거절한 것을 보면 한국이 독도영유권에 대해 한국영토라는 입장을 분명히 했다. ③일본이 일괄타결을 제안하여 한국정부가 이를 받아들여 어업협정(평화선철폐)에서 양보하였다. 또한 한국의 야당 및 국민여론이 매국외교라고 하는 비판을 보면 어업협정에서 한국이 양보하였다. ④한일 협정안을 조정하는 협상 장에서 한국정부가 완강하게 독도문제는 존재하지 않는다

---

27) 시이나 국무대신의 발언, [190/25]48-중의원-외무위원회-21호 1965년 5월 17일], 878쪽.
28) 호즈미 위원의 발언, [190/25]48-중의원-외무위원회-21호 1965년 5월 17일], 878쪽.
29) 시이나 국무대신의 발언, [190/25]48-중의원-외무위원회-21호 1965년 5월 17일], 878쪽.

고 하는 태도였기 때문에 결국 국제사법재판소에서 해결을 요구했던 일본의 주장이 관철되지 못했다는 사실 등을 알 수 있다.

결국 국제사법재판소의 제소문제도 「죽도문제하나만 보더라도 분쟁해결에 관한 교환공문, 이 방대한 한일조약 및 협정 혹은 의정서, 교환공문 어디를 봐도 결국 이 교환공문에 관해 "이로써 해결할 수 없을 경우에는 양국 정부가 동의하는 절차에 따라 조정에 의해 해결하기로 한다고 하는 문구 이외는 아무것도 없다.」「맨 처음에는 '죽도'는 '반환'이라고 해놓고 그 다음에는 '국제사법재판소'에 제소한다고 하더니 마지막에는 제3국에 의한 조정, 게다가 이번에는 '죽도'의 '죽'자도 나오지 않았습니다.」[30]라고 하는 것처럼 한국이 이에 동의하지 않아서 무산되었던 것이다.

5. 한일협정을 위한 비밀메모의 존재 여부

한일협정은 14년간의 교섭과정을 거쳐 1965년에 체결하기에 이르렀는데, 그 마지막 단계에서 일본이 독도문제를 의제로 삼으려고 했다. 한국정부는 실효적으로 점유하고 있는 상황에서 독도문제가 존재하지 않는다는 입장을 관철하려고 했고, 일본은 이를 분쟁지역으로서 조약문에 명기하려고 했다. 양자의 의견이 팽팽하게 대립되어 해결가능성이 보이지 않자, 양국 사이에는 그 실마리로서 독도밀약을 교환했던 것이다. 양국정부는 지금까지 밀약서의 존재를 인정하지 않았는데 최근 한국의 언론에 의해 공개되어 그 실체가 들어났다.[31]

---

30) 하뉴 산시치(羽生三七)의 질의, [198/254] 49-참의원-예산위원회-2호, 1965년 8월 9일, 906쪽.

31) 「42년 전 한·일 `독도밀약' 실체는 … [중앙일보]」,2007.3.19, [월간중앙]은 19일 발매된 창간 39주년 기념 4월호, http://article.joins.com/article/article.asp?total_id=2665406

독도밀약의 존재가능성에 대해 국회의사록에서도 다소 엿 볼 수 있었다. 요코카와 쇼이치(橫川正市)위원은 다음과 같은 발언을 했다. 즉 「엊그제 저희들이 몇 가지 자료를 요청했는데 그 자료도 제출되지 않고 있으며 국민들이 납득할 만한 답이 아직 나오고 있지 않다는 것 등의 문제가 산적해있습니다. 이 조약에 대해 과연 국민들이 당신들이 말하는 것처럼 평화조약이라는 것에 쉽게 동의하려 들지 않을 것입니다. 그리고 자료를 공개하고 있지 않습니다. 예를 들어 중의원 심의를 비밀리에 한다거나 외교상의 문서이니 공개할 수 없다는 등 여러 변명을 하는데 저는 국내에서 문제를 처리할 경우에 공공기관에서 내놓을 수 없다면 공당과 공당 간에는 공개하거나 여러 형태로 본질적인 문제규명을 해도 되지 않는가 생각합니다. 그러나 그런 것이 이루어지지 않고 있습니다.」32)라고 하여 일본정부는 국회심의과정에서도 「중의원 심의를 비밀리에 한다거나 외교상의 문서이니 공개할 수 없다」라고 하여 국익에 부합되지 않아서 국민에게 공개할 수 없는 합의문서의 존재를 암시했다.

한국 국회에서도 「분쟁해결을 위한 노트교환이 있는 것만은 사실입니다. 그러나 이것은 국제회의 관례상 상식입니다. 아무리 친선국가 간에 체결한 조약이라도 일정한 시간이 지나면서 오해가 생기는 일도 있고 마찰이 있을 수도 있다는 것이 역사적으로 증명된 일입니다. 따라서 향후 특히 어업문제나 청구권문제 등등에 있어서 만일 오해가 생긴다거나 분쟁이 생긴다거나 할 때는 이것을 어떻게 해결할 것인가 하는 해결책에 대한 노트교환이 있었습니다. 여기에 독도문제가 포함되지 않았다는 것을 시이나 외무대신, 또 일본의 사토총리가 양해했습니다.」33)라고 하여 여기서 노트교환이라고 하는 것은 「교환

---

32) 요코카와 쇼이치(橫川正市)의 발언, [224/254] 50-참의원-한일조약 등 특별
    위원회-3호, 1965년 11월 23일, 1019쪽.
33) 마쓰모토 위원의 발언, [214/254] 50-중의원-일본과 대한민국 간...-4호, 1965년

공문」을 말하는 것이지만, 「독도밀약」을 포함하는 것일 수도 있다.

또한 소네 에키(曾禰益)는 「우선 별도의 합의를 한 적은 없다고 생각하지만 '별단의 합의의 경우를 제외하고' 라는 부분, 이 교환공문에 죽도를 넣고 싶었겠지만 넣을 수 없었던 경위 등에 대해 외무대신에게 답변을 부탁드립니다.」34)라고 하여 별단의 합의가 있는지에 대해 질문을 했다. 이에 대해 시이나 외무대신은 「우선 별단의 합의는 없었습니다.」35)라고 잘라 말했다. 그러나 「독도밀약」36)이 실제로 존재함이 밝혀졌으므로 시이나 외무대신의 주장이 거짓임을 알 수 있다.

6. 「한일협정」에서 처리된 독도의 위상

결과적으로 일본정부는 한일협정에서 「죽도문제」를 어떻게 처리하였는지 살펴보기로 한다.

마츠모토 위원은 「총리대신, 오랫동안 자민당 정부는 일괄타결을 공약해왔습니다. 한일협정 체결에는 일괄타결이 전제조건이라고 강하게 주장하셨습니다. 그런데 죽도는 해결할 수 없다. 유감의 뜻을 요전(1965년 10월) 21일 본회의에서 표명했습니다. 일본국민에 대해 총리로서의 책임은 그 정도뿐입니까?」37)라고 하여 죽도 영유권을 포기

10월 27일, 964쪽.

34) 소네 에키(曾禰益) 발언, [228/254] 50-참의원-한일협정 등 특별위원회-1호, 1965년 12월 1일, 1058쪽.

35) 시이나 발언, [228/254] 50-참의원-한일협정 등 특별위원회-1호, 1965년 12월 1일, 1059쪽.

36) 「42년 전 한·일 '독도밀약' 실체는 … [중앙일보]」2007.03.19, [월간중앙]은 19일 발매된 창간 39주년 기념 4월호, http://article.joins.com/article/article.asp?total_id=2665406.

37) 마쓰모토 위원의 발언, [214/254] 50-중의원-일본과 대한민국 간...-4호, 1965년 10월 27일, 960쪽.

하였다고 비난했다. 사토총리는 이에 대해 「일괄타결이라는 방침으로 협상에 임한 것은 사실입니다. 그런 의미에서 말씀드리면 죽도문제도 최종적으로 해결된다는 기대를 일각에서는 하셨으리라 생각합니다. 그런 의미에서 기대에 부응하지 못했다는 것은 참으로 유감이다. 죄송하다고 말씀드린 것입니다. 그러나 오늘까지 최종적인 해결은 보지 못했지만 이 죽도문제가 평화적인 방법으로 해결될 수 있는 방향은 정해졌습니다. 그래서 그렇게 양해해달라고 말씀드린 것입니다. 본래 영토문제는 반드시 해결해야하는 문제입니다. 그런데 왜 이런 식으로 밖에 해결되지 못했나 하고 일부 국민들 사이에는 의문이 남아 있을 겁니다. 저는 이 죽도문제는 방금 말씀드렸듯이 평화적인 방법으로 해결하는 방향이 정해졌다는 것으로 한일 간의 국교가 정상화 되면 그 방향에 중점을 두고 해결하겠다는 방침입니다. 대국적인 견지에서 내린 판단으로 결코 죽도문제를 포기한 것은 아닙니다. 단지 평화적인 해결방법은 정해진 상태에서 한일 간의 조약을 했습니다.」[38]라고 하여 한일협정에서 죽도문제를 포기한 것이 아니라 최종적인 해결은 하지 못했지만, 평화적으로 해결할 방향을 결정하였기 때문에 조약체결 이후에 완전한 해결을 위해 진력하겠다고 주장했다.

또한 마츠모토 위원은 「교환공문을 중심으로 검토하면 할수록 실은 해결의 전망조차 세워져 있지 않습니다. (중략) 일본입장에서 말하면 죽도를 포함한 분쟁이라고 해야 했을 것이고, 한국입장에서 보면 죽도문제를 제외한 분쟁이라고 해석을 하고 있습니다. 그런데도 해결의 전망이 섰다고 하니 도대체 무엇을 근거로 그런 말을 하는 것입니까」[39]라고 하여 교환공문으로 해결의 방향이 정해졌다고 하는 것은

---

38) 사토 에이사쿠 총리의 발언, [214/254] 50-중의원-일본과 대한민국 간...-4호, 1965년 10월 27일, 960쪽.
39) 마쓰모토 위원의 발언, [214/254] 50-중의원-일본과 대한민국 간...-4호, 1965년 10월 27일, 960쪽.

일본정부의 일방적인 해석이고, 한국정부는 독도문제가 존재하지 않는 입장을 포기하지 않았다고 추궁했다.

이에 대해 시이나 외무대신은 「어쨌든 절대로 이것은 (한국이) 자신의 영토라고 주장하고 국민들에게도 그렇게 말하고 있을 정도로 심각한 분쟁입니다. 양국의 분쟁으로 주된 것은 다른 조항에서 모두 마무리했습니다. 이것은 일본이 30여 차례나 항의를 제출한 것이고, 한국은 한국대로 또 20여 차례 항의문을 제출한 상태입니다. 한일 간에 이런 분쟁은 없습니다. 그리고 이 분쟁에서 죽도를 제외한다고는 어디에도 쓰여 있지 않습니다. 따라서 이것은 교환공문에 적힌 분쟁이 분명하며 그 해결방법으로는 양국 국교정상화 후 정상적인 외교채널을 통해 이 문제를 협상하고 만약 그래도 안 될 경우에는 조정에 부치겠다. 조정은 중재에 비교해 구속력이 없고 효력도 약하지 않은가 하는 의문을 갖고 계실지 모르지만 국제분쟁을 판가름할 경우 조정이나 중재를 비롯한 여러 수단이 강구되는 것으로 조정이 반드시 안 좋은 것은 아닙니다. 이 조정을 시작할 경우에는 양국이 합의한 방법에 따라 조정자를 선택해서 그 결론을 토대로 양국이 선처하는 그런 순서로 되어 있습니다. 따라서 분명해결 전망이 서 있는 것입니다.」[40] 라고 하여 한일 간의 분쟁은 독도문제 뿐이기 때문에 「죽도」라는 명칭이 없더라도 죽도문제를 위한 교환문서임을 강조했다.

이에 대해 마쓰모토 위원은 「조인된 교환공문에는 죽도가 포함되어 있지 않다는 해석을 상대인 한국이 지금 하고 있다. 따라서 (중략) 한국이 처음부터 우리는 죽도를 여기에 포함시키지 않았다는 것을 분명히 했다. 이렇게 나오면 국제적인 신의 운운하는 것이 무슨 소용이 있겠습니까? 그런 방법이 버젓이 통할 것이라고 생각하는 것 자체에

---

40) 시이나 외무대신의 발언, [214/254] 50-중의원-일본과 대한민국 간...-4호, 1965년 10월 27일, 961쪽.

저는 사기성이 있다고 보는 것입니다.」[41]라고 하여 일본정부가 국민을 상대로 거짓말을 하고 있다고 비난했다.

또한 나라자키(楢崎) 위원은 「양국의 합의가 이루어지지 않은 하나의 증거로서 지도에 표시되어 있지 않습니다.」「이것은 중요한 문제입니다. 당신들도 강조하고 있는 분쟁사항인 죽도가 지도에 없다는 것은 도대체 어떻게 된 일입니까? 이런 지도가 어디에 있습니까?」[42]라고 하여 「죽도」 표기가 없음을 지적했다. 이에 대해 니와 정부위원은 「울릉도가 여기니까 죽도는 이 부근입니다.」[43]라고 하여 한일협정의 지도에 울릉도만을 표기하고 독도를 표시하지 않았음을 인정했다. 이는 당초 일본정부가 죽도를 한일협상의 의제로 삼을 생각이 없었음을 알 수 있다.

니노미야 분조(二宮文造)는 「좀 전에 총리가 현재 한국이 점거하고 있다고 하셨는데 그 점거하고 있는 상태가 해결될 때까지 이어진다는 말씀입니까」라고 질문을 했다. 이에 대해 시이나 외무대신은 「여러 번 항의를 반복할 뿐입니다. 이른바 병력으로 항의를 할지도 모르겠습니다만, 아무튼 국제분쟁을 무력으로 해결할 수 없고, 하지 않는다는 것이 헌법상의 원칙입니다. 구나시리, 에토로후도 같은 상황입니다.」[44]라고 하여 분쟁의 무력사용을 금지하고 있는 일본국헌법이 개정되지 않는 한 「헌법상의 원칙」에 따라 한국의 실효적 지배를 무력화할 방법이 실제로 없다는 것이다. 일본정부는 이번 협정에서 「죽도

---

41) 마쓰모토 위원의 발언, [214/254] 50-중의원-일본과 대한민국 간...-4호, 1965년 10월 27일, 962쪽.
42) 나라자키 위원의 발언, [214/254] 50-중의원-일본과 대한민국 간...-4호, 1965년 10월 27일, 969쪽.
43) 니와 정부위원의 발언, [214/254] 50-중의원-일본과 대한민국 간...-4호, 1965년 10월 27일, 969쪽.
44) 니노미야 분조(二宮文造)의 발언, [226/254] 50-참의원-한일조약 등 특별위원회-5호, 1965년 11월 26일, 1029쪽.

분쟁화」의 실패를 1956년 한소공동성명에 의한 「북방영토문제」와 동일시하는 발언으로 여론의 비난을 피하려고 했다.

요컨대, 일본정부는 한국이 독도를 점유하고 있는 상황에서 분쟁을 무력으로 해결하는 것을 금지하는 일본국 헌법규정상 무력 점령으로 인한 독도문제 해결(일본영토화)이 불가능하다는 것이다. 이 때문에 이번 협정에서 양국의 합의에 의해 독도가 분쟁지역임을 인정하는 교환공문을 교환함으로써 이를 토대로 국교정상화 이후에 양국이 평화적으로 해결할 수 있는 기반을 조성했다고 주장했다. 그러나 실제는 그렇지 않다. 한일협정 지도에도 「죽도」가 표시되어 있지 않은 것처럼 일본정부는 독도문제를 의제로 삼을 생각이 없었다. 그런데 1965년 조약 체결 마무리 시점에서 일괄타결방법으로 한국정부로부터 분쟁지역임을 인정받으려고 했다. 그러나 독도문제가 존재하지 않는다고 하는 한국정부의 입장이 너무나 단호했기 때문에 결국 한국의 동의를 받아재지 못했다. 하지만 「현안을 외교적으로 해결하고 이것이 불가능할 경우에는 조정한다.」고 하는 「교환공문」을 만들어 한국의 동의를 요구했다. 그러나 한국은 독도가 포함되지 않는다는 것을 승인했다. 그런데 일본은 이러한 「교환공문」을 일방적으로 해석하여 「평화적으로 해결할 방향을 결정했다」고 거짓으로 일본국민을 속이려고 했던 것이다.

7. 맺음말

이상에서 한일협정 체결을 비준하기 위한 일본의 비준국회에서 「죽도문제」에 대한 야당위원의 추궁과 정부위원의 답변을 통해 독도문제의 본질에 관해 살펴보았다. 그 내용을 정리하면 다음과 같다.

첫째, 이번 비준국회에서 경관이 무력으로 독도에 상주함으로써 한국이 독도를 실효적으로 지배하고 있고, 일본인이 접근할 경우 발포하기 때문에 일본 국회의원들조차도 독도 시찰이 불가능함을 알게 되었다. 또한 일제시대에 이어 전후에도 일부 일본인들이 일본정부로부터 독도의 광산 채굴권과 어업권을 승인받았지만 실질적으로 행사하지 못하고 있다는 사실을 확인했다.

둘째, 이번 한일협정의 비준국회에서 최대 논점은 「교환공문」에 독도가 포함되었는가에 관한 것이었다. 일본정부는 독도문제가 한일간의 유일한 현안이므로 교환공문은 독도문제 해결을 위한 것이라는 주장이었다. 반면 한국의 입장은 독도문제는 존재하지 않는다. 따라서 한일협정의 의제가 될 수 없기 때문에 교환공문에 독도가 포함되지 않았다는 주장이었다.

셋째, 결국 양국은 서로의 입장을 존중한다고 하는 내용의 「독도밀약」으로 교환공문을 작성한 것이었다.

넷째, 그럼에도 불구하고 일본정부는 비준국회에서 줄곧 교환공문에 독도가 포함되었음을 한국정부가 동의했다고 거짓 주장을 했다. 또한 일본은 한국으로부터 분쟁지역화를 유도하기 위해 국재사법재판소에 기소하겠다고 협박을 하기도 했지만 한국은 여기에 끝내 동조하지 않았다.

참고문헌

동북아역사재단편, 2009, 『일본국회독도관련기록모음집』 1부(1948~1976년), 동북아역사재단.

정미애, 2010.5, 「일본의 국회의사록을 통해서 본 독도에 대한 일본의 대응」,

『일본공간』 vol.7, 206~221쪽.

최희식, 2009, 「한일회담에서 독도영유권문제 - 한국외교문서의 분석과 그 현대적 의미 - 」, 『국가전략』 제15권 4호, 117~138쪽.

김영수, 2008, 「한일회담과 독도영유권 - 샌프란시스코 강화조약과 한일회담기본관계조약을 중심으로 - 」, 『한국정치학회보』 제42집 4월호.

김영수, 2010.4, 「한일회담과 독도영유권(2) - 과거사인식과 독도영유권 문제와의 관련을 중심으로 - 」, 『민족문화논총』 제44집, 145~181쪽.

이원덕, 1996, 「한일회담과 일본의 전후처리 외교」, 『한국과국제정치』 Vol. 12, 경남대학교 극동문제연구소.

이원덕, 2005, 「한일회담에서 나타난 일본의 식민지지배의 인식」, 『한국사연구』 Vol. 131, 한국사연구회.

신용하, 1996, 『독도의 민족영토사 연구』, 지식산업사, 253~322쪽.

최장근, 2005, 『일본의 영토분쟁』, 백산자료원, 33~71쪽.

최장근, 2009, 『독도문제의 본질과 일본의 영토분쟁 정치학』, 제이앤씨, 235~281쪽.

田村淸三郞, 1965.10, 『島根縣竹島の新硏究』, 島根縣總務部總務課, 116~142쪽.

(『일어일문학연구』 74, 2010.8)

제2부
국제법 관점에서 바라본 독도영유권

독도영유권을 둘러싼 한일 양국의 핵심쟁점 검토

박 성 욱

1. 머리말

한국과 일본은 동북아시아 동해에 있는 작은 섬인 독도 영유권을 둘러싸고 1952년 1월 18일 한국의 "평화선" 선포 후부터 외교문서를 통해 수차례 치열한 공방을 벌였으며, 이제는 사이버 공간과 각종 매체를 통해서도 자국영유를 주장하고 있다.[1] 그렇다면 글로벌화시대에 한일 양국의 긴밀한 협력관계를 요구함에도 불구하고 일본은 이 작은 섬에 대해 왜 이렇게 집요하게 주장하는 것일까? 그 이유는 아무리 작은 섬이라고 해도 그 섬이 가질 수 있는 막대한 해양관할영역과 그 주변의 자원이라고 해도 과언이 아닐 것이다.[2]

---

1) 왕복외교문서는 '일본영유의 근거', '국제사법재판소에 부탁', '우표발행에 대한 항의', '등대 설치 통보에 대한 항의', '영해 침범', '한국어민 독도근해조업에 항의', '한국의 관헌상주 및 등대·상존에 항의', '순시선 피격', '불법점유 계속의 항의' 등에 대한 것이다. 외교통상부, 독도관계자료집(Ⅰ)-왕복외교문서(1952-76)-,·1977.7.15.
2) 유엔해양법협약은 해양에 있는 섬이 일정한 요건을 갖출 경우 약 40만㎢의 광대한 해양 관할권을 가질 수 있도록 하고 있다. 일본은 오키노도리시마와 같은 섬이 아닌 조그만 암석에도 EEZ를 선포하여 일본 전체 육지면적(38만㎢)보다 넓은 해양영토를 확보하려는 위법행위를 자행하고 있다. 이러

일본은 해양정책에 대한 거시적이고 효과적인 대응체계를 구축하기 위해 2007년 7월 20일 해양기본법[3]을 제정하였다. 이 기본법의 특징은 과거 국토교통성, 경제산업성 등 8개 해양부처의 통합, 해양기본계획의 작성, 종합해양정책본부의 설치 등 해양문제를 종합적으로 대응할 수 있는 시스템을 갖춘 것이다[4]. 일본의 종합해양정책본부 설치 등 해양시스템의 정비는 해양의 중요성뿐만 아니라 중국과는 동중국해에서의 자원문제, 동해에서는 독도문제에 능동적으로 대응하기 위한 것이다[5]. 이러한 일본의 능동적인 해양정책에 반해 우리나라는 2008년 해양수산부를 폐지하고 육지중심의 행정체제로 회귀함에 따라 해양문제를 정책적 후순위로 둠으로써 주변국과의 해양쟁탈전에 뒤처질 위험에 노출되어 있다[6].

일본 해양기본법이 독도문제에 주는 의미는 독도에 대한 일본정부의 통합되고 능동적인 대응이 가능하게 되었다는 것이다. 즉, 동 시스템의 정비 후 일본 외무성은 2008년에 '다케시마 문제를 이해하기 위

한 일본의 조치는 궁극적으로 공해의 축소를 가져오는 것인 바, 중국은 이에 대해 외교적으로 강력한 항의를 한 바 있다. Yukie Yoshikawa, "Okinotorishima: Just the Tip of the Iceberg" Harvard Asia Quartely, Vol 9, No. 4. Fall, 2005, http://www.asiaquarterly.com/content/view/29/1/

3) http://www.kantei.go.jp/jp/singi/kaiyou/about2.html

4) 일본 해양기본법은 해양정책 추진 체계의 일원화와 동시에 관련 업무의 효율적인 추진을 위해 내각부에 "종합해양정책본부"를 설치하고, 총리가 해당 본부의 본부장을 담당하도록 하였다. 동시에 "해양정책담당대신"이라는 직책이 신설되었다. 박성욱·양희철, 2008.3, 「일본의 해양기본법 제정과 우리의 대응방안 연구 - 한중일 해양행정체계 비교를 중심으로 -」, 『Ocean and Polar Research』 제30권 제1호, 한국해양연구원, 119~128쪽.

5) 박성욱·양희철, 상게논문, 120쪽.

6) 2008년 2월 29일 정부조직법 개편 시행(제22조, 제27조)에 따라 해양수산부는 수산업 부문은 농림부에 합병되었으며, 해운·항만·해양경찰 등 그 외 나머지 부문은 건설교통부에 합병되어 각각 농수산식품부와 국토해양부로 분산되었다.

한 10가지 포인트'라는 팜플릿을 만들어 홈페이지에 게시하는 등 국제적으로 유리한 여론 조성에 나섰다. 이 팜플릿에서는 1905년 일본의 독도 편입, 안용복 진술에 대한 비판, 샌프란시스코평화조약, 한국의 불법 점거, 국제사법재판소 제소 등 일본에 유리한 내용을 중심으로 설명하고 있다[7].

〈그림 1〉 해양기본법이 규정한 주요 기본시책 및 영역별 분류[8]

독도문제에 대해 우리나라 정부는 공식적으로 분쟁이 없다는 것이다. 분쟁이 없다면 일본의 독도영유권 주장이나 행위가 일고의 가치

---

7) http://www.mofa.go.jp/mofaj/area/takeshima/index.html
8) 박성욱, 양희철, 전게논문, 122쪽.

가 없어야 할 것이다. 그러나 연례행사로 일본은 우리나라 정부에 공식적으로 독도의 불법점거에 항의하는 외교 문서를 보내오고 있음을 볼 때 과연 분쟁이 없는 것인지 조심스럽게 검토할 필요가 있다. 국제법상 영토분쟁은 누가 역사적 권원을 가지고 있는가? 누가 실효적으로 점유하고 있는가? 국제재판소에 이러한 분쟁을 일방적으로 제소하여 해결할 수 있는가[9] 하는 것이 중요하며, 독도문제에 대한 한일 양국의 주장도 크게 역사적 권원문제와 실효적 지배 문제로 대별된다[10]. 이하에서 본 논문은 한일 양국이 주장하는 역사적 권원 문제와 실효적 지배문제를 중심으로 핵심쟁점을 도출하고 양국주장의 논리적 모순점을 살펴봄으로서 독도 영유권문제 해결을 위한 의 재검토방향을 제시하고자 한다.

2. 독도의 명칭, 위치 등 역사적 사료에 대한 한일간의 입장

1) 독도에 대한 한일양국의 인식

(1) 한국

한국의 독도인지 자료는 삼국사기(1145년), 세종실록지리지(1454년)와 『고려사지리지(1452년 간)』, 『신증동국여지승람』(1531년 간), 『동국문헌비고』(1770년), 『만기요람』(1808년) 등 수많은 문서에서 독도를 명확히 표기하고 있다[11]. 특히 『동국문헌비고』(1770년), 『만기요람』(1808년) 등

---

9) 독도문제는 영토문제로서 우리나라가 동의하지 않는 한 일본의 일방적 제소로 국제재판에 회부될 수 없기 때문에 이 문제는 향후에 다루기로 한다.

10) 백충현, 1998, 「독도 영유권 문제에 관한 국제법적 논의 : 한국측 현황」, 한일관계국제법 문제, 서울: 한국문원, 88쪽.

에는 "울릉도와 우산도는 모두 우산국의 땅이며, 우산도는 일본인들이 말하는 송도(松島)"라고 명확히 기록하고 있다. 송도는 당시 일본인들이 부르는 독도의 명칭으로서 우산도가 독도라는 것을 명확히 알려주고 있다[12].

그리고 독도에 대한 한국측 영유의 주장을 뒷받침할 수 있는 안용복의 활동이 아주 중요한데 이에 관한 문헌으로는 『숙종실록』(1696년 간) 권30, 9월조와 증보문헌비고 권31, 울진·우산도·울릉도조 등이 있다[13].

(2) 일본

일본의 독도관련자료는 『은주시청합기(1667년)』, 임자평의 '삼국통람도설'(1786년), 『조선국교제시말내탐서』(1870년), 1876년 10월 일본 내무성의 지적조사, 1933년 해군성이 편찬한 "조선연안수로지" 등이 있다. 일본자료 중 독도의 한국영유를 인정한 자료들을 살펴보면 다음과 같다. 메이지 9년(1876년) 일본 내무성은 17세기말 조선과 왕복한 관계문서들을 조사한 후에 이 문제는 이미 원록 12년(1699)에 끝난 문제로 죽도와 송도는 조선영토이므로 '일본은 관계가 없다'고 결론을 내리고 지적조사에서 빼기로 하였다[14]. 일본내무성은 이를 태정관에게도 질의할 필요가 있다고 판단하고 그 의견을 물었다. 이에 대하여 당시 일본의 국가최고기관인 태정관 역시 죽도(울릉도)와 그외 1도인 송도(독도)는 조선영토로 "품의한 취지의 죽도 외 1도의 건에 대하여 본방은 관계가 없다는 것을 심득(心得)"이라는 지령문을 1870

---

11) 이한기, 1996, 『한국의 영토』, 서울: 서울대학교출판부, 234~235쪽.
12) 동북아재단, 일본 외무성의 독도 홍보팜플렛 반박문, 10쪽.
　　http://www.dokdohistory.com/03_inform/issue_view.asp?i_ident=2881
13) 이한기, 전게서, 243쪽.
14) 日本海內竹島外一島地籍編纂方伺.

년 3월 20일자로 결정하였다[15].

한편, 안용복의 활동과 관련된 사실[16] 중 시마네현에서 2005년 5월 발견된 중요한 사료가 있다. 1696년 5월 오키섬을 거쳐 호키주에 도착한 안용복을 취조하여 막부에 보고한 진술문서 『원록9병자년조선주착안일권지각서(元祿九丙子年朝鮮舟着岸一卷之覺書)』에 강원도에는 「이도(道)에 죽도(울릉도)와 송도(독도)가있음」이라고 기록하고 있기 때문에 일본의 안용복에 대한 역사적 사실이 허구로 가득 찼다는 그동안의 주장은 더 이상 의미가 없게 되었다[17]. 즉, 안용복이 휴대한 지도를 참조하여 조선 팔도의 이름을 기술하면서 울릉도와 독도가 강원도에 소속됨을 명기하고 있어 당시 안용복이 독도를 조선 땅이라고 진술한 사실을 명백히 입증하고 있다[18].

3) 독도의 명칭

독도를 둘러싸고 한일 양국간 명칭의 혼란이 있었는데 한국에서는 독도를 우산도, 자산도, 삼봉도 등으로 불렀으며, 일본은 마쓰시마, 다께시마로 불렀다. 이러한 명칭의 혼란 자료중 일본은 한국이 주장하는 우산도는 독도가 아니라고 주장하고 있는데 태종실록을 근거로 제시하고 있다. 태종실록은 1417년 김인우가 우산도에서 귀환할때 그 섬에서 대죽, 수우피 및 면자 등을 태종에게 선물했으며, 그 섬에는 15가구 86명의 인구가 거주한다고 기록하고 있다.[19] 태종실록의 자료

---

15) 일본은 여기서 말하는 그 외 1도는 독도가 아니라고 하고 있다.
http://www.historyfoundation.or.kr/?sub_num=97
16) 안용복 활동관련 일본측 문서는 조선통교대기(朝鮮通交大記), 백기민담기(伯耆民譚記), 초려잡기(焦慮雜記), 교린고략(交隣高略), 죽도고(竹島考), 인부연표(因府年表) 등이 있다.
17) 경상북도, 2007, 「독도 올바로 알기」.
18) 동북아재단, 일본 외무성의 독도 홍보팜플렛 반박문, 10쪽.

는 울릉도를 설명하고 있는 것으로 보이며, 한국의 weak point 중의 하나라고 판단된다.

독도 영유권에서 커다란 쟁점이었던 '우산도(于山島)가 독도'라는 사실을 입증할 수 있는 자료가 2007년에 발굴되었다. 조선 후기 박세당(朴世堂·1629-1703)이 쓴 '울릉도'에 의하면 "대개 두 섬(울릉도와 우산도)이 여기에서 그다지 멀지 않아 한번 큰 바람이 불면 이를 수 있는 정도이다. 우산도는 지세가 낮아, 날씨가 매우 맑지 않거나 최고 정상에 오르지 않으면 (울릉도에서) 보이지 않는다(不因海氣極淸朗, 不登最高頂, 則不可見)"고 적고 있다.[20] 이 자료의 중요성은 '우산도'는 분명 울릉도와 같은 섬이 아니라는 사실과 일본이 독도라고 주장하는 죽도나 관음도처럼 울릉도와 인접한 섬도 아니라는 점을 입증하고 있다. 왜냐하면 죽도·관음도는 울릉도에서 높이 올라가지 않아도 날씨가 흐려도 육안으로 볼 수 있는 섬이기 때문에 '우산도'가 될 수 있는 섬은 독도밖에는 없다.

그리고 박세당과 동시대 인물인 삼척영장 장한상(1656-1724)이 쓴 '울릉도 사적'에서 "(성인봉에서) 동쪽으로 바다를 바라보니 동남쪽에 섬 하나가 희미하게 있는데, 크기는 울릉도의 3분의 1이 안 되고 거리는 300여 리에 지나지 않는다"는 기록도 있다[21]. 이는 가시거리권

---

19) 1956.9.20字 日側口述書(No. 102/A1). 죽도(독도)에 관한 1954년 9월 25일자 대한민국정부의 견해에 대한 일본국정부의 견해(일본정부견해 3)에서 "小岩島たる今日の竹島は, 人の常住に適せず, また海產物以外の生產はないからである"라고 기술하고 있다. 논점은 다르지만 50년대에 일본정부는 독도와 비슷한 크기를 인간이 거주할 수 없는 암석으로 보았으나 오늘날 침대 크기 만한 오키노도리시마와 같은 암석에 EEZ를 설정한 것은 국제법을 무시한 몰염치한 억지 주장이다.
20) 박세당의 '울릉도' 등에 관련된 자세한 분석은 한국해양수산개발원, 2007.12.20, 『해양수산동향』 1250호, 5쪽 참조.
21) '울릉도 사적' 등 장한상과 관련된 독도관련 자세한 분석은 한국해양수산개발원, 상게서, 4쪽 참조.

내에 있는 울릉도 주민이 독도를 소유, 관리한 것은 당연한 논리적 귀결이라고 보여진다.

〈표 1〉 독도에 대한 한일간 명칭 혼란

한 국	일 본
° 우산도(于山島) -512년(삼국사기), 1425년(세종실록), 1432년 (세종실록지리지), 1451년(고려사지리지) ° 자산도(子山島) -(숙종실록) ° 삼봉도(三峰島) -(성종실록)독도가 3개의 봉우리로 보인다 ° 요도(蓼島) -(성종실록)무릉도 북쪽의 "요도"라고 기록 ° 가지도(可支島) -(정조실록)당시 물개를 가제라고 부른 데서 연유 ° 독도(獨島) -1900.10.25(대한제국정부 칙령 제41호) -1906: 울릉군수의 조정보고 (우리나라 기록 중 독도 표기 처음)	° 마쓰시마(松島) -1667, 隱州視聽合記에 최초기록 ·울릉도: 죽도(竹島) ·독도: 송도(松島) ※일본은 과거에 독도를 마쓰시마로 일관되게 표기하여 왔음 ° 다께시마(竹島) -1905. 2. 22 ·시마네현 고시 제40호로 편입시부터 독도를 다께시마로 공식사용 ° 리양고島 -1867~1906 사이에 제작된 일본의 여러 지도에서 표기 ° 올리브챠와 미녤라이島 -1867~1897 사이 일본지도에서 표기

4) 독도의 위치

역사적 자료와 관련하여 한일간에 다른 입장을 견지하고 있는 것은 독도의 위치에 대한 혼란 문제이다. 이러한 위치의 혼란문제는 일본 외무성에서도 인용하고 있는 사항중 하나이다[22]. 일본은 한국이 독도라고 주장하는 우산도가 16세기에 간행된 팔도총도에는 울릉도의 안쪽에 그려져 있어 우산도가 독도가 아니라고 하고 있다. 그러나 그 이후의 자료로 강원도도, 동국지도 등에는 우산도의 위치가 울릉도의 오른쪽에 정확하게 그려져 있다. 독도의 위치가 울릉도보다 가깝게 그려진 이유는 울릉도 주변의 해류로 인하여 독도가 울릉도보다

---

22) http://www.mofa.go.jp/mofaj/area/takeshima/index.html

가깝다고 착각할 수 있는 여지가 있으며, 이는 난류에 의하여 동쪽으로 이동, 독도쪽으로 향할 수 있음은 발해 1300호를 통해 이미 증명된 바 있다[23].

이러한 위치의 혼란이 과학적 지식이나 지리적 정보가 부족했던 당시에는 어쩌면 당연한 결과라고도 보여진다. 왜냐하면 과학적 지식이 고도로 발달된 오늘날도 독도에 대한 거리가 상당한 차이를 두고 있다. 즉, 일본 외무성과 한국의 국립해양조사원의 자료를 비교해 보면 울릉도와 독도간의 거리가 일본은 92km, 한국은 87km로 약 5km 정도 차이가 나고 있다[24].

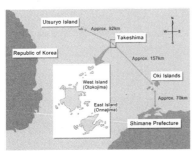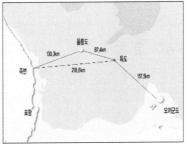

〈그림 2〉 한일 양국의 독도 거리 차이

만약 일본이 주장하는 바와 같이 팔도총도를 이유로 한국의 독도 존재 인식을 부정한다면 대마도가 한국영토로 그려져 있기 때문에 대마도를 한국에 넘겨야하고, 제주도의 크기와 위치가 잘못되었으니 제주도를 인정할 수 없다고 하여야 할 것이다.[25]

---

23) http://cafe.naver.com/correctkorea/4578
24) http://www.mofa.go.jp/region/asia-paci/takeshima/index.html
   http://dokdo.nori.go.kr/uri/uri01.asp
25) 고지도가 영유권결정의 중요한 문서인가는 논외라 하더라도 이한기 교수도 이러한 입장을 취하고 있다. 이한기, 전게서, 269쪽.

3. 독도에 대한 양국정부의 국가행위로서 실효적 지배

1) 양국의 주장

한국측은 조선시대 영토주권행사의 한 방법인 공도정책, 광무4년 칙령 제41호 제2조에서 독도를 행정구역상 울도군 관할하에 둔 점, 1906년 울릉도 군수 심흥택의 내부보고 등을 통해 독도에 대해 실효적 지배를 하고 있었다고 한다. 그리고 제2차 세계대전 이후에는 카이로선언과 포츠담선언 및 연합국총사령부지령 제677호 및 제1033호, 샌프란시스코평화조약에 의해 독도가 한국령으로 회복되어 등대건설, 주민 등록, 경비대 파견, 접안시설을 완공하는 등 오늘까지 실효적으로 지배해 오고 있다고 한다.26)

이에 대해 일본측은, 1618년 米子의 大谷과 村川兩家에 독도의 지배를 허가하는 등, 울릉도에 도항을 허가하여 약 80년간 경영한 이후, 고유영토인 독도를 시마네현에 공식편입조치27) 함으로써 국제법상 국가영토취득의 권원인 선점을 완료하였고 또한 동 편입조치후 독도 실제조사 및 어로면허 발급 등 국제법상 실효적 지배를 행사하였으며 이 때에도 한국측의 항의가 없었다고 주장한다. 그리고 1951년 샌프란시스코평화조약에 의거 전쟁전의 일본 영토를 다시 찾았으므로 독도도 당연히 일본에 귀속되어야 한다고 주장하고 있다.28)

이러한 독도에 대한 한일양국정부의 국가행위로서 실효적 지배 주

---

26) 한일관계사연구회, 1996,『독도와 대마도』, 서울: 지성의 샘, 209~215쪽.
27) 일본이 시마네현 고시 제40호로써 독도를 편입한 것은 어떠한 점으로 보아도 부당한 것이며 이것은 다만 영토의 강탈을 선점이라는 法的紛飾으로 캄푸라쥬한 것이라고 밖에 볼 수 없다. 박관숙, 1985.여름,「독도의 국제법상 지위」,『한국학』제32집, 한국학연구소, 146쪽.
28) 한일관계사연구회, 전게서, 209~215쪽.

장은 어느 한 측면에서 보면 이해가 된다. 그러나 일본의 경우 독도
영유에 대해 선점이론과 역사적으로 독도의 영유라는 역사적 권원문
제를 둘다 주장하고 있는 데, 이러한 두가지 이론은 완전히 다른 이
론으로서 논리적 모순을 가지고 있다고 판단된다. 특히 근대 이후 일
본의 독도에 대한 국가적 대응은 국제법적인 이론을 근거로 제국주의
적 영토침탈을 그대로 보여주고 있다는데 독도문제의 단기해결성을
어렵게 하고 있다고 판단된다. 이하에서는 독도문제를 둘러싼 주요문
제를 중심으로 좀더 심도있는 연구가 필요한 부분을 제시하고분석하
고자 한다.

2) 광무4년 칙령 제41호

한국의 국가기관 행위로서 취한 가장 중요한 자료는 무엇보다 광
무4년 칙령 제41호이다. 동 칙령에서는 "울릉도를 울도라 개칭하여
강원도에 부속하고 도감을 군수로 개정하여 官制中에 편입하고 郡等
은 5等으로 할 사"라고 하고,[29] "군청 위치는 台霞洞으로 정하고 구
역은 鬱陵全島와 竹島 石島를 관할할 사"라고 규정[30]하고 있다. 이들
규정에서 보는 바와 같이 동 칙령에서는 독도라는 명칭은 어디에서도
찾아볼 수 없다. 그리고 우리나라가 주장했던 우산도라는 명칭도 쓰
지 않고 석도라는 명칭을 쓰고 있다. 제2조에서 독도를 석도로 표기
하고 있는데, 이 석도가 독도라고 하는 한국의 주장과는 달리 일본은
울릉도 옆에 있는 죽서도가 석도라고 반박하면서 양국간에 입장을 달
리하고 있다[31].

---

29) 광무4년 칙령 제41호 제1조.
30) 광무4년 칙령 제41호 제2조.
31) 한국해양수산개발원, 2008.4.3, 「'석도'는 '독도'다」, 『해양수산동향』 제1256호,
  1~9쪽.

이러한 일본의 주장은 황성신문 1906년 7월 13일 기사에서 "울도 군이 관할하는 섬은 울릉도와 죽도(현재의 죽서)와 석도. 동서 60리, 남북 40리 합쳐 200여리"라고 되어 있기 때문에 숫자가 군의 범위를 나타내는 것으로 보아 현재의 죽도(독도)는 울릉도의 남동쪽 92킬로 에 있으므로 한국의 관할범위 밖에 있다는 것이다. 즉, 문제의 발단은 칙령에도 없는 거리에 대한 내용이 황성신문에 어떠한 연유로 포함되 었는지 명확하지는 않다고 하더라도 이에 대해 우리나라는 동 거리와 면적은 울릉군의 관할범위가 아닌 울릉군의 면적으로 보고 있다[32]. 그러나, 이러한 해석을 떠나 신문이라고 함은 어떠한 사실을 알려주 는 참고자료가 될 뿐 새로운 권리나 의무를 창설하지 못하기 때문에 칙령에도 없는 내용에 대한 해석에 집중하기 보다는 석도가 독도라는 것을 확인해줄 자료를 발굴하는데 집중적인 연구가 필요하다. 칙령 제41호에서 말하는 석도가 독도라는 사실이 명확해진다면 주인 있는 독도를 무주지로 보고 선점한 시마네현 고시 제40호는 당연히 무효 이고 독도논쟁은 더 이상 의미가 없게 되기 때문이다.

3) 시마네현 고시 제40호

실효적 지배에 대한 한일 양국의 주장에 있어 사실과 다른 중요한 핵심문제가 있다. 그것은 다름 아닌 근대 국제법상 독도영유권에 대 한 가장 완벽한 일본의 주장을 제공하는 시마네현 고시 제40호이다. 이 고시는 1905년 1월 28일 각의결정이 있은 후 1905년 2월 22일 독 도를 시마네현에 공식 편입하는 것을 내용으로 하고 있다. 이 고시에 대해 일본은 첫째, 각의결정 및 내무대신 훈령에 근거하고 있다는 것,

---

32) 황성신문에서는 이러한 거리관계에 대해 울릉도라고 말한 것은 아니나 다 른 문헌상의 기록과 비교하면 동 기록이 울릉도라고 보고 있다. 한국해양 수산개발원, 상게서, 4~10쪽.

둘째, 다케시마(독도)는 공식적으로 다케시마로 명명되었다는 것, 셋째, 독도는 오끼도사의 소관이 되었다는 것, 넷째, 이는 당시 신문에도 게재되어 널리 일반에게도 알려졌다는 것 등 크게 4가지로 국제법적인 의미를 부여하고 있다[33].

현재 한국측에 알려진 시마네현 고시와 관련된 주요한 주장을 정리하면 다음과 같다. '각의 결정'은 국가의사의 표시라 할 수 있으나 정부기관에 의한 대외적 공표가 없는 한 영토취득의 요건으로는 불충분하다[34]. 시마네현 고시로써 국제법상의 요건을 충족시켰다고 하나 일개 지방자치단체에 의한 고시는 결코 일정한 외부영토를 국가의 영토로 취할 국가의사의 공표라고 볼 수 없다. 선점의 대상이 되는 지역은 무주지여야 하나 당시 독도는 무주지가 아니었으며, 또한 선점의 의사는 대외적으로 공포되어야 하나 일본정부는 이를 공포하지 않았기 때문에 한국정부는 알 수가 없었으며 설사 알았다고 하더라도 외교권을 박탈당한 시기에서 본다면 항의 자체가 불가능하였다[35].

그러나, 이러한 시마네현 고시 제40호에 대한 기존 일본의 자료에 대한 의문을 제기한 자료가 전독도박물관장이었던 고 이종학 선생에

---

33) http://www.mofa.go.jp/mofaj/area/takeshima/index.html
34) 왜냐하면, 우리나라가 일본의 대마도를 비밀리에 편입조치할 경우 이러한 조치가 인정되지는 않을 것이다. 실제로 일본은 1876년 오가사와라 군도를 영토편입함에 있어서는 관련 이해 당사국인 영국 및 미국과 협의를 거쳐 영토편입을 결정하였으며, 국제사회의 공인을 위해서 歐洲 여러나라(12개 국)에 영토 편입사실을 통보한 바가 있다. 安岡昭南, 1980, 「明治維新と領土 問題」, 196~213쪽. 그리고 미나미도리시마(南鳥島)의 경우 도쿄부 소속으로 영토편입해 오가사와라 도청 소관으로 한다는 1898년 7월 24일자의 「東 京府告示 第58號」와 지방신문에 고시하고 있다. 이종학, 2000.5.31, 「독도를 둘러싼 바다에 대한 한·일간의 시각」, 독도박물관 제1회 학술발표회, 8쪽.
35) 정갑용, Jon M. Van Dyke, 주문배, 2004.12, 『독도영유권에 관한 국제법적 쟁점 연구』, 한국해양수산개발원, 48쪽. 이러한 논리는 한국의 거의 모든 국제법학자들의 입장이다.

의해 제시되었다. 고 이종학관장은 직접 시마네현에 가서 조사한 결과 시마네현 고시와 관련하여 이상한 점을 발견하였는데 그것은 다름아닌 회람이라는 도장이 찍혀 있다는 것이다. 한국의 학자들은 시마네현 고시 제40호가 중앙정부는 아니더라도 지방정부차원에서 고시하였다고 알고 이러한 점에 초점을 맞추어 분석하였으나 실제로는 지방정부에서 회람용으로 만들어졌다는 것이 그의 주장이다.[36]

이 회람이라는 의미가 과연 무엇일까? 한 가지 생각할 수 있는 것은 너무도 중요하니까 꼭 돌려보아서 주지하도록 하라는 것, 아니면 이 내용은 외부 즉, 그 당시 대한제국이 알면 곤란하니까 비밀리에 처리하라는 의미 둘 중에 하나일 것이다. 만약에 첫번째 내용이라면 이러한 사실이 각종 신문에 알려졌어야 하나, 어떠한 이유에서인지 이러한 고시에 대한 내용은 전혀 없다는 것이다. 도근현청 내에서 그냥 몇몇이서 비밀리에 돌려보는 데 그친 '회람용'이었기에 이렇게 비밀스럽게 한 독도 편입조치는 그들 지방의 신문사도 알 수 없었고 신문에 공시되지도 않았다. 따라서 관보나 104개 지방지 모두 고시 사실을 모르고 있었던 것이다[37]. 그리고 일본 외무성에서 게시하고 있는 「다케시마 문제를 이해하기 위한 10가지 포인트」중 '6. 일본정부는 다케시마를 시마네현에 편입하여, 다케시마 영유 의사를 재확인했습니다.'에서 그 중요한 고시자료가 아닌 1905년 각의결정에 대한 자

---

36) 이종학, 전게논문, 15쪽.
37) 현재 이 고시의 원본은 유일하게 시마네현청에 단 1장 보관되어 있는데, 이 문건은 1905년 2월 22일 당시 시마네현에서 발간됐던 시마네현령(島根縣令)이나 시마네현훈령(島根縣訓令) 어디에도 수록돼 있지 않다. 그리고 일부에서 『산인신문』 1905년 2월 24일자에 실린 「시마네현고시 제40호」관계의 기사를 두고 '조그맣게 고시하였다'고 주장하고 있으나 고시는 당일 날짜로 하는 것이며 신문기사는 기사일뿐이라고 한다. 이종학, 상게논문, 15~16쪽. 산인 신문 기사와 관련하여서는 시마네현 웹페이지 http://www.pref.shimane.lg.jp/… 참조

료를 게시38)하고 있는데 이에 대해 차분히 한번쯤 생각해 볼 필요가
있다. 따라서 현 시점에서 고시에 朱印이 어떠한 이유에서 찍혀 있는
지를 우선 밝힐 필요가 있다.

4) 2차 대전 이후 일본의 국내조치

(1) 일본 국내법령상의 독도 제외 규정

2009년도는 독도에 대한 일본의 행정권을 배제하는 3건의 자료가
발굴되어 독도연구에 활력을 불어 넣은 해로 기록될 것이다. 그 자료
중 하나는 한국해양수산개발원(KMI)이 2009년 1월 제시한 1951년 일
본 대장성령 제4호와 총리부령 제24호이며, 다른 하나는 박선영 의원
이 2009년 11월 제시한 1946년 대장성 고시 제654호가 그것이다.
KMI가 제시한 법률은 '구령(舊令)에 의해 공제조합 등에서 연금을 받
는 자를 위한 특별조치법 제4조 3항 규정에 기초한 부속 도서를 정하
는 명령(대장성령 4호)'과 '조선 총독부 교통국 공제조합의 본방내에
있는 재산의 정리에 관한 정령39) 시행에 관한 총리부령 24호'이다.
1951년 2월 13일에 공포한 '대장성령 4호'40)는 '구령(舊令)에 의해
공제조합 등에서 연금을 받는 자를 위한 특별조치법 제4조 3항 규정
에 기초한 부속 도서는 치시마 열도, 하보마이 군도 및 시코탄 섬과
울릉도, 독도 및 제주도 이외의 섬을 말한다'고 명시41)하여 독도를

---

38) 일본 외무성, 「다케시마 문제를 이해하기 위한 10가지 포인트」, 8쪽.
39) 朝鮮總督府交通局共濟組合の本邦內にある財産の整理に關する政令은 쇼와26년
(1951년) 3월 6일 정령 제40호로 제정되었고 쇼와 27년 4월 26일 법률 제116호로
최종 개정되었다. 동 법의 제정동기는 포츠담선언의 수락에 따른 명령에 관한 건
(칙령 제542호)에 근거한 것으로 이에 대한 자료는 http://hourei.hounavi.jp/hourei/S26
/S26SE040.php 참조.
40) http://hourei.hounavi.jp/hourei/S26/S26F03401000004.php
41) 원문은 ①千島列島、歯舞列島（水晶島、勇留島、秋勇留島、志發島及び多

부속도서에서 제외했다. 1951년 6월 6일에 공포한 '총리부령 24호'는 식민지 당시 일본정부의 재산으로 돼 있던 조선총독부 교통국 공제조합의 재산 정리에 관한 총리부령으로 일본의 부속도서에서 제외되는 섬들을 열거했다. 여기에 열거된 섬들은 '치시마 열도, 하보마이 군도 및 시코탄 섬', '오가사와라 제도 및 이오(硫黃) 열도', '울릉도, 독도 및 제주도', '북위 30도 이남의 남서제도(류큐 열도 제외)', '다이토제도, 오키노토리시마, 미나미토리시마 및 나카노토리시마' 등이다[42]. 그리고 박선영 의원이 제시한 대장성 고시 654호는 1946년 8월 15일 발표된 것으로써 전후 일본 기업의 채무 해결을 위해 제정된 '회사경리응급조치법[43]' 시행령상 일본이 점령했던 영토 중 외국으로 분류한 지역을 규정한 내용을 담고 있다.[44]

이들 3가지 법령은 전후 처리과정에서 제정된 것으로 한일 양국은 전혀 다른 해석을 하고 있다. 우선 동 법률을 발굴한 KMI는 "일본이 독도가 부속도서가 아니라는 점을 공식 인정한 법률이라는 점에서 의미가 있다"라며 "법령으로 볼 때 일본은 적어도 1952년 샌프란시스코평화조약 전까지 독도를 자국 영토로 인정하지 않았다"고 했다. 동연구원은 또 "이 법령은 일본 정부가 제정한 것으로, 일본의 독도 고

樂島を含む。) 及び色丹島 ②鬱陵島、竹の島及び濟州島 라고 규정하고 있다. 즉, 다케시마(竹島)가 아닌 竹の島로 표시되어 있는 점이 1946년 대장성 고시 제654호와 다른 점이다. 즉, 대장성령 4호와 총리부령 24호는 독도(다케시마)를 언급하고 있지 않는데, 독도(다케시마)가 없는 이유는 독도가 무인도이기 때문이며 무인도는 연금을 지급할 인간도 없기 때문이라는 입장도 있다. http://blog.naver.com/musawe2/110040091490

42) http://hourei.hounavi.jp/hourei/S26/S26F03101000024.php
43) 쇼와 21년 8월15일 법률 제7호로 제정되고 헤이세이 17년 7월 26일 법률 제87호로 최종개정되었다.
44) 이 고시에 따르면 조선과 대만, 사할린, 쿠릴열도, 남양군도는 외국으로 분류됐고, 죽도(독도)도 별개항목으로 외국으로 규정됐다. 세계일보, "'독도, 일본땅 아니다' 日 법령 발견", 2009년 11월 16일 자 인터넷판 참조.

유영토설이 허구라는 점을 입증할 수 있는 기초자료로 활용 가능하다"고 덧붙였다[45]. 한편, 외교통상부 당국자는 "일본이 법령을 통해 독도를 자국의 영토에서 제외했다는 사실이 밝혀진 것은 이번이 처음인 것 같다"면서 "독도가 우리 영토임을 입증하는데 큰 도움이 되는 자료로 보인다"고 논평을 하면서도 이 자료가 일본이 더 이상 독도영유권 주장을 하지 못하게 만드는 결정적 자료로 기능할 지는 더 두고 봐야 한다고 KMI보다 조심스런 판단을 하고 있다.[46]

한편, 일본 정부는 1951년 일본이 독도를 자국의 부속 도서에서 제외한 법령을 공포한 사실과 관련, "일본의 법령, 즉 행정권이 적용되는 지역의 정의에서 다케시마를 배제한 것으로, 영토 범위를 정한 것이 아니다" 라고 주장했다.[47] 지방정부인 시마네현에 의하면 1951년 대장성령 4호는 「구령에 의해 공제조합 등에서 연금을 받는자를 위한 특별조치법 제4조 3항의 규정에 기초한 부속도서를 정하는 명령」이라고 하는 이름의 성령으로 그 부속 도서로 다케노시마(竹の島)가 규정되어 있었다. 이 성령은 그 명칭에서 보는 바와 같이 「구령에 의해 공제조합 등에서 연금을 받는자를 위한 특별조치법」이라고 하는 법률(1950년 법률 제256호)의 시행령이다. 동 법률 제4조 1항에서 「국가 공무원 공제조합 연합회는 외지 관계 공제조합으로 부터 연금 수급자에 대해 해당 공제조합이 지급해야 할 연금을 지급한다」라고 규정하고 있고, 제3항에서는 「제1항의 규정에 의해 연금을 지급해야 할자는 호적법(쇼와22년)의 규정의 적용을 받는 사람으로, 본방(혼슈, 시코쿠, 큐슈 및 홋카이도 및 재무성령으로 정하는 그 부속의 도서를 말한다.) 안에 주소 또는 거소를 가지는 자에게 한정한다.」라고 하였다.[48] 따라서 이를 토대로 유추해 보면, 첫째, 외지 관계 공제조합(조

---

45) http://blog.daum.net/angelkissmail/15714058
46) http://www.hankyung.com/news/app/newsview.php?aid=2009010398588&sid=0106&nid=006
47) http://issue.chosun.com/site/data/html_dir/2009/01/08/2009010800596.html

선 총독부 체신청 공제조합, 조선 총독부 교통국 공제조합, 대만 총독부 전매국 공제조합 등)으로부터 연금을 받아야할 사람은 향후에는 국가 공무원 공제조합 연합회로부터 연금을 받는다는 것, 둘째, 일본 호적이 있고 본방내에 주소나 거소가 있는 사람에게 한정한다는 것, 셋째, 여기서 말하는 본방에는 상기의 도서는 포함하지 않는다고 하는 것이다. 즉, 상기의 도서에 살고 있는 사람은 외지 관계 공제조합 소속 직원으로 일본 호적이 있어도 연금 수급자로 하지 않기로 한 것이다. 그것은 그러한 도서에 대해서는 실제상 일본의 행정권을 행사하지 못하고, 수급 자격자의 상황파악도 할 수 없고 연금을 지급할 수도 없었기 때문이다.[49]

1951년 총리부령 24호는 「조선 총독부 교통국 공제조합의 본방내에 있는 재산의 정리에 관한 정령의 시행에 관한 총리부령」이라고 하는 부령이다. 조선 총독부 교통국 공제조합의 재산의 정리(재산의 처분, 채무의 변제, 잔여 재산의 조합원에게의 분배등)에 관해서 본방내에 있는 재산 등이라고 하는 경우, 거기서 말하는 「본방」에 대장성령 같은 섬을 포함하지 않는다. 즉, 그러한 도서에 조선 총독부 교통국 공제조합의 재산이 있어도 그 재산은 정리하지 않는다고 하는 것이다. 왜냐하면 그러한 도서는 실제상 일본이 행정권을 행사 할 수 없는 상황이었으므로, 재산의 상황을 파악하지 못하고, 재산의 정리도

---

48) 第四條 3 第一項の規定により年金を支給すべき者は、戸籍法(昭和二十二年法律第二百二十四号)の規定の適用を受ける者で、かつ、本邦(本州、四國、九州及び北海道並びに財務省令で定めるその附屬の島をいい、硫黃鳥島及び伊平屋島並びに北緯二十七度十四秒以南の南西諸島(大東諸島を含む。)を含む。以下同じ。)內に住所又は居所を有する者に限る

49) 시마네현의 웹문서에는 독도문제에 대한 의견을 받고 대답하는 난이 있는데 이 중 2008년 12월 질문 4에 대한 현 사무국의 총무과가 답변한 사항을 정리한 것임.
http://www.pref.shimane.lg.jp/soumu/web-takeshima/takeshima08/2007/record200812.html

할 수 없는 상황이었다.[50)]

　이상에서 본다면 상기한 조문은 이러한 섬이 일본의 영역이 아니다고 정한 것이 아니고, 외지의 공제조합에 관련된 연금 지급이나 재산 정리라고 하는 특정의 사무를 실시함에 있어 실무를 실시할 수 없는 지역을 지정한 것이라고 말할 수 있다. 이러한 논리를 뒷받침하기 위해 동 사이트에서는 이러한 성령은 외지의 해소라고 하는 시대를 반영한 것이었지만, 현행 법령에도 실무를 실시할 수 없다는 동일한 사정에 의해 다케시마를 제외한 것이 있다고 했다. 국세조사 시행 규칙(1980년 총리부령 21호)은 제1조에서 「국세조사령 제4조 제1항 제1호의 총무성령으로 정하는 섬은 다음으로 한다.」 「2. 시마네현 오키군 오키의 시마쵸에 있는 다케시마」라고 규정[51)]하고 있다(1호는 북방 4개 도서). 국세조사는 국세조사령(1980년 정령 제98호)으로 「조사시에 본방에 있는 사람으로 본방에 있는 기간이 연속 3월이상」일 때 실시하게 되어 있지만 다타케시마와 북방 4개도서는 일본 영토이면서 국세조사를 실시할 수 없다고 하는 의미이다[52)].

　그렇다면, 한일 양국이 동일한 법령을 두고 왜 이렇듯 다른 해석을 하는 것일까? 동 법규가 의미하는 내용을 알아보기 위해서는 우선 제2차 세계대전 이후 일본의 법률체계속에서 동 법규가 어떠한 지위와 의미를 가지고 있었는가를 살펴보는 것이 중요하다. 제2차 세계대전 이후 일본의 법률체계에서 우리가 우선 주목하여야 하는 것은 '포츠담 긴급칙령'이다. 동 칙령은 대일본제국헌법 제8조 제1항[53)] 「법률에

---

50) 시마네현 상게 문서.

51) 「二　島根縣隱岐郡隱岐の島町にある竹島」と規定しています(一号は北方四島).」

52) http://www.pref.shimane.lg.jp/soumu/web-takeshima/takeshima08/2007/record200812.html

53) 대일본제국헌법은 明治22年2月11日 공포되고 明治23年11月29日에 실행되었으며, 昭和22年5月3日 日本國憲法施行으로 실효되었다.
　　第8條 天皇ハ公共ノ安全ヲ保持シ又ハ其ノ災厄ヲ避クル爲緊急ノ必要ニ由リ帝國議會閉會ノ場合ニ於テ法律ニ代ルヘキ勅令ヲ發ス

대신하는 칙령」에 관한 규정에 근거해 쇼와 20년(1945년) 9월 20일에 공포되고 당일 시행된 「포츠담」 선언의 수락에 따른 명령에 관한 건 (쇼와 20년 칙령 제542호)[54]의 통칭을 말한다. 동 칙령에서는 연합군 최고사령관이 발하는 요구 사항의 실시에 대해 특히 필요가 있는 경우에는 법률 사항이어도 정부가 명령으로 정할 수 있도록 했다.[55] 연합군최고사령관의 요구 사항은 지령·각서의 형태로 일본정부에게 전달하고, 일본정부는 명령의 형태로 국민과 정부기관에게 이를 전달하는 법률체계이다. 그 형식은 칙령·각령·성령의 3종으로 필요한 벌칙도 정할 수 있다고 한다.[56] 쇼와 22년(1947년) 5월 3일의 일본국헌법 시행 이후는 정령(이른바 포츠담 정령)·총리부령·법무부령과 성령의 형식으로 변경되었다.[57]

포츠담 명령의 상당수는 일본과의 샌프란시스코평화조약의 발효 (1952년 4월 28일)에 수반해 포츠담 긴급칙령과 함께 잠정조치로서 시행일로부터 180일간에 한해 효력을 가지고 폐지[58]되었지만, 새롭게 대체법률이 만들어졌거나 법률로서의 효력을 가진다는 조치가 취하여진 것도 있다. 현재 이 포츠담 명령이 법률로서 효력을 가지고 있는 것으로는 대장성, 운수성, 문부성, 경제안정본부, 연합국및독일재산, 후생성, 외무성, 법무부 등 관계제명령의 조치에 관한 법률이 있다.[59]

---

54) 칙령 제542호는 "정부는 포츠담 선언의 수락에 따라 연합국 최고사령관이 행하는 요구에 관련된 사항을 실시하기 위해 특별히 필요한 경우에 있어서는 명령을 가지고 소요 법규를 행하며 필요한 벌칙을 설정할 수 있다."고 한다.
55) 이러한 점은 대통령이 명하는 비상조치 관련 긴급명령이 법률과 같은 효력을 가질 수 있도록 하고 있는 것과 같은 것으로 이해해도 될 것이다.
56) 쇼와 20년 칙령 제542호(「포츠담」선언의 수락에 따른 명령에 관한 건) 시행에 관한 건(쇼와 20년 칙령 제543호)
57) http://ja.wikipedia.org/wiki/
58) 「포츠담」선언의 수락에 따른 명령에 관한 건의 폐지에 관한 법률(쇼와27년 법률 제81호)
59) http://ja.wikipedia.org/wiki/ … フリー百科事典『ウィキペディア(Wikipedia)』ポツダム

이들 법률 중에서 현재 우리가 분석하고자 하는 대장성령 제4호와 총리부령 제24호와 관련이 있는 것은 "구일본점령지역에 본점을 둔 회사의 본방내에 있는 재산의 정리에 관한 정령"[60]이다. 동 정령은 첫머리에 「포츠담」선언의 수락에 따른 명령에 관한 건에 기초하여 이 정령을 제정한다고 하여 동 법의 입법 근거를 명시하고 있다. 그리고 동 정령에 주목하는 이유는 동 정령 제2조의 정의 규정에 있다. 동 정령 제2조 2호와 3호에서는 본방[61]과 구일본 점령지역[62]으로 나누어 설명하고 있다. 여기서 본방 즉, 일본의 영토로서 주무성에서 정하는 그 부속도서에 독도가 포함되는가 하는 것이 그 하나이고, 다른 하나는 구일본점령지역으로서 주무 성령으로 정하는 그 외의 섬에 독도가 포함되는가 하는 것이다.

〈표 2〉 현재 포츠담 명령이 각 부처별 효력을 가지는 관계법률

관계부처	법률	관계 법률
대장성	쇼와27년 (1952년) 법률 제43호	• 구일본 점령지역에 본점을 가지는 회사의 본방내에 있는 재산의 정리에 관한 정령(쇼와24년 정령 제291호)등 총 11개
운수성	쇼와27년 법률 제72호	• 항해의 제한등에 관한 건(쇼와20년 운수성령 제40호)
문부성	쇼와27년 법률 제86호	• 메이지39년 법률제24호 관국폐사 경비에 관한 법률 폐지등의 건(쇼와21년 칙령 제 71호) 부칙 제3항 학교 시설의 확보에 관한 정령(쇼와24년 정령 제34호)

命令 참조
60) 동 정령은 쇼와 24년 8월 1일 정령 제291호로 제정되었고, 헤이세이 11년 12월 22일 법률 제160호로 최종 개정되었다.
동 정령의 원문은 http://hourei.hounavi.jp/hourei/S24/S24SE291.php 참조.
61) 「本邦」本州、北海道、四國、九州及び主務省令で定めるその附屬の島よをいう。
62) 「旧日本占領地域」滿洲、中華民國、台湾、朝鮮、樺太、琉球列島、南洋群島及び主務省令で定めるその他の島よ並びに明治二十七年以後において日本により占領又は統治されていたその他の一切の地域をいう。

관계부처	법률	관계 법률
경제안정 본부	쇼와27년 법률 제88호	• 물가 통제령(쇼와 21년 칙령 제118호) • 외국 정부의 부동산에 관한 권리의 취득에 관한 정령 (쇼와24년 정령 제311호)
연합국 및 독일재산	쇼와27년 법률 제95호	• 연합국재산의 반환등에 관한 정령(쇼와26년 정령 제6 호) 등 총 4개
후생성	쇼와27년 법률 제120호	• 사산의 신고에 관한 규정(쇼와21년 후생성령 제42호)
외무성	쇼와27년 법률 제126호	• 출입국 관리 및 난민 인정법(쇼와26년 정령 제319호) ※존속 조치 당시의 제목은 「출입국 관리령」
법무부	쇼와27년 법률 제137호	• 오키나와 관계 사무 정리에 수반하는 호적, 은급(恩給) 등의 특별조치에 관한 정령(쇼와23년 정령 제306호) 등 총3개

그리고 조선총독부 교통국 공제조합의 본방내에 있는 재산의 정리에 관한 정령에 따르면, "내각은 포츠담선언의 수락에 따라 동 정령을 제정한다"고 했는 바, 포츠담선언에서는 독도의 귀속을 명확하게 정하지 아니하였고 포츠담선언 이후의 제조치에 남겨 놓았다. 포츠담선언이후의 제조치로는 '항복 후에 있어서의 미국의 초기 대일방침(1945년 9월 22일)', '일본의 점령관리를 위한 연합국최고사령관에 대한 항복후의 초기의 기본지령(1945년 11월 1일)'. '연합국의 일본점령의 기본목적과 연합국에 의한 그 달성의 방법에 관한 맥아더 원수의 관하부대에 보내는 훈령(1945년 12월 19일) 등이 있다.[63]

〈표 3〉 법령별 일본이 아닌 지역

구분	시행일	구일본점령지역
SCAPIN 677호	1946년 1월 29일	(a) 鬱陵島、竹島、濟州島 (b) 北緯３０度以南の琉球 (南西) 列島 (口之島を含む) 、伊豆南方、小笠原、硫黃群島、及び大東群島、沖ノ鳥島、南鳥島、中ノ鳥島を含むその他の外廓太平洋全諸島 (c) 千島列島、齒舞群島 (水晶、勇留、秋勇留、志發、多樂島を含む) 、色丹島

---

63) 이한기, 전게서, 264~265쪽.

구분	시행일	구일본점령지역
대장성 고시 654호	1946년 8월15일	一 朝鮮,臺湾,關東州,南洋群島及び樺太 二 千島列島 三 小笠原諸島及び硫黃列島 四 竹島 五 北緯三十度以南の南西諸島 六 大東諸島、沖の鳥島、南鳥島及び中の鳥島
정령 291호	1949년 8월 1일	「旧日本占領地域」滿洲、中華民國、台湾、朝鮮、樺太、琉球列島、南洋群島及び主務省令で定めるその他の島しよ並びに明治27年以後において日本により占領又は統治されていたその他の一切の地域をいう。
대장성령 4호	1951년 2월 13일	一 千島列島、齒舞列島（水晶島、勇留島、秋勇留島、志發島及び多樂島を含む。）及び色丹島 二 鬱陵島、竹の島及び濟州島
총리부령24호	1951년 6월 6일	一 千島列島、齒舞群島（水晶、勇留、秋勇留、志發及び多樂島を含む。）及び色丹島 二 小笠原諸島及び硫黃列島 三 鬱陵島、竹の島及び濟州島 四 北緯三十度以南の南西諸島（琉球列島を除く。） 五 大東諸島、沖の鳥島、南鳥島及び中の鳥島
샌프란시스코평화조약	1952년 4월 28일	(a) 濟州島, 巨文島, 鬱陵島 (b) 台湾及び澎湖諸島 (c) 千島列島 (d) 太平洋諸島 (e) 南極地域

이들 법률들은 상기 표에서 보는 바와 같이 당시 패전 이후 전승국인 연합군측의 지령인 SCAPIN 677호에 따른 행정명령들이기 때문이다. 즉, SCAPIN 677호에서 규정한 내용을 중심으로 조금의 변화가 있음을 알 수 있는데 궁극적으로 SCAPIN 677호 등 연합국측의 지령에 따르는 형상을 보이고 있다.

이들 법령에서 주목할 것은 다케시마(竹島)가 아닌 다케노시마(竹の島)가 우리가 말하는 독도라고 하더라도 여기에 열거된 섬들에 대한 일본의 주권포기가 있다는 것은 납득하기 힘들다는 것이다. 왜냐하면, 동 법령은 독도가 일본영토가 아님을 선언한 것이라고 하는 우리나라의 주장을 고집한다면 1861년 일본 영토가 된 뒤 제2차 세계

대전 후 미국이 관할하다 1968년 6월 일본에 귀속된 오가사와라 제
도와 이오(硫黃) 열도뿐만 아니라 北緯30度 以南의 南西(난세이)諸島
와, 大東島(다이토오지마), 沖の鳥島(오키노도리시마), 南鳥島(미나미도
리시마)의 일본귀속을 어떻게 설명할지 막막해 진다.

그러나 상기한 법령들에 규정된 일련의 부속 도서들을 보면 동 법령
이 일본의 주장처럼 영토를 포기할 수 있는 권원이 있는가를 떠나 독도
등 그 당시 영토 분쟁을 벌이고 있는 섬들이었다는 점을 일본과 연합국
모두가 인식하고 있었다고 보인다. 한 가지 흥미 있는 것은 시기적으로
보면 1946년 고시에는 독도를 다케시마(죽도)로 표기하던 것을 1951년
부터는 다케노시마(竹の島)로 표기하고 있다는 점이다. 이러한 사실을
통해 유추할 수 있는 것은 전쟁에 패전한 일본이 장래 발생할 영유권
문제에 대비하여 다케시마를 다케노시마로 고치고 이를 샌프란시스코
평화조약에도 반영하지 않았나 생각된다[64]. 즉, 1946년 1월 SCAPIN
677호에서 독도를 일본의 영토에서 제외한 것을 1946년 8월 대장성 고
시 때까지만 하더라도 다케시마로 그대로 수용했던 것이 1951년부터 다
케노시마로 바뀐 것은 어쩌면 비록 전쟁에서는 패했다고 하더라도 제국
주의적 영토침탈 야욕은 포기할 수 없다고 하는 점을 엿볼 수 있다.

(2) 독도에 대한 광구세 징수

일본은 독도를 국제법상 실효적으로 지배했다는 기록을 남기기 위
해 많은 조치를 취했다. 그 중 하나가 광구세의 징수로서 이는 궁극
적으로는 미래 국제재판에 대비하기 위한 치밀한 전략의 하나로 보인
다. 1954년 2월 26일 일본 시마네현은 도쿄에 거주하는 쓰지 도미조
(辻富藏)에게 독도지역에 대한 인광(燐鑛) 광업권을 허가해 주었으며

---

64) 샌프란시스코평화조약에서 독도를 삭제하여 패전국임에도 불구하고 그들
의 의도를 십분 반영하였다고 보여진다.

그 이후 광구세를 징수해왔다. 이에 대해 쓰지는 독도가 한국측의 불법점거로 인해 사실상 채굴이 불가능하므로 광구세를 징수하는 것은 부당하다며 1959년 국가와 시마네현을 상대로 손해배상 청구소송을 제기했다. 1961년 11월 도쿄 지방재판소는 이에 대해 이유가 없다며 소를 기각함으로써 독도가 일본 영토란 사실을 판례로써 남겼다[65].

일본은 동 국내재판소의 판결을 자국의 실효적 지배의 근거 자료로 활용하고자 할 것이다. 그러나, 앞서 설명한 3개 법령에 대한 일본측이 주장하는 행정권이 적용되지 않는 지역에 국가의 행정권을 행사하는 광구세를 징수하는 것이 타당하다는 판단은 입법과 사법, 행정 3개 부처의 졸열한 합작품의 산물인 것으로 보인다.

5) 제2차 대전 이후의 연합국 조치

제2차 세계대전의 종전 전후 조치들 가운데 독도와 관련되어 있는 것은 1943년 카이로선언, 1945년 포츠담 선언, 1946년 1월 29일 "약간의 주변구역을 정치상·행정상 일본으로부터 분리하는데 관한 각서"(Supreme Commander for the Allied Powers: SCAPIN 제677호)[66]와 샌프란시스코 평화조약이 한일 양국의 학계에서 주로 논의되어 왔었다. 독도 관련 연구중 오늘날의 주요 연구동향은 앞서 논의한 바와 같이 새로운 사료의 발굴을 둘러싼 연구가 주를 이루고 있다. 그 중에 우리가 주목하여야 하는 또 하나의 자료는 『연합국의 구일본영토 처리에 관한 합의서』(Agreement Respecting the Disposition of Former Japanese Territories)이다. 동 자료는 연합국측이 1949년부터 제2차 세계대전의 평화조약 체결 준비를 하면서 제주도, 거문도, 울릉도, 독도를 완전히

65) 이종학, 1962.1.1, 「독도에 광업권 설정과 과세, 판례 – 왜 심각한가?」, 『판례시보』 제13권 280호.
66) 원문과 번역본은 http://dokdo.naezip.net/Dokdo/Document/SCAPIN677.htm 참조.

대한민국의 주권에 반환한다고 규정하면서 지도까지 첨부하였다[67].

그러나 일본은 동 합의서는 조약과는 다르고, 그 합의서에 일본이 참여하지 않았다고 하면서 이 문서의 가치를 부정하고 있다[68]. 특히, 샌프란시스코 평화조약 제2조에서 독도가 누락되고 제주도·거문도·울릉도만 들어가 있어 일본은 독도가 자국의 영토라고 지속적으로 주장하고 있다. 샌프란시스코평화조약 제2조의 제주도·거문도·울릉도는 최외곽에 위치한 섬이라서 그 외곽에 있는 독도는 일본령이라는 일본의 주장은 그 논리가 취약하다. 만약 일본의 주장과 같이 제주도·거문도·울릉도는 최외곽에 위치한 섬을 기술한 것이라면 제주도 남방에 있는 마라도도 표기되지 않았으며[69], 서해의 경우도 표기되지 않았기 때문에 일본측의 주장은 논리적 모순에 빠지게 된다.

4. 맺음말

이상에서 살펴본 바와 같이 독도문제에 대한 한일 양국의 주장을 보면 역사적 권원문제와 실효적 지배 문제로 대별된다. 독도에 대한 한국측 자료는 『삼국사기』(1145년), 『세종실록지리지』(1454년) 『신증동국여지승람』(1531년), 『동국문헌비고』(1770년), 『만기요람』(1808년)이 있으며, 일본측은 1870년에 태정관이 독도는 일본과 관련이 없다고 공식적으로 결론을 내렸다.

독도의 역사적 권원문제와 관련하여 가장 주목되는 점은 한국 일본 양국 모두 독도에 대한 명칭이 울릉도와 혼재되어 사용하였다는 점이다. 그리고 양국 모두 자국에 유리한 부분만을 발췌하여 해석함으

---

67) http://blog.naver.com/cms1530/10003685053
68) http://blog.naver.com/musawe2/110077444624
69) 이한기, 전게서, 269~270쪽.

로서 일반인들이 독도에 대한 역사적 사료의 정확한 인식이 힘들다는 것도 독도 연구방향시 재고하여야 할 점으로 판단된다. 또한 대한제국 칙령 제41호에서 말하는 석도가 전라도 주민이 어로활동을 하면서 발견하여 이용하였다는 사실을 입증할 수 있는 자료의 확보가 중요하다. 이를 위한 한 방법으로는 당시의 상황을 컴퓨터 시뮬레이션으로 재현하여 우리의 논거를 과학적으로 증명하는 것이다. 대한제국 칙령 제41호상의 석도가 독도라는 것이 증명되면 1905년 일본이 독도를 무주지로 보아 편입한 시마네현고시 제40호는 당연히 무효가 되기 때문에 독도논쟁에 종지부를 찍을 수 있을 것이다. 특히, 일본이 주장하는 시마네현 고시 제40호의 경우에도 회람이라는 직인이 찍힌 것은 제국주의 시대 타국의 영토를 침탈하려는 의도가 강하게 깔려 있는 것으로 보이며, 지방정부의 고시의 법적 효력과 회람이라는 사실관계를 정확히 파악하는 연구가 추가적으로 요구된다.그리고 일본 국내법에서 독도를 관할범위에서 제한하는 것이 일본의 공식적인 영토포기로 보기는 어려울 것 같다. 그러나 포츠담 선언 이후 일본의 법령을 분석해 보면 제국주의적 영토 침탈 야욕이 그대로 드러나 있는 것으로 보인다.

한편, 일본의 시네마현은 '다케시마(독도)문제'와 관련된 활동을 강화하기 위해 현의 홈페이지에 'Web 다케시마문제연구소'를 개설하여 운영하고 있는데, 향후 '다케시마문제' 연구 및 홍보활동을 활성화하는데 중요한 역할을 할 것으로 보인다[70]. 그리고 독도의 대외홍보를 위해 영문홍보를 강화하고 있는데 우리나라도 Web 상에서의 영문홍보 뿐만 아니라 독도와 관련된 연구결과를 저명한 연구지에 지속적으로 게재함으로서 우리나라의 입장을 학계에 홍보할 필요가 있다.

이상에서 살펴본 바와 같이 독도 문제를 해결하기 위해 가장 중요한 것은 독도자료에 대한 정확한 사실 확인이 필요할 것으로 보여진

---

70) KMI, 독도연구저널 이슈브리핑 제3호, 2007년 12월 10일.

다. 정확한 사실을 통한 이성적 대응은 독도를 둘러싼 한일양국의 격
앙된 국민감정을 진정시킬 수 있고 양국간 동반자적 관계를 공고하게
할 수 있을 것이다.

참고문헌

이한기, 1996, 「한국의 영토」, 서울: 서울대학교출판부.

동북아역사재단, 2007, 「일본 외무성의 독도홍보 팜플렛 반박문」.

경상북도, 2007, 「독도 올바로 알기」.

한일관계사연구회, 1996, 「독도와 대마도」, 서울: 지성의 샘.

박관숙, 1985, 「독도의 국제법상 지위」, 『한국학』 제32집, 한국학연구소.

박성욱·양희철, 2008.3, 「일본의 해양기본법 제정과 우리의 대응방안 연구
－한중일 해양행정체계 비교를 중심으로－」, 『Ocean and Polar
Research』 제30권 제1호, 한국해양연구원.

백충현, 1998, 「독도 영유권 문제에 관한 국제법적 논의 : 한국측 현황」, 『한
일관계국제법 문제』, 서울: 한국문원.

이종학, 2000.5.31, 「독도를 둘러싼 바다에 대한 한·일간의 시각」, 『독도박
물관 제1회 학술발표회』.

이종학, 1962.1.1, 「독도에 광업권 설정과 과세, 판례-왜 심각한가?」, 『판례
시보』 제13권 280호.

정갑용, Jon M. Van Dyke, 주문배, 2004.12, 「독도영유권에 관한 국제법적
쟁점 연구」, 한국해양수산개발원.

한국해양수산개발원, 2007.11.20, 「해양수산동향」 1250호.

일본 외무성, 「다케시마 문제를 이해하기 위한 10가지 포인트」.

Yukie Yoshikawa, "Okinotorishima: Just the Tip of the Iceberg" Harvard Asia
Quartely, Vol 9, No. 4. Fall, 2005

'Crical Date'에 관한 국내 선행연구와 ICJ 판결 분석

정 갑 용

1. 머리말

국가 간에 국가영역에 대한 영유권분쟁이 발생하는 경우에 이를 해결하는 방법으로, 정치적 해결방법(협의, 중개, 심사 조정), 법적 해결방법(국제중재재판, 국제사법재판소, 기타 지역적 차원의 국제재판소, 국제해양법재판소 등)이 있는데,[1] 영유권분쟁을 국제재판에 의해 해결되는 경우에, 재판소는 최초에 그 영역권원이 어느 국가에 속하는가와 그러한 권원이 어떻게 이전하였가를 검토함으로써 영유권 귀속문제를 판단하게 된다.

전통 국제법에 의하면 국가영역의 권원으로 인정되는 요소로, 발견, 국가주권의 행사, 인접성, 점유, 시효, Uti Possidetis, 형평, 첨부 등을 드는데,[2] 문제는 그러한 국가영역의 권원을 인정하기 위하여는 일정한 기준시점을 정하여 그 동안에 형성되어 온 권원을 판단하는 것

---

1) Malcolm D. Evans, 2010, International Law, third edition, Oxford University Press, pp.568~574.
2) Surya P. Sharma, 1997, Territorial Acquisition, Disputes and International Law, Martinus Nijhoff Publishers, pp.40~142.

이 필요하고 이를 위해 필요한 법개념이 바로 'Critical Date'이다.

'Critical Date'는 영유권분쟁에 관한 국제재판에 있어서 항상 문제가 되는 것은 아니고 그 이후의 법률관계를 완전히 무시하는 것은 아니지만, 분쟁당사국들의 법률관계가 결정화되어서 그 시점 이후에는 그들의 법적 지위를 변경할 수 없는 시점을 의미하는 것이므로3), 분쟁당사국들의 영유권 귀속문제를 해결하는 데에 있어서 아주 중요한 역할을 한다.

'Critical Date'에 관한 대부분의 국내 선행연구는 독도영유권에 관한 대한민국과 일본의 분쟁이 1952년 1월 18일에 대한민국이 '인접해양의 주권에 대한 대통령선언'을 선포하자 동년 8월 28일에 일본이 항의한 데서 비롯되었다고 설명하는 견해가 많이 있다.4) 그러나, 만약에 독도문제가 국제사법재판소에서 다루어지는 경우를 가정한다면, Critical Date의 설정기준을 여하히 정하느냐에 따라 우리나라에 유리할 수도 있고 일본에게 유리하게 작용할 수도 있을 것이므로, 1952년이 독도영유권에 관하여 대한민국과 일본 간에 분쟁이 최초로 시작되었다거나 분격적으로 개시되었다는 설명은 '영유권주장 또는 분쟁발생일자'로 되어 그 이후에 행해진 독도영유권의 공고화를 위한 우리나라의 제반 행위에 대한 법적 증거력이 무시될 수 있는 위험을 내포하고 있다고 본다.

필자는 그 동안 독도문제를 연구함에 있어서 국제재판과 관련되는 법적 쟁점에 대하여 보다 깊이 있는 연구가 절실함을 느끼고 있으며, 특히 'Critical Date'는 어느 일정한 시점이 아니라 여러 시점에 대

---

3) Malcolm N. Show, 2008, International Law, Sixth edition, Cambridge, Cambridge University Press, p.509.

4) 이와 같은 견해는 이한기, 1969, 「한국의 영토 - 영토취득에 관한 국제법적 연구 - 」, 서울대학교 대학원, 박사학위논문, 227쪽에서 찾아볼 수 있는데, 그 후의 선행연구들의 대부분이 이를 그대로 답습하고 있다.

하여 다양하게 검토하는 체계적인 연구가 필요하다고 본다.

이에, 본 논문은 'Critical Date'의 법개념 및 국내 선행연구를 검토하고 ICJ에서 다루어진 영유권분쟁사건에서 Critical Date에 관한 주요 판결을 분석함으로써 독도문제에 대한 시사점을 도출하고자 한다.

2. Critical Date의 법개념

1) Critical Date의 정의

일정한 영토에 대한 영유권의 귀속에 관하여 국제분쟁이 발생하여 이를 국제사법재판소에 의해 해결하는 다수의 사례가 있다. 물론, 영유권분쟁은 국제사법재판소 뿐만 아니라 국제중재재판을 이용한 국제재판제도를 이용하는 경우, 협의, 알선, 중개, 심사, 조정제도 등 정치적 해결제도를 이용하여 해결하는 경우도 있다.[5]

국제재판에 의하여 영유권분쟁을 해결하는 경우에 재판소는 국제법에서 논의되는 '역사적 권원', '발견', '선점', '지배의 실효성' 등 영역취득권원이 어느 국가에 있는가에 따라 분쟁지역의 영유권귀속에 관한 판단을 한다. 이 경우에 분쟁당사국들이 주장하는 영역취득권원은 과거 어느 시점에서부터 현재의 시점에 이르기까지 다양하게 나타나며, 특히 분쟁이 본격적으로 개시한 시점 이후부터 분쟁당사국들이 자국에 유리한 영역취득권원을 강화하기 위하여 국가주권의 행사로 보일 수 있는 여러 가지의 행위를 하는 것이 보통이다.

영유권분쟁의 해결을 부탁받은 재판소로서는 일정한 시점을 정하

---

5) C. M. Chinkin, 1994, "The Peaceful Settlement of Dispute : New Grounds for Optimism?", Essay in Homour of Wang Tieya, London: Martinus Nijoff Publishers, p.165.

여 분쟁당사국들의 권리의무관계를 파악함으로써 분쟁지역이 국제법의 영역취득권원에 비추어 보아 과연 어느 국가에 속하는가를 파악할 필요가 있는데, 그러한 국제재판제도에 있어서의 법개념이 바로 'Critical Date'인 것이다.

이러한 Critical Date의 법개념은 네덜란드와 미국 간의 도서분쟁인 팔마스도 사건에서 스페인이 미국에 영토를 할양한 Paris조약이 체결되었던 1898년 12월 10일자를 'critical moment'라고 판결한 것에서 유래하여, Fitzmaurice가 The Minquiers and Echrehos case에서 Critical Date의 이론을 체계화하였다고 한다.[6]

그것은 영역분쟁의 해결에 있어서 당사국간에 분쟁이 발생한 시기 또는 영역주권의 귀속이 결정적으로 되었다고 인정되는 시기를 말하는데, 이 시기를 기준으로 영역권원의 근거가 되는 사실의 증거력이 결정되며, 이 시기 이후의 당사국의 행위는 증거로서의 가치가 인정되지 않고 이 일자 이후의 당사자의 소송은 그 계쟁점에 영향을 줄 수 없다는 것이다.

분쟁당사자들 간에 권리의무관계를 파악하는 기준일자를 의미하는 "Critical Date"는 역시 일정한 시점을 기준으로 당사자의 권리의무관계를 정하는 이른바 "행위시법의 원칙"과 외형적으로 유사하게 보인다, 그러나, "행위법의 원칙"은 국가형벌권의 행사에 대한 예측가능성을 확보하고자 하는 형사법상의 원칙으로[7] 위법성조각사유를 판단하는 기준으로 형사법분야에 있어서 적용되는 법원칙이지만 Critical Date는 민사법분야의 법개념이라는 점에서 차이가 있다.

---

6) R. Y. Jennings, 1961, The Acquisition of Territory in International Law, Manchester Univ. Press, p.31.

7) 행위법의 원칙에 대한 국내법의 근거는, 헌법 제13조 제1항("모든 국민은 행위시법의 법률에 의하여 범죄를 구성하지 아니하는 행위로 소추되지 아니한다.")과 형법 제1조 제1항("범죄의 성립과 처벌은 행위시의 법률에 의한다").

2) Critical Date의 설정기준

Critical Date가 설정되면 분쟁당사국의 법률관계는 그 시점까지 존재하는 사실(법령, 징세 및 재판 등의 주권행사, 지도, 사료 및 자료 등)에 관해서만 결정되어야 하고 Critical Date 이후의 행위는 그 법률관계에 영향을 줄 수 없는 것이 원칙이다. 다만, Critical Date 이후에 발생한 사실은 제한적인 증거력만을 가지며 Critical Date 이전에 발생한 사실을 입증하기 위한 간접적인 역할을 한다.

Critical Date의 설정은 궁극적으로 분쟁을 공정, 공평하게 해결하게 위한 것이므로 분쟁사건의 모든 사정을 참작하여 분쟁을 가장 정당하고 공평하다고 생각되는 근거에 입각하여 결정하는 것이 필요한다. 즉, Critical Date는 "너무 빠르게 또는 너무 늦게 두어도 안된다"[8]는 것이다.

영유권분쟁사건에서 Critical Date를 정하기 위한 기준으로 분쟁당사국들이 합의하는 일자, 분쟁당사국들이 어떤 형태의 해결방법에 합의하고, 그 동안 어느 특정 기간의 상태를 그대로 유지하기로 함으로써 Critical Date를 설정하는 경우, 분쟁이 개시된 일자를 Critical Date로 정하는 경우, 제소국이 분쟁지역에 대하여 명확한 요구를 행한 일자, 분쟁이 당사국 간에 영역주권에 관하여 명확한 쟁점으로 결정화된 일자, 일방분쟁당사국이 정치적 해결방법(교섭, 알선, 중개, 심사, 조정 등), 국제조직의 조직에의 부탁 또는 그 이용, 중재재판이나 사법재판 외의 분쟁해결절차를 시작하는 조치를 취한 일자, 분쟁이 중재재판이나 사법재판으로 제안되거나 재판에 부탁된 일자 등을 드는

---

8) 이한기, 1966.5, 「CRITICAL DATE의 연구」, 『국제법학회논총』 제11권 제1호, 427쪽.

견해가 있다.[9] 그 외에도, 식민시 시절에 종주국이 제정한 영역관련
법령이 선포된 일자, 식민지에서 독립된 일자 등도 Critical Date가 될
수 있다.

3) Critical Date의 기능

영유권분쟁에 관한 국제재판에서 Critical Date를 정하는 이유는 그
일자 이후에 분쟁당사국이 자국에 유리한 행위를 함으로써 영역취득
권원에 영향을 줄 수 없도록 하기 위한 것인데, 이는 분쟁당사국들이
지속적으로 자국에게 유리한 사실이나 행위를 함으로써 종국적으로
는 분쟁이 해결되지 않는 결과를 방지하기 위한 것이다.

Critical Date는 그 시점에 있어서 분쟁당사국 간에 법률관계가 적용
되고 그 후에 일어나는 어떤 것도 이를 변경하지 못하게 하는 것이
고, Critical Date 이후에 발생한 사건은 오직 제한적인 증거력 밖에 가
지지 못하고 간접적으로 또는 Critical Date 이전에 발생한 사건을 확
정하고 설명하기 위해서만 인용될 수 있다.

ICJ는 Critical Date는 그 시점까지 행해진 주권의 행사행위를 법적
으로 평가하고 그러한 목적으로는 아무런 의미를 갖지 않는 결정적
기일 이후의 행위를 구분하는데 있으며, 따라서 Critical Date는 분쟁
당사사국의 행위가 실효적 주권행사의 가치로 평가되는가 그렇지 않
은가를 구분하는 기준이 된다는 것이다.[10]

이와 같이 Critical Date는 주로 국가 간의 영유권분쟁에 사용되고
있는데, 그 주요한 기능은 다음과 요약할 수 있다.

---

9) 이한기, 위의 논문, 430~433쪽.
10) I.C.J., Case concerning Territorial and Maritime Dispute between Nicaragua and
Honduras in the Caribbean Sea(l Nicaragua v. Honduras), Judgment of 8 October
2007, para.117.

첫째, 영유권분쟁의 평화적 해결을 촉진하는 기능을 한다. Critical Date까지 형성되어 온 분쟁당사국의 법률관계를 확정하여 분쟁지역이 어느 국가에게 영유권권원이 있는지를 판단할 수 있게 함으로써 영유권분쟁의 평화적인 해결을 가능케 한다.

둘째, 영유권분쟁에서 영유권주장에 대한 권원을 강화하는 기능을 한다. 즉, 분쟁당사국들들은 Critical Date까지 형성되어온 자국에게 유리한 영역권원을 적극적으로 입증하고 그 이후에 만들어진 타국의 일방행위를 차단할 수 있게 함으로써 결과적으로 자국의 영유권주장에 대한 권원을 강화하는 기능을 한다.

셋째, Critical Date 법개념은 소송절차에서의 법적 정의를 추구하는 기능을 한다. 즉, Critical Date 이후에 취할 수 있는 타방분쟁당사국의 일방적인 행위를 봉쇄하여 일방 분쟁당사국의 이익을 지킴으로써 공정하고 공평한 해결을 가능케 하여 소송절차의 법적 정의를 가능하게 한다.

3. Critical Date 설정기준에 관한 국내 선행연구 검토

1) 1905년을 Critical Date로 보는 견해

Critical Date 설정기준에 관한 명백한 설명이나 언급이 없이 1905년에 일본이 도근현 고시 제40호로 독도를 소위 '선점'한 시기를 독도문제에 관한 한·일 간의 분쟁이 발생한 것으로 보아 결과적으로 독도문제의 Critical Date를 1905년으로 보는 견해가 있다.

즉, 근대적 의미의 독도 영유권 분쟁은 1905년부터 시작되었다고 볼 수 있다. 1905년 1월 일본 정부는 <무인도 소속에 관한 건>을 결정하였다, 그 결정문 요지는 오키시마 서북에 있는 다케시마는 다른 나라가 점령하였다고 인정할 만한 사정이 없고, 1903년 이래 일본인이 이 섬에 이주하여 어업에 종사한 것이 명백하므로 국제법상 점령한 사실이 있는 것으로 인정하여 이섬을 다케시마로 명명하고 일본 영토로 편입한다는 것으로,[11] Critical Date 설정기준에 관한 명백한 설명이나 언급은 없으나 1905년 일본 도근현 고시 제40호를 일자를 독도문제에 관한 한·일 간의 분쟁이 발생한 것으로 보아 결과적으로 독도문제의 Critical Date를 1905년으로 보는 듯하다.

이 견해는 일본 정부의 독도편입은 국제법상 독도 영유권 분쟁의 시작점이 되고 있다고 주장하며, 일본정부는 위 조치에서 독도가 무주지임을 주장하였지만, 조선제국은 이 보다 빠른 1900년 10월 칙령 제41호 <울릉도를 울도로 개칭하고 도감을 군수로 개정한 건>을 제정하여 울도의 관할구역으로 울릉도와 죽도 및 석도를 규정하고 독도를 편입한 사실을 무시하고 있다고 비판한다.[12]

한편, 일본의 선점주장에 대하여 이한기 교수는 다음과 같이 비판한다. 즉, 이와 같은 일본의 주장은 독도가 먼 옛날부터 일본 고유의 영토라고 하기도 하거나 독도가 소속불명 토지이기 때문에 선점한 것이라고 주장하기도 하지만, 독도가 일본 고유의 영토였다면 독도의 편입조치가 필요하지 않을 뿐만 아니라, 만약 일본이 독도를 선점하였다 가정한다면 그 당시 독도가 '무주지'였다는 사실을 일본은 자기의 책임하에서 증명하지 않으면 안된다. 또한 '소속불명'이라는 표현은 정확히 '무주지'와 동일한 개념이라고는 할 수 없고 오히려 무주지라는 확신 이전의 개념이라고 해석된다는 것이다.[13]

---

11) 최희석, 2009, 「한일회담에서의 독도 영유권 문제 - 한국 외교문서의 분석과 그 현대적 의미 - 」, 『국가전략』 제15권 제4호, 118쪽.
12) 위의 논문, 119쪽.
13) 이한기, 앞의 논문, 439쪽.

또한, 일본은 '도근현 고시'의 시기에 있어서 한국정부로부터 어떠한 항의 또는 반대의 의사표시도 없었다는 사실을 들어 마치 그것이 일본의 편입행위의 '묵인'을 형성한 것처럼 보고 있으나 한반도 전체를 식민지화하는 과정에서 이루어진 은밀한 이 일본의 행위가 한낱 항의의 의사표시가 없었다는 이유로 정당화될 수 없다고 주장한다.[14]

2) 1952년을 Critical Date로 보는 견해

Critical Date 설정기준에 관한 명백한 설명이나 언급이 없이 1952년에 당시 이승만 대통령이 '평화선'을 선포한 것에 대하여 일본이 외교적 항의를 함으로써 독도문제에 관한 한·일 간의 분쟁이 발생한 것으로 보아 결과적으로 독도문제의 Critical Date를 1952년으로 보는 견해들이 있는데, 그 사례를 들면 다음과 같다.

첫째, 독도문제가 국가 간의 분쟁의 형태를 뚜렷이 갖추게 된 것은 종전 후 한국이 독립을 달성하여 한반도를 수복하고 나아가서 1952년 1월 18일자로 '인접해양의 주권에 관한 대통령선언'을 발표하자 1952년 1월 28일자 이에 대한 항의를 제출한데서부터 시작되었다고 하는 견해인데,[15] 동시에 다양한 Critical Date 설정기준에 대하여 검토와 비판을 제시하고 있다.

둘째, 대일강화조약 체결 후에 독도문제가 한일 양국간에서 발단을 보게 된 것은 제1차 한일회담이 그 전반회의를 끝마치고 휴회에 들어간 1952년 1월의 일이다. --- 이 회의가 연말연시 휴회에 들어간 후 1952년 1월 18일에 한국이 '언집해양의주권에 대한 대통령선언'을 선포하자 일본정부는 이에 대한 항의를 제출하였으며 여기에서 처음으

---

14) 위의 논문, 441쪽.
15) 이한기, 1969, 「한국의 영토 – 영토취득에 관한 국제법적 연구 – 」, 『박사학위논문』, 서울대학교 대학원, 227쪽.

로 독도문제를 들고 나왔다는 견해로,[16] 이 견해도 역시 동시에 다양한 Critical Date 설정기준에 대하여 검토와 비판을 제시하고 있다.

셋째, 평화조약 체결 후에 독도문제가 한·일양국 간에서 분쟁의 발단을 보게 된 것은 1952년 1월 18일에 한국이 인접해양의 주권에 대한 「대통령 선언」을 선포한 직후의 일이고, 동년 1월 24일에 일본외무성이 항의성명을 발표하고 동년 1월 28일자 및 4월 25일자로 주일한국대표부에 항의각서를 보내어 한일 간에 독도의 영유권에 관한 영유권분쟁이 되었다고 주장하는 견해가 있다.[17]

넷째, 독도 영유권문제의 발단은 1952년 1월 18일 한국의 이승만 대통령이 '인접해양에 대한 주권선언' 일명 평화선(Peace Line)을 발표하자 이에 일본 정부가 외교적 항의를 제출해 온 때로부터 시작된다는 견해인데,[18] 역시 동시에 다양한 Critical Date 설정기준에 대하여 검토와 비판을 제시하고 있다.

다섯째, 원래 독도문제는 1905년 2월 22일 일본정부가 독도를 이른바 주인없는 땅으로 여겨 도근(시마네)현의 부속 도서로 편입하고 우리가 여기에 항의하면서 비화된 것이었지만, 본격적으로 양국 사이에 문제로 부각된 것은 1952년 1월 18일 이승만 대통령이 '인접해양에 대한 주권선언', 이른바 '평화선'을 선포한 다음 이 평화선 내에 독도가 포함되는 것에 대하여 일본정부가 이의를 제기하면서 부터였다고 주장하는 견해이다.[19]

---

16) 박관숙, 1968, 「독도의 법적 지위에 관한 연구」, 『박사학위논문』, 연세대학교 대학원, 23～24쪽.

17) 김민규, 1986.11, 「독도 영유권의 법적 성질에 관한 재조명」, 『동아법학』 제3호, 동아대학교 법학연구소, 257～258쪽.

18) 제성호, 2010.6, 「국제법상 결정적 기일의 분석 및 검토」, 『중앙법학』 제12집 제2호, 중앙법학회, 298쪽.

19) 이상면, 1996.12, 「독도 영유권을 둘러싼 한일간의 해양관할권 문제」, 『국제법학회논총』 제41권 제2호, 대한국제법학회, 106쪽.

여섯째, 독도를 불러싼 한·일간 영유권 논쟁은 1952년 1월부터 시작되었다. 대한민국 정부가 1952년 1월 18일 '언접해양의 주권에 대한 대통령선언(일명 '평화선 선언' 또는 '이승만 라인')'을 선포했는데, 그 범위 안에 독도와 그 영해가 포함되자, 일본이 열흘 뒤인 1952년 1월 28일, 외무성 정보문화국장의 구성서를 통해서 "… 한국의 일본 영역 침범 사태에 대하여 일본 정부는 한국의 죽도에 대한 어떠한 가정 및 청구도 인정하지 않을 것이다"라고 매우 강력한 항의를 제기하면서 시작되었다.[20]

일곱째, 광복 후 한국과 일본 사이에 '독도영유권분쟁'이 시작된 것은 1952년에 일본 정부에 의한 것이었다. 대한민국 정부는 1952년 1월 18일 '인접해양의 주권에 대한 대통령선언(통칭 평화선 선포)'을 발효했는데, … 일본정부는 열흘 후인 1952년 1월 28일 평화선 선포에 항의함에 동시이 독도는 의문의 여지없이 일본영토이기 때문에 독도를 한국영토로 포함한 대한민국의 대통령선언은 인정하지 않는다는 … 외교문서를 한국정부에 보내온 것[21]에서 분쟁이 발생되었다고 본다.

여덟째, 대한민국 정부가 1952년 '인접해양의 주권에 관한 대통령 선언'을 발표하자, 이에 대해 일본 외무성은 동월 28일 "대한민국의 선언은 죽도로 알려진 도서에 관한 영유권을 갖는 것처럼 보이나, 일본정부는 대한민국에 의한 그러한 주장을 인정하지 않는다"라고 항의해 온 데서부터 한일간에 독도문제는 발단되게 되었다.[22]는 것이다.

---

20) 정관영·김영국, 2009.12, 「독도 영유권 분쟁에 관한 소고 - 미켈(C. R. Mitchell)의 분쟁구조 이론을 중심으로 - 」, 『해양전략지』 제144호, 2쪽.
21) 신용하 편저, 1998, 「독도영유권 자료의 탐구, 제1권」, 독도연구보전협회, 7쪽.
22) 김명기, 2003, 「독도의 영유권에 관한 일본정부 주장에 대한 법적 비판」, 『한국의 독도영유권 연구사』, 독도연구보전협회, 247~248쪽.

3) 다양한 Critical Date 기준을 제시하는 견해

이한기 교수는 다음과 같은 다양한 기준을 제시한 바 있다.[23]

첫째, 일본정부가 이른바 「도근현고시」라는 일지방 자치단체의 공시에 의하여 착도의 편입에 관한 의사를 발표했다고 하는 1905년 2월 22일을 Critical Date로 가정할 수 있다.

둘째, 대일 평화조약이 체결된 1951년 9월 8일을 Critical Date로 가정할 수 있다는 것이다.

셋째, 당시 이승만 대통령의 '인접해양에 대한 주권선언'이 발포된 1952년 1월 28일을 Critical Date로 가정할 수 있다는 것이다.

넷째, 일본측이 독도문제를 국제사법재판소에 부탁하자고 제의한 일본의 구상서의 일자인 1954년 9월 25일을 Critical Date로 가정할 수 있다는 것이다.

다섯째, 국제사법재판소에의 부탁합의가 성립되어 정식으로 그 절차가 개시된 일자를 Critical Date로 가정할 수 있다는 것이다.

다음으로, 박관숙 교수도 유사한 기준들을 제시하고 있는데, 일본이 도근현 고시에 의한 편입조치를 취함으로써 독도에 대한 영토취득의 의사를 표시하였다고 주장하는 1905년 2월 22일, 대일강화조약이 체결된 1951년 9월 8일, 1952년 1월 18일에 한국이 '인접해양의 주권에 대한 대통령선언'을 선포하여 평화선을 설정한데 대해서 일본이 평화선 내에 독도가 포함되었다고 하여 항의각서를 제출한 1952년 1월 28일, 일본측이 독도문제를 국제사법재판소에 부탁할 것을 한국측에 제의해 온 1954년 7월 25을, 독도문제에 대하여 한일양국이 중재재판 또는 사법적 해결에 부탁하기로 합의하는 일자 등이다.[24]

23) 이한기, 앞의 논문, 439~442쪽.
24) 박관숙, 앞의 박사학위논문, 87~89쪽.

다음으로, 제성호 교수는 일본이 독도에 대해 무주지 선점의 논리에 의해 일방적인 편입조치 혹은 선점조치를 취한 때, 1952년 1월 28일 일본이 한국의 평화선 선포와 이에 따른 독도에 대한 관할권 행사에 이의를 제기해 온 일자, 1952년 4월 28일 샌프란시스코 대일평화조약이 발효한 일자, 일본 정부가 우리 정부에 외교적 구상서를 보내와 독도 영유권문제를 ICJ에 부탁하자고 제의한 1954년 9월 25, 한·일기본관계에 관한 조약 체결연도인 1965년, 한·일 양국이 합의하여 독도 영유권문제를 ICJ에 제소하는 분쟁부탁일자 등을 제시하고 있다.[25]

특히, 이 견해는 독도 영유권문제가 국제재판에 회부될 경우, 당 재판소가 하나의 결정적 기일을 선택할 가능성을 염주에 두고 고찰할 것이나 하나의 영유권 분쟁에 있어서 복수의 결정적 기일이 지정 될 수 있고, 결정적 기일을 아예 설정하지 않고 재판소에 제출되는 모든 증거를 참조할 가능성도 완전히 배제할 수 없다[26]는 점을 지적하고 있다.

이들 견해들은 Critical Date 설정기준에 관하여 적용가능한 다양한 Critical Date 기준을 제시하고 있는데, 1905년 일본 도근현 고시 제40호의 일자인 1905년 2월 22일, 미국과 일본이 샌프란시스코 조약을 체결한 1951년 9월 8일, 이승만 대통령이 '인접해양에 대한 주권선언'을 한 것에 대하여 일본이 항의한 1952년 1월 28일, 일본이 독도 문제를 국제사법재판소에 부탁하자고 제의한 일본정부의 구상서 일자인 1954년 9월 25일, 국제사법재판소에의 부탁합의가 성립되어 정식으로 그 절차가 개시된 일자 등을 제시하고 있다.

---

25) 제성호, 앞의 논문, 299~302쪽.
26) 위의 논문, 302~301쪽.

4) Critical Date 설정기준을 제시하지 않는 견해

독도문제에 관한 Critical Date 설정기준을 제시함이 없이 독도문제에 관한 국제재판을 가정하여 그에 대한 대비를 해야 한다는 점을 지적한 견해가 있다.

이 견해는, 지금까지 상당수의 영유권분쟁에 관한 국제재판과정에서 분쟁당사국의 일방 또는 쌍방 모두에 의해 Critical Date가 주장되었으며, 경우에 따라 예외는 존재하지만 재판부는 그의 설정가능성 및 필요성을 인정하였는데, 그럼에도 불구하고 Critical Date는 영토분쟁이나 국경선분쟁관련 국제분쟁에서 재판부가 반드시 의무적으로 고려해야만 하는 법원칙이 아니라 임의적 사항일 뿐만 아니라 그 설정기준에 관한 한 이론적으로도 아직 명확히 확정된 상태는 아니다. 설령, 재판부가 Critical Date를 설정한다손 치더라도 이는 분쟁의 본안결정과 직결되거나 중대한 영향을 미치기 때문에 어느 일방에게 절대적으로 유리하도록 Critical Date를 설정할 가능성은 희박하다고 보며, Critical Date가 갖는 의미에 대한 학설의 동향은 긍정적인 입장과 부정적인 입장으로 대별되고 있으므로 모든 영토분쟁에 대해 무조건적으로 이를 적용시키려는 것은 적절치 못하다고 지적하고 있다.[27]

이러한 점을 전제로 위 견해는 Critical Date논쟁은 향후 한국과 일본간 독도영유권문제가 국제중재법원이나 국제사법법원에 의해 다루어질 경우 재연될 소지가 높으므로, 양국은 서로 다른 Critical Date를 주장할 수 있고 재판부의 독자적인 판단에 의해 Critical Date 또는 Critical Period가 설정될 가능성을 전혀 배제할 수 없으므로 제기될 지도 모르는 국제소송절차에 대비해야 한다고 주장한다.[28]

---

27) 박기갑, 1998.12, 「국제법상 CRITICAL DATE 설정문제에 관한 연구」, 『국제법학회논총』 제43권 제2호, 대한국제법학회, 78쪽.
28) 위의 논문, 78~79쪽.

한편, 또 다른 견해는 최근의 많은 국제판결이 Critical Date이론을 무시·부정하여 Critical Date를 설정하지 아니하거나 이를 설정해도 그 이후 행위의 증거능력 인정을 고려하고 있다는 점을 강조하고 있다. 즉, 국제재판에 있어서 Critical Date 이후의 행위로 실효적 지배강화조치의 효력은 반드시 부정되는 것이 아니며, 한국의 법적지위를 개선할 목적을 가지지 않는 행위 도는 중단됨이 없이 유사한 방식으로 계속되는 행위는 Critical Date 이후의 것도 그 효력이 인정된다. 따라서, Critical Daterk 설정되지 아니하는 소송구도를 연구하고, 만일의 경우 Critical Date가 설정될 경우에 대비하여 Critical Date 이후에도 증거능력을 인정받을 수 있는 요건을 유의하고, 또한 Critical Date와 관계없이 역사적 응고취득을 할 수 있다는 점을 고려하여 실효적 지배 강화조치가 국제분쟁화되지 않도록 하는 차원 높은 포괄적 외교전략을 수립. 추진해야 한다고 주장한다.[29]

4. Critical Date 설정기준에 관한 ICJ판례 분석

아래에서는 ICJ가 다룬 주요 영유권분쟁사건에서 Critical Date 설정기준을 여하기 하였는가에 대하여 살펴보고자 한다.

1) '영토분쟁발생일자'를 Critical Date로 인정하는 경우

(1) 1953년 영국과 프랑스의 망끼에 및 에끄레오諸島 분쟁사건

이 사건은 Critical Date를 일방분쟁당사국이 해당 도서에 대한 영유

---

29) 김명기, 2006.11, 「독도의 실효적 지배 강화와 Critical Date」, 『법조』 제602호, 128~129쪽.

권을 본격적으로 주장한 시점을 기준으로 정한 사건이다

사건의 사실관계를 보면, 망끼에 및 에끄레오諸島는 영국의 저어지(Jersey)섬과 프랑스 연안 사이에 있는 도서들로[30] 1839년 양국이 어업협정을 체결하여 주변 해역에서 공동으로 어로활동을 하여왔는데, 영국, 프랑스 간에 망끼에 및 에끄레오諸島의 영유권 분쟁이 1886년에 시작되어 1950년 12월 29일에 체결한 특별협정에 의거하여 영국이 1951년 12월 5일에 국제사법재판소에 소송을 제기하였다.[31]

영국은 1066년에 노르망디공에 의한 해당 지역의 정복 이후로 이들 섬에 대한 원시적 권원을 취득하였다고 주장하였으며 저지(Jersey)섬의 법원이 1826년부터 1921년까지 형사재판권을 행사하였다는 사실, 1820년경에는 저지 섬의 주민에 대한 세금을 징수하였다는 사실 등을 들어 영국의 실효적 점유에 의한 권원을 주장하였다.[32]

프랑스는 1066년 이후 영국왕이 노르망디의 자격으로 해당 지역을 프랑스왕이 수여하는 봉주로서 영유하여 왔고, 1202년에 영국의 John 왕이 프랑스 법원의 판결에 의해 노르망디 지역을 포함하는 모든 토지를 몰수당하였으므로 이들 도서들은 프랑스 고유의 권원이 인정된다고 주장하고 있다. 또한 이 섬의 수로측량, 1861년 이래 75년 동안의 조명과 부표의 관리, 1838년에 정부관리의 시찰 등을 바탕으로 실효적 점유에 의한 권원을 주장하였다.[33]

재판소는 영국이 두 섬에 대하여 장기적·계속적·실효적 지배 즉 19세기 이후 재판관할의 행사, 시체검시, 세금징수, 어선등록, 부동산 등기, 세관설치 등의 행정권 및 입법권의 행사 등 국가주권을 행사하

---

30) I.C.J., The Minquiers and Ecrehos Case(France/United Kingdom), Judgement of November 17th 1953, p.53.

31) Ibid., p.49.

32) Ibid., p.53, pp.56~57.

33) Ibid., p.56.

여 왔으므로 해당 도서들이 영국에 속한다고 판결하였다.

Critical Date의 설정기준결정에 대하여 프랑스는 영·불간에 어업협정이 체결된 1839년이 Critical Date로 선정되어야 한다고 주장하였으며 영국은 분쟁의 부탁합의에 관한 특별협정 체결일인 1950년 12월 29일을 Critical Date로 결정해야 한다고 주장하였다.

재판소는 분쟁당사국들의 체결한 1839년의 어업협정은 망끼에 및 에끄레오 도서들에 대한 영유권문제를 해결하는 것이 아니고 망끼에 및 에끄레오 제도에 대한 주권에 대한 분쟁이 야기되지 않았으므로 분쟁이 '결정화'되었다고 볼 수 없으며, 프랑스의 권원은 1204년 및 그 후의 사정으로 소멸하였으므로, Critical Date는 프랑스가 Minquiers 와 Ecrehos섬 및 암초에 관한 주권을 주장한 1886년과 1888년으로 정하여야 한다고 판결하였다.[34]

(2) 2007년 니콰라과와 온두라스의 분쟁사건

이 사건은 니콰라과와 온두라스 간에 대서양의 지류인 카리브해 연안에서 코코강의 하구 근처 미스키토 연안 또는 모스키토 연안의 육지경계선에 관한 분쟁이다.[35]

스페인 지배하에 있었던 니카라과와 온두라스 양국은 1821년에 독립하였는데, 1850년 7월 25일에 니콰라과와 스페인 왕이 서명한 니카라과의 독립을 승인하는 조약은 니콰라과의 영토 및 인접도서 등의 귀속을 규정하였으나 그 구체적인 인접도서의 명칭은 조약에서 특정되지 아니하였다. 1866년 3월 15일에 온두라스와 스페인 여왕은 온두라스의 독립을 승인하는 조약에 서명하였는데, 스페인이 인접도서를

---

34) Ibid., pp.57~60.
35) I.C.J., Case concerning Territorial and Maritime Dispute between Nicaragua and Honduras in the Caribbean Sea(Nicaragua v. Honduras), Judgment of 8 October 2007, paras.21~31.

포함한 온두라스 영토에 대하여 가지고 있던 주권, 권리 및 청구권을 포기한다고 규정하였으나 역시 도서의 명칭은 구체적으로 명시하지 않았다. 이에, 니카라과와 온두라스는 1869년 페러 - 메디나조약, 18970년 페러 - 유리아르테조약에 서명하고 양국 경계를 획정하고자 시도하였으나, 두 조약 모두 발효되지 않았다. 1984년 10월 7일에 니카라과와 온두라스는 일반경계조약을 체결(1896년 12월 26일에 발효)하였는데, 이 조약은 니카라과와 온두라스간 경계를 획정하기 위한 합동경계위원회의 설립을 규정하였다. 동 위원회는 태평양 연안의 경계는 획정하였으나 대서양 연안의 경계는 결정할 수 없어서 가메즈-보닐라조약의 규정(제3조)에 따라 니카라과와 온두라스는 스페인 왕을 중재인으로 하여 미해결 부분의 경계에 관한 분쟁을 부탁하였고, 스페인 왕은 1906년 12월 23일 분쟁지역의 경계선을 획정하는 판정을 내렸으나, 니카라과는 1912년 3월 19일에 위 판정의 유효성과 구속성에 대해 의문을 제기하였으며 니카라과와 온두라스는 동 분쟁을 ICJ에 부탁하는데 합의하였다.[36]

온두라스는 분쟁해역 도서 등에 대한 영유권 관련 분쟁에 있어서는 복수의 결정적 기일이 있을 수 있으며, 온두라스와 니카라과가 스페인으로부터 독립한 1821년이 Critical Date이 된다고 주장하였다.[37]

니카라과는 Critical Date는 양당사국이 양국 정부의 외교문서 교환 후 해양경계획정에 대한 협상을 시작한 때인 1977년이며, 해양경계에 대한 분쟁은 묵시적으로 관련 지역 내 도서에 대한 분쟁을 포함하고 있으므로 양 분쟁의 결정적 기일은 일치한다고 주장한다.[38]

재판소는 Critical Date의 기능에 대하여, 해양경계획정 분쟁 또는 육지 영유권 분쟁과 관련하여 결정적 기일의 중요성은 원칙적으로 실

---

36) Ibid., paras.33~39.
37) Ibid., para.119.
38) Ibid., para.121.

효적 주권행사를 평가하여 유효하게 할 목적으로 행하여지는 주권의
행사행위와 이미 법적 분쟁에 들어간 권리 주장을 뒷받침할 목적으로
당해 국가에 의해 행하여졌지만 그러한 목적으로는 아무런 의미를 갖
지 않는 결정적 기일 이후의 행위를 구분하는데 있다. 그런 까닭에
결정적 기일은 양당사국의 행위가 실효적 주권행사의 가치로 평가되
는가 그렇지 않은 가를 구분하는 선이 된다[39]고 전제하였다.

재판소는 당해 사건과 같이 두 개의 상호 연관된 분쟁이 존재하는
경우, 반드시 하나의 Critical Date가 존재하는 것은 아니고 그 시점은
두 분쟁에 있어 다를 수 있으며, Critical Date 하나는 도서영유권이 양
국 중 어느 국에 속하느냐에 관한 것이고, 다른 하나는 분쟁해역의
경계획정에 관한 것으로 구분할 수 있다고 한다.[40]

재판소는 니카라과가 2001년에 제출한 준비서면에서 "니카라과가
소유를 주장한 분쟁해역내 모든 도서들에 귀속되는 주권적 권리"를
명백하게 유보하였기 때문에 도서의 영유권 분쟁에 대한 Critical Date
를 2001년이라고 하였다.[41]

(3) 2008년 말레이시아와 싱가포르의 분쟁사건

이 사건은 말레이시아와 싱가포르 간에 페드라 불랑카, 미들 락스,
사우스 렛지 섬들의 영유권분쟁에 관한 사건으로, 말레이시아가 1979
년에 정부간행지도에 페드라 불랑카섬을 자국의 영토로 표시하여 간
행한 것에 대하여 싱가포르가 1980년에 항의함으로써 분쟁이 발생
하여 2003년 2월 6일에 동 분쟁을 국제사법재판소에 의해 해결하는
특별협정을 체결하고 2003년 7월 24일에 국제사법재판소에 이들 3개
섬들의 영유권문제에 관한 재판을 청구하였다.[42]

---

39) Ibid., para.117.
40) Ibid., para.123.
41) Ibid., para.129.

재판소는 동 사건에서 분쟁당사국들이 식민지에서 독립한 경우에 Uti possedetis원칙을 적용하여 독립한 시점에서 무엇을 계승하였는가 와 독립한 시점 이후에 주권행사를 일관되게 계속적으로 행사하여 왔 는가를 기준으로 영유권귀속을 판단하여 함을 전제로, 재판소는 패드 라 불랑카섬의 영유권은 싱가포르에게 있고, 미들락스의 영유권은 말 레이시아에 있으며, 사우스 렛지는 양국의 영해가 중첩되는 곳에 위 치하므로 앞으로 해양경계획정에 의하여 결정된다는 판결을 하였다.

재판소는 영유권분쟁의 대상이 되는 도서들을 분리하며, 페드라 블 랑카섬의 영유권문제에 있어서 Critical Date는 말레이지아가 1979년 에 발행한 정부지도에서 동 섬을 말레이시아에 속하는 것으로 표시한 것에 대하여 싱가포르가 정식으로 항의한 1980년 2월 14일이며, 미들 락스섬과 사우스 렛지섬의 영유권문제에 있어서는 양국 간에 본격적 으로 영유권분쟁 협상이 개시된 시점인 1993년 2월 6일을 Critical Date로 하여 Critical Date의 기준을 분쟁도서들에 따라 다르게 설정하 였다.[43]

2) 'Uti possedetis원칙'을 적용하여 Critical Date를 정하는 경우

(1) '구식민통치국의 행정구역법령 선포일자'를 Critical Date로 인정하는 경우

구식민통치국의 행정구역법령 선포일을 Critical Date로 판단한 경 우로 1996년 브루키나파소와 말리의 분쟁사건이 이에 해당되는데, 이 사건은 Critical Date의 기준을 정함에 있어서 분쟁당사국들이 식민지 통치를 받은 국가들이어서 식민지 시기에 종주국이 분쟁당사국들의

---

42) I.C.J., Case concerning Sovereignty over Pedra Branca/Pulau Batu Puteh, Middle Rocks and South Ledge(Malaysia/Singapore), Judgment of 23 May 2008, para.1.
43) Ibid., paras.34~35.

영역경계에 관련된 법령을 선포, 시행하여 온 경우에는 이러한 법령 선포일자가 기준으로 될 수 있다는 점을 밝힌 것이 특징이다.

본래, 말리공화국은 프랑스의 식민지로 있다가 1960년에 독립하였으며 브루키나파소도 역시 1960년에 프랑스로부터 독립하였는데, 인접국가인 이들은 일부 국경선에 대한 이견으로 1983년 10월 14일 재판부탁에 관한 특별협정에 합의하여 동년 10월 20일에 국제사법재판소에 재판을 청구하였다.44)

동 분쟁사건에서 Critical Date의 설정은 부루키나파소는 양국이 각기 독립한 1960년 6월 20일(말리)과 1960년 8월 5일(브루키나파소)를 기점으로, 말리는 브루키나파소가 수단공화국에서 Upper Volta로 독립한 1959년 2월 28일을 기점으로 하여야 한다고 주장하였다.45)

재판부는 식민지에서 분리 독립한 경우에 영토를 획정하는 방법은 다른 결정적인 사정이 존재하지 않는 한 Uti Possidetis 원칙을 적용되는 것이 국제법의 일반원칙임을 전제로, 양국이 각기 프랑스의 식민지로 있었던 시절에 프랑스가 실시한 행정구역에 관한 법령을 선포한 1935년 2월 19일을 Critical Date로 정하였다.

(2) '식민지 독립일자'를 Critical Date로 판단한 경우

2005년 베닌과 나이제의 국경 사건이 이에 해당된다. 베닌과 나이제는 프랑스의 식민지로 있다가 베닌이 1960년 8월 1일에, 나이제가 1960년 8월 3일에 각각 독립하였다. 양국 사이에 1963년 부터 Lété섬의 영유권분쟁이 발생하여 2001년 6월 21일에 체결한 특별협정에 의거하여 2002년 4월 11일에 국제사법재판소에 재판을 청구하였다.46)

---

44) I.C.J., Case concerning the Frontier Dispute(Burkina Faso/Republic of Mali), Judgement of 22 December 1986, para.1.

45) Ibid., para.33.

46) I.C.J., Case concerning the Frontier Dispute(Benin/Niger), Judgement of 12 July

분쟁사건에 대한 재판에서 양국은 분쟁지역의 국경획정이 프랑스 식민법령에 의해 영유권귀속이 정해져야 한다는 것에 대하여는 동의 하였으나, Uti possedetis원칙을 적용하는데에 있어서 해당 분쟁도서의 지형과 증거력을 가지는 지도와 문서,47) 식민 시절에 행해졌던 실효 적 지배의 법적 가치48) 등에 관하여 이견이 있었다.

재판소는 이 사건에 대한 Critical Date를 정함에 있어서, 본 사건에 서 이들 영토의 경계들은 동일한 식민지 당국에 복종하였던 서로 다 른 행정 단위들 사이의 경계획정에 지나지 않는데, "결정적 기일"이 라고도 불리는 독립의 순간에만 이들 경계선들은 국제적인 국경이 되 고 그 때까지는 경계획정의 문제는 프랑스 식민지 법에 의하여 규율 되었다. 이와 같은 프랑스 법은 그 자체로는 아무런 역할을 하지 않 으며 Critical Date(독립일)에 "식민지 유산"이라고 불리어 온 것을 나 타내는 증거로서의 역할을 할 뿐이라고 판단하였다.49)

결과적으로, 재판소는 독립일자를 기준으로 베닌이 독립한 8월 1일 과 나이제가 독립한 8월 3일을 Critical Date로 정함으로써50) 복수의 Critical Date를 인정하였다.

3) '영토관련 조약체결일자'를 Critical Date로 인정한 경우

(1) '대륙붕경계획정조약'을 기준으로 Critical Date를 정하는 경우
2002년 인도네시아와 말레이시아의 Ligitan섬과 Sipadan섬에 대한 영유권분쟁 사건이 이에 해당되는데, 양국은 1998년 9월 30일에 이들

2005, para.1.
47) Ibid., paras.25~27.
48) 양국이 주장한 실효적 지배의 증거로 어업 및 목재채취허가, 세금징수, 주 기적인 방역, 순시 및 경찰활동 등. Ibid., para.78.
49) Ibid., para.46.
50) Ibid., para.24, para.46.

섬의 영유권 귀속에 관한 문제를 재판에 의해 해결하는 특별협정을 체결하여 동년 11월 2일에 국제사법재판소에 영유권분쟁에 관한 재판을 청구하였다.[51]

인도네시아는 식민지 당시에 영국과 네덜란드가 국경선을 정한 1891년 조약을 근거로, 말레이시아는 16세기 이래로 이들 섬에 대한 영유권이 네덜란드에 속하였다는 것을 근거로 해당 도서가 각기 자국의 영토라고 주장하였다.[52]

재판소는 말레이시아가 1917년 거북보존법령을 통하여 거북알의 채집금지, 보호구역의 지정한 점, 등대의 설치 및 유지[53] 등을 행한 조치는 국가의 입법, 행정 및 준사법적 조치로 국가주권의 행사로 보아[54] 이들 섬이 말레이시아에 귀속된다고 판결하였다.

재판소는 Critical Date의 설정기준에 대하여 다른 결정적인 권원이 존재하지 않는 한 어느 국가가 실효적으로 국가주권을 행사하여 왔는가를 기준으로 판단해야 하며 분쟁이 구체화 된 시점 이후에 발생한 행위는 그러한 행위가 이전 행위의 통상적인 연속이면 그러한 행위에 의존하는 당사국이 법적 지위를 강화할 목적으로 수행된 것이 아니라면 고려될 수 없다는 점을 강조하였다.[55]

이 사건에서 재판소는 Critical Date의 설정기준을 인도네시아와 말레이시아가 양국의 대륙붕 경계획정에 관한 논의를 시작한 1969년으로 보면서도,[56] 동시에 1969년 이전에 성립한 영국과 네덜란드간의

---

51) I.C.J., Case concerning Sovereignty over Pulau Ligitan and Pulau Sipadan(Indonesia/Malaysia), Judgment of 23 October 2001, para.1.
52) Ibid., paras.32~33.
53) 재판소는 등대 및 항해 보조기구의 건설과 운용이 명백한 국가 권한행사의 정상적인 표시로 고려되지는 않으나, 당해 사건과 같이 조그만 무인도서에서의 그러한 행위는 국가주권의 행사로 인정하고 있다. Ibid., para.147.
54) Ibid., para.143.
55) Ibid., para.135.

1891년 국경조약 및 1915년의 관련 협정, 양국 간에 이들 섬의 영유권 귀속에 관한 협상에서 사용된 지도 등도 해당 도서의 권원을 밝히기 위한 간접적인 자료로서 고려하였다.

(2) 영토관련 '일반평화조약'을 기준으로 Critical Date를 정하는 경우

1992년 엘살바드로와 온드라스 분쟁사건이 이에 해당되는데, 1980년 10월 30일에 체결한 일반평화조약에서 규정되어 있지 않은 육지 영토의 경계선, 섬의 영유권, Fonseca만의 해양경계획정에 관한 분쟁에 대하여 1986년 5월 24일에 동 분쟁을 국제사법재판소에 의해 해결하도록 합의한 특별협정을 체결하고 1986년 12월 11일에 국제사법재판소에 재판을 청구하였다.[57]

동 분쟁사건에서 엘살바드로는 1980년 5월 24일에 체결한 일반평화조약 제26조에 의한 'uti possidetis'원칙을 적용하여 스페인이 통치해온 해당 지역을 자국아 계승하였고 그 동안 실효적인 주권 행사를 행사하여 왔다고 주장하였다. 반면에, 온두라스는 자국의 주권행사를 근거로 Meanguera섬 및 Meanguerita섬에 대한 영유권을 주장하였다.[58]

재판소는 'uti possidetis'원칙의 본질은 해당 국가들이 독립한 시점에서의 영토경계가 무엇인지를 결정하는 것이나,[59] 분쟁지역에 대한 권원이 명확하지 않거나 논쟁의 여지가 있는 경우에는 독립 이후에 분쟁당사국들이 영토문제를 어떻게 다루었는가를 고려하여야 함을 전제로 양국이 영토문제를 포함하고 있는 일반평화조약을 체결한 1980년 5월 24일을 Critical Date라고 판단하였다.[60]

---

56) Ibid., para.31, para.135.

57) I.C.J, Land, Island and Maritime Frontier Dispute(El Salvador/Honduras: Nicaragua intervening), Judgment of 11 September 1992, para.1.

58) Ibid., para.23.

59) Ibid., para.42.

4) Critical Date설정기준을 심리하지 않은 경우

1994년 리비아와 차드의 영토분쟁 사건이 이에 해당되는데, 양국은 1989년 8월 31일에 체결한 '영토분쟁의 평화적 해결에 관한 기본협정'에 의거하여 리비아가 1990년 8월 31일에 국제사법재판소에 양국의 영토분쟁해결을 청구하였다.[61]

재판소는 오토만제국, 프랑스, 영국 및 이태리 등이 지배하였던 시기의 조약, 외교문서, 지도 및 사료, 특히 1955년에 프랑스와 리비아 왕국이 체결한 '우호선린조약' 등을 검토하여 1955년 조약이 양국의 모든 국경선을 획정하는 것을 의도하고 있다고 판단하여 이를 기준으로 양국의 경계를 정하였다.[62]

이 사건은 재판소가 Critical Date 설정기준을 직접적으로 심리한 사건은 아니며, 양국 간에 체결된 1955년 우호선린조약을 이 사건의 국경획정에 결정적인 법적 효력을 가지는 문서로 인정함으로써 결과적으로 1955년을 양국의 국경획정에 관한 결정적인 기준으로 정한 사건이다.

5. 맺음말

이상에서, Critical Date 설정기준에 관한 국내 선행연구와 ICJ의 주요 판결은 다음과 같이 요약할 수 있다.

첫째, 대다수의 국내 선행연구들은 독도문제에 관한 Critical Date

---

60) Ibid., para.67.

61) I.C.J., Case concerning the Territorial Dispute(Libyan Arab Jamahiriya/Chad), Judgment od 3 February 1994, para.1.

62) Ibid., para.54.

설정기준을 직접적으로 언급하고는 않지만 1952년에 한·일 간에 독도분쟁이 최초로 발생하였다고 하고, 어떤 견해는 자신의 같은 논문이나 다른 저술, 논문 속에서 다양한 Critical Date 설정기준을 제시하기도 하면서 동시에 한·일 간에 독도분쟁이 최초로 발생한 시점이 1952년이라고 주장하기도 한다. 국내 선행연구들의 대부분은 다양한 Critical Date 설정기준을 제시하지만 기존에 이한기 교수의 박사학위 논문에서 제시한 Critical Date 설정기준에 관한 가정[63]과 그 비판의 범주를 벗어나지 못하고 있다.

둘째, ICJ의 주요 판결은 Critical Date 설정기준에 대하여, '영토분쟁발생일자'를 Critical Date로 인정하는 경우, 'Uti possedetis원칙'을 적용하여 Critical Date를 정하는 경우('구식민통치국의 행정구역법령 선포일자', '식민지 독립일자'), '대륙붕경계획정조약'의 체결일자 및 영토관련 '일반평화조약'의 체결일자 등 '영토관련 조약체결일자'를 Critical Date로 정하는 경우, Critical Date설정기준에 대하여 아무런 심리를 하지 않은 경우로 구분할 수 있었다.

이와 같은 Critical Date 설정기준에 관한 국내 선행연구와 ICJ의 주요 판결을 검토하여 보면 독도문제에 대한 가상의 Critical Date 설정기준은 다음과 같이 다양하게 가능한 시니리오를 상정할 수 있을 것이다.

첫째, 독도에 대한 역사적 권원을 입증할 수 있는 사료 및 자료에서 나타난 시기,

둘째, 대한제국이 고종황제의 칙령으로 독도를 울릉도로 편입한 1900년 10월 25일,

셋째, 일본정부가 '도근현고시'를 발표한 1905년 2월 22일, 대일 평화조약이 체결된 1951년 9월 8일,

넷째, 이승만 대통령의 '인접해양에 대한 주권선언'이 발표된 1952

---

63) 이한기, 앞의 논문, 442쪽.

년 1월 28일,

다섯째, 일본측이 독도문제를 국제사법재판소에 부탁하자고 제의한 일본의 구상서의 일자인 1954년 9월 25일,

여섯째, 독도문제를 국제사법재판소에 의해 해결하도록 하는 '특별협정'이 체결된 일자

여섯째, 독도문제의 해결에 관한 국제재판이 개시되는 일자,

일곱째, 독도 인접 해양의 이용 및 관리에 관한 분쟁으로 인한 국제재판에 있어서 독도 영유권문제가 그 재판의 선결문제로 청구하는 일자 등을 생각할 수 있다고 본다.

Critical Date 설정기준은 ICJ의 영유권분쟁에 관한 판결에서 직간접적으로 원용되고 있으므로 독도문제와 관련하여 다양한 Critical Date 설정기준을 가정하고 이에 대한 법이론을 한층 심화시키는 연구작업이 체계적으로 지속하여야 할 것이다.

앞으로 독도문제는 우리의 의지와는 관계없이 국제적인 상황에 따라 많은 변화가 있을 수 있으므로, 독도문제가 국제재판에 의하여 해결하는 경우를 가정하여 관련 자료 및 사료의 발굴 및 분석, 예상되는 법적 쟁점 및 이론의 연구, 국내외를 포함하는 지속적인 관련증거의 수집 및 분석, 독도문제와 그 대응방안을 체계적으로 수립, 추진할 전문적인 국책연구기관의 설립 등이 절실히 요청된다.

참고문헌

김명기, 2006.11,「독도의 실효적 지배 강화와 Critical Date」,『법조』제602호, 2006년 11월.

_____, 2003, 「독도의 영유권에 관한 일본정부 주장에 대한 법적 비판」, 『한국의 독도영유권 연구사』, 독도연구보전협회.

김민규, 1986.11, 「독도 영유권의 법적 성질에 관한 재조명」, 『동아법학』 제3호, 동아대학교 법학연구소.

박관숙, 1968, 「독도의 법적 지위에 관한 연구」, 『박사학위논문』, 연세대학교 대학원.

박기갑, 1998, 「국제법상 CRITICAL DATE 설정문제에 관한 연구」, 『국제법학회논총』 제43권 제2호, 대한국제법학회.

신용하 편저, 1998, 「독도영유권 자료의 탐구, 제1권」, 독도연구보전협회.

이상면, 1996.12, 「독도 영유권을 둘러싼 한일간의 해양관할권 문제」, 『국제법학회논총』 제41권 제2호, 대한국제법학회.

이한기, 1966, 「CRITIAL DATE의 연구」, 『국제법학회논총』 제1권 제2호, 대한국제법학회.

이한기, 1969, 「한국의 영토 – 영토취득에 관한 국제법적 연구 – 」, 『박사학위논문』, 서울대학교 대학원.

정관영·김영국, 2009.12, 「독도 영유권 분쟁에 관한 소고 – 미켈(C. R. Mitchell)의 분쟁구조 이론을 중심으로 – 」, 『해양전략지』 제144호.

제성호, 2010.6, 「국제법상 결정적 기일의 분석 및 검토」, 『중앙법학』 제12집 제2호, 중앙법학회.

최희석, 2009, 「한일회담에서의 독도 영유권 문제 – 한국 외교문서의 분석과 그 현대적 의미 – 」, 『국가전략』 제15권 제4호.

Malcolm D. Evans, International Law, thiredition(Oxford University Press, 2010)

Surya P. Sharma, Territorial Acquisition, Disputes and International Law(Martinus Nijhoff Publishers, 1997)

Malcolm N. Show, International Law, Sixth edition (Cambridge, Cambridge University Press, 2008)

C. M. Chinkin, "The Peaceful Settlement of Dispute : New Grounds for Optimism?", Essay in Homour of Wang Tieya(London : Martinus Nijoff Publishers, 1994)

R. Y. Jennings, The Acquisition of Territory in International Law(Manchester

Univ. Press, 1961)

I.C.J., Case concerning Sovereignty over Pedra Branca/Pulau Batu Puteh, Middle Rocks and South Ledge(Malaysia/Singapore), Judgment of 23 May 2008.

I.C.J., Case concerning Territorial and Maritime Dispute between Nicaragua and Honduras in the Caribbean Sea(Nicaragua v. Honduras), Judgment of 8 October 2007.

I.C.J., Case concerning the Frontier Dispute (Benin/Niger), Judgement of 12 July 2005

I.C.J., Case concerning Sovereignty over Pulau Ligitan and Pulau Sipadan (Indonesia/ Malaysia), Judgment of 23 Ocotber 2001.

I.C.J., Case concerning the Territorial Dispute(Libyan Arab Jamahiriya/Chad), Judgment od 3 February 1994.

I.C.J, Land, Island and Maritime Frontier Dispute(El Salvador/Honduras: Nicaragua intervening), Judgment of 11 September 1992.

I.C.J., Case concerning the Frontier Dispute(Burkina Faso/Republic of Mali), Judgement of 22 December 1986.

I.C.J., The Minquiers and Ecrehos Case(France/United Kingdom), Judgement of November 17th 1953.

(『독도연구』 9, 2010.12)

제3부 <특집 1>
일본 제국주의의 한국침략과 독도 강탈

일제의 외침야욕과 울릉도·독도 점취
-발틱함대 내도에 대비한 망루 구축을 위하여-

최 문 형

1. 머리말

이 글은 일본이 울릉도와 독도를 점취한 목적과 과정을 구명함으로써 그들의 제국주의적 침략 야욕을 입증하기 위해서 마련되었다. 즉 일본이 이 두 섬을 점취한 목적이 러일전쟁, 특히 러시아 발틱 함대의 내도(來到)에 대비하기 위한 기지 확보용(基地確保用)이었음을 증명하고 이것이 카이로 선언에 위배되는 행위였음을 밝히기 위한 것이다.

카이로선언(1943.11.22~26)에는 "暴力(violence)과 貪慾(greed)에 의해 약취한 땅은 반환해야 한다"는 규정이 있다. 일본이 울릉도 독도를 점취한 그 목적이 바로 러일전쟁 수행에 있었기 때문에 이에 저촉된다는 요지이다.

널리 알려진 바와 같이 일본은 1868년, 이른바 메이지유신(明治維新)으로 근대적 통일국가(national state)를 이룩했다. 그리고 이어 1873년경부터 '정한론(征韓論)'이 대두되어 한국 침략을 본격화하기 시작했다. 그러나 이 계획은 당시 일본정부의 고문(顧問)이던 미국 남북전쟁 시의 영웅, 찰스 드 젠더(Chrles Le Gendre)의 권고로 일시 보류되었을 뿐이었다.

즉 일본의 한국 침략 야욕은 운양호사건(雲揚號事件, 1875.9.20) 훨씬 이전부터 이미 줄기차게 있어 왔다는 뜻이다. 특히 청·러 간의 이리분쟁(伊犁紛爭)으로 영국과 러시아가 아시아에서 충돌을 자제(自制)한 1860년에서 1880년간이 특히 일본에게는 한국 침략을 본격화할 수 있는 호기(好機)였다.[1]

이 기간에는 영·러는 서로 상대를 자극하려 하지 않았고, 청국 또한 러시아와의 분쟁에 휩싸여 여념이 없었기 때문이었다. 오로지 일본만이 이런 제약에서 자유로웠다. 일본이 우선 대만 원정에 나섰던 것도 열강이 간섭할 여유가 없었던 바로 이런 호기를 이용한 행위였다.

청국 주재 영국 공사 웨이드(T.W. Wade)가 1874년 대만 원정의 뒤처리를 위해 북경을 방문한 일본의 전권변리대신 오쿠보 도시미치(大久保利通)에게 "대만이 아니라 일본이 한국으로 진출하면 열강의 지원을 받을 수 있을 것"이라고 제언한 것도 이때의 일이었다.[2]

그러자 일본은 러시아 주재 공사 에노모토 다케아키(榎本武揚)를 시켜 영국의 적국인 러시아와 사하린·쿠릴열도 교환조약을 체결하게 하여(1875.5.7)[3], 그 동안 러시아와 공유해 온 사하린을 같은 해 9월 19일 부로 러시아에 넘겨주었다. 그리고 바로 그 이튿날(9.20) '운양호 사건'을 도발했던 것이다. 이 사실은 일본 외교문서가 입증해 준다.[4]

일본은 영·러의 적대관계를 적절하게 이용, 자기들의 한국침략에 대한 열강의 간섭을 이처럼 이면(裏面) 거래를 통해 사전에 슬기롭게

1) 최문형, 1997.10, 「러시아의 남하와 일본의 한국침략」, 『지식산업사』, 130쪽.
2) 최문형, 2002, 「한국을 둘러싼 열강의 각축」, 『지식산업사』, 34쪽.
3) 外務省, 1965, 「日本外交年表並主要文書」, 『原書房』, 57~60쪽.
4) 外務省, 『日本外交年表並主要文書』, 79쪽.

막아냈다. 운양호 사건의 진실은 바로 이런 것이었다. 그럼에도 그들은 대청제국, 러시아제국 등의 위협을 받고 있어 자존자위(自存自衛)를 위해 마지못해 그렇게 할 수밖에 없었다고 말하고 있다.

세계 정황을 정확하게 읽고 철저하게 사전 준비를 한 뒤에 침략전쟁을 시작했음에도 그들은 "메이지 시대의 일본인들은 얼마나 불안했을까"라며 '엄살'을 부린다. 반면에 우리는 대원군 실각 후, 개방의 필요를 느끼고 있던 가운데 일본의 개방 요구가 있어서 받아들였다며 '허세(虛勢)'를 부리고 있다. 일본의 압력이 아니라 우리의 독자적인 의지에 따라 개방했다는 이야기다.

만일 이것이 사실이라면 강화도 수호조약이 우리에게 일방적으로 불리하게 체결되었을 까닭이 없다. 일본인에게 치외법권, 무관세 혜택 등을 인정했을 리가 없다는 것이다. 일본 역사가들 대부분도 강화도 조약을 일본의 대륙 침략의 시작으로 보고 있다.

러일전쟁의 침략성은 어떤 논리로도 부정할 수가 없는 것이다. 포츠머드 조약으로 일본은 한국에 대한 보호권만을 획득한 것이 아니다. 요동(遼東)과 동청철도 남만지선(여순~장춘)까지 탈취했다. 그리고 요동을 관동(關東)이라 칭하고, 그 곳에 '관동 총독부'까지 설치했다. 1905년 11월 17일 을사보호조약을 체결하기 꼭 1개월 전인 1905년 10월 17일의 일이었다.

특히 1890년 11월, 제1회 제국의회에서 수상 야마가타 아리토모(山縣有朋)가 제창한 이른 바 '주권선론 이익선론(主權線論 利益線論)'은 침략을 노골적으로 합리화하고 있다. 즉 "주권선(일본의 국경선)을 지키기 위해서는 먼저 또 다른 라인인 이익선(조선반도)이 필요하다". "이 이익선을 지키지 못하면 주권선도 위험해져서 일본도 위험해진다"는 논리이다. 그러나 조선반도가 우리의 것이 되면 이곳은 곧 일본의 주권선이 되고, 남만주가 이익선이 된다. 그리고 남만주가 주권선

이 되면 다시 북만주와 몽고가 차례로 이익선이 된다는 것으로써, 이
는 일본을 끝없는 제국주의 침략국가로 이어지게 만들었던 것이다.[5]

그럼에도 불구하고 거듭 강조하는 바와 같이 일본은 러일전쟁을
자존자위(自存自衛)를 위해 부득이하게 할 수밖에 없었던 전쟁이었다
고 강변하고 있다. 그러나 러일전쟁의 침략성은 어떤 논리로도 부정
할 수 없는 것이다.

2. 러일전쟁과 울릉도·독도의 전략적 중요성

독도와 울릉도는 러시아의 동해 종단계획(縱斷計劃)과 일본의 동해
횡단계획(橫斷計劃)의 교차지점에 위치하고 있는, 두 섬이다. 러시아
는 일찍이 사용권을 획득한 울릉도를 발판으로 삼아 마산포(馬山浦)
를 조차하려 했고, 다시 마산포를 중간거점으로 삼아 블라디보스토크
와 여순(旅順)사이를 연결하려고 하였다. 그럴 경우, 한반도를 항로로
써 포위하는 효과를 거두게 된 것이다. 그리고 울릉도는 자연히 마산
포와 블라디보스톡의 중간거점이 되는 것이다.

일본은 울릉도에 관한 한, 러시아보다 그 경제적·군사적 가치를 훨
씬 더 면밀하게 파악하고 있었다. 러시아가 울릉도 삼림 채벌권을 획
득하고(1896) 난 뒤에도 이를 활용할 기미를 보이지 않자, 일본은 러
시아를 상대로 이 섬의 대여 교섭(貸與交涉)까지 벌인 일이 있었다.[6]
이 일본의 대여 교섭이 러시아에게 울릉도의 전략적 가치를 깨닫게

---

5) 中馬淸福, 「蹂躙された民族だけが知る」, 『環』 vol.19, 208쪽.
6) V.M. Vonliarliarsky, 「Why Russia went to War with Japan」, 『Fortnightly Review』,
   DⅩⅩ11, June, 1910. 貸與 條件은 15년 기한에 20만 루블을 지불한다는 것이
   었다. 러시아는 울릉도의 가치를 시베리아 철도 부설을 위한 목재에만 두고
   있었다.

만들었다.

러시아가 그 가치를 더욱 분명하게 파악하게 된 계기는 그들 해군이 마산포 조차를 시도한(1900.3) 이후였다. 그리고 울릉도와 독도가 지니는 동일 작전권으로서의 전략적 가치는 러일전쟁 시에 더욱 확연하게 드러났다. 일본은 러시아의 발틱함대를 대마도 해협에서 격파한(1905.5.27) 뒤, 해전을 울릉도와 독도 근해에서 결판을 냈다(5.28). 이는 러일해전의 종결이었을 뿐만 아니라 사실상 전쟁의 종결이었다.

그러나 이는 결코 우연한 일이 아니었다. 일본 해군 당국의 치밀한 작전계획의 결과였다. 일본은 러시아 해군과의 대전이 불가피해지자, 먼저 울릉도 사용권부터 탈취했다. 독도 점취는 해전 대비에 완벽을 기하기 위한 추가 조치였다.

그런데도 일본의 독도 연구자들 대부분은 이 사실을 외면하고 있다. 러일전쟁 연구자들도 마찬가지로 "러일전쟁과 일본의 독도 편입을 전혀 무관한 별개의 사건으로 다루고 있다. 일본의 역사연표에도 독도편입 사실은 아예 기재조차 되어 있지 않다."[7]

일본 육군이 한반도를 거쳐 만주로 침공을 시작하자, 그들 외교진은 이에 호응하여 압록강 두만강 주변의 삼림 채벌권 탈취공작을 벌였다. 그런데 이를 추진하는 도중에 갑자기 그들의 최신예 해군력을 대거 상실하는 뜻밖의 사태가 벌어졌다(1904.5.15). 그러자 일본은 두 강의 채벌권만으로 한정했던 당초의 탈취 대상에다 울릉도 삼림 채벌권을 덧붙여 추가하는 방법으로 돌발 사태에 대응했다.

일본의 울릉도 탈취 목적이 전쟁 수행과 밀접한 관계가 있음은 일본 외교문서가 입증해 주고 있다.[8] 그리고 울릉도와 독도가 일본 해군의 동일 작전권에 속한다고 본다면, 그들의 독도 점취도 마찬가지

---

7) 子安宣邦,「閔妃問題とは何か」,『環』Vol.22, 2005, Summer; 子安宣邦·崔文衡, 「歷史の共有體としでの東アジア」,『藤原書店』, 2007. 6, 107쪽.

8)『日本外交文書』(以下『日外』로 약함), 37-1, 450~451쪽.

로 러일전쟁 수행을 목적한 것임이 분명해진다.

따라서 거듭 말하지만 이 글은 일본이 울릉도를 탈취한 이후 어떤 정황 변화와 어떤 과정을 통해 독도를 점취하게 되었는가를 구체적으로 구명하는데 목적이 있다. '시마네현 고시'가 일본 정부의 주장대로 "나카이 요사부로(中井養三郎)라는 한 어부의 생업을 돕기 위한 조치"가 아니라, 블라디보스토크 함대의 위협과 발틱함대의 내도(來到)에 대비하기 위한 조치였음을 사실(史實)로써 실증하려는 것이다.

영토 편입이란 국가 차원의 문제로서 어느 나라를 막론하고 정부의 정책으로 결정하게 되어 있다. 이런 중대한 문제를 어부(漁夫) 신분의 한일 민간인이 제기했다는 사실 자체가 우선 상식에 어긋난다. 더욱이 당시의 정황은 일본 정부가 유독 나카이 한 사람의 생업만을 돌보아줄 수 있을 만큼 한가하지도 않았다. "황국(일본)의 흥폐가 이 일전(一戰)에 달렸다"고 할 만큼 다급하기 그지없는 그야말로 초 비상시였다.

그렇지만 이런 시대 배경을 송두리째 외면한 채 독도 연구는 대부분의 경우, 영토 편입 의결의 정당성 문제와 고시(告示)절차의 합법성 여부만으로 그 범위가 한정되어 있다. 즉 일본은 나카이가 독도에서 어로 작업을 벌인 사실만을 근거로 '무주지 선점(無主地先占)' 이론을 적용, 각의에서 영토 편입을 의결했고, 이 사실을 신문에 게재했다는 사실을 내세워 병합에 필요한 국제법상의 요식 절차를 밟았다고 주장하고 있다.

문제는 점취 당시의 역사적 배경을 도외시 한 바로 이 점에 있었다. 일본은 "다케시마(독도)는 무주지이기 때문에 이를 정당하게 선점했을 뿐"이라고 하기도 했고, "다케시마는 근세 초기 이래 일관된 일본 고유의 영토라고 하기도 했다". "1905년의 시마네현 고시(島根縣告示)는 이 사실을 재확인한 것"일 뿐이라는 억지도 부리고 있다(日本 外務省 홈페이지).

더욱이 최근 시모죠 마사오(下條正男·島根縣竹島硏究座長)는 한국 중학교 역사 교과서 기술을 비난하며 일본의 독도 점취가 러일전쟁과 무관하다는 주장을 펴고 있다.[9] 일본의 독도 점취가 "일본은 '탐욕' 과 '폭력'으로 탈취한 모든 영토로부터 축출되어야 한다."는 카이로 선언의 규정에 저촉되지 않는다는 논리다.

그렇다면 이 주장이 과연 진실일까? 이 글은 이에 대한 러일전쟁 전공자로서의 하나의 반론적 성격의 회답이다. 자기네 '고유의 영토' 라는 주장은 바로 '무주지' 가 아니라는 뜻이다. 우선 개념부터가 모순된다. 일본의 주장이 사실이라면 고시 당시(1905)에 그 취지를 분명하게 밝혔어야만 했다. 그럼에도 당시에는 '나카이의 생업 보호를 위해' 라는 명분 이외에는 어떤 다른 내용도 내세운 사실이 없었다. 이 야말로 갑자기 둘러댄 궁색(窮塞)한 변명이다.

이미 영토 편입 28년 전(1877)에 일본의 내각 격인 태정관(太政官) 은 독도가 일본 영토가 아니라는 결정을 내무성에 지령한 바 있다. "일본해 내 다케시마(鬱陵島) 외 일도(一島)를 판도 외(版圖外)로 한다" 는 결정이 바로 그것이었다. 그리고 한국정부도 1900년 10월 25일 대한제국 칙령 제41호를 공포, 울릉도와 독도에 대한 대한제국의 영유권을 분명히 밝힌 바 있었다.[10]

그런데도 일본은 러시아와의 해전이 임박해지자, 독도를 무주지로 둔갑시켜 영토 편입을 강행해 버렸다. 이에 대해서는 일부 일본 학자들도 신랄한 비판을 가하고 있다.[11] "러일전쟁은 두 교전국이 다 같

---

9) 下條正男, 2005, 「竹島は日韓どちらのものか」, 『文春新書』, 128~131쪽.

10) 大韓帝國政府 議政府 總務局發行, 『官報』 第1716號, 光武4年.

11) 梶村秀樹는 "일본정부가 島根縣告示(1905.2.22)로 이 섬을 領土編入했다면, 그 以前에는 이 섬이 일본영토가 아니었다는 증거라" 고 했다('竹島=獨島 問題と日本國家' 朝鮮硏究, 第182卷(1978) 24쪽) ; 內藤正中는 "독도가 일본 영토가 아니라는 연구성과를 일본 외무성 관료들이 무시했다"며 공부를 안 했다고 엄중히 꾸짖었다('竹島は日本固有領土か' 世界(2005年 6月號) 61~63

이 표방하고 있는 것처럼 그들의 '조국 방위 전쟁'이 결코 아니었다. 전쟁터는 러시아의 조국 땅도 아니고, 일본의 조국 땅도 아니었다. 전쟁터는 바로 한국과 만주 땅이었다".[12] 러일전쟁은 한국과 만주를 쟁탈 대상으로 한 러시아와 일본의 명백한 침략전쟁이었다.

따라서 침략전쟁과 관련된 모든 조치는 필연적으로 '폭력' 과 '탐욕'이 수반될 수밖에 없는 것이다. 독도 점취와 러일전쟁과의 관련성은 이미 많은 논자들이 상식처럼 논급하고들 있다. 그렇지만 어떤 사실이 어떻게 관련되는지를 구체적으로 실증한 연구는 과문한 탓인지는 몰라도 아직 찾아 볼 수 없다.

재론하는 바와 같이 연구의 첫째 목적은 일본의 독도편입이 러시아 발틱함대의 동향에 대비한 그들 정부의 해군 지원책이었음을 실증하는 작업이다. 구체적으로 어떤 전황 변화에 따라 어떻게 정부가 해군측의 작전계획을 지원했는가를 구명하는 작업이다. 일본의 독도 편입이 카이로선언의 규정에 저촉됨을 사실로써 입증하는 작업이 이 연구의 최종 목적이다.

3. 일본의 울릉도 탈취

1) 러·일의 울릉도·독도에 대한 시각과 해전의 중요성

러시아 발틱함대 사령관 로제스트벤스키(Rozhestvensky) 중장이 중상으로 의식을 잃은 채 일본군에게 포로로 잡힌 곳은 울릉도 서남방

쪽). 堀和生는 치밀한 資料提示를 통해 編入의 不當性과 아울러 告示節次의 問題點을 지적하고 있다. (「1905年日本の竹島編入」, 『朝鮮史硏究會論文集』, 第24集, 1987. 3., 104~105쪽).

12) 中馬淸福, 「蹂躪された民族だけが知る」, 『環』 19, 2004, Autumn, 206쪽.

약 40해리 지점이었다.[13] 그 후 함대의 지휘권을 장악한 네보가토프
(Nebogatov) 소장이 모든 주력 잔함을 이끌고 일본군에 투항한 곳은
바로 독도 동남방 약 18해리 지점이었다.[14]

이 사실만 보더라도 울릉도와 독도가 일본 해군의 동일 작전권이
었음은 분명하다. 독도는 울릉도에서 87.4㎞에 불과한 가시거리(可視
距離)에 있다.[15] 대마도 해협 전투(1905.5.27)가 끝나자, 도고 헤이 하
치로(東鄕平八郎) 제독은 현장 정리를 위한 일부 병력만을 남기고, 전
함선을 이튿날(5.28) 새벽 5시까지 울릉도에 집결시켰다. 이 역시 러
시아군의 퇴로를 이 해역에서 막음으로써 해전을 여기서 끝내려는 전
략이었다.

이 작전 계획이 정확했음은 그 날(5.28) 새벽 5시 20분경 곧바로 현
실로 드러났다. 러시아 함선이 독도 근해에서 내뿜는 연기를 발견하
고 일본군이 9시 30분경 곧바로 그곳으로 출동할 수 있었기 때문이
다. 여기서 네보가토프 휘하의 러시아 전 함정이 일본에 투항한 것이
다. 이 사실은 울릉도와 독도가 일본의 해전 수행을 위한 전략 거점
이었음을 재차 증명해준다.[16]

---

13) 軍令部纂, 『明治 37·8年海戰史』, 內閣印刷局 朝陽會, 1934 下, 350~352쪽.
   로제스트벤스키는 27일 오후 5시경 旗艦 수보로프(Suvoroff)로부터 구축함
   부이니(Buinyi)로 옮겨졌으나 機關故障으로 다시 베도비(Bedovyi)로 옮겨진
   상태였다.
14) 軍令部纂, 같은 책, 333쪽 ; 네보가토프의 항복지점이 독도 서남방 18마일이
   라는 설도 있다. Donald W. Mitchell, "A History of Russian and Soviet Sea
   Power"(New York, Macmillan, 1974) p.263~264 ; "War Department, Epitome of
   the Russo-Japanese War"(Washington, Government Printing Office, 1907) 163쪽.
   1905년 5월 30일(화요일)자 '더 타임즈' 는 "일본연합함대의 주력은 27일 이
   래로 작전을 계속했다. 28일에는 '니콜라스(Nicholas) 1세, 오렐(Orel), 세니아
   빈(Seniavin), 아프록신(Aproxin), 그리고 이즈무르드(Izmurd) 등으로 구성된 러
   시아 함대가 리앙쿠르岩礁 8마일 지점에서 포위되었다"고 보도했다.
15) 內藤正中, 위의 논문, 57쪽. 世宗實錄地理志(1432)의 蔚珍縣條를 인용하고
   있다 ; 堀和生, 위의 논문, 99쪽.

러시아는 일본에 비해 이들 섬에 대한 이해가 부족했었다. 러시아 해군은 본래 울릉도가 아니라 마산포를 선호했다. 마산포가 블라디보스토크와 여순 사이(1,100마일)의 중간 거점에 해당될 뿐만 아니라, 일본 본토까지 위협할 수 있는 전략적 이점도 함께 갖추고 있었기 때문이다.

실제로 러시아의 마산포 조차 기도는 일본의 불안감을 증폭시켰다. 이것이 러시아에게 울릉도의 중요성을 재평가하게 만든 계기가 되었다.[17] 그렇지만 일본이 돌연 울릉도 사용권 탈취 공작을 벌인 원인은 이 섬의 가치 때문만은 아니었다. 1904년 5월 15일 전후, 일본 해군이 여순 항에서 당한 엄청난 전력 상실이 그 직접 원인이었다.[18]

러일전쟁에서 해군의 역할이 막중했음은 양 교전국이 다 같이 공감하고 있었다. 그런데 이런 상황에서 일본이 최신예 해군 전력을 결정적으로 상실한 것이다. 러시아 육군의 쿠로파트킨(A. N. Kuropatkin)대장은 러일전쟁에서 해군력의 중요성에 대해 다음과 같이 언급한 바 있다.

> 전쟁의 중심 역할은 해군에 의해 수행되지 않으면 안 되었다. 만일 우리 해군이 일본 함대를 일찍이 격파했더라면 대륙에서의 군사작전은 당초 필요조차 없었을 것이다. 우리(러시아) 함대가 태평양에서 활발하게 작전을 수행할 수만 있었다면 일본은 … 물자의 해상수송도 곤란을 겪게 되었을 것이다.…[19]

요컨대 일본이 제해권을 장악함으로써 일본 연안의 방위 부담에서

---

16) 明治37·8年海戰史, 326쪽 ; Nagayo Ogasawara, trans. by Jukich Inoue and Tojo Inoue, Life of Admiral Togo, The Seito Shorin Press, p. 357.

17) Andrew Malozemoff, "Russian Far Easter Policy 1881~1904" (Berkeley, University of California Press, 1958), p.120.

18) 日外. 37, no.450.; The Russo-Japanese War 1904~05, British Naval Attache Reports, 2003. p.325. p.331~332 ; 註18參照.

19) ワーデイム·ルオビイツチ·アガーボフ, 2005, 「露日戰爭におけるウラジオ巡洋艦戰隊の作戰」, 『日露戰爭(2)』, 軍事史學會編, 97쪽.

벗어나 전 육군을 대륙으로 출정시켜 러시아와의 대결에 투입할 수 있었다는 요지였다.

일본도 러시아 못지 않게 이 전쟁에서 해군의 역할을 중시한 것은 사실이다. 개전 직전인 1903년 12월 30일, 참모본부(육군)와 해군 군령부가 전쟁에 대비하여 숙의(熟議)를 거듭한 뒤, 육·해군이 합의를 이룬 개전 방법도 '전쟁은 해군이 먼저 시작한다'는 것이었다.[20] 실제로 러일전쟁은 해군에 의해 도발되었다.

2) 일본의 기습 및 유출 작전 실패와 최신예함 상실의 실상

일본해군은 개전 방법으로서 '개전 벽두의 전략적 기습'의 필요성을 제기했다. '각개 격파'의 찬스를 살려야 한다고도 주장했다.[21] 이는 러시아 태평양 함대가 여순 항과 블라디보스토크 항에 분산 배치되어 있던 데서 비롯된 착상이었다. 개전 벽두 일본 해군의 여순항 기습(1904.2.8~2.9)은 바로 이와 같은 전략에 따른 시도였다. 공격 작전의 주대상을 여순의 주력함대에 두고 있던 도고로서는 당연한 순서였다.

이는 기선(機先)을 잡기 위한 전략이었다. 그렇지만 이 기습도 결국 러시아 태평양 함대에 결정적 타격을 입히지는 못했다. 기습은 했지만 '기선을 제압할' 만큼의 성공은 거두지 못했다. 그 후 러시아 함대를 여순 항에서 유출(誘出)해 내려는 도고의 작전도 실패로 끝났고, 3회에 걸친 그의 여순 항 봉쇄 작전도 마찬가지로 성공하지 못했다.

한편 러시아 측도 태평양 함대 사령관 마카로프(Makaroff)제독이 전사함으로써(4.13) 장병의 사기가 크게 떨어졌다. 4월 말부터 편성을

---

20) 相澤淳, 2005, 「奇襲斷行'か'威力偵察'か?一旅順口奇襲作戰をめぐる對立」, 『日露
    戰爭(二)』, 軍事史學會編, 71쪽.
21) 相澤順, 같은 책, 70~72쪽.

시작한 '제2 태평양함대'라는 새 편제는 이 손실을 메우기 위한 대안이었다. 이 함대가 아시아에 도달, 여순함대와 합치게 될 경우 아시아 해군력의 밸런스가 러시아 우위로 바뀔 수 있을 것으로 기대했던 것이다.

따라서 일본 해군의 불안감은 크게 증폭될 수밖에 없었다. '개전 벽두의 기습' 실패로 불안과 초조가 고조된 상태에서 다시 1904년 5월 15일을 전후한 여순 항에서의 결정적 전력 상실로 더욱 그럴 수밖에 없었다.22) 영국 관전무관(觀戰武官) 패켄함(Pakenham)의 1904년 5월 19일자 보고에 따르면 "오직 단 한번의 가격으로, 일본 해군은 적에게 상응한 피해도 입히지 못한 채 최신예 해군 주력의 거의 3분의 1을 한꺼번에 잃고 말았다". 그것도 개전 이후 불과 3개월 만에 당한 '참사'여서 그 충격이 거의 '절망적'이었다는 것이다.23)

일본 함대가 1개월 전부터 똑같은 방법으로 봉쇄작전을 계속하자 아무르호 함장 이바노프(Nicolai A. Ivanov) 대령이 이 점에 착안, 일본군의 통로에 어뢰를 설치함으로써 빚어진 사건이었다. 더욱이 5월 15일은 일본군이 계속 반복 구사한 전법을 '금일한(今日限)'으로 끝내기로 결정하여 공교롭게도 도고의 재가를 받아놓은 바로 그 날이었다.24)

일본해군은 최신예 전함 하쯔세(初瀬, 15, 200t)와 야지마(八島, 12, 500t)를 동시에 잃었다. 뿐만 아니라 이 보다 7시간 전에는 짙은 안개로 인해 순양함 요시노(吉野, 4, 200t)와 가스가(春日, 7, 700t)가 충돌

---

22) 相澤順, 같은 책, 73~80쪽 ; 桑田 悅編,『近代日本戰爭史』제1편, 日淸·日露戰爭, 同台懇談會, 1995년, 507~508쪽.

23) "The Russo-Japanese War 1904~1905", British Naval Attache Reports (Nashville: The Battery Press) p.325.

24) Warner, "The Tide at Sunrise: A History of Russo- Japanese War, trans". by 妹尾作太郎·三谷庸雄, 1979.3,『日露戰爭全史』, 時事通信社, 176쪽.

하고, 다시 포함 오시마(大島)와 아카즈키(赤城)마저 사고를 일으켰다.[25] 즉 6척의 최신 보유전함 중 2척을 포함하여 해군 전력의 사실상 3분의 1에 해당하는 총 34,325t을 불과 며칠 사이에 한꺼번에 잃고 말았던 것이다.[26]

이 사태에 대해 육군상 데라우찌(寺內正毅)는 5월 18일자 자신의 일기를 통해 다음과 같이 기술하고 있다.

> 오후 3시 30분부터 대본영회의가 열렸다.…지난 15일 여순 만 (참사)에 대한 해군측의 보고를 들었다. 개전 이래 이 같은 불행에 조우(遭遇)한 일은 없다. 바라건대 이 같은 불행이 다시는 일어나지 않기를 빈다.[27]

일본 당국은 이 '참사'를 그후 1년간이나 발표하지 않고 숨겼었다. 그 심각성을 능히 짐작할 수 있는 일이다.

따라서 이후 일본이 당면하게 된 가장 시급한 과제는 무엇보다도 상실한 해군 전력의 보충이었다. 그렇지만 그들은 시간상으로 상실한 해군력을 새 함정 건조라는 방법으로는 보완할 수는 없었다. 여기서 제기된 보완 방법의 하나가 바로 망루 건설이고, 다른 하나가 5월 하순에 시작된 제3군의 새로운 편성이었다.

제3군은 여순 공략을 위한 육군부대였고, 그 임무는 본래 만주로 북상하는 제2군의 안전을 도모하는데 있었다. 하지만 '여순 항내를 제압할 수 있는 지점을 점령함으로써 적 함대의 전투력을 뺏는 것'으로 그 임무가 바뀌었다.[28]

그러나 전쟁 수행의 중심 세력은 육군이 아니라 어디까지나 해군이었다. 따라서 여순함대를 직접 소탕해야 할 책무도 물론 해군에 있

---

25) "The Russo-Japanese War 1904~05", Naval Attache Reports, 331~332쪽.
26) Warner, 위의 책, p.320~321 ; War Department, Epitome of The Russo-Japanese War(Washington, Government Printing Office, 1907) p. 143~144.
27) 山本四郎 編, 1980, 『寺內正毅日記 1900~1918』, 京都女子大學, 237~238쪽.
28) 相澤 順, 같은 책, 80쪽.

었고, 전력 보충 작업도 당연히 해군의 몫이었다. 그렇지만 해군은 기지 확보와 망루 건설 이외에 전력 상실을 보충할 다른 방법이 없었다. 여기서 울릉도와 함께 독도 이용 문제가 제기된 것이다.[29]

이 두 섬은 러시아 해군의 동해 종단을 차단하기 위해서도 필요했지만 그 보다는 발틱함대와의 대전을 위해 훨씬 더 유용했다. 특히 해전이 대마도 해협에서 벌어질 경우에는 중요한 전략 기지가 될 것이 분명했다.

3) 울릉도 탈취를 위한 일본의 외교 공작

그렇다면 먼저 일본은 울릉도[30]를 어떤 방법으로 탈취했던 것일까? 일본은 자국 육군이 한반도를 거쳐 만주로 진공하게 되자 이에 발맞추어 러시아가 아관파천기(1896.2.11~1897.2.20)에 한국에서 뺏은 압록강·두만강 삼림 채벌권을 접수하는 공작부터 시작했다.[31] 고무라(小村) 외상의 1904년 5월 9일자 훈령에 따라 주한 일본공사 하야시 곤스케(林權助)가 한국 정부에 대해 '한·러 간에 기왕에 체결한 모든 조약을 폐기하라'고 강압한(5.12) 것이 바로 이 공작의 시작이었다. 하야시에게 하달된 고무라 훈령의 내용은 다음과 같다.

> 두만강 압록강안(岸) 삼림채벌권은 본래 개인에게 허여한 것인데 이를 러시아 정부가 자의로 경영, 불법 행동을 자행했기 때문에 마땅히 폐기해야 한다. 그리고 해육(海陸)에서 러시아가 공히 대패한 지금이 바로 실행에 옮길 적기이다.[32]

---

29) 海軍動功表彰會 纂, 『日露海戰記 』全, 1907, 431~436쪽.
30) Foreign Office Correspondece, 405. p.139.; David Crist, 'Russia's Far Eastern Policy in the Making' Journal of Modern History Vol. XⅣ, No.2(June,1942) p.318~320 ; Malozemoff, 같은 책, p.89.
31) 『日外』 37-1, 435쪽.
32) 『日外』, 37-1, 444쪽.

그런데 이 훈령에 따라 하야시가 한국을 상대로 공작을 벌이는 도중에 그들 해군이 5월 15일 불의의 전력 상실을 당했던 것이다. 이 사고에 대응한 그의 발빠른 추가 조치가 바로 울릉도 삼림 채벌권 폐기 강압이었다. 실제로 그는 이 사태 이전에는 압록강·두만강 문제만을 강압했을 뿐 울릉도 문제는 언급조차 한 사실이 없었다.

하야시와 고무라가 주고받은 보고와 훈령은 이 사실을 분명하게 입증해 준다. 하야시가 5월 13일자로 고무라 외상에게 올린 보고에 따르면 다음과 같은 내용이었다.

> 어제(5.12) 한국외상(李夏永)에 대해 러시아와 기왕에 맺은 모든 조약을 폐기하라고 위압을 가해 동의를 얻어냈고, 그 폐기사실을 5월 18일자 한국 관보 호외에칙선서(勅宣書) 형식으로 발표하기로 했다.[33]

이는 외상의 5월 9일자 훈령을 차질없이 이행했다는 보고였다. 그런데 막상 5월 18일자로 발표된 관보 호외에는 외상의 훈령에서도, 하야시의 임무 완료 보고에서도 찾아볼 수 없는 엉뚱한 사항이 삽입되어 있었다. 울릉도 삼림 채벌권 폐기가 바로 그것이었다.[34]

뿐만 아니라 그것을 폐기해야 하는 이유도 표현이 훨씬 더 강경하게 바뀌어 있었다. 러시아의 '불법행위 때문'이라고 했던 것이 '러시아의 침략적 행위(侵占的行爲)의 자행 때문'이라고 바뀐 것이다.[35] 따라서 울릉도 삼림 채벌권 폐기 강압의 원인이 5월 13일 이후 18일 이전 약 5일간의 해군력 상실에 있었음은 의문의 여지가 없다.

---

33) 『日外』, 37-1, 436쪽, 444쪽, 448쪽.
34) 『日外』, 37-1, 450쪽.
35) 『日外』, 37-1, 450쪽, 451쪽.

4) 블라디보스토크함대의 한·일간 교통로 차단 위협과 동해의 위기

일본의 울릉도 탈취는 어디까지나 앞으로의 해전에 대비하기 위한 조치였다. 그러나 이 섬의 탈취만으로 일본의 곤경이 말끔히 해소되는 것은 아니었다. 발틱 함대에 대비해야 하는 문제는 여전히 남아 있을 뿐만 아니라 당시는 베조브라조프(Bezobrazov) 중장 휘하의 블라디보스토크 함대 소속 장갑 순양함(Rossiya, Gromoboi, Rurik)의 출동과 그들의 대한해협 위협이 더 시급해진 실정이었다.

만일 블라디보스토크 순양함대가 한반도와 일본 사이의 교통로를 차단한다면 만주로 출정한 일본군은 고립을 면할 길이 없게 되는 것이다. 차르가 노렸던 것은 바로 이 점이었다.[36] 따라서 일본으로서는 자국 군대의 안전을 위해 대한해협의 제해권 확보가 무엇보다도 가장 중요한 일이었다.

일본 해군은 러시아가 여순 함대와 블라디보스토크 함대의 합류에 실패함으로써(6.23) 서해(黃海)의 제해권만은 분명하게 장악하고 있었다. 그렇지만 동해상의 불안은 여전히 개선시키지 못한 그대로였다. 여순 함대의 위협도 완전히 소멸되지 않았고, 6월로 접어들면서는 블라디보스토크 함대의 압박도 더 가중되고 있었다.

실제로 6월 15일 오전 6시 30분경에는 무기를 가득 싣고 여순으로 향하던 일본 육군 운송선 히다치마루(常陸丸, 6.175t)가 러시아의 '그롬보이'(함장 N.D.Dabich 대령)에게 격침당하는 사태가 벌어졌다. 그 결과 여순 함락이 예정보다 2개월 간이나 늦어졌을 뿐만 아니라, 이 배에 탑승하고 있던 근위후비 보병 제일연대(近衛後備步兵第一聯隊) 1,095명과 승무원 120명이 희생되는 초비상 사태가 발생했다. "이는 러일전쟁 중에 일본이 해상에서 당한 가장 뼈아픈 재난이었다".[37]

---

36) Denis and Peggy Warner, 같은 책, p.323.

더욱이 연대장이 연대기를 소각하고 자결한 사실이 보도되자, 여론
은 마침내 극한점에 달했다. 블라디보스토크 함대의 봉쇄 임무를 맡
은 가미무라(上村) 中將에게 責任이 돌려져 그를 '국적(國敵)', '로탐
(露探 러시아 스파이)'이라고 규탄하는 사태까지 벌어졌다.[38] 그러나
희생은 그것으로 끝난 것이 아니었다. 그 보다 조금 앞서 사도마루(佐
渡丸, 6.226t)가 '로시아'에게 공격당했고 이즈미마루(和泉丸 3,229t)가
'그롬보이'에게 격침당했다.[39]

그렇다고 해서 일본은 이 같은 동해 상의 위급사태를 막기 위해 여
순에서 함선을 뽑아 동해 전력을 보강할 수도 없는 처지였다. 이 방
법은 육군이 여순을 함락하기 전까지는 고려해볼 여지도 없는 일이었
다. 대본영(大本營)에 보낸 도고의 7월 11일자 여순 공략 촉진 전청(促
進電請)은 이 점을 분명히 해주고 있다.

　…전국(동해상)은 실로 우려치 않을 수 없다. 더욱이 발틱함대의 동항에 대
　비할 필요가 절박한 처지다. 우리 전략의 최대 급무는 하루 빨리 여순을 공략
　하는 길밖에 없다.…따라서 이를 촉진하기 위해 모든 수단을 강구할 것을 요청
　한다.[40]

여순 공략과 해군 전력의 증강이 밀접한 상관관계가 있음을 알려
주는 대목이다. 여순 공략을 선행하지 않고서는 동해 전력의 증강을
기대하기가 어렵게 되어 있었던 것이다.

---

37) The Russo-Japanese War 1904-05, Bitish Naval Attache Reports (Nashvill: The
　　Batterry Press, 2003), p.95~96 ; ワーデイム・ルオービイチ・アガーポフ, 위의 글,
　　105쪽 : War Department, 위의 책, p.145.
38) 『明治37·8年海戰史』, 50~51쪽.
39) 海軍軍令部編, 『極秘明治37·8年海戰史』, 第4部 卷4,(以下 極秘海戰史 4-4로
　　약함) 236쪽. Warner, 위의 책, p.323~324 ; 伊藤正德, 「大海軍を想う」, 『文藝
　　春秋社』, 1956, 196쪽.
40) 伊藤正德, 같은 책, 200쪽.

5) 일본의 울릉도 망루 건립과 절박해진 여순 공략

일본은 5월 15일 사태 이후 동해 전력을 증강하는 방법으로 망루 건립에 치중하고, 다른 한편으로는 여순 공략을 서둘렀다. 야마모토(山本) 해군상이 6월 21일자로 하달한 망루 건립 명령이 바로 그것이다. 히다치 마루를 격침당한 뒤 6일만의 일이다.

가설 망루를 일본 규슈(九州) 및 츄고쿠(中國) 지방의 연안 각지와 함께 한국 동남해안인 죽변만·울산·거문도·제주도 등에 건립하고, 해저 전신으로 이들 지방을 연결하라는 내용이 하달된 것이다. 그리하여 한국 영토 내에 건설된 망루만도 약 20개에 달하게 되었다.[41]

울릉도 망루도 그 일환으로 건설되었다. 이곳을 죽변 등 한국 본토와 해저전신선으로 연결하기 위해서였다. 울릉도 망루는 동남부(東望樓, 配員 6명), 서북부(西望樓, 配員 6명) 등 2개소로서 8월 3일에 착공하여 9월 2일부터 업무를 시작했다. 해저 전신선은 9월 8일부터 시작해서 9월 25일에 완공했다. 이로써 울릉도와 한국 본토 그리고 일본 사세보 해군진수부(佐世保 海軍鎭守府)와의 직접 교신이 가능해지게 되었다.[42]

그러나 일본의 불안은 7월 하순으로 접어들어 한층 더 고조되었다. 다카시마마루(高島丸)를 비롯한 5척의 선박(喜賓丸 第2北生丸 自在丸 福就丸)이 또 다시 격침당했을 뿐만 아니라 '로시아', '그롬보이', '류릭' 등 장갑 순양함이 태평양으로 돌파해 들어옴으로써(7.20.새벽) 일본인들의 간담을 서늘케 했다. 블라디보스토크 순양함대의 7회에 걸친 출격 중에서 7월 17일부터 8월 1일에 걸친 제 6차 출격이 가장 집요했고 성과가 컸다.[43]

---

41) 『極秘明治37·8年海戰史』, 4-4, 236~239쪽 ; 堀和生, 같은 논문, 114쪽.
42) 『明治37·8年海戰史』, 239쪽 ; 堀和生, 같은 논문, 114쪽.
43) ワーデイム·ルオビイツチ·アガーポフ, 같은 책, p.107.

실제로 러시아 함선은 쯔가루(津輕) 해협을 두번이나 통과하여 도쿄만(東京灣) 근처까지 위협했다. 일본이 아직 여순을 점령하지 못한 처지였음에도 불구하고 부득불 주력 중순양함 6척 중에서 4척(야구모 八雲, 아사마淺間 등)을 뽑아 대한해협에 배치할 수밖에 없었던 까닭도 바로 여기에 있었다.[44]

도고가 여순 함대를 상대로 '황해 해전'을 벌인 것은 이 같은 6·7월의 곤경을 치루고 난 뒤인 8월 10일에 이르러서의 일이다. 이는 차르의 명령에 따라 여순 함대가 블라디보스토크로 이동하기 위해 여순항을 벗어남으로써 비로소 맞게 된 기회였다. 그러나 이번에도 그는 러시아에 결정적 타격을 입히지는 못했다. 이 결과 러시아 함선은 비록 손상은 당했지만 대부분 여순항으로 복귀했고, 그럼으로써 그 위협은 8월 중순이후까지 지속되었다.

일본이 이 이후에도 여순 봉쇄를 위해 그 주력을 계속 황해에 붙여둘 수밖에 없었던 까닭이 바로 여기에 있었다.[45] 일본의 곤경은 이처럼 8월 말에도 여전히 해소되지 않고 있었다. 이런 곤경 속에서 그들은 설상가상으로 다시 발틱 함대를 맞을 수밖에 없었던 것이다.[46]

4. 발틱 함대의 동향과 일본의 독도 점취

1) 발틱 함대의 내도와 나카이(中井)의 '영토편입원'

일본은 위와 같은 불안 속에서 다시 발틱함대를 맞게 되었다. 이것이 울릉도 탈취에 이어 일본이 독도마저 점취하게 된 직접적인 계기

---

44) 伊藤正德, 같은 책, 195쪽.
45) 相澤順, 같은 논문, 79쪽.
46) ワーデイム·ルオビイツチ·アガーボフ, 같은 책, p.103~104.

였다. 독도가 울릉도와 동일 작전권에 속하는 이상, 대전(對戰) 준비
를 보다 철저하게 하기 위해서는 이 섬의 전략적 이용이 불가피했다.

독도 이용 계획은 울릉도 망루 설치를 완료한 해군측이 먼저 제기
했다. 해군측이 이 섬의 전략적 이용 가치를 먼저 알아낸 것이다. 울
릉도 동망루와 서망루에 전신 시설을 완공한 일자는 9월 25일이었다.
일본정부가 나카이에게 '독도 편입원'을 제출하게 한 일자는 이 후
불과 4일 뒤인 9월 29일이었다.

"울릉도 전신선 부설 공사를 진행하는 가운데 일본 해군은 보급 활
동과 이 해역에서의 초계 활동을 통해 독도에 관한 많은 정보를 입수
했다".47) 군함 니다카 호(新高號)의 1904년 9월 24일자 일지에는 "블
라디보스토크 함대가 21일 밤에 출항했다는 정보가 있어 오끼나와
마루(沖繩丸)가 울릉도(다케시마)를 떠나 오자키(尾崎)로 돌아갔다"48)
는 기록이 있다.

이어 9월 25일자 일지(日誌)에는 "…금년에 몇 차례 (독도로) 도항
했는데, 6월 17일 러시아 군함 3척이 이 섬 부근에 나타나 일시 배회
한 뒤, 북서쪽으로 진항하는 것을 실견했다"고 하고 있다49). 사태의
심각성과 아울러 독도 이용의 필요를 제기하고 있는 것이다.

그렇다면 일본 정부가 나카이의 독도 편입 및 대여원을 접수한 9월
말의 정황은 정녕 어떠했을까? 러시아가 발틱함대를 동파하기로 결심
한 계기는 8월 7일 이후 일본 육·해군이 여순에 대한 연합 공략을 시
작함으로써 여순항이 위험에 빠진데 있었다.

즉 일본 육군의 포병부대가 여순시가 및 항내를 포격하게 되자, 여
순의 태평양 제1함대가 중대 위기에 봉착하게 됨으로써 러시아로서
는 어떻게든 그 주력을 구원해 내야만 했던 것이다. 여기서 사령부는

---

47) 堀和生, 115쪽.
48) 『軍艦新高行動日誌』, 9月 24日付, 2736쪽(防衛廳防衛硏究所藏).
49) 『軍艦新高行動日誌』, 9月 25日付, 2739쪽(防衛廳防衛硏究所所藏).

비드게프트(Withgeft)소장에게 "남은 전 함정을 이끌고 일본 함대의 봉쇄를 돌파 블라디보스토크로 향하라"는 명령을 하달했던 것이다.[50]

원래 블라디보스토크 순양함대는 여순항을 탈출한 함대와 8월 10일 대마도 해협에서 합류하게 되어 있었다. 도고는 바로 이 기회를 맞아 여순 함대와 이른바 '황해 해전'을 벌였다. 이 결과 러시아의 이 시도는 결국 실패로 끝나고 말았다(8.12). 비드게프트 소장도 황해 해전에서 전사했다.

따라서 일본 해군은 비록 완벽하지는 못했지만 '황해 해전'에서 승리를 거둔 것만은 분명했다. 그리고 울산 해전(8.14)으로 잇센 제독 휘하의 블라디보스토크 함대의 기세도 크게 꺾어 놓았다. 그러나 이 패배가 바로 발틱함대를 동파하도록 차르를 자극하게 되었던 것이다.

그가 대해군 회의를 열어 발틱함대의 동파를 확정지은 것(8.30)은 이 패배에 복수하기 위한 조치였다. 그리하여 9월 13일에는 마침내 그 일진이 크론슈타트를 출항했다는 소문마저 나돌았다. 그렇지만 당시 동해에서 일본의 사정은 개선되기는 커녕 오히려 악화일로였다.[51]

9월 23일에는 "블라디보스토크 함대가 수리를 완료했다"는 군령부 차장 이쥬잉 고로(伊集院五郎)의 발표가 있었다. 이튿날(9.24)에는 "이 함대가 21일 이미 블라디보스토크 항를 떠나 동해로 들어왔다."는 풍문마저 나돌았다. 따라서 1904년 9월 하순에는 이처럼 발틱함대의 동파와 아울러 블라디보스토크 함대가 활동을 재개함으로써 동해의 불안이 최고조에 달해 있었다.[52] 따라서 이 무렵은 일본으로서는 그야말로 초비상시국이었다.

일본 해군은 9월 25일을 기해 울릉도 망루 설치와 해저전신 공사

---

50) ワーデイム·ルオビイツチ·アガーポフ, p.108.
51) 海軍勳功表彰會, 『日露海戰記』 全, 1907년, 444쪽 ; 丸山正彦·赤掘又二郎, 『日露戰史 後編』, 374쪽.
52) 伊藤正德, 같은 책, 197쪽.

까지 모두 완료했고, 이미 24일 군함 니다카마루에 대해 독도 망루설
치가 가능한지 그 여부를 조사케 했다. 9월 29일자 '리양코도 영토편
입 및 대하원' 접수는 5월 15일 이후 9월 하순에 이르는 이 같은 초
비상 사태에 대비한 조치였다. 5월 15일의 사태에 대응하여 울릉도를
탈취했다면, 이후 9월 하순까지의 정황 변화와 발틱함대의 내도 위협
이 일본에게 독도 점취를 강행케 했던 것이다.

2) 일본의 독도 한국령 인지(認知)와 무주지 단정

울릉도 망루 설치와 독도 이용계획이 해군 측의 대응책이었다면,
'영토 편입원' 접수는 정부의 해군 지원 조치였다. 1904년 9월 말은
일본에게는 그야말로 초비상 시국이었다. 동해는 이미 전쟁터로 변하
여 해운과 어업이 전면 중단된 상태였다.[53] 이 처절한 상황에서 정부
당국의 사주없이 나카이가 독단으로 '영토편입원'을 제출했다고 믿을
수는 결코 없는 일이다.[54] 영토 문제는 어디까지나 국가 차원의 문제
로서 한 어부가 단독으로 판단할 수 있는 사안이 아님은 재론할 필요
도 없는 일이다.

"일본 정부 관계자들도 리양코 도가 한국 령이라는 사실을 몰랐다
고는 생각되지 않는다". "당시 일본에서 리양코 도가 한국 령이라는
것은 상식처럼 되어 있었다".[55] 나카이는 처음 내무성에 영토 편입
신청을 했지만 내무성 지방국장은 접수를 거부했다. 지방국의 이노우
에(井上)서기관은 "이 시국에 제하여 한국 령이라는 의문이 드는 황막

---

53) Warner, 같은 책, p.324 ; 伊藤正德, 같은 책, 196쪽.
54) 堀和生, 같은 논문, 118쪽.
55) 內藤正中, 2006.10, 「竹島の領土編入をめぐる諸問題」, 『北東アジア文化研究』, 第
    24號, 鳥取短期大學 北東アジア文化總合研究所, 7~15쪽 ; 朴炳涉, 2005.7, 「竹
    島=獨島は日本の'固有領土か?」, 『飛礁』 47호, 16쪽.

한 일개 불모의 암초를 얻고, 환시하는 여러 외국에게 우리나라가 한국병탄의 야심이 있다는 의심을 품게 하는 것은 이익이 극히 적은데 반해 사정이 결코 용이하지 않기 때문"이라고 거부 이유를 밝혔다.[56]

이에 나카이는 외무성 정무국장 야마자 엔지로(山座圓次郎)를 찾아갔다. 그러자 야마자는 "시국은 영토 편입을 급무(急務)로 한다."며 내무성이 우려하는 외교상의 마찰은 문제될 것이 없다[57]고 일소에 붙였다. 그리고 농상무성 수산국장 마키 나오마사(牧朴眞), 해군성 수로부장[58] 기모쯔키 가네유키(肝付兼行) 등과 협의, 나카이에게 내무 외무 농상무 등 3대신에게 '리양코도 영토편입 및 대하원'을 제출케 했다.[59]

여기서 마키는 "기모쯔키 장군 단정에 따라 이 섬이 무주지임을 확인했다"며 "나카이가 전년부터 리양코 도에서 물개잡이를 시작한 사실이 있는 이상은…" 이라며 이 섬을 무주지 선점이론을 적용하여 "영토편입하자고 제안했던 것이다".[60]

이로 미루어 러일전쟁 이전까지는 일본에 독도가 일본 땅이라는 인식이 없었음을 알 수 있다. "명치 정부가 국가 사업으로 제작한 '대일본 관할분지도'에도 독도는 기재되어 있지 않다." 도서(島嶼)와 수로 측량을 담당하고 있던 해군 수로부도 리앙쿠르 도가 "일본 령이 아니라 한국 령이라고 인식하고 있었다".[61]

---

56) 掘和生, 같은 논문, 117쪽 ; 內藤正中·朴炳涉, 같은 책, 192쪽.

57) 掘和生, 같은 논문, 117쪽.

58) 內藤正中·朴炳涉, 2007, 『竹島＝獨島論爭』, 新幹社, 103쪽. 水路部의 명칭은 여러 번 바뀌었다. 1886년에는 海軍水路部로, 1888년에는 海軍이라는 冠稱을 폐하고 '水路部'라고 개칭했다.

59) 內藤正中·朴炳涉, 같은 책, 191~192쪽.

60) 內藤正中, 같은 글, 60쪽.

61) 掘和生, 같은 논문, 149쪽 : 朴炳涉, 같은 글, 149쪽. "掘和生에 의하면 日本水路誌의 계재범위는 日本領土 領海로 한정되었는데, 92년 이후 발간된 日本水路誌에는 리앙쿠르島가 없고, 해군의 朝鮮水路誌(94, 99년판)에 울릉도

군함 니다카마루(新高丸)의 1904년 9월 25일자 일지는 이 사실을 현지 답사를 통해 재차 분명히 밝혀주고 있다.

> 마쓰시마(松島=울릉도)에서 들은 리앙쿠르 암 실견자로부터 청취한 정보라고 명기한 뒤, 리앙쿠르 암을 한인들은 독도라 서(書)하고, 본방 어부들은 략(略)하여 리아쿠르 도라고 호칭한다.[62]

즉 울릉도의 한인들은 리앙쿠르 도를 '독도'라고 칭했고, 이 섬을 한국 령이라고 생각하고 있다는 요지였다. 그리고 이 군함이 현지의 자국인과의 접촉을 통해 확인한 바로는 '독도가 한국땅'이라는 수로부(水路部)의 판단이 정당하다는 내용이었다.

내무성이 나카이의 '영토편입원' 접수를 거부한 것은 너무나도 당연한 행정 처리였다. '다케시마(울릉도)외 일도를 판도외(版圖外)로 한다.'는 1877년 3월의 태정관 지령이 바로 자기들 내무성의 지적편찬 과정을 통해 나온 결론이었기 때문이다.

3) 리양코도 영토 편입과 제국주의적 침략의 본색

일본 내무성이 나카이의 '리양코도 대하원' 접수를 거부했음은 이미 상론한 바 있다. 내무성의 후배 관료들은 여러 기록과 사실을 통해 불과 27·8년 전 선배들의 지적편찬(地籍編纂)사업을 잘 알고 있었기 때문이다.[63] 내무성에서 접수를 거부당한 나카이가 외무성 정무국장 야마자를 찾아간 사실도 이미 언급한 바 있다. 독도를 무주지로 돌변시킨 곳은 바로 그곳이었다. 야마자는 한국통 외교관으로 현양사

와 나란히 리앙쿠르列岩이 기재되어 있다는 것이다. 19세기 말 일본해군 당국은 竹島(독도)를 한국령으로 인식하고 있었음이 분명하다.
62) 『軍艦新高行動日誌』, 1904年 9月 25日條, 27~37쪽, 防衛廳防衛硏究所所藏.
63) 堀和生, 같은 논문, 117쪽.

(玄洋社)와도 깊은 관련이 있는 제국주의적 침략 성향의 인물이었다. 특히 '나카이의 영토편입원 제출에 즈음하여'라는 그의 언급은 독도를 점취한 일본의 진의가 러시아와의 해전 수행에 그 목적이 있었음을 극명하게 입증해 주고 있다.[64] 제국주의자의 본색을 단적으로 드러낸 발언이었다. 일본 정부는 "한국을 여하한 경우에도 실력을 가지고 우리의 권세 하에 두어야 한다."고 이미 방침을 굳힌 바 있었다.[65]

물론 당시 일본은 울릉도에 이어 독도까지 일거에 점령할 수 있는 무력도 있었다. 그렇지만 일본은 아직 그런 무리를 강행할 필요가 없었다. 발틱함대가 아직 리바우(Libau=Latvia의 Liepaja)를 출발하지도 못한 상태여서 시간적으로 '편입'이 절실하지 않았기 때문이었다. 더욱이 일본이 아직 여순을 함낙하지 못하고 있어 발틱함대가 블라디보스토크로 향할지, 여순으로 향할지도 알 수 없었기 때문이다.

따라서 일본은 접수해둔 '독도편입원'을 이용, 발틱함대의 내도(來到) 속도에 맞추어 처리하면 그것으로 족했다. 그렇지만 해군은 만일에 대비한 안전 조치만은 결코 소홀히 하지 않았다. 일찍부터 독도의 전략적 가치를 파악하고 있던 그들은 정부에 앞서 자기들의 전략적 이용 계획을 행동으로 옮겼던 것이다.

1904년 11월 13일 해군군령부가 군함 쓰시마(對馬)에 대해 리앙쿠르도에 전신소(無線電信所가아님) 설치가 적당한가 그 여부를 조사하라는 명령이 바로 그것이다.[66] 울릉도와 해저전신으로 연결이 가능한가 어떠한가를 조사하라는 명령이었다. "이에 군함 쓰시마는 11월 20일 리앙쿠르 도로 향했다. 이것이 일본정부 최초의 독도 조사요, 군사적 이용 가치 실사였다".[67]

---

64) 掘和生, 같은 논문, 118쪽.
65) 外務省編, 『日本外交年表竝主要文書 上卷』, 217~219쪽, 224~225쪽. 1965.
66) 『軍艦對馬戰時日誌』, 防衛廳戰史部所藏.; 掘和生, 같은 논문, 115쪽.
67) 掘和生, 같은 글, 115쪽.

당시는 여순 항에 직접 포격을 가할 수 있는 이른바 203고지를 러·
일 양군이 저마다 먼저 점취하기 위해 처절한 쟁탈전을 벌이고 있었
다. 따라서 일본으로서는 발틱함대가 여순으로 향할지, 블라디보스토
크로 향할지를 전혀 가늠할 길이 없었다. 병력을 불가불 두 방향으로
분산 배치할 수밖에 없는 것이 당시 일본의 처지였다.[68]

일본이 이 고지 점취(12.6)에[69] 이어 여순을 점령함으로써(1905.1.1)
발틱함대의 진로가 블라디보스토크로 확정될 때까지는 일본은 어떤
결정도 내릴 필요가 없었다. '독도편입원'을 접수해 두는 것 이상의
어떤 조치도 필요치 않았던 것이다.

4) 발틱함대의 노시베 체류와 일본의 대전(對戰) 준비

육군의 여순 점령은 일본이 발틱함대의 내도에 대비, 대전 준비를
본격 추진할 수 있는 결정적 계기였다.[70] 이제 발틱함대가 여순으로
는 향할 수 없게 된 이상, 일본은 이제 블라디보스토크로 가는 길만
막으면 되기 때문이었다. 즉 여순 함락은 일본의 방위 부담을 반감시
켜 준 반해, 러시아에게는 그야말로 절망의 시작이었다.

한편 로제스트벤스키도 발틱함대를 이끌고 10월 15일 리바우 항을
떠나 희망봉을 돌아 천신만고 끝에 마다가스카르의 노시베(Nosi-Be)
항에 도착하기는 했다(12.29). 영국이 러시아에게 수에즈運河 통과를
불허함으로써 겪게 된 고난의 여정이었다.

그런데 노시베에 도착한 그는 본국 정부로부터 사리에 맞지 않는

---

68) 谷壽夫, 1966, 『機密日露戰史』, 原書房, 221쪽.
69) Warner, 위의 책, 480쪽. 당시 발틱 함대는 케이프 타운에 도착하기 직전에
    독일령 앙그라 베케나 해안에서 석탄을 보급받았다. 여기서 로제스트벤스
    키는 독일 총독으로부터 일본군이 203고지를 점령했다는 정보를 얻어 들었
    지만 그것이 어떤 의미를 가지는지를 알지 못했다.
70) Mitchell, 같은 책, p.242 ; 明治37·8年海戰史, 135쪽.

훈령을 받았다.[71] 새로 편성하기 시작한 "제3 태평양 함대와 합류한 뒤에 전장으로 향하라."는 정부의 시달이 바로 그것이었다. 이는 적국에게 대전준비를 위한 충분한 시간적 여유를 주는 결과밖에 안되는 것이기 때문이었다. 본국 정부가 처참한 현지 사정을 전혀 알지 못하고 내린 명령이었다.[72]

로제스트벤스키 함대는 적도의 뜨거운 태양열이 작열하는 철갑선 위에서 3월 17일까지 거의 3개월간이나 발이 묶였다. 설상가상으로 그는 다시 여순 실함 소식뿐만 아니라 '피의 일요일'(Bloody Sunday, 1905.1.22)이라는 혁명 발발소식까지 접했다. 장병들의 사기가 그야말로 땅에 떨어질 수밖에 없었던 것이다.[73]

발틱함대의 내도에 대비하여 일본 해군과 내각이 보다 구체적인 대전 준비를 실행한 것은 바로 이 시기의 일이었다. 도고도 이토(伊東) 군령부장의 명령에 따라 12월 30일에서 이듬해(1905) 2월 6일까지 약 5주간에 걸쳐 동경에 체류하며 작전을 협의했다. 이는 발틱함대의 노시베 체류기간(1904.11.29-1905.3.17)과 같은 시기의 일이다.

나라의 운명이 걸린 일대 결전을 목전에 둔 시점에 있어 이 작전을 직접 지휘하게 될 해군 수뇌의 발언권이 가장 강력했을 것임은 의문의 여지가 없는 일이다. 내각의 '독도 편입 조치'를 비롯한 러시아와의 대전을 위한 구체적 작전 계획이 수립된 것도 모두 도고의 동경

---

71) Official History(Naval and Military) of Russo-Japanese War(London, Publishing by His Majesty's Stationary Office, 1920년) p.733. 로제트벤스키는 제3태평양 함대를 기다릴 것 없이 전장으로 향하게 해달라고 본국에 허가를 요청했으나 수쿠루이드로프(Skuruidlov)제독에 의해 거절되었다.

72) ポリトウスキ, 1907, 『露艦隊來航秘錄』, 時事新報社 譯, p.64~65.

73) Warner, 같은 책, p.547~551. 러시아군은 식품·음료수 부족과 사기(士氣) 저하로 기강이 무너진 상태였다. 艦艇의 機關故障으로 肉類는 모조리 썩었고, 혹독한 더위와 전염병으로 병사자(病死者)가 속출했다. 사병들의 자살사태까지 속출하는 형세였다. ; ポリトウスキ, 같은 책, p.71.

체류기간의 일이었다.[74]

내상 요시가와 아키마사(芳川顯正)가 수상 가쓰라 다로(桂太郎)에게 이른 바 '무인도 소속에 관한 건'이라는 비밀 공문(73秘乙 第337의 1)[75]을 보낸 것은 여순 함락 후 10일만의 일이다(1.10). 그러자 각의는 다시 1월 28일 이를 다음과 같은 사유를 붙여 통과시켰다.

> …메이지 36年 나카이라는 자가 이 섬에 이주하여 어업에 종사한 것은 관계 서류에 의해 명백하기 때문에 국제법상 점령 사실이 있는 것으로 인정, 이를 우리나라 소속으로 하고, 시마네 현 소속 오키도사(隱岐島司)의 소관으로 해도 무방하다고 생각하여 이로써 청의한 각의 통과 결정이 이루어졌음을 당연하다고 인정한다.[76]

이 각의 결정은 도고가 "특수 임무가 없는 전함선은 수리를 끝내고 1월 21일까지 대한해협에 집결하라."는 명령을 내린 뒤 불과 1주일만의 일이었다.[77] 각의의 '독도 편입'의결이 바로 그것이다.[78] 이 명령은 도고가 발틱함대와의 대결 장소를 대한해협으로 최종 확정했다는 뜻이며, 독도를 울릉도와 더불어 러일해전의 종결 예정지로 결정했다는 움직일 수 없는 증거가 된다.[79]

---

74) 軍令部纂, 같은 책, 136~137쪽.
75) '無人島所屬에 관한 件'의 내용은 다음과 같다. "북위 37도 9분 30초, 동경 131도 55분, 隱岐島 서북 85마일에 있는 無人島는 타국이 이를 점령했다고 인정할 만한 형적이 없어 지난 明治 36년(1903) 일본인 中井養三郎라는 자가 어사(漁舍)를 짓고 인부를 옮기고 漁具를 갖춘 뒤 海驢잡이에 종사해 이번에 領土編入 및 貸下를 出願한 바 차제에 所屬 및 島名을 確定할 필요가 있어 이 섬을 竹島라 이름붙이고 이후 島根縣 隱岐島司의 所管으로 할 것을 閣議에 요청한다.
　　明治 38年 1月 10日　內務大臣子爵　芳川顯正 印
　　內閣總理大臣 伯爵 桂太郎 殿
76) 內藤正中, 1968, 같은 논문, 60쪽 ; 大熊良一, 『竹島史稿』, 『原書房』, 249쪽.
77) 軍令部纂, 같은 책, 137쪽 ; Ogasawara, 위의 책, p.325
78) 軍令部纂, 같은 책, 136~137쪽.
79) 野村 實, 「日本海海戰直前의 密封命令」, 『軍事史學』, 第18卷 第1號

그러나 일본정부는 편입발표도 서둘 필요가 없었다. 발틱함대가 닥쳐오기 직전까지 유보함으로써 열강에게 의혹을 품을 시간적 여유를 줄 필요가 없기 때문이다. 그렇지 않아도 미국의 루즈벨트 대통령은 개전 불과 4개월만인 6月 초부터 이미 일본이 거둔 예상밖의 과도한 승리를 우려하고 있었다. 우리의 상식과는 달리 이제 일본은 미국의 지원대상이 아니었다. 러시아 대신 일본이 미국의 견제대상으로 바뀌어 가고 있었던 것이다.[80)]

미국의 지원없이는 전쟁을 계속할 수 없었던 당시의 일본으로서는 몸을 움츠릴 수밖에 없었다. 미국과 영국의 관전무관이 일본 군함에 탑승하고 있었을 뿐만 아니라 서울에는 아직 열강의 외교사절이 주재하고 있었다. 1904년 2월 23일 한일의정서가 체결되기는 했지만 이것은 일본의 한국에 대한 일방적 강압이었을 뿐, 열강이 승인한 사안이 아니었다.

각의가 영토 편입을 의결한 뒤에도 내무성이 2월 15일 시마네현 지사에게 발표를 관내 고시로 처리하라고 훈령한 사실(제87호)로도 일본이 열강의 간섭을 두려워했음을 알 수 있다.[81)] 독도 편입 발표는

軍事史學會編集, 2~10쪽. 발틱함대의 일본 도착이 너무 늦을 뿐만 아니라 그들의 所在까지 파악할 수 없자 일본해군은 초조해진 나머지 敵艦의 블라디보스톡 入港經路가 쯔가루海峽으로 바뀌었다고 상정, 이에 대비하여 이른바 '密封命令'을 발한 사실은 있다. 그러나 이 명령은 도고의 大韓海峽集結 命令下達 4개월 뒤인 東海海戰 直前의 일이다. 그러나 "5월 26일 새벽 敵情을 파악한 伊集院 軍令部次長의 電報로 계획대로 동해해전으로 진행되었다." 따라서 도고는 동해해전 4개월 전에 戰場을 大韓海峽으로 예정한 셈이 다.

80) Raymond A. Esthus, "Theodre Roosevelt and Japan" (Seattle, University of Washington Press, 1960) p.41~43. 루즈벨트 대통령은 일찍이 1904년 6월 6일 가네코(金子)특사와 다카히라(高平)공사를 오이스터만으로 초치, 강화 중재 의사를 표명하며 동아시아에서 일본이 차지할 수 있는 지위를 시사했다. 이어 6월 9일에는 이들을 재차 초치하여 일본이 北上할 수 있는 限界를 구체적으로 밝힘으로써 일본을 견제하기 시작했다.

러시아 제3 태평양 함대가 리바우를 출항했다는 정보를 약 1주일 뒤에 접하고 난 뒤 1905년 2월 22일에야 비로소 이루어졌다.

이번에도 발표 일자는 도고가 진해만에서 임전태세 완비를 먼저 선언한(2.21) 바로 이튿날이었다. 나카이의 '영토편입원' 접수 단계에서 '편입' 발표라는 최종 단계까지 내각은 전황 변화에 따른 해군측의 대비책을 적극 지원했던 것이다.

5. 맺음말
- 일본의 독도점취는 카이로선언의 규제대상

첫째 독도 편입은 러일전쟁 수행을 위한 일본 정부의 대비책이었다. 1904년 5월 15일을 전후하여 일본 해군이 여순항에서 최신예 해군 전력의 약 3분의 1을 한꺼번에 상실하자, 그들은 우선 울릉도가 갑자기 필요하게 되었다. 망루를 설치하는 방법 이외에 전력을 보충할 수 있는 다른 길이 없었기 때문이었다.

이에 그들 외교진은 육군의 만주 진공에 발맞추어 러시아로부터 압록강 두만강 삼림 채벌권 탈취 공작을 벌이던 가운데, 돌연 울릉도를 탈취 대상에 추가했다. 이 사실은 일본 외교문서가 입증해 주고 있다.

둘째 해군은 죽변과 울릉도에 망루 건설을 시작하여 8월과 9월에 각각 완공했다. 이어 해군 군령부는 9월 25일 독도 망루 설치를 위한 조사를 명령했다. 그러자 내각은 불과 4일 뒤인 9월 29일 나카이를 시켜 '리양코도 영토편입원'을 제출케 했다.

이는 울릉도 탈취(5.18) 이후 9월 하순에 이르는 심각한 전황 변화와 발틱함대 내도에 대비한 일본 정부의 해군 지원 조치였다. 특히

---

81) 堀和生, 같은 논문, 118쪽.

9월 하순에 수리를 끝낸 블라디보스토크 함대의 위협 가중으로 이 조치는 더욱 불가피했다. 야마자 정무국장의 언급으로도 이는 분명하다.

셋째 그러나 시간적으로 일본으로서는 아직은 '접수' 이상의 다른 조치가 필요치 않았다. 발틱함대가 아직 리바우를 출발하지 못한 상태였고, 또 일본도 여순을 점령하지 못한 상태에 있어, 발틱함대가 동아시아에 도달한 뒤에 여순으로 향하게 될지 아니면 블라디보스토크로 향할지를 분간할 수가 없었기 때문이다. 따라서 독도의 필요성도 아직은 분명치 않았다. 독도 편입은 발틱함대의 진로가 동해로 확정됨으로써 비로소 그 필요성이 확실해졌던 것이다.

일본이 발틱함대와의 대전 준비를 본격적으로 추진한 것은 여순을 점령한 1905년 1월 1일 이후의 일이다. 따라서 독도 편입 조치도 그 이후에야 본격화되었다. 그것도 시간적으로 육전의 전황 변화와 발틱함대의 동항 속도에 발맞추어 진행되었다.

넷째 내상 요시가와(芳川)가 수상 가쯔라(桂太郎)에게 '독도 편입'을 의결해 달라고 요구한 날짜는 여순 함락 10일 뒤인 1월 10일이었다. 그 후, 도고는 특수 임무가 없는 전 함선의 대한해협 집결을 명령했다. 그 날짜는 다시 10일 뒤인 1월 21일이었다. 그리고 그 후 다시 1주일 뒤인 1월 28일, 내각은 '무인도 선점'이론을 적용, 독도를 자국 영토로 '편입' 했다.

독도 점취를 위한 대부분의 조치가 집중적으로 취해진 시기는 도고가 군령부장의 명령에 따라 동경에 체류한 5주간(1904.12.30~1905.2.6)의 일이었다. 이는 발틱함대의 노시베 체류기간(1904.12.29~1905.2.6)과 겹친다. 이것만으로도 일본의 독도 편입과 러일전쟁과의 관련을 부정할 수 없는 것이다.

다섯째 전 함선에 대해 대한해협으로 집결하라는 도고의 명령은 일본 해군 측이 발틱함대의 진로를 동해로 확정했다는 뜻이다. 일본이 러시아 해군과의 결전장을 대한해협으로 결정했다는 증거다. 그리고 이는 해군측이 해전의 종결지점을 독도와 울릉도로 예정했다는 의미이기도 하다.

독도 영토 편입 고시도 도고의 임전 태세 완비 선언(2.21)에 이어 바로 이튿날(2.22) 이루어졌다. 그 방법도 열강의 의혹을 피하기 위해 시마네 현이라는 일 지방관청의 관내고시로 처리했다. 당시는 미국이 일본의 과도한 승리를 우려하여 러시아 대신 일본에 대한 견제를 시작했기 때문이었다.

역사적 사실이 엄연한 이상, 어떤 논리로도 독도 영토 편입과 러일 전쟁과의 관련을 부정할 수는 없다. 전쟁에는 '폭력'과 '탐욕'이 수반될 수밖에 없었다. 이런 의미에서 일본의 독도점취가 카이로 선언의 규제 대상임은 재론의 여지가 없는 것이다.

참고문헌

日本外務省, 『日本外交文書』, 第37卷, 第1册, 1965년.

外務省編. 『日本外交年表竝主要文書』, 上卷, 1965년.

海軍軍令部編, 『極秘明治37·8年海戰史』, 第4部 卷4(アジア歷史資料センタ).

海軍勳功表彰會纂, 『日露海戰記』 全, 1907년.

『戰艦新高行動日誌』(防衛廳硏究所所藏).

『公文錄』, 內務省之部, 明治9年 5月條, 二A. 10-公2032, Micro Reel 2560-1347/ 明治10年3月17日條,「日本海內竹島外一島地籍編輯方伺」 二A10- 公2032-Micro Reel 256-1350/ 明治 10年 3月20日條, 二A-公 2032-Micro Reel 256-1346(國立公文書館所藏).

『公文類聚』,第29編　卷一,　政綱門行政區,　二A011-00類981100/　MicroReel,
　　17300-1375-76コマ(國立公文書館所藏).

Foreign Office, Correspondence, 405-139.

Official History(Naval and Military) of the Russo-Japanese War(London,
　　Publishing by His Majesty's Stationary Office, 1920).

TheRusso-Japanese War 1904-05, British Naval Attache Reports(Nashville: The
　　Battery Press, 2003).

(U.S) War Department, Epitome of the Russo-Japanese War(Washington,
　　Government Printing Office, 1907).

下條正男, 『竹島は日韓どちらのものか』,文春新書, 2005년.

軍令部纂, 『明治37·8年海戰史(下)』, 內閣印刷局 朝陽會, 1934년.

ワーデイム·ルオヴィチ·アガポフ, 『露日戰爭におけるウラジオ巡　洋艦隊の作 戰'日
　　露戰爭(2)』, 軍事史學會編, 2005년.

朴炳涉, 『日本の竹島=獨島放棄と領土編入』姜德相先生古希·退職記念, 『日朝
　　關係史論集』, 新幹社, 2003년.

伊藤正德, 「大海軍を想う」, 文藝春秋社, 1956년.

堀和生, 「1905年日本の竹島領土編入」, 『朝鮮史研究會論文集』 第24集, 1987
　　년 3월.

內藤正中(1), 「竹島は日本固有の領土か」, 『世界』, 2005년 6월.

內藤正中(2), 「竹島領土編入をめぐる諸問題」, 『北東アジア文化研究』, 第24號,
　　鳥取短期大學, 北東アジア文化總合研究所, 2006년.

內藤正中·朴炳涉, 『竹島=獨島論爭』, 新幹社, 2007년.

相澤順, 「奇襲斷行か威力偵察か? -旅順口奇襲作戰をめぐる對立-」, 『日露戰爭
　　(二)』, 軍事史學會, 2005년.

丸山正彦·赤掘又二郎, 『日露戰史』 後編.

谷壽夫, 『機密日露戰史』, 原書房, 1966년

大熊良一, 『竹島史稿』, 原書房, 1968년.

野村實, 「日本海海戰直前の密封命令」, 『軍事史學』, 第18卷 第1號,軍事史學
　　會, 1982년.

Nagayo Ogasawara, "Life of Admiral Togo"(Tokyo, The Seito Shorin Press,

1934).

R.A. Esthus, "Theodore Roosevelt and Japan" (University of Washington Press, 1960).

Dennis and Peggy Warner, "The Tide at Sunrise-A Russo-Japanese War-trans." by 妹尾作太郎·三谷庸雄, 『日露戰爭全史』, 時事通信社, 1979.

David Crist, 'Russia's Far Eastern Policy in the Making' Journal of Modern History, vol. Ⅴ, no.2.(June, 1942).

David W. Mtichell, "A History of Russian and Soviet Sea Power" (New York, Macmillan, 1974).

(『독도연구』 9, 2010.12)

동해 해전과 독도의 전략적 가치
― 러일전쟁과 일본의 독도 강탈을 중심으로 한 고찰 ―

김 화 경

1. 머리말

1905년 5월 27·28일 양일간에 일본의 연합함대[1]가 러시아의 제2 태평양 함대, 곧 발틱 함대와 마지막 해전을 벌였던 곳은 일본의 오 키노시마 북방으로부터 한국의 울릉도에 이르는 해역이었다. 이 동해 해역에서 양국의 해군은 9회에 걸쳐 해전을 전개하였고, 일본의 연합 함대는 거의 완벽한 승리를 거두었다. 이렇게 격전이 벌어졌던 이 해 역에 자리 잡고 있는 섬이 바로 독도이다. 이와 같은 사실은 독도가 러일전쟁의 동해해전에 있어서 그만큼 중요한 전략적 가치를 지니고 있었다는 것을 드러내는 중요한 증거가 아닐 수 없다.

그럼에도 불구하고 일본 측은 독도의 강탈을 전략적 가치 때문이 아니라, 나카이 요사부로(中井養三郎)라는 자의 단순한 영토 편입 요 청에 의한 것이었고, 이 요청을 받아들여 독도를 자기네 땅으로 편입 한 것은 국제법적으로 정당했다는 것만을 강조하고 있다. 이러한 주

---

1) 러일전쟁에서 발틱 함대와 해전을 하기 위해서 일본 해군 연합함대가 주둔 하고 있었던 곳은 일본의 본토가 아니라 한국의 진해(鎭海)였다는 것도 그 만큼 이 지역의 전략적 가치가 높았다는 것을 말해준다고 볼 수 있다.

장의 타당성 여부를 검증하기 위해서는 우선 그들의 독도 강탈에 근거가 된, 1905년 1월 28일에 이루어진 일본 내각의 결정문부터 살펴볼 필요가 있다.

> 별지 내무대신이 논의하기를 청한 무인도 소속에 관한 건을 심사함에 오른쪽에 적은 것2)은 ㉠ 북위 37도 9분 30초, 동경 131도 55분, 오키도(隱岐島)에서 떨어져 서북으로 85해리에 있는 무인도는 다른 나라에서 이를 점령했다고 인정할 만한 형적이 없고, ㉡ 재 지난 (메이지) 36년(1903년) 우리나라 사람 나카이 요사부로라는 자가 고기를 잡기 위해 집을 짓고 고기 잡는 기구를 갖추어, 강치 잡이에 착수하여, 이번에 영토 편입 및 대여원을 출원하였는바, 차제에 소속과 섬 이름을 확정할 필요가 있어, 이 섬에 죽도란 이름을 붙이고 지금부터 시마네현 소속 오키도사(隱岐島司)의 소속으로 하려고 한다고 함으로 이에 심사를 하였더니, 메이지 36년 이래 나카이 요사부로란 자가 당해 섬에 이주하여 어업에 종사한 일은 관계 서류에 의하여 명백한 바이므로 국제법상 점령의 사실이 있는 것으로 인정하여, 이를 우리나라 소속으로 하고 시마네현 소속 오키도사의 소관으로 해도 지장이 없을것으로 생각한다. 그래서 청한 것과 같이 각의에서 결정함이 옳다고 인정한다.」3)

이것은 당시 내무대신이었던 요시카와 아키마사(芳川顯正)의 「무인도 소속에 관한 건」이라는 요청을 받아들여 결정된 것이었다. 이 결정문의 밑줄을 그은 ㉡에서 보는 것처럼, 일본 측에서는 자기들의 독도 강탈이 "재 지난 36년 우리나라 사람 나카이 요사부로라는 자가 고기를 잡기 위해 집을 짓고 고기 잡는 기구를 갖추어 강치 잡이에 착수하여, 이번에 영토 편입 및 대여원을 출원했기" 때문이라는 것이었다.

그러나 정말로 일본의 독도 강탈이 나카이 요사부로란 자의 요청에 의해 이루어진 것이었는가? 그리고 ㉠에서와 같이 "북위 37도 9분 30초, 동경 131도 55분, 오키도에서 떨어져 서북으로 85해리에 있는

---

2) 세로로 된 문장이므로 이렇게 표현된 것으로, 무인도를 가리킨다.
3) 송병기 편, 2004, 『독도영유권자료선』, 춘천: 한림대출판부, 195~196쪽.

무인도는 다른 나라에서 이를 점령했다고 인정할 만한 형적이 없는 것"이었을까? 이들 문제는 일본의 독도 강탈이 불법적으로 이루어진 것이었으며, 또 그런 처사가 허구에 바탕을 두고 있음을 나타내는 것이기 때문에 엄밀한 검증이 요청되고 있다.

그 때문에 필자는 이미 후자에 대하여 「일본의 독도 강탈 정당화론에 대한 비판 - 쯔카모도 다카시(塚本孝)의 오쿠하라 헤키운(奧原碧雲) 자료 해석을 중심으로」[4]란 논고를 통해서 그 부당성을 지적한 바 있다. 하지만 전자의 강탈 이유가 지니는 타당성 여부에 대해서는 아직까지 면밀하게 검토가 이루어지지 않고 있다. 단지 최문형(崔文衡)의 「노일(露日)전쟁과 일본의 독도 점취」[5]라는 논문이 발표되어, 일본 측이 러일전쟁의 과정에서 그 전략적 가치로 인해 독도를 강제로 탈취했다는 것을 해명한 바 있을 따름이다. 그리고 그 후의 연구는 이 논문의 수준에서 거의 벗어나지 못하고 있는 실정이다.[6]

이러한 현실은 한국 학자들의 독도 연구가 지니고 있는 한계를 그대로 드러내는 것이라고 보아도 좋지 않을까 한다. 환언하면 새로운 자료들의 발굴을 통해서 일본 측 주장의 문제점을 찾아내려고 하기보다는 이미 알려진 자료에 매달려 기존의 연구를 부연하는 수준에 머물고 있다는 것이다. 그러니 일본 측이 한국 학자들의 주장을 무시하면서, 자기들의 말도 되지 않는 논리를 늘어놓고 있는 것은 아닐까? 한국에서 이루어진 독도 강탈에 대한 이제까지의 연구는 이 수준을 넘어서지 못하고 있다는 데 문제의 심각성이 존재한다고 하겠다.

---

4) 김화경, 2009, 「일본의 독도 강탈 정당화론에 대한 비판 - 쯔카모도 다카시의 오쿠하라 헤키운 자료 해석을 중심으로」, 『인문연구』 57, 경산: 영남대 인문과학연구소, 317~360쪽.

5) 최문형, 2005, 「노일전쟁과 일본의 독도 점취」, 『역사학보』 188, 서울: 역사학회, 249~267쪽.

6) 김병열·나이토 세이츄, 2006, 『한일 전문가가 본 독도』, 서울: 다다미디어, 65~66쪽.

그래서 본고에서는 최문형의 주장을 한층 더 진전시켜, 일본의 독도 강탈이 나카이 요사부로란 자의 영토 편입 요청에 의해서가 아니라, 동해 해전을 수행하기 위한 전략적 가치 때문에 이루어졌다는 사실을 구명하고자 한다.

2. 당국의 사주에 의한 나카이 요사부로의 영토 편입원 제출

우선 일본 정부가 나카이 요사부로의 영토 편입 요청 때문에 독도를 자기네 땅으로 편입했다고 하는 주장의 허구성을 증명하기 위해서는 독도의 강탈에 당국이 어떤 형태로 개입했는가 하는 문제부터 살펴보지 않을 수 없다. 그래서 그가 1910년 오키도청에 제출한 자신의 「이력서」와 그것에 딸린 「사업 경영 개요」에 기록되어 있는 그 간의 경위부터 검토하기로 한다.

(1) 본 섬이 울릉도에 부속하여 한국의 영토라는 생각을 가지고, 장차 통감부(統監府)에 가서 할바가 있지 않을까 하여 상경해서 여러 가지를 획책하던 중에, 당시에 수산국장인 마키 나오마사(牧朴眞)의 주의로 말미암아 반드시 한국 령에 속하지 않는다는 의심이 생겨서, 그 조정을 위해 가지가지로 분주히 한 끝에, 당시에 수로부장인 기모쯔키(肝付) 장군의 단정에 의거해서 본도가 완전히 무소속인 것을 확인하게 되었다.

(2) (그에) 따라 경영상 필요한 이유를 자세히 진술하여 본도를 우리나라 영토에 편입하고 또 대여해 줄 것을 내무·외무·농상무의 3대신에게 출원하는 원서를 내무성에 제출하였다.

(3) 그랬더니 내무 당국자는 이 시국에 즈음하여 한국 령의 의심이 있는 작은 일개 불모의 암초를 손에 넣어 환시의 제 외국에게 우리나라가 한국 병탄(倂呑)의 야심이 있다는 것의 의심을 크게 하는 것은 이익이 지극히 작은 데 반하여 사태가 결코 용이하지 않다고 하여, 어떻게 사정을 말하고 변명을 해도 출원은 각하되려고 하였다.

(4) 이리하여 좌절하지 않을 수 없어, 곧 외무성에 달려가 당시에 정무국장인 야마자 엔지로(山座圓次郞)에게 가서 논하여 진술한 바 있었다. <u>씨는 시국 이야말로 그 영토 편입을 급하게 요청한다고 하면서, 망루를 세우고 무선 혹은 해저전신을 설치하면 적함 감시 상 대단히 그 형편이 좋아지지 않겠 느냐, 특히 외교상으로 내무성과 같은 고려를 요하지는 않는다.</u> 모름지기 급히 원서를 본 성에 회부해야 한다고 의기 헌앙하였다. 이와 같이 하여 본도는 우리나라의 영토로 편입되었다.」[7]

이것은 나카이 자신이 직접 작성한 것이다. 그러므로 그가 잘못 알고 있는 것, 곧 독도 강탈 이후에 설치된 '통감부'[8]를 여기에서 언급하고 있는 것을 제외하면, 전부가 사실에 충실한 기록이었다고 보아도 좋을 것이다.

이러한 「사업 경영 개요」의 단락 (1)에서 보는 것처럼, 나카이는 처음에 독도를 울릉도에 부속하는 한국의 영토로 생각하고 있었다. 그의 이런 인식에 대해서는 필자가 이미 자세하게 검토한 바 있다.[9] 이에 따르면, 독도가 한국 땅이란 인식은 당시 일본 사람들의 일반적인 인식이었을 수도 있었다.[10] 그것이 아니라면 나카이 자신이 러시아의 블라디보스토크 지방에 진출하여 잠수기 어업을 시도하다가 좌절한 다음, 1892년 잠수기를 가지고 전라도와 충청도의 연안지방을 돌아다

7) 신용하 편저, 1999, 『독도영유권자료의 탐구』 2, 서울: 독도연구보전협회, 262~263쪽.
8) 한국에 통감부가 설치된 것은 1905년 11월 17일에 체결된 '제2차 한일보호조약'에 의한 것이었으므로, 여기에서 통감부라고 한 것은 잘못된 표현이다. 金膺龍, 1996, 『外交文書で語る日韓合併』, 東京: 合同出版, 198~199쪽.
9) 김화경, 2009, 앞의 논문, 325~326쪽.
10) 1869년 사타 하쿠보(佐田白茅) 등에게 일본 외무성이 「외무성으로부터 태정관(太政官) 변관(辨官)에의 질의서」에 "죽도(竹島: 울릉도)와 송도(松島: 독도)가 조선의 부속이 된 시말"을 조사하라는 지시를 했었고, 또 1877년 태정관에서 시마내현의 지적 편찬 질의에 대해서도 "죽도 외 한 섬은 우리나라와 관계가 없다."라고 했던 것으로 보아, 당시 일본에서는 독도를 한국의 영토로 간주했다고 보는 것이 타당할 것이다.

닌 적이 있어,[11] 독도가 한국의 영토란 사실을 확인했을 수도 있었다고 보았다.

그런데도 한국의 땅이 아니라고 사주한 인물이 바로 마키 나오마사와 기모쯔키 가네유키(肝付兼行)였다. 전자는 이 섬이 한국 땅이 아닐 수도 있다는 의문을 제기하였고, 후자는 이에 대한 확신을 가지게 했던 것이다. 이와 같은 그들의 사주가 바로 독도 강탈을 위한 영토 편입원의 제출로 이어졌다는 것은 주지의 사실이다.

이렇게 나카이의 인식에 변화를 불러일으킨, 두 사람은 다 같이 당시 일제(日帝) 해외 영토 침략에 이바지했던 인물들이었다. 즉 마키 나오마사는 그 전에 육군성(陸軍省)의 촉탁을 거쳐 타이완(臺灣) 총독부의 내무국장 대리, 타이츄현(台中縣) 지사(知事)를 지내다가 1898년에 농상무성 수산국장이 되었던 인물이었다.[12] 또 후자는 홋카이도(北海道) 개척사(開拓使)가 되었다가 수로국에 들어와 근무를 하던 인물로, 수로국이 해군 수로부로 독립을 하자 1888년 수로부장이 되었던 사람이었다.[13]

그들은 이처럼 일제의 해외 침략에 앞장을 섰던 인물들이었으므로, 당시의 전황(戰況)에 대해서 누구보다 많은 정보를 가지고 있었을 것으로 생각된다. 따라서 그런 인물들의 사주를 받아들여 나카이가 영토 편입원을 제출했다는 것은 그것이 단순한 어업상의 문제가 아니란 사실을 증명해준다고 하겠다.

어쨌든, 나카이는 단락 (2)에서와 같이 이들의 사주에 따라 독도에 대한 영토 편입과 그 대여원을 내무성과 외무성, 농상부성의 세 대신

11) 奧原碧雲, 2007, 「竹島經營者中井養三郎立志傳」, 『竹島問題に關する調査硏究 -最終報告書』, 松江: 竹島問題硏究會, 72쪽.
12) 佐々木茂, 2007, 「領土編入に關わる諸問題と資·史料」, 『竹島問題に關わる調査 硏究-最終報告書』, 松江: 竹島問題硏究會, 60쪽.
13) 佐々木茂, 위의 글, 60~61쪽.

에게 제출하였다. 이것이 1904년 9월 29일의 일이었다.[14] 그렇지만 단락 (3)에서 보는 것처럼 당시의 내무성 당국자는 "이 시국에 즈음하여 한국 령의 의심이 있는 작은 일개 암초를 손에 넣어 환시의 외국에게 우리나라가 한국 병탄의 야심이 있다는 것의 의심을 크게 하는 것은 이익이 지극히 작은 데 반하여 사태가 결코 용이하지 않다."는 이유로, 그 출원을 기각하려고 하였다.

이것은 내무성 당국자가 독도를 한국의 영토로 의심했다는 것과, 이 섬의 편입이 다른 나라로 하여금 한국 병탄의 의심을 가지게 할 수 있다는 인식을 지니고 있었음을 말해준다. 이와 같은 사실은 일본의 독도 강탈이 결국은 한국 병탄의 서곡이었다는 것을 내무성 스스로가 인정했었다고 볼 수 있다.

여기에서 내무성 당국자가 왜 독도를 한국의 영토일 것이라는 의심을 하게 되었는가? 이것은 1876년 내무성은 시마네현으로부터 받았던 「일본해(日本海, 동해를 가리킴: 인용자 주) 내의 다케시마(竹島, 독도) 외 한 섬의 지적 편찬에 관한 질의」와 무관하지 않다. 곧 내무성에서는 이 질의를 받자, 이것을 자기들이 결정하지 않고 태정관에 문의를 하였다. 1877년 태정관의 우대신 이와쿠라 도모미(岩倉具視)는 "문의한 다케시마 외 한 섬 건에 대하여 우리나라와는 관계가 없다는 것을 주지할 것"[15]이라는 지령문을 내렸으므로, 그것을 그대로 시마네현에 통보한 적이 있었다. 이 과정에서 내무성은 당시 일본에서 '마쓰시마(松島)'라고 부르고 있던 독도를 한국의 영토로 인식하는 계기가 되었을 것이다.[16]

그러나 외무성의 정무국장인 야마자 엔지로의 생각은 이것과는 달랐다. 그는 단락 (4)에서와 같이, "시국이야말로 그 영토 편입을 급하

---

14) 신용하, 1996, 『독도의 민족영토사 연구』, 서울: 지식산업사, 215쪽.
15) 송병기 편, 앞의 책, 155쪽.
16) 김화경, 2009, 앞의 논문, 327~328쪽.

게 요청한다고 하면서, 망루를 세우고 무선 혹은 해저 전선을 설치하
면 적함 감시 상 대단히 그 형편이 좋아지지 않겠느냐. 특히 외교상
내무성과 같은 고려를 요하지 않는다."라고 하여, 내무성의 이런 고려
가 필요하지 않다는 것을 솔직하게 인정하였다.

　이와 같은 야마자의 태도는 당시의 러일전쟁, 특히 동해해전과 불
가분의 관계를 가진 것이었다. 다시 말해 이것은 그 무렵에 동해에서
일본 해군의 제해권(制海權)을 위협하고 있던 블라디보스토크 함대의
행적 및 태평양 제2함대(발틱함대)의 창설과 긴밀하게 연계되어 있다
는 것이다. 이런 추정을 하는 까닭은 야마자가 러일전쟁에 관한 정보
를 쉽게 접할 수 있는 위치에 있었기 때문이다. 그래서 그는 독도의
강탈, 곧 일본 영토로의 편입이 시급히 요청된다고 보았다는 해석이
가능해진다.

3. 동해 제해권을 둘러싼 러·일의 각축

　그러면 이렇게 급박하게 전개되던 전황이란 어떤 것이었는가 하는
문제를 고찰하지 않을 수 없다. 일본이 러시아를 향해 소위 선전의
조칙을 공표한 것은 1904년 2월 10일이었다. 하지만 이미 2월 8일과
9일 양일에 걸쳐, 일본 연합함대의 구축함은 여순 항 바깥에 정박하
고 있던 러시아 태평양 함대의 주력을 야습하였고, 또 2월 9일 오후
에는 인천항에 머물고 러시아 함대를 습격하여 침몰시킨 바 있었다.

　그 때문에 여순 항의 태평양 함대 본대는 막대한 피해를 입었으나,
블라디보스토크 함대는 아무런 피해도 입지 않고 있었다. 단지 여순
본대의 피습과 대마도 해협(對馬島海峽)의 심해진 감시로 인해 활동
에 제약을 받고 있던 블라디보스토크 함대의 1등 순양함(巡洋艦) '러

시아(Rossya)'와 그롬보이(Gromboy)', '류리크(Ryurik)', 2등 순양함 '보가티르(Bogatyr)'는 군인들의 사기를 앙양하고 일본 국민들을 공포로 몰아넣기 위한 작전에 돌입했다. 곧 이들 네 척(隻)의 순양함은 2월 11일 쓰가루 해협(津輕海峽)의 앞바다 20Km 지점에서 첫 번째로 일본의 기선 두 척을 포격하여 나고우라마루(奈古浦丸)를 침몰시켰고, 젠쇼마루(全勝丸)는 간신히 홋카이도(北海道)로 탈출하는 사건이 벌어졌다.[17] 이와 같은 피해를 입게 되자, 일본의 연합함대는 블라디보스토크 함대를 견제하면서 여순 항의 러시아 함대를 격파하지 않으면 안 되는 난제를 안게 되었다.[18] 이 문제는 한국 동해에서의 전략과 긴밀하게 연결된 것이었다는 점에 주의할 필요가 있다.

그런데 같은 해 2월 24일 블라디보스토크 함대의 두 번째 출격이 행해졌다. 첫 번째의 출격과 마찬가지로, 순양함 4척의 병력으로, 원산항과 북한 지방의 동해 연안 해역을 정찰한 다음, 3월 1일에 귀항하는 사건이었다.[19] 이런 정보를 입수하게 된 일본의 대본영(大本營)은 연합함대의 일부를 블라디보스토크 방면으로 출동시켜, 블라디보스토크 함대를 위압하는 것이 유리할 것이라는 판단을 했다. 그리하여 연합함대 사령관인 도고 헤이하치로(東鄕平八郞)에게 이것을 실행에 옮길 것을 명령하고, 동시에 독립되어 있던 제3함대를 연합함대에 편입시켰다.

도고는 한국의 남서 해안에 있던 가미무라 히코노죠(上村彦之丞) 제2함대 사령관에게 명령을 내려, 제2함대의 1등 순양함('이즈모(出雲)', '아즈마(吾妻)', '아사마(淺間)', '야쿠모(八雲)') 및 제3함대의 2등 순양함 '가사기(笠置)'와 '요시노(吉野)'를 이끌고, 급히 블라디보스토

17) 佐世保海軍動功表彰會 編, 1906, 『日露海戰記』, 東京: 佐世保海軍動功表彰會, 55~56쪽.
18) 松田十刻, 2005, 『日本海海戰』, 東京: 光人社, 75쪽.
19) 野村實, 1999, 『日本海海戰の眞實』, 東京: 講談社, 48쪽.

크로 달려가서 러시아 함대를 격파하든지 아니면 위협하라는 명령을 내렸다.[20]

이 명령에 따라, 가미무라는 위의 함대들을 이끌고 1904년 3월 2일 한국의 남해안을 출발하여, 3월 6일 오후에 블라디보스토크의 동쪽 입구에 도착하였다. 그들은 항구 바깥의 박빙 해역(薄氷海域)에서 조선(造船) 설비 등을 포격하는 위압 작전을 펼쳤다. 당시에 정박하고 있던 블라디보스토크 함대는 출항 준비를 갖추어 닻을 올리기는 하였으나, 항내가 혼잡하여 바깥으로 나오는 것이 늦어졌다. 거기에다 해가 저물었기 때문에, 이미 항구의 앞바다에 나와 있던 가미무라 함대와 직접적인 교전은 벌어지지 않았다. 그리고 그는 다음 날 또 다시 블라디보스토크 항에 접근하여 정찰을 하면서 위협을 가한 뒤에 원산과 사세보(佐世保)를 거쳐, 여순 방면의 작전에 복귀하였다. 이러한 가미무라의 블라디보스토크 방면에 대한 1차 출동은 결과적으로는 효과를 충분히 거두지 못했다는 것을 부정할 수는 없다.[21]

그러나 효과를 거두지 못했다고 해서, 그 작전을 그만 둘 수도 없었다. 그 무렵 일본의 연합함대는 여순 항 해전에서 상당한 성과를 거두었다. 곧 '코류마루(蛟龍丸)'가 항구 바깥에 부설해둔 기뢰에 의해, 러시아 태평양 함대 사령관 마카로프(Makarov)의 폭사와 함께, 그가 타고 있던 기함(旗艦) '페트로파블로프스크(Petropavlovsk)'도 격침되고 말았다.[22] 게다가 러시아의 척후 기병이 함경도의 경성과 성진, 길주, 북청 부근에 출몰하여 일본인들의 거류지에 방화를 하는 사건이 발생했다. 그러자 가미무라는 제2함대와 제4함대를 이끌고 4월 22일 원산항에 기항하여 석탄과 물을 공급받은 뒤, 24일 블라디보스토크로 출동을 했다. 하지만 짙은 안개로 인해서 공격도 제대로 하지

---

20) 海軍軍令部 編, 1909, 『明治三十七八海戰史』 2, 東京: 春陽堂, 238~239쪽.
21) 野村實, 위의 책, 50~51쪽.
22) 妹尾作太郎·三谷庸雄 共譯, 1978, 『日露戰爭史』, 東京: 時事通信社, 320~321쪽.

못한 채 되돌아올 수밖에 없었다.[23]

그런데 그 때에 바로 블라디보스토크 함대의 세 번째 출격이 행해졌다. 이 출격은 새로 부임한 이센(Issen) 소장이 직접 지휘한 것으로, 순양함 '러시아'와 '그롬보이', '보가티르' 및 어뢰정 2척으로 구성되어, 원산 부근의 정찰과 하코다테(函館)의 포격을 목적으로 하고 있었다. 러시아의 어뢰정 2척은 4월 25일 원산항에 진입하여, 상선(商船)인 '고요마루(五洋丸)'를 어뢰로 격침시켰다.[24] 그 뒤 이센은 어뢰정에 대해서는 모항(母港)으로의 귀항을 명하고, 스스로 순양함 3척을 이끌고 쓰가루 해협으로 향하려고 하였는데, 같은 날 오후 11시 경 단순 항해 중의 '곤슈마루(金州丸)'와 조우했기 때문에 이것을 격침시키고, 예정을 변경하여 4월 27일 블라디보스토크로 귀항했다.

'곤슈마루'는, 가미무라의 본대(本隊)와 동행하여 블라디보스토크 작전을 행하는 것이 적절하지 않은 것으로 판단되었다. 그래서 원산에서 육군 1개 중대를 승선시킨 다음, 어뢰정 4척의 호위를 받으며 이원(利源)으로 가서 이들을 상륙시키고, 동 지역에 출몰한다고 하는 러시아의 기병들을 척후에서 위협하고 정찰한 다음, 원산으로 돌아오려고 했었다. 4월 26일 오후 원산항의 바깥에 도착한 가미무라는, 곧 블라디보스토크 함대의 추적과 '곤슈마루'의 수색에 나섰다. 하지만 목적을 달성하지 못하고, 예정되어 있던 블라디보스토크 항 바깥에 기뢰(機雷) 부설을 했을 뿐으로, 5월 4일에는 진해만으로 돌아오고 말았다.[25]

러시아 블라디보스토크 함대에 의한 항로의 공격을 봉쇄하기 위해

---

23) 海軍軍令部 編, 앞의 책, 246~247쪽.
24) 일본 측은 상선인 '고요마루'를 격침시켰다고 하여, 이것을 블라디보스토크
   함대의 만행이라고 규탄하였다.
   佐世保海軍勳功表彰會 編, 앞의 책, 118~119쪽.
25) 野村實, 앞의 책, 51~52쪽.

서, 2차에 걸친 일본 제2함대의 블라디보스토크 군항에 대한 위압 작
전은 성공을 거두지 못하고 끝을 맺었다. 그 무렵에 여순(旅順) 항에
서 전혀 예기치 못했던 이변이 일어났다. 일본 해군은 5월 15일 순양
함 '요시노(吉野)'가 '가스가(春日)'와 충돌하여 침몰하고 말았다. 게다
가 당시 최신예 전함(戰艦) '하츠세(初瀨)'와 '야지마(八島)'가 러시아
의 어뢰에 의해 격침당함으로써, 일본은 해군 전력의 약 3분의 1을
잃어버리는 손실을 입었다.[26] 이 때문에 이들 전함에 탑승했던 약
1,000명의 병력이 희생됨으로써 일본의 여론이 크게 악화되었다.[27]

　이런 가운데 블라디보스토크 함대의 네 번째 출격은 여순·블라디
보스토크 함대를 합류시킨 태평양 함대 사령관 베조브라조프(A. M.
Vesobrazov) 중장이 직접 인솔했다. 순양함 '러시아'에 장군 기(將軍旗)
를 휘날리며 '구롬보이'와 '류리크' 3척으로 이루어진 블라디보스토
크 함대는 6월 12일에 대마도 해협에 출격하여, 15일에 호위함이 없
는 육군 운송선 '이즈미마루(和泉丸)'와 '히다치마루(常陸丸)', '사도마
루(佐渡丸)'를 공격했다. '이즈미마루'는 병사 100여명을 탑승시키고
요동반도를 출발하여, 우지나(字品: 히로시마시(廣島市))로 향해 오던
중에 이키(壹岐) 앞바다를 통과하다가, '그롬보이'에 의해 격침당하고
말았다. 또 그보다 하루 앞서, '히다치마루'는 병사 1095명과 군마(軍
馬) 320마리, 선원 120명을 싣고 우지나를 출발하여 요동반도를 향해
출발했다가, 오키노시마 부근에서 블라디보스토크 함대의 공격을 받
아 침몰하였다. 단지 '사도마루'만은 이들 함정의 공격을 벗어나 간신
히 침몰을 면했을 뿐이었다.[28]

　블라디보스토크 함대의 다섯 번째 출격도, 베조브라조프 중장 스스
로가 인솔한 것으로, 네 번째 출격 때의 순양함 3척에 가장(假裝) 순

26) 妹尾作太郎·三谷庸雄 共譯, 위의 책, 320~321쪽.
27) 伊藤正德, 1956, 『大海軍を想う』, 東京: 文藝春秋社, 196쪽.
28) 佐世保海軍勳功表彰會 編, 앞의 책, 207~215쪽.

양함 '레나'와 어뢰정 8척이 참가하였다. 6월 26일 출격하여, 우선 어뢰정들이 6월 30일 원산항에 진입해서 일본인들의 거류지를 공격하였고, 정박하고 있던 기선과 범선(帆船)의 뱃사람들을 하선시킨 다음, 선체를 불태워 버렸다. 사령관 베조브라조프는 '레나'와 어뢰정들에게 블라디보스토크로 돌아가도록 명령한 뒤에, 순양함 3척으로 북동쪽으로 향하여, 7월 1일 대마도 해협으로 진입했다.

이때 가미무라는 러시아 어뢰정들의 원산항 습격 정보와 함께, 블라디보스토크 함대의 다섯 번째 출격 사실을 알고, 전날 아침에 대마도의 요항(要港)을 출항하여 경계 중이었다. 러시아와 일본의 함대는 7월 1일 오후 6시 30분, 대마도 해협의 동쪽 수로(水路)에서 거리 약 2만 5천m를 사이에 두고 조우했다. 가미무라는 러시아 함대의 퇴로를 차단하려고 했으나, 블라디보스토크 함대는 고속으로 도망을 쳤다. 그리고 낙오할 것 같았던 '류리크'의 원호를 계속하며, 일몰의 어둠에 도움을 받아, 일본 어뢰정들의 습격에 포격으로 대응하면서 겨우 호랑이 소굴을 빠져나와 7월 3일 모항에 돌아가는데 성공했다.

블라디보스토크 함대는 개전 이래 대마도 해협에 두 번에 걸친 출격을 포함하여 여러 번 일본 근해(近海)에 출몰해서, 교묘하게 일본 함대와의 조우를 피하면서, 일본의 제해권(制海權)을 계속 위협하고 있었다. 반년이 채 되지 않는 사이에, 일본의 기선 7척과 범선 4척이 동 함대에 격침되었고, 영국 기선 1척이 포획되었다. 더욱이 다섯 번째의 출격까지는 출격 해역이 동해 방면에 한정되어 있었는데 비해, 다음의 여섯 번째 출격에서는 더욱 대담한 행동을 취해, 일본의 태평양 항로를 위협하는 행동으로 나왔다.[29)]

여섯 번째의 출격은 이센(Issen) 소장이 지휘한 것으로, 순양함 '러시아'와 '구롬보이', '류리크' 등으로 구성되어, 7월 7일에 출항을 하

---

29) 野村實, 앞의 책, 54~55쪽.

여, 먼저 쓰가루 해협을 향했다. 이센은 7월 20일 아침 일찍 해협을 동쪽으로 흐르는 조류(潮流)의 도움을 받아 고속(21노트)으로 쓰가루 해협을 돌파하고 태평양으로 나왔다. 거기로부터 일본의 항로를 공격하면서 대담하게도 도쿄만(東京灣) 입구까지 남하하여, 7월 23일부터 25일에 걸쳐 오마에자키(御前崎)와 이로자키(石廊崎), 야지마사키(野島崎) 등의 앞바다에서 조우하는 선박들을 차례차례로 검문(檢問)하면서 공격한 다음 북쪽으로 사라졌다.

태평양 연안을 도쿄만 입구까지 남하한 블라디보스토크 함대의 여섯 번째 출격은, '러시아'에 탔던 장교의 수기에 의하면, "일본의 육군 부대를 탑승시킨 12척의 운송선이 순양함 2척과 전함 1척에 호위되어, 요코하마(橫浜)를 출발하여 한국으로 향했다."고 하는 정보를 입수하고, 베조브라조프 사령관이 이센 소장에게 출격을 명한 결과로 추정되고 있다.

7월 20일부터 25일까지의 사이에 블라디보스토크 함대에게 검문을 당한 선박이 12척에 달했는데, 그 중에서 7척이 격침되었고 2척이 포획되었으며, 3척이 풀려났다. 격침된 선박 가운데는 영국 선박과 독일 선박 1척씩이 포함되어 있었다. 포획된 선박 가운데에도 영국과 독일 선박이 있었다.

이와 같이 이센(Issen)은 도쿄만 입구에서 시위를 한 다음, 소야 해협(宗谷海峽)을 통해 블라디보스토크로 돌아가려고 하였지만, 짙은 안개와 석탄의 부족으로 고민하다가, 예정을 변경하여 7월 30일 다시 역조(逆潮)가 소용돌이치는 쓰가루 해협을 서항(西航)하였다. 해협 방비가 약했던 일본 군함과는 시계 내에 들어갔을 뿐 교전도 없이, 8월 1일 무사히 모항에 돌아가는데 성공하여, 전 세계를 놀라게 했다.

러시아의 이센 소장은 귀항 도중에 쓰가루 해협 서쪽 입구에서 일본 제2함대와 교전할 것을 각오하고 있었으나, 일본 대본영의 오판에 의해 구출된 결과가 되었다. 러시아 함대의 포착에 잘못 된 판단을 했다는 것은, 닥쳐오는 동해 해전에 있어서의 대본영의 판단에도 미묘한 그늘이 드리워졌다는 것을 말해준다고 하겠다.[30]

이러한 상황 하에서 1904년 8월 10일 도고 헤이하치로의 연합함대 주력에 봉쇄되어 여순 항에 있던 러시아 태평양 함대 주력은, 일본의 봉쇄망을 뚫고 블라디보스토크로 가기 위해 대거 출격을 단행하였다. 이런 사실을 안 블라디보스토크의 러시아의 태평양 함대 사령관 스크리드로프(H. I. Skrydlov) 중장은 사령관 이센(Issen) 소장에게 '러시아'와 '구롬보이', '류리크'를 이끌고 주력을 원조하도록 명령하자, 그는 8월 12일 모항을 출항하여 대마도 해협을 향했다. 일곱 번째의 출격이었다.

그런데 러시아 주력함대는 8월 10일에 도고(東鄕)가 이끄는 연합함대와의 황해 해전에서 패하여 대부분은 여순 항으로 귀항하였고, 일부는 남쪽 해상으로 도망을 쳤다. 이센은 그것을 모른 채 8월 14일 아침 일찍 대마도 해협으로 접근을 하고 있었다. 황해 해전에서 승리를 한 도고는 항로를 유지하기 위해서 대마도에 있는 가미무라에게 출격을 명령했다. 일본의 제2함대 주력은 8월 11일에 대마도로부터 출격을 하여, 14일 이른 아침에는 한국 동남 해안의 울산 앞 바다에 있었다.

가미무라가 직접 이끄는 1등 순양함 '이즈모'와 '아즈마' '히다치', '이와데(磐手)'의 제2함대 제2전대 4척은, 14일 오전 4시 50분, 순양함 '러시아'를 선두로 한 블라디보스토크 함대가 동이 트는 새벽에 시계 안에 들어오는 것을 확인했다. 거리는 약 1만m 정도였다. 앞에서 말한 것처럼, 블라디보스토크 함대는 다섯 번째까지의 출격에서는, 대마도의 동쪽 수로를 이용하였으므로, 가미무라의 시계 안에 들어왔으

---

30) 野村實, 앞의 책, 55~58쪽.

면서도 도주에 성공을 할 수 있었다. 그리고 그때는 모두 이미 저녁 무렵이었으며, 그 위에 블라디보스토크 함대는 일본 함대의 동북방에 있었고, 거리도 2만 미터가 훨씬 넘었었다.

그러나 이번의 조우는 밤이 밝아오는 새벽 무렵이었을 뿐만 아니라 1만m의 근거리였고, 게다가 일본 함대는 블라디보스토크 함대의 북방, 곧 블라디보스토크 쪽에 위치하고 있었으며, 두 나라의 함대가 다 같이 남하 중에 이루어진 조우였다. 이센은 속력을 더하여 동쪽으로 급선회한 다음에 동북쪽으로 도망을 치려고 하였지만, 북쪽에 위치하면서 속력에 있어 러시아 함정을 능가하는 가미무라 함대와 필연적으로 포격전이 벌어져 난전(亂戰)이 될 수밖에 없었다. 오전 5시 23분부터 3시간에 걸친 맹렬한 포격전으로, '류리크'가 먼저 조타실을 맞아 낙오하자, 이센은 다른 함정 2척을 가지고 네 번에 걸쳐 '류리크'의 원호하려고 반전을 반복하였지만, 뜻대로 되지 않자, 마침내 구조를 단념하고 북방으로 도망을 쳤다.

울산 앞바다 해전의 후반에는 2등 순양함 '나니와(浪速)'와 '다카치호(高千穗)'(제4전대)도 가세하여, 가미무라는 북으로 도망가는 '러시아'와 '구롬보이'를 오전 10시 지나서까지 추격했다. 그렇지만 '이즈모'의 탄약이 모자란다는 보고를 받자 추격을 단념하고, '류리크'의 완전한 격침을 책략이었다고 생각하며 남하했다.

'류리크'에서는 부장(副將)이 먼저 부상하였고, 드디어 함장이 전사하였다. 그리고 그를 대신한 어뢰장(魚雷長)도 부상을 당하자, 항해장(航海長)이 지휘에 임했다. 함정이 절망적인 상태라는 것을 안 항해장은 승조원 전원에게 퇴거를 명하고, 함정 밑바닥에 있는 배수변(排水弁)을 열었다. 14일 오전 10시 30분 '류리크'는 함미(艦尾)로부터 좌현(左舷)으로 넘어지며 침몰했다. 울산의 동방 40해리 지점이었다. 가미무라가 현장에 도착했을 때는 이미 '류리크'가 침몰한 뒤였다. 표류하고 있던 승조원의 대부분은 일본의 군함에 구조되었다.

가미무라가 추격을 단념한 '러시아'와 '구룸보이'도 크게 파손되어 있었다. 더욱이 두 함정의 장교는 50%가 전사하였고, 하사관의 25%가 사상을 당했다. 두 함정은 전장을 떠난 뒤에 해상에 정지하여, 파손된 구멍을 막은 다음, 8월 16일에 겨우 모항으로 돌아올 수가 있었다.

블라디보스토크로 돌아온 '러시아'와 '구룸보이'는 수리를 거듭하여, 1904년 10월 하순에 이르러 한번 원상을 회복하였으나, 11월 상순에 '구룸보이'가 암초에 걸려 다시 수리를 하게 되었다. 그 뒤에는 조선소(造船所)의 공원(工員)과 재료의 부족으로 인해, '러시아'만이 때때로 출격하였을 뿐으로, 블라디보스토크 함대의 사기와 행동은 일본 근해를 다시 위협하지는 못했다. 이렇게 하여, 일단 블라디보스토크 함대의 위협은 해소되었지만, 일본 함대는 더욱 강대한 발틱 함대의 도래를 준비하지 않으면 안 되었다.[31]

실제로 러시아 해군 수뇌부는 1904년 4월 30일 태평양 제2함대를 편성하여, 동양에 회항 작전을 행한다고 발표하였고, 5월 2일에는 로제스트벤스키 소장을 제2함대 사령관으로 임명하였다. 이러한 대체 편성으로 그때까지의 태평양 함대는 태평양 제1함대로 불리게 되었다. 태평양 제2함대는 건조 중인 군함을 급히 완성시키어, 이들의 연습 항해를 끝내고, 운송선 등을 모아서 편성을 마치자, 수도 페테르부르크에 가까운 군항(軍港) 구론슈타트를 출발하여, 9월 1일 핀란드의 항구 레이웨리에 집결했다.[32] 이런 태평양 제2함대가 이른 바 발틱 함대의 기간함선(基幹艦船)이었다. 한 대 파견에 의해 쇠퇴 기미가 있던 형세를 만회하기 위해서 열의를 불태우고 있던 황

31) 野村實, 앞의 책, 58~61쪽.
32) 이 함대가 리바우항으로 돌아가 실제로 원정에 오른 것은 1904년 10월 15일 아침이었다.
　　野村實: 앞의 책, 63쪽.

제 니콜라이 2세는 레이웨이에서 전 함대를 사열하며, 장병들을 격려할 정도였다.

4. 독도의 전략적 가치

이와 같은 정보를 입수한 일본의 연합 함대는 다가올 대회전을 준비하지 않으면 안 되었다. 비록 울산 앞바다 해전에서 블라디보스토크 함대에게 막대한 피해를 입히기는 했지만, 그것으로 이 전쟁에서 승리의 계기가 마련되었다고 판단하기는 아직 일렀다. 쉽게 말해 한국 연안과 일본 연안을 드나들면서 무력시위를 일삼고 있던 러시아 함대의 예봉을 꺾었다고 할 수는 있으나, 그렇다고 하여 동해에서의 제해권을 완전히 확보했다고 장담할 수는 없는 처지였다. 역시 동해는 러시아와의 해전에 있어서 중요한 전략적 가치를 지니고 있음에는 변함이 없었다. [33]

그래서 블라디보스토크 함대에 의해 1904년 6월 15일 대마도 해협에서 '이즈미마루'와 '히다치마루'를 격침되자, 일본 해군은 모든 군함들에게 무선전신의 시설을 완료하도록 하였다. 그리고 이 블라디보스토크 함대의 남하를 감시한다는 명목 아래, 당시 강원도 울진군 죽변(竹邊)을 비롯한 한국 동해안 일대에 무선전신을 가진 가설 망루를 설치하도록 하였다. 죽변의 망루는 1904년 6월 27일에 기공(起工)하여 그 해 7월 22일에 준공을 하고, 8월 10일부터 업무를 개시했다.[34]

---

33) 러일전쟁에서 동해의 전략적 가치는 러시아에서도 높이 평가하고 있었다. 稻葉千晴 譯, 2010, 『日本海海戰, 悲劇への航海』, 東京: 日本放送出版協會, 57~123쪽.

34) 신용하, 앞의 책, 206쪽.
이것은 海軍軍令部編, 『極秘明治37·8年海戰史』에서 인용한 것임을 밝혀둔다.

그리고 울릉도 서북부와 동남부 각 1개소의 망루는 같은 해 8월 3
일에 기공되어 9월 1일 준공되었으며, 9월 2일부터 업무를 개시했다.
또 죽변과 울릉도 사이의 해저전선 부설은 같은 해 9월 8일에 착공되
어, 9월 30일에 완공되었다. 이와 같은 일련의 조처는 일본 본토의 사
세보(佐世保) 해군 진수부(海軍鎭守府)에서 울릉도를 거쳐, 한국의 죽
변을 연결하는 전신선의 설치를 위한 작업이었다.[35]

그런데 일본 해군은 울릉도에 있어서 일련의 공사와 보급 활동 가
운데에서, 또 이 해역에서의 초계활동(哨戒活動)에 의해, 가까이에 있
는 독도에 대해서 많은 정보를 얻게 되었다. 곧 나카이 요사부로(中井
養三郎)가 정부에 독도를 한국 정부로부터 빌려달라는 부탁을 하기
이전에, 해군은 이미 독도의 이용 가치에 대하여 주목을 하고 있었던
것이다.[36]

그래서 그들은 군함 니다카호(新高號)로 하여금 독도 답사를 하게
하였고, 이에 따라 니다카호는 1904년 9월 24일에 울릉도를 떠났다.
다음 날의 일지에 독도에 대하여 기록된 것은 아래와 같다.

> 「마쓰시마(松島: 울릉도를 가리킴)에서 리양코르도암(岩)을 실제로 본 사람
> 으로부터 들은 정보. 리양코르도 암을 한국사람[韓人]들은 이것을 독도(獨島)라
> 고 쓰고, 우리나라[本邦] 어부들은 약하여 '리양코도(島)'라고 약칭한다. 별첨한
> 약도와 같이 두 개의 바위 섬[岩嶼]으로 이루어졌다. 서쪽 섬[西嶼]은 높이가 약
> 400 피트이며 험준하여 오르기가 곤란하지만, 동쪽 섬은 비교적 낮고 잡초가
> 자라고 있으며, 정상은 조금 평탄한 땅이 있어서 2·3개의 작은 건물을 건설하
> 기에 충분하다고 한다.
>   담수(淡水)는 동쪽 섬 동면(東面)의 후미진 곳에서 조금 얻을 수 있고, 또 같
> 은 섬의 남쪽, B지점 수면에서 3간(間) 정도 되는 곳에 솟아나는 샘이이 있는
> 데 사방으로 침출(浸出)하며, 그 양이 조금 많아 연중 고갈되는 일이 없다. 서
> 쪽 섬의 서방(西方) C지점에도 또한 맑은 물이 있다.

35) 신용하, 앞의 책, 206~207쪽.
36) 堀和生, 1987, 「1905年日本の竹島領土編入」, 『朝鮮史硏究會論文集』 24, 東
    京: 朝鮮史硏究會, 115쪽.

섬 주위에 점재한 바위는 대개 편평하여 큰 것은 수십 개가 여기저기 위치하고 있고, 항상 수면에 노출되어 있으며, 강치가 여기에 군집한다. 두 섬 사이는 배를 메기에 충분하지만, 작은 배라면 육성으로 끌어올리는 것이 보통이다. 풍파가 강하여 같은 섬에 배를 메어 두기 어려울 때는 대저 마쓰시마에서 순풍을 기다려 피난한다고 한다.

마쓰시마로부터 도항하여 강치 사냥에 종사하는 자는 6~70석(石) 적재량의 일본 선박을 사용한다. 섬 위에 헛간을 짓고 매번 약 10일간 체재하는데, 다량의 수입이 있다고 한다. 그리고 그 인원도 때때로 4~50명을 초과하는 경우도 있으나 담수의 부족은 말하지 않는다. 또 올해에 들어와서는 여러 차례 도항하였는데, 6월 17일에는 러시아의 군함 3척이 이 섬 부근에 나타나서 일시 표박한 후 북서쪽으로 나아가는 것을 실제로 보았다고 한다.」[37]

이러한 니다카호의 9월 25일자의 일지는 하루 동안이 많은 것들을 조사한 것으로 되어 있다. 이에 대해, 신용하는 "새로 발견한 것이 아니라 울릉도에서 독도를 잘 아는 민간인들로부터 자세한 정보 수집, 청위 조사를 사전에 상세히 하고 독도에 도착해서는 이를 확인하는 작업만 했기 때문이라고 생각한다."[38]는 견해를 밝힌 바 있다. 이러한 그의 지적은 상당한 타당성을 가지고 있다. 왜냐하면 당시 독도 탐사에 참여했던 해군 병사들이 아무리 뛰어난 사람들이라고 하더라도 하루에 섬 전체를 조사하는 것은 거의 불가능했다고 볼 수 있기 때문이다.

그런데 여기에서 눈길을 끄는 것이 러시아 군함 3척이 6월 17일에 독도 부근에서 일시 머물렀다는 사실이다. 이것은 신용하가 지적한 것과 같이,[39] 일본 해군이 독도에 망루를 설치하려는 욕구를 갖도록 충동한 것일지도 모른다. 하지만 앞에서 살펴본 것처럼, 이것은 블라디보스토크 함대의 네 번째 출격과 관계를 가지는 것이 분명한 것 같다. 아직 러시아의 해군 일지를 제대로 검토하지 않아 명확하게 단정

---

37) 신용하 편저, 앞의 책, 186~188쪽.
38) 신용하 편저, 앞의 책, 193쪽.
39) 신용하, 앞의 책, 208쪽.

을 내릴 수는 없지만, 1904년 6월 12일 블라디보스토크를 떠나 대마
도 해협에서 6월 15일 운송선인 '이즈미마루'와 '히다치마루'를 격침시
키고 귀항하면서 독도 근방에서 잠시 머물렀을 것으로 추정된다.

따라서 러일전쟁의 해전에 있어서 주된 전장이 되었던 곳이 한국
의 동해였고, 그 동해의 중앙에 위치하여 전략적 가치가 높았던 곳이
독도였다고 보지 않을 수 없다. 실제로 독도가 동해해전에서 전략상
으로 대단히 긴요한 곳이었다는 사실은 발틱 함대의 사령관 로제스트
벤스키(Rozhdestvensky) 중장이 의식을 잃은 채 포로로 잡힌 곳이 울릉
도 부근이었고, 그를 대신하여 함대의 지휘권을 장악한 네보가토프
(Nebogatov) 소장이 모든 주력 잔함을 이끌고 일본에 투항한 곳이 독
도 동남방 18마일 해상이었다는 점[40]을 통해서도 증명될 수 있을 것
이다.

여기에서 나카이 요사부로가 「리앙코도 영토 편입 및 대여원」을
제출한 것이 1904년 9월 29일이었다는 사실을 상기할 필요가 있다.
이것은 실제로 내무성과 외무성, 농상무성의 각 대신들 앞으로 문서
의 형태로 제출한 날짜이다. 따라서 그 전에 이미 농상무성의 수산국
장 마키 나오마사와 해군 수로부장 기모쯔키 가네유키, 외무성 정무
국장 야마자 엔지로 등을 만나서, 이 문서의 제출에 관한 사전 조율
이 끝났다고 보아야 한다.

특히 이들 가운데에서 결정적인 역할을 한 사람이 기모쯔키와 야
마자였다. 전자는 울릉도와 독도 일대의 전략적 가치를 잘 알고 있었
던 해군 소속이었고, 후자는 당시 발틱 함대의 동향에 많은 정보를
가지고 있던 외무성 소속이었다. 이처럼 전쟁 정보에 밝았던 두 사
람의 사주에 의해, 나카이가 한국으로부터의 대여원이 아니라, 일본
으로의 영토 편입과 그 대여를 요청한 것은 분명한 정부 당국의 개입

---

40) 최문형, 앞의 논문, 251쪽.

이었다. 그러므로 이러한 정부의 개입으로 인해 독도에 대한 영토 편입이 이루어졌다는 것은 독도의 전략적 가치를 고려한 영토의 강탈이었음을 말해준다고 보아도 좋지 않을까 한다.

이런 추정은 호리 가즈오(堀和生)의 아래와 같은 지적을 통해서도 그 타당성을 인정받을 수 있다.

"그 일본해(동해를 가리킴: 인용자 주)에 있어서, 울릉도와 다케시마(독도)의 주변해역이 하나의 주전장(主戰場)이 되었다는 것으로부터, 다케시마의 군사적 가치가 새삼스럽게 높이 평가되었다. 해군은 해전 직후의 5월 30일에 계획을 세워, 6월 13일에 군함 '하시타데(橋立)'를 동 섬에 파견하여, 다시 상세한 조사를 행하게 하였다. 그 위에서, 해군은 6월 24일 울릉도, 다케시마를 포함한 일본해 동 수역의 종합 시설계획을 내세웠다. 그 계획이란, 우선울릉도 북부에 또 하나의 대규모 망루(울릉도 북망루, 배속원 9인)와 무선 전신소를 건설한다. 또 다케시마에 현안의 망루(다케시마 북 망루, 배속원 4인)을 건설한다. 그리고 그들 두 섬의 망루를 해저 전신선으로 연결한 다음에, 다시 그 전신선을 오키(隱岐)의 망루까지 연장한다고 하는 계획이었다. 확실히 국경 등을 개의치 않는 군사시설이다. 울릉도의 신 망루는 7월 25일에 착공하여, 8월 16일부터 활동을 시작했다. 다케시마의 망루는 7월 25일에 착공하여, 8월 19일부터 활동에 들어갔다. 해저 전신선 쪽은, 9월에 강화가 성립되었기 때문에 당초의 계획이 변경되어, 다케시마와 오키에서가 아니라, 다케시마와 마쓰에(松江) 사이에 부설되게 되었다. 이 공사는 10월 말에 개시되어, 울릉도로부터 다케시마를 거쳐서, 11월 9일 마쓰에와의 연결이 완료되었다. 즉 1905년, 조선 본토(죽변)에서 울릉도, 다케시마, 마쓰에에 이르는 일련의 군용 통신선의 체계가 완성되었던 것이다. 이상 요컨대, 일본 정부에 있어서, 일본해중의 다케시마란 군사적인 이용대상에 틀림없었으며, 또 그것은 조선 각지에서 행해졌던 군사적 점령과 밀접 불가분의 것이었던 것이다."[41]

이렇게 볼 때, 일본이 독도를 강탈한 진정한 이유는 러일전쟁의 동해해전에서 승리를 하기 위한 전략적 가치 때문이었다는 것은 거의 확실한 사실이라고 할 수 있다. 하지만 일본 측으로서는 이렇게 빼앗은 독도를 되돌려주고 싶지 않을 것이다. 특히 지난날 동해에서의 풍

---

41) 堀和生, 앞의 논문, 115쪽.

부한 어류의 획득에 미련을 버리지 못하고 있는 시마네현은 터무니없는 논리를 날조하여 독도의 국제 분쟁화에 앞장을 서고 있다. 이것이 독도 문제의 본질이 아닐까 한다. 어로에 대한 미련과 그 일대 해역에 대한 갖은 핑계를 붙여 분쟁지역으로 만들려고 하는 것이 독도 문제의 본질이라고 보는 것이 사실의 올바른 판단이라고 보아도 무방할 것이다.

5. 맺음말

이제까지 일본이 독도를 강탈하면서 내세웠던 구실은 사실에 입각한 것이 아니라, 강탈의 정당성 확립을 위한 허구였다는 것을 증명하기 위해서, 당시의 정황들을 중점적으로 고찰하였다. 바꾸어 말하면 그들은 독도의 영토 편입이 나카이 요사부로란 자의 단순한 영토 편입의 요청을 받아들인 것이라고 주장해왔다. 그렇지만 이러한 논리는 일본 측의 자기 합리화에 불과하다는 것을 입증하려고 한 것이 본 연구의 목적이었다. 이와 같은 목적 아래서 이루어진 논의의 결과를 요약하면 다음과 같다.

첫째 나카이가 독도를 한국의 울릉도에 부속된 섬으로 인식하고 있었던 것은 명백하다. 그럼에도 불구하고 그에게 영토 편입원을 제출하게 사주한 자들, 곧 농상무성 수산국장 마키 나오마사(牧朴眞)와 해군 수로부장 기모쯔키 가네유키(肝付兼行)는 일본 제국주의의 해외 영토 탈취에 앞장을 섰던 인물이었고, 외무성 정무국장 야마자 엔지로(山佐圓次郞)은 당시의 전황(戰況)을 누구보다도 잘 파악할 수 있는 자리에 있던 인물이었다. 따라서 이들의 사주에 의해 영토 편입원을 제출되었다는 것은 독도의 강탈에 국가 권력이 개입되었다는 것을 말해주는 것으로 보았다.

둘째 그렇지만 내무성의 당국자는 독도를 한국의 영토일 것이라는 의심을 가졌었다는 사실을 확인하였다. 내무성의 이런 인식은 1876년 시마네현의 「일본해(동해) 내의 다케시마 외 한 섬의 지적 편찬에 관한 질의」를 받아 자기들이 결정하지 않고, 태정관에 질의를 하여 "문의한 다케시마 외 한 섬의 건에 대하여 우리나라와 관계가 없다는 것을 주지할 것"이라는 지령문을 받았던 것으로부터 형성되었을 것이란 추정을 하였다.

셋째 야마자가 "시국이야말로 그 영토 편입을 급하게 요청된다."고 하면서, "(거기에) 망루를 세우고 무선 혹은 해저전선을 설치하면 적함(敵艦) 간시 상 그 형편이 좋아지지 않겠느냐, 특히 외교상 내무성과 같은 고려를 요하지 않는다."고 한 것은 당시의 전황과 밀접한 관련을 가지고 있다는 명확한 증거로 간주하고, 그런 전황이 어떤 것이었는가를 구명함으로써 독도의 전략적 가치를 파악하려고 하였다.

넷째 일본의 연합함대는 여순 항에 머물고 있던 함대에 대해서는 막대한 피해를 입혔을 뿐만 아니라 어느 정도 그 출입을 통제하고 있었으나, 블라디보스토크에 머물고 있던 함대에 대해서는 전혀 통제를 하지 못하고 있었다. 그 단적인 예가 러시아 함대의 동해에서의 도발을 들 수 있다. 그들은 1904년 2월 8일 러일전쟁이 개전된 다음, 여섯 번에 걸쳐 일본 해군 함정에 대해 공격을 가하여 막대한 피해를 입혔다. 그런 와중에 1904년 4월 30일에 편성된 태평양 제2함대가 원정을 위해 핀란드의 항구가 레이웨이에 집결한 것이 같은 해 9월 1일이었다.

다섯째 이렇게 급박하게 전황이 전개되고 있을 때에 나카이 요사부로란 자가 한국의 영토라고 생각하고 있던 독도에서의 강치 잡이 독점을 위하여 그 대여원을 제출하려고 하자, 전략적 가치를 인식하고 있던 정부 당국은 한국으로부터의 대여보다 일본이 점령을 하는 편이 좋다는 판단을 한 것으로 상정하였다.

여섯째 이런 결정을 하는 데는 동해해전이 러일전쟁에서 차지하는 중요성이 결정적인 역할을 하였을 것으로 추정하였다. 왜냐하면 발틱 함대와의 일전을 앞둔 일본으로서는 이 해전이 그들의 운명이 달렸다는 사실을 너무도 잘 알고 있었으므로, 독도가 그만큼 전략상으로 중요하다는 인식을 했다고 볼 수 있기 때문이다. 실제로 일본 해군은 동해에 있는 울릉도와 동해의 전략적 가치를 충분히 인지하고 있었다는 것은 호리 가즈오(堀和生)의 연구에 의해서도 이미 입증이 되었다.

마지막으로 독도가 전략상으로 긴요한 곳이란 사실은 발틱 함대의 사령관 로제스트벤스키(Rozhdestvensky) 중장이 의식을 잃은 채 포로로 잡힌 곳이 울릉도 부근이었고, 그를 대신하여 함대의 지휘권을 장악한 네보가토프(Nebogatov) 소장이 모든 주력 잔함을 이끌고 일본에 투항한 곳이 독도 동남방 18마일 해상이었다는 점을 통해서 확인할 수 있다.

그러므로 일본은 나카이 요사부로란 자의 영토 편입 요청 때문이 아니라, 당시 급박했던 전황 때문에 독도를 강탈하였으며, 이렇게 하여 러일전쟁을 승리로 이끈 다음 그들은 한국을 완전한 식민지로 강점했다는 것은 명백한 사실이다. 이와 같은 사실을 교묘한 말로 호도하는 일본의 처사는 손바닥으로 하늘을 가리는 것에 지나지 않으므로, 지금이라도 정직한 역사적 인식에 입각하여 독도 문제의 해결에 임해주기를 바란다는 것을 첨언해둔다.

참고문헌

『公文類聚』

김병열·나이토 세이츄, 2006, 『한일 전문가가 본 독도』, 서울: 다다미디어.

김화경, 2009, 「일본의 독도 강탈 정당화론에 대한 비판 – 쯔카모도 다카시 의 오쿠라라 헤키운 자료 해석을 중심으로 – 」, 『인문연구』 57, 경산: 영남대 인문과학연구소.

송병기, 2004, 『독도영유권자료선』, 춘천: 한림대출판부.

신용하, 1996, 『독도의 민족영토사 연구』, 서울: 지식산업사.

신용하 편저, 1999, 『독도영유권자료의 연구(2)』, 서울: 독도연구보전협회.

최문형, 2005, 「露日전쟁과 일본의 독도 점취」, 『역사학보』 188, 서울: 역사학회.

金膺龍, 1996, 『外交文書で語る日韓合併』, 東京: 合同出版.

松田十刻, 2005, 『日本海海戰』, 東京: 光人社.

奧原碧雲, 「竹島經營者中井養三郞立志傳」, 『竹島問題に關する調査研究 – 最終報告書 – 』, 松江: 竹島問題研究會.

伊藤正德, 1956, 『大海軍を想う』, 東京: 文藝春秋社.

佐々木茂, 2007, 「領土編入に關わる諸問題と資·史料」, 『竹島問題に關わる調査研究 – 最終報告書 – 』, 松江: 竹島問題研究會.

Denis and Peggy Warner, The Tide at Sunrise. *A History of the Russo-Japanese War*.

妹尾作太郎·三谷庸雄 共譯, 1978, 『日露戰爭史』, 東京: 時事通信社.

제4부 <특집 2>
독도 교육을 어떻게 할 것인가

한국과 일본 역사교과서의 독도에 관한 기술의 변화

신 주 백

1. 머리말

2009학년도 제2학기 대학원 한국학협동과정에서 '동아시아의 근대사와 문화'를 주제로 강의하였다. 한국을 비롯하여 중국, 대만, 일본, 미얀마, 베트남에서 온 6개국의 성실한 학생들과 함께 수업을 하면서 각국의 학교문화도 이해할 수 있어 필자로서는 매우 만족스러웠다.

1905년 전후를 강의하던 도중이었다. 혹시나 해서 중국 학생에게 센카쿠열도(중국명 댜오위다오)에 대해 어떻게 교육을 받는지 물었다. 중국 각지에서 온 4명의 학생이 모두 역사수업 시간에 중국 땅이라는 교육을 받는다고 답하였다. 이때 대만에서 온 학생이 자신들도 대만 땅으로 배운다고 말하였다.

하지만 필자는 중국과 대만의 교육지침, 중고교 역사교과서, 중고교 교사용지도서 어디에서도 이에 관한 언급을 읽은 적이 없다. 독도와 달리 댜오위다오는 중국과 대만이 모두 자기 영토라고 교육하는 사실도 신기했지만, 중국과 대만 모두 일본과 달리 공공연하게 떠벌리지 않고 영토문제에 대해 깊이 있는 교육을 진행하고 있다는 점도 놀라웠다. 이에 비해 일본은 2008년, 2009년에 학습지도요령(해설)에

서 독도를 자기의 영토로 교육하도록 역사교육의 방향을 공식화하였
다. 교과서를 통해 독도문제에 관한 국민적 기억을 구축하겠다는 것
이다. 앞으로 한중일 3국은 영토에 관한 역사교육 곧, 국민교육을 특
별히 강화시켜 갈 것이다.

일반적으로 기억은 과거의 사실을 단순히 집합한 것이 아니라고
말한다. 다양한 개별적인 사실들이 모여 쌓이고 보존된 결과이기도
하지만 그것들이 현재와의 관계 속에서 계속 생성되고 변화되어 간
과정의 하나이다. 그래서 우리는 기억을 유기체로서 현재시제라고 말
한다. 개인과 집단, 그리고 국가의 기억 모두 마찬가지다. 특히 근대
의 국민국가는 교육을 통해 기억을 재창조한 경우가 대부분이었다.
개인 기억을 총합한 것이 국가의 기억은 아니었던 것이다.

그럼에도 불구하고 오늘날까지도 국가의 기억만을 역사로 인식해
온 경우가 종종 있었다. 한국에서도 그것은 예외가 아니었다. 국정 교
과서에 의한 역사교육이 오랜 동안 시행되어 오면서 특히 그러하였
다. 국가의 기억은 사회교육과 학교교육이란 핵심 유통 경로를 통해
재생산되어 왔다.

이 글은 1945년 8·15 이후부터 오늘날까지 한국과 일본의 역사교
과서에서 독도 또는 다케시마를 어떻게 기술해 왔는지를 추적하는데
목적이 있다. 한국의 역사교과서에서 독도에 관한 기술의 변화는 교
육과정의 변화와 맞물려 진행되어 왔다. 이를 염두에 두고 추적하겠
다. 반면에 일본의 역사교과서에서 독도에 관한 서술의 변화는 21세
기 들어 추적하면 될 것이다. 20세기까지도 언급하고 있지 않았기 때
문이다.[1] 오히려 국제화 시대를 외치는 일본의 학교교육에서 왜 이
시기에 독도에 관한 기술을 강조하기 시작했는가를 살펴보는 것도 의

---

1) 이에 관해서는 필자가 이미 발표한 글이 있으므로 이를 간략히 소개하는
   형식으로 서술하겠다. 자세한 것은 신주백, 2006.12, 「교과서와 독도문제」,
   『獨島硏究』 2 참조.

미있는 접근일 것이다. 다만, 2007년 이후 교과서 서술에 중대한 변화가 있으므로 이를 소개하고 분석하겠다.

이 글에서는 독도에 관해 어떻게 기술했는가를 한일 양국의 역사교육정책의 변화와 맞물려 설명하겠다. 그래서 한국의 <교육과정>과 <교육과정해설>, 일본의 <학습지도요령>과 <학습지도요령해설>을 참조하겠다. 또한 한일 양국이 다른 영토에 대해서는 어떻게 기술하고 있는지를 파악한다면, 독도라는 영토에 대한 교육적 의도를 더욱 선명하게 파악할 수 있을 것이다. 그래서 한국의 역사교과서에서 간도를 어떻게 기술하고 있는지,[2] 일본의 역사교과서에서 러시아가 실효적으로 지배하고 있는 북방영토문제를 어떻게 기술하고 있는지도 간략히 살펴보겠다.[3]

2. 한국 역사교과서

1) 집합기억의 불안정과 불균등

한국의 역사교과서에서 독도에 관한 기술이 처음 등장한 것은 1955년 8월 문교부령 제45호로 제정 공포된 '중학교 교과 과정' 때부터였다. 흔히 제1차 교육과정 때라고 말하면 이해하기 쉬울 것이다. 이때는 한국문화사 중심으로 '우리 나라 역사'를 가르치도록 하던

---

2) 필자는 간도에 관한 역사교과서 서술의 변화에 관해 2009년 8월 국회에서 열린 심포지엄에서 <광복 후 역사교과서에 나타난 간도인식>이라는 제목으로 발표한 적이 있다. 이 글에서도 이를 참조하겠다.
3) 다만, 북방영토문제와 센카쿠열도문제에 관한 교과서 검정 지도가 어떻게 변화되어 왔는지를 현재로서는 정밀하게 파악하기 쉽지 않다. 추후 더 구체적으로 보고, 일본 고교 교과서의 대표적인 서적인 '常說' 교과서의 변화를 통해 이를 추적해 보겠다.

때였는데, 검정 제도 였기 때문에 여러 종의 교과서가 발행되었다. 그 가운데 발표자는 8종의 교과서의 내용을 검토해 보았는데, 독도에 관한 언급이 나오는 교과서는 두 종이었다.

먼저 역사교육연구회에서 발행한 교과서의 내용부터 소개해보자. 역사교육연구회의 교과서에서 독도는 "(4) 외세에 흔들리는 근세 조선"이란 중단원의 "청 일의 세력균형을 위한 교섭"과 "외세의 어클 짐"에 이은 세 번째 소단원인 "복잡한 국경문제"에서 간도에 관한 기술과 함께 언급되어 있다. 이를 인용하면 아래와 같다.

> 이에 따라 국내에 친일, 친청, 친로 등의 여러 파가 생기어, 내외의 정세가 까다로워져 정치는 외세에 의하여 좌우되는 형편이었다. **복잡한 국경 문제** 이와 같은 형편에 있어서 끝까지 자주적으로 큰 나라를 상대로 하여 굽히지 않은 외교 문제가 있었으니, 그것은 간도 귀속(間島歸屬)문제와 울릉도의 영유(領有) 문제였다(지도 : 백두산 정계비 부근). … (132-134쪽 둘째 줄. 자료 : 정계비의 비문) …
>
> 울릉도는 이미 삼국 시대에 우산국(于山國)이라 하여 신라에 귀속하였던 것인데, 고려 시대에는 왜구의 소굴이 되어 여러 차례 토벌하기는 하였으나, 적극적 정책을 쓰지 않음에 일본 어부가 자리를 잡고 죽도(竹島)니 송도(松島)니 하여 불법 거주하고 있었다. 숙종 19년(1693)에 안용복(安龍福)의 활약으로 일본도 우리 영토임을 인정한 바 있었으나, 여전히 그들이 자주 드나들므로, 고종 18년에 울릉도 검찰사를 임명하고 이주를 환영하여 우리 겨레가 정주하기에 이르렀다. 한편 대한제국 말기에 외교권을 빼앗은 일본이 거리로 인한 관리 관계라 핑계하여 독단적으로 독도(獨島 또는 三峰島)를 자기 영토로 편입시키어서 독도 문제라는 부당한 문제의 꼬투리를 만들었다.[4]

이병도 역시 자신의 교과서에서 "1 나라의 개방(開放)과 외국세력의 침입"이란 중단원의 맨 끝 부분에 "참고 : 경계문제(간도 소속문제)와 울릉도 사건"이란 제목으로 독도를 언급하였다. 그는 "이때 외교 문제로 또 주의할 사건"으로 청과의 경계문제와 일본인의 울릉도 불법침범사건을 들었다.[5] 두 교과서를 비교할 때, 이병도의 언급은

---

4) 역사교육연구회, 1956, 《중등 국사》, 정음사, 132~135쪽.

역사교육연구회의 교과서에 비하면 비중 있게 취급하고 있지 않음을 알 수 있다.

교과서 기술 내지는 역사교육이란 측면에서 볼 때 두 사람의 기술에서 주목되는 점은, 개항 이후 조선이 직면한 새로운 국제관계 속에서 간도영유권문제와 더불어 독도문제를 기술하였다는 사실이다. 뒤에서 언급하겠지만 러일전쟁 이후 국권피탈의 위험에 직면한 대한제국을 언급할 때 기술하고 있는 오늘날의 교과서 서술과 크게 다른 것이다. 이는 간도와 독도에 관한 역사교육을 통해 일본의 침략과 국권피탈을 전면에 부각시키기보다, 일본에 의한 개항과 열강의 침입 그리고 청과의 관계 재조정이란 새로운 근대적 국제관계를 설명하려는 서술방향과 무관하지 않았을 것이다. 때문에 제1차 교육과정의 교과서에서는 개항 이후 청과의 관계 재조정라는 점을 더 부각시켜 독도보다 간도에 관한 기술이 우선일 수밖에 없었을 것이다. 두 교과서 모두 간도영유권에 관해 더 많이 기술하고 있는 점에서도 이를 확인할 수 있을 뿐만 아니라 독도에 관해 언급하지 않던 대부분의 교과서도 간도영유권에 관해서만은 상세히 기술한 데서도 알 수 있다.[6]

또 하나 주목해야 할 점은 한국의 역사교과서는 독도문제를 역사교육에서 처음 다룰 때부터 역사문제로 접근하기 시작했다는 사실이다. 그것은 일본의 침략사라는 측면에서 접근했음을 의미하며 영토문제라는 측면에서 독도문제를 바라보고 있지 않음을 의미한다고 하겠다.

그렇다면 왜 제1차 교육과정 때 독도문제를 언급하는 교과서가 등장하기 시작했을까. 그것은 당시 진행되고 있던 한일 국교 정상화 교섭과 깊은 연관이 있었다.

5) 이병도, 1956, 《중등 국사》, 을유문화사, 161~162쪽.
6) 대표적인 보기로 "제22장 일제의 침략과 대한 제국의 마지막"의 맨 끝 소단원으로 "12. 간도문제"를 배치한 신석호의 책을 알 수 있다(신석호, 1957, 《중학교 사회생활과 國史 1》, 동국문화사, 162~163쪽).

1951년 10월 제1차 한일회담이 열렸다. 당시 한일간의 논점은 재일 한국인의 법적 지위문제, 선박반환문제, 어업문제 등이었으므로 독도 문제가 불거지지 않았다. 그런데 이듬 해 1월 18일 한국정부가 <인접해양의 주권에 관한 대통령 선언> 곧, 이승만라인을 선포하면서 한때 한일 양국간에 외교 설전이 오고갔다. 이후 1년여 동안 한일간의 외교설전이 중단되었다가, 1953년 5월부터 7월 사이에 일본어선이 독도를 다섯 차례나 침범하는 사건이 일어나면서 다시 한 번 한일간에 외교갈등이 일어났다.

그럼에도 불구하고 대부분의 교과서들이 간도영유권에 관해서는 언급했을지언정 독도에 관해서는 특별히 언급하지 않았다. 간도는 중국이 지배하고 있지만, 독도는 우리가 지배하고 있기 때문이라고 생각해서였을 것이다.

위에서 언급한 두 종의 역사교과서도 이후에 독도에 관해 지속적으로 언급했느냐 하면 그렇지 않았다. 역사교육연구회와 이병도는 같은 제1차 교육과정의 고등학교 '국사' 교과서에서 간도영유권문제와 독도문제를 서술하지 않았다. 뿐만 아니라 제1차 교육과정의 고등학교 역사교과서 가운데 독도의 역사문제에 관해 기술한 교과서는 없었다. 두 종의 역사교과서에서 독도문제를 역사적인 측면 접근한 경우는 극히 예외적인 현상이었던 것이다.

2) 집합기억의 새로운 포맷 형성과 국민적 기억화

그러나 1970년대 들어 새로운 변화의 조짐이 나타나기 시작하였다. 제2차 교육과정의 부분 개정이 이루어진 가운데 1968년 들어 개정 역사교과서들이 대거 발행되었다. 그 가운데 신석호의 고등학교 국사 교과서에서만 새로운 변화가 나타났음을 확인할 수 있다. 아래 문장을 통해 이를 확인해 보자.

신석호는 개항 이후부터 1910년대까지를 기술한 대단원의 네 번째 중단원으로 "일본의 진출과 민족의 수난"을 설정하였는데, 그것의 세 번째 소단원이 "일본의 독도 강탈과 간도 양여"였다. 독도 관련 부분만 인용하면 아래와 같다.

> "3. 일본의 독도 강탈과 간도 양여
> 일본은 러일 전쟁 중에 우리 나라 독도를 강탈하고, 또 을사 조약을 체결한 뒤 간도를 청나라에 양여하여 오늘날 한일 양국과 한중 양국 간에 분쟁의 씨를 뿌려 놓았다.
> 독도는 울릉도 남방 49노트, 북위 37도 141NS 18CH, 동경 131도 52분 22초 지점에 있는 무인 고도로서, 옛날에는 우산도 또는 삼봉도라고 불리던 울릉도의 속도이다. 이 섬은 암석으로 성립되어 사람은 살 수 없으나, 군사상·어업상 중요한 곳이다. 일본은 러일 전쟁 중 군사적 외교적으로 우리 나라를 지배하고 있는 틈을 타서, 1905년(광무 9년) 2월 2일 이 섬을 다케시마라고 명명하고, 오키 섬에 소속시켜 일본 영토에 편입시켰다.
> 해방 후 우리 나라는 다시 이 섬을 관리하고 있는데, 일본은 합방전 점령한 것이라 하여 지금 외교 문제로 삼고 있으나, 이 섬은 역사적으로 한국의 영토일 뿐만 아니라, 일본이 군사적으로 우리 나라를 지배하고 고문 정치를 하고 있을 때 제마음대로 편입한 것이므로, 일본의 주장은 터무니 없는 것이다.
> 간도는 백두산 동북쪽 …"[7]

신석호의 기술에서 우리가 주목해야 하는 점은 울릉도에 관해 자세히 설명하고, 그 부속으로 독도를 설명하던 앞서의 두 교과서와 달리, 독도에 관해서만 역사적으로 접근하면서 일본의 침략성을 기술하고 있다는 사실이다. 이러한 서술 기조는 간도에 관한 언급에서도 확

---

7) 신석호, 1973.1, 《고등 학교 국사》, 광명출판사, 224쪽. 이 책이 1968년부터 출판되었는지 알 수 없었으나, 1960년과 1970년에 출판된 경우를 확인할 수 있었으므로 제1차 교육과정 때 제작된 교과서를 확대 수정한 책일 것이다. 책의 '머리말'에는 "1. 이 책은 1963년 2월 13일 문교부에서 제정 공포한 교육 과정에 의하여 고등 학교용 국사 교과서로 편찬한 것이다"고 밝히고 있다.

인할 수 있다. 즉 고대부터의 간도에 역사성을 언급한 후 "을사 조약 이후 일본이 이 문제를 가로맡아 1909년(융희 3년)에 안봉선(安奉線) 과 푸순(撫順) 탄광 등을 교환 조건으로 간도의 주권을 청국에 넘기고 말았다. 이는 우리의 의사가 아니며, 간도 지방에는 동포가 주민의 8 할 이상을 차지하고 있으니, 이 문제는 장래의 숙제로 남아 있다"고 밝혀 일본의 침략성을 드러냄과 더불어 미해결의 민족문제임을 명확 히 하고 있는 것이다.

그러다보니 독도문제와 간도영유권문제에 관해 언급하는 위치가 개항 직후 새로운 국제관계 속에서 설명하던 제1차 교육과정 때와 달 리, 한국병합 직전의 부분에서 일본의 침략과 민족의 위기 상황을 기 술하는 가운데 언급하였다. 일본의 침략성을 크게 부각시킨 것이다. '외교'나 '국경' 문제라는 측면보다는 '강탈'적임 침략성을 부각시키 고 있는 점은 해당 내용의 제목에서도 그대로 드러난다. 독도와 간도 에 관해 서술하는 교과서상의 편집위치와 서술 기조는 오늘날까지 그 대로 이어지고 있다.

그러면 왜 제2차 교육과정을 개정한 시점에 와서 이러한 서술구성 이 나타났을까. 신석호 개인의 역사인식은 차치하고 당시의 교육정책 과 그것을 둘러싼 내외적 상황만을 놓고 보면 시사받을 수 있는 대목 도 있다.

제2차 교육과정은 민족의 국난 극복을 강조하며 학생에게 "애국 애족정신을 함양"하고, "민족문화를 계승 발전시킨다"는 역사교육 방 향을 설정하였다.[8] 더구나 1965년 한일협정을 계기로 "'자유'의 수호 만을 지상명령으로 알고 있던 이 땅의 사람들은 이제 비로소 민족 또 는 민족문화의 수호를 생각"해야 한다는 위기감을 느끼고 있었다.[9]

---

8) 「紙上座談 改正된 敎育課程과 歷史敎育의 諸問題」, 『歷史敎育』 9, 1966.10, 165쪽. 李廷仁의 발언이다.
9) 『歷史學報』 49, 1970, 1~2쪽. 1969년~1970년 역사학계의 동향을 李佑成이

이에 따라 역사교과서에 일본의 침략과 저항의 실상을 구체적으로 기술하면서 민족교육을 강조하기 시작하였다.

한국의 역사교과서에서는 이때부터 일본의 침략과 대한제국의 국권피탈을 연관시키는 대목에서 독도문제와 간도영유권에 관해 언급하는 경향이 일반화되어 갔다. 달리 말하면 독도문제를 일본과 연관시켜 역사문제의 맥락에서 기술한 것이다. 마찬가지 서술 경향은 제3차 교육과정(1973·1974~1981) 때 발행된 국정의 중학교 국사교과서에서도 확인할 수 있다.

제3차 교육과정의 중학교 『국사』 교과서에서는 'XIII. 일제의 침략과 독립 투쟁'이란 대단원의 첫 번째 중단원인 '일제의 주권 침략'이란 부분에서 '(2) 일제의 한국군 강제 해산'이어 '(3) 일본의 독도 강탈', '(4) 일본의 간도 양여'를 가르치도록 하였다. 국정의 바뀐 제3차 교육과정의 역사교과서에는 독도문제가 아래와 같이 기술되어 있다.

(3) 일본의 독도 강탈

일본은 그들의 침략 정책을 위하여 한국을 이른바 보호국으로 만들어 한국 정부의 의사나 우리 민족의 뜻과는 관계 없이 독도를 빼앗고 간도를 청나라에 주어, 오늘날 한·일 양국 간에 분쟁의 씨를 뿌려 놓았다.

독도는 울릉도에 딸린 섬으로서, 신라 지증왕 때부터 우리의 영토였다. 그런데, 조선 태종 때부터 유민 방지를 위하여 섬에 나가 사는 사람을 육지로 소환하자, 울릉도는 무인도가 되어 자연히 독도의 관리도 소홀하여졌다.

그 후로 일본의 민간인 가운데 울릉도에 밀항하여 목재, 어류 등을 몰래 가져가면서 울릉도를 다케시마, 독도를 마쓰시마 하더니, 최근에는 울릉도를 마쓰시마, 독도는 다케시마라고 하였다. 1881년에 울릉도 순찰에 나섰던 우리 관리들이 이를 발견하고 정부에 보고하자, 우리 정부에서는 일본 정부에 항의하여 우리 영토의 침범을 금하도록 하는 한편, 그 곳에 이민을 장려하고 관청을 세워 철저한 관리를 하도록 하였다.

그런데, 일본은 러·일 전쟁 중 우리 나라를 강압하는 틈을 타서 독도를 다케시마라 부르며, 강제로 일본 영토에 집어 넣었다. 그러나, 해방 후 우리 나라는

總說한 부분이다.

다시 이 섬을 정식으로 우리 영토로 관리하고 있다.[10]

이처럼 제3차 교육과정에서는 일본의 침략정책과 독도문제, 간도 영유권문제를 연관시켜 교육하도록 함으로써 제1차 교육과정 때의 역사인식과 확연히 다른 접근방식을 취하고 있었다. 오늘날 분쟁의 씨를 뿌린 것도 일본이라고 명시하고 있다. 이처럼 강경한 표현은 간도에 관한 언급에서도 마찬가지였다. 즉 "을사조약 후 일본이 이 문제를 가로맡아 자기들의 만주 침략을 위해 청에 넘겨 주고 말았다. 이는 우리 의사가 아니며, 간도 지방에는 우리 동포가 전인구의 80% 이상을 차지하고 있으니, 역사적으로 보아도 간도는 우리 영토임이 틀림없다"면서 간도를 '우리의 영토'라고 명시한 것이다.

주지하듯이 제3차 교육과정은 국사 과목을 사회과에서 분리시켜 국사과라는 독립교과로 편성하면서 한국사 교육을 특별히 강조하였다. 유신정권은 역사교과서를 국정화해야 할 이유로 "1. 민족적 가치관 확립을 위한 일관성 있는 교육 실시", "2. 주체적 발전적 사관의 객관화", "3. 풍부한 사료를 활용한 교과서 편찬", "4. 교과서 가격의 저렴화"를 내세웠다. 특히, 첫 번째 이유와 관련해 한국사 교육을 국어 및 도덕과 함께 "가치관 교육의 중핵" 과목으로 지정하였다.[11] 그래서 유신정권은 제3차 교육과정의 첫 번째 학습목표로 "우리 민족의 발전 과정을 주체적인 입장에서 파악시키고, 민족사의 정통성에 대한 인식을 깊게 하며, 문화 민족의 후예로서의 자랑을 깊이 하게 한다"고 내세웠다.[12] 유신정권은 '국적 있는 교육'을 내세우며 주체적 민족의식과 민족문화, 민족사적 정통성을 강조하였다.

---

10) 『중학교 국사』, 문교부, 1975, 215쪽.
11) 「문교부 보고서 : 중·고교 국사교육 국정화」, 『보고번호 제73-328호 國史敎科書의 國定化方案 報告(1973.6.9)』
12) 「문교부령 제325호(1973.8.31 개정 공포) 중학교교육과정」, 『초·중·고등학교 사회과·국사과 교육과정 기준(1946~1997)』, 교육부, 287쪽.

독도와 간도를 한 세트로 하여 대한제국의 멸망과 연관된 곳에서 기술하는 방식은 제7차 교육과정의 국정 국사 교과서로까지 이어졌다.[13] 다만, 서술 분량이 점차 줄어들다가 제7차 교육과정 때 와서야 독도와 간도를 한 세트로 해서 2쪽 분량으로 대폭 늘렸다. 이는 2001년 일본의 우익 시민단체인 '새로운 역사교과서를 만드는 모임'에서 만든 역사교과서를 비롯하여 8종의 중학교 교과서의 검정신청본이 합격됨으로써 불거진 한일간의 역사갈등과 무관하지 않을 것이다.

한편, 국정의 중학교 역사교과서와 달리 고등학교에서는 한국근현대사와 관련된 부분에 관한한 檢定制에 따라 교과서가 발행되어 있다. 그렇다고 독도와 간도에 관해 국정 시기의 역사교과서와 다른 내용이 기술되어 있는 것은 아니다. 오히려 다양한 시각자료를 동원하여 주장을 더 설득력 있게 뒷받침하려 하고 있다. 검정의 취지에 맞게 학생들의 다양한 역사인식을 자극하는 접근이 이루어지고 있는 교과서는 없다.[14]

3. 일본 역사교과서

1) '검정 지도'를 통한 독도문제 드러내기

일본의 역사교과서에서 독도에 관한 기술은 한국과 달리 牛步와 같은 과정을 밟으며 확대되어 왔다고 말할 수 있겠다. 1989년도에 개정

---

13) 고등학교 국사 교과서의 경우 제4차 교과서부터 마찬가지 위치에서 간도와 함께 독도도 언급하는 서술이 나타났다(국사 편찬 위원회·1종 도서 연구 개발 위원회, 1984, ≪고등 학교 국사(하)≫, 교육부, 101~103쪽. 1982년 초판 발행).

14) 신주백, 2009.8, 「광복 후 역사교과서에 나타난 간도인식」.

된 새로운 학습지도요령에 의하여 1994년부터 사용되던 중학교 교과서, 그것도 보조교재의 성격을 띠는 지리부도 교과서에서부터 독도가 일본의 영역이라고 표시하기 시작하여 2012년부터 사용할 모든 지리교과서에 이를 명기하도록 되어 있기 때문이다. 그러면 이제 조금씩 확대되어 온 그 과정을 간략히 짚어보자.

한국정부가 일본의 중학교 보조교재인 東京書籍과 帝國書院의 地理附圖 교과서에서 독도를 일본의 영역으로 표시한 사실을 처음 안 것은 1996년이었다.[15] 이는 일본정부의 새로운 정책과 맞물린 결과였다. 즉 국제사회는 1994년 11월 유엔해양법협약이 발효되면서부터 200해리 배타적 경제수역의 시대로 바뀌었다. 이에 따라 일본의 문부과학성은 1996년 개정판부터 울릉도와 독도의 중간지대에 배타적 경제수역의 경계선(EEZ)을 일률적으로 표시하도록 지시하였다. 1996년 2월 일본정부가 한일협정을 일방적으로 파기하였고, 새로 체결된 신한일어업협정이 1999년 1월부터 발효되었던 일련의 과정도 우연이 아니었음을 알 수 있다. 결국 독도에 관한 교과서 기술은 일부 출판사의 독자적 판단이란 교육적 차원보다 정부차원의 정치적 선택의 결과였던 것이다.[16]

2) 우익 역사교과서에서부터 독도문제 들추기

역사교과서 가운데 독도가 일본영토임을 처음 명기한 교과서는 明星社의 2003년판 ≪最新日本史≫였다. 메세사의 교과서는 본문의 맨

---

15) ≪東亞日報≫, 1996. 2. 5. 중학교 지리부도는 지금도 두 출판사에서만 발행하고 있다.

16) ≪韓國日報≫, 1996. 2. 2. 독도를 일본의 영토로 처음 표시한 고등학교 교과서는 帝國書院의 1993년판 『新編 標準高等地圖』와 『世界地理 A』였다(『世界日報』, 2002. 4. 26).

마지막에 있던 '현대 일본의 과제와 문화의 창조'라는 소항목에서 독도문제에 대해 다음과 같이 언급하였다.

> 영토문제에 대해서는 우리나라 고유의 영토가 다른 나라의 위협에 노출되어 있다. 북방연토는 러시아에 점령당한 채 있고, 한국이 시마네현의 다케시마 영유권을, 또 중국 등이 오키나와현의 센카쿠제도 영유권을 주장하고 있다.[17]

≪最新日本史≫의 독도 기술은 일본 역사교과서의 우경적 서술을 선도하고 있던 새역모가 2002년도판 중학교 공민교과서에서 일본의 고유영토론을 언급하고, 그 자매격인 메세사의 2003년도판 교과서에서 한국과 영유권문제가 있음을 기술함으로써 중고교 교과서에서 공개적인 서술의 발판이 마련되었음을 의미한다.

≪最新日本史≫는 고등학교판 '새역모 교과서'라고 말할 수 있을 정도로 일본 우익세력이 제작한 교과서였다. 교과서는 기본적으로 일본헌법을 개정하여 천황 중심의 새로운 국가 시스템을 구축하려는 집단의 움직임을 대변하는 수단이었다.[18] 교과서를 집필한 집단은 천황의 전쟁책임, 침략책임을 인정할 수 없는 역사인식을 가지고 있었다. 위에서 언급한 영토들을 역사문제로 접근할 수 없는 근본적인 이유도 여기에 있었다. 그들은 일본 문부과학성 내에 튼튼히 뿌리내리고 있는 문교족의 역사인식 곧, 황국사관과 연결되어 있다.

그들은 ≪最新日本史≫를 채택한 교사들만이 볼 수 있는 교사용 참고자료집에서 아래와 같은 내용으로 자신들의 입장을 더욱 명확히 언급하였다.

> 다케시마는 에도시대부터 일본인에 의해 어업개척이 이루어지고, 명치38년 (1905) 정부는 정식으로 영유를 확인하고, 시마네현에 편입하였다. 어업권자에

17) 『最新日本史』, 明星社, 2003, 270쪽.
18) 신주백, 2010, 「한일 역사교과서 문제의 사적 전개」, 『제2기 한일역사공동연구보고서』 6, 한일역사공동연구위원회, 247쪽.

게서 대동아전쟁으로 중지되기까지 사용료를 나라에서 받았다. 일본 점령기 (주권이 없을 때)에 일방적으로 영유를 선언한 한국에는 (영유권이-인용자) 조금도 없다.[19]

다케시마를 둘러싼 한국과의 영유권문제가 있다는 단순한 기술 정도가 아니라 한국이 독도를 불법 점유하고 있다는 점을 언급하고 있는 것이다. 일본의 우익 내지는 문부과학성의 입을 빌려 말하고 싶어하는 일본정부 관계자들은, 다른 사람들의 주목을 받지 않고 집필이 자유로운 교사용 참고자료을 통해 한국이 독도를 불법적으로 영유하고 있음을 언급함으로써 이후 역사적 합법성을 내세울 수 있는 발판을 마련했음을 의미한다. 달리 보면 일본 우익과 일부 보수세력이 교과서 개정작업을 통해 우경적 분위기를 선도하는데 있어 최대 걸림돌 가운데 하나였던 '근린제국조항'을 死文書化시키려는 의도를 강화할 수 있는 또 한번의 전환점을 마련하려는 의도와도 무관하지 않았을 것이다.

3) 고교 역사교과서에서 독도 기술의 확산

2006년부터 새로 사용된 고등학교 지리역사과와 공민과 교과서 45종 가운데 政治·經濟 6종 전부와 現代社會 12종 가운데 8종 등 모두 30종의 교과서에서 독도가 '일본 고유의 영토'라는 인식을 명확히 드러냈다.[20]

예를 들어 일본정부는 東京書籍과 大阪書籍의 2006년판 지리교과서를 검정 지도하여 독도 영유권을 표기하도록 하였다. 전체 중학생의 3/4가량이 배우고 있던 두 교과서의 출판사에 '검정 지도'라는 이

---

19) 『最新日本史－敎授資料』, 明星社, 2003, 762쪽.
20) 신주백, 「교과서와 독도문제」, 앞의 책 2.

름으로 압력을 가했던 것이다.[21] 더구나 이때는 일본 외무성이 2004
년 두 차례에 걸쳐 홈페이지를 개편하면서 독도를 한국정부가 "불법
점거"하고 있다고 공개적으로 밝히고 있던 시기와도 맞물려 있다.[22]
결국 2005년 중학교 지리교과서의 검정 결과는 외무성이 각본을 쓰
고, 문부과학성이 감독하였으며, 새역모와 후쇼사라는 우익 세력이
주연을 맡아 "'독도는 일본 땅'이라는 한편의 왜곡 드라마가 만들어
진 셈"이었다.[23] 결국 일본 정부와 우익 시민단체는 2005년도 검정
지도를 통해 독도에 관한 교과서 기술을 확산시킬 수 있는 전환점을
마련한 것이다. 그것의 효염은 2006년도 고등학교 역사교과서 검정에
서 나타났던 것이다.

　고등학교 일본사 교과서 두 종에서도 독도가 일본의 고유영토임을
주장하고 있다. 淸水書院의 일본사교과서A의 경우, "21세기의 과제"
를 언급하는 가운데 "일본 고유의 영토인 다케시마·센카쿠제도에 관
해서도 한국은 다케시마의 영유를 주장하고 있고, 중국은 센카쿠제도
의 영유를 주장하고, 그 주변에서의 자원개발을 추진하는 등 문제가
발생하고 있다"고 기술하고 있다.[24] 한국이 불법 점유하고 있음을 드
러내고 있는 것이다.

　그런데 시미즈쇼인의 교과서는 애초 검정신청본에서 "그리고 2005
년에도 다케시마 영유를 둘러싸고 한국과의 사이에 역사인식 등을 둘
러싸고 중국과의 사이에 외교문제가 일어나고 있다"고 기술하였다.
역사인식을 둘러싼 갈등 차원에서 독도문제를 기술한 것이다. 그런데
일본정부가 "외교문제의 실태에 관하여 설명 부족으로 이해하기 어

---

21) ≪中央日報≫, 2006. 4. 6
22) 현재 일본 외무성 홈페이지에는 '다케시마문제를 이해하기 위한 10포인트
(2008.2)라는 제목으로 더욱 체계화한 주장이 실려 있다.
http://www.mofa.go.jp/region/asia-paci/takeshima/pamphlet_k.pdf(2010.8.3).
23) ≪한겨레신문≫, 2005. 4. 7
24) 佐佐木寛司 외 11인, 2006, ≪改訂版 日本史A≫, 淸水書院.

려운 표현이다"라고 하여 수정을 지시하였다.[25] 결국 일본정부는 독도문제를 역사문제라는 각도에서 기술한 교과서에 대해서는 철저히 수정을 지시하고 영토문제라는 측면에서 접근하도록 지시하고 있음을 확인할 수 있다.

또 하나 우리가 확인할 수 있는 사실은 일본정부가 센카쿠열도와 다케시마를 분별한다는 점이다. 지리 교과서에 관한 내용을 예로 들어보면, 2006년도 테코국쇼인의 지리 교과서A에 대한 수정 지시 사항을 보면, "바다를 향해서는 … 동시에 일본 고유의 영토인 다케시마가 한국과, 센카쿠제도가 중국과의 사이에 영토문제로 되어 있다"라 제출 내용을, "바다를 향해서는 … 동시에 일본 고유의 영토, 다케시마로 한국과의 사이에 영유권문제가 있고, 센카쿠제도에 관해서는 중국이 영유권을 주장하고 있다"라는 내용으로 수정하도록 지시하였다. 일본 정부가 든 수정 지시 이유는 "다케시마와 센카쿠제도를 同列로 取扱하고 있어 이해하기 어려운 표현이다"는 것이었다.[26] 일본이 실효적으로 지배하고 있는 센카쿠열도와 그렇지 않은 다케시마의 차이를 명확히 구분하도록 하고 있는 것이다.

2005년에 검정을 통과한 고등학교 일본사 교과서 가운데 독도가 일본의 영토임을 기술한 교과서로는 實教出版의 일본사A 교과서도 있었다. 짓교슈판의 교과서는 1965년 한일기본조약을 설명하는 가운데 각주에서 "역시 일한 쌍방이 영유권을 주장하고 있는 다케시마(한국명은 독도)의 귀속은 결정되지 않았다"라고 언급하고 있다.[27]

2006년에 검정을 통과하여 2007년에 발행된 역사교과서 가운데는 야마가와슛판사의 '常説' 일본사B 교과서에서 독도가 일본 영토라고 표기되어 있다. 아래 <지도>에서 알 수 있듯이, 상설 교과서는 1951년의 샌

---

25) <2005년도 검정합격본 수정표>
26) <2005년도 검정합격본 수정표>
27) 宮原武夫 외, 2006, 『高校日本史A 新訂版』, 實教出版.

프란시스코강화조약을 설명하는 곳에서 '평화조약의 규정에 의한 일본의 영토'라는 제목의 지도에서 독도가 일본의 영토인 것처럼 언급하며 '竹島'로 표시하고 있다.[28] <지도>는 1992년판본에도 없었던 것으로서, "일본 고유 영토"인 남쿠릴열도의 4개 섬만이 미해결되었고 나머지는 모두 일본의 영토로 복귀되었고, 독도는 샌프란시스코강화조약에 의해 일본의 영토로 규정되었음을 시사하고 있다.

平和条約の規定による日本の領土

〈지도〉 산천출판사 상설일본사B의 영토 표기

주지하듯이, 야마가와슈판사의 상설 일본사B와 세계사B 교과서는 일본의 고교생들이 가장 많이 읽는 교과서로서 대학입시를 위한 바이블로 통하는 교재이다. 따라서 이 교재에 독도가 일본의 영토라고 표시되어 있다는 사실은 일본의 모든 중고교 역사교육에서도 독도문제를 언급하려는 흐름이 기본적인 대세임을 시사한 것이었다.[29]

이는 남쿠릴열도에 관해 처음 언급한 1963년판 교과서와 비교하면

---

28) 石井進 외 3인, 2007, 『常説日本史』, 山川出版社, 360쪽.

29) 한국의 정부와 연구자들이 교과서 발행 당시 이 사실을 놓쳤지만, 주지하듯이 그같은 의미가 현실화하는데 그리 시간이 오래 걸리지 않았다. 이에 관해서는 다음 '제4절'에서 다루겠다.

영토문제에 관한 일본정부의 기조변화를 크게 구분할 수 있다. 즉 1963년판 교과서에서는 '일본의 국제복귀'에서 1956년 소련과 국교를 회복하면서 두 나라 사이에 전쟁상태를 종결하고 평화를 회복한다는 내용의 일소공동선언을 발표하고, 이후 유엔에 가입했다고 언급하였다. 그러면서 "(3) 南千島의 귀속을 둘러싸고 쌍방의 견해가 일치하지 않아 평화조약 체결에 이르지 못했다"고 하여 고유영토론을 주장하지도 않았고, 소련과 일본 사이의 의견 차이 수준에서 기술하였다.30) 그런데 2007년 개정판에서는 '55년 체제의 성립'이란 부분에서 1956년 일소공동선언에 조인한 결과 일본이 유엔에 가입할 수 있었다는 내용의 각주에서 언급하고 있다. 즉 "① 북방영토에 관하여 일본은 고유의 영토로서 4島의 반환을 요구하고 있지만, 소련은 國後島 擇捉島의 귀속에 관해서는 해결짓는다는 입장을 취하며 평화조약의 체결은 미뤘다. 齒舞諸島 色丹島의 일본에의 인도도 평화조약 체결 후의 일로 되었다."31) '고유 영토'임을 분명히 하고 있는 것이다. 요컨대 야마가와슈판사의 상설 일본사B의 내용은 북방영토에 관해서는 고유영토론을 강화하고 있는데 비해, 자신들이 실효적으로 지배하고 있는 센카쿠열도나 한국이 지배하고 있는 독도문제는 샌프란시크고 강화조약에 의해 일본의 영토가 되었다는 식으로 접근하며 역사적 맥락을 무시하고 있는 것이다.

그럼에도 불구하고 독도문제 관한 서술 위치는 시미즈쇼인, 짓교슈판, 야마가와슈판사 모두 달랐음을 알 수 있다.32) 이점은 한국과 매우 다른 서술 태도이다.

---

30) 宝月圭吾 藤木邦彦, 1966, 『新編 日本史』, 山川出版社, 276쪽. 1963년 처음 발행된 책이다.
31) 石井進 외 3인, 2007, 『常說日本史』, 山川出版社, 366쪽.
32) 다른 맥락이 갖는 의미는 좀 더 세밀하게 추적해보아야 할 과제여서 구체적인 규명은 하지 않겠다.

4) 성문화(成文化)를 통한 독도 영유권교육의 전면화

독도가 일본 자신의 영토임을 교육하려는 일본정부의 의도는 2008년 들어 한국과의 외교관계를 무시하고 전면화한다.

문부과학성은 2008년 7월에 고시한 학습지도요령해설을 통해 북방영토에 관해 언급하는 대목에서 "우리 나라(일본 - 인용자)와 한국 사이에 다케시마를 둘러싸고 주장에 차이가 있다는 점도 설명하고, 북방영토와 마찬가지로 우리 나라의 영토·영역에 관하여 이해를 심화시킬 필요가 있다"고 명시하였다.[33] 독도가 일본영토임을 모든 교과서에서 집필하라는 것이다. 비록 '사회과'의 '지리적 분야'에 관한 해설에서 언급한 것이기는 하지만, 독도를 교과서에서 언급하도록 한 규정은 이것이 처음이었다.[34]

이러한 분위기의 연장선상에서 2010년도 4월 문부과학성이 발표한 소학교 ≪사회≫ 교과서의 검정에서는 5종의 교과서 가운데 3종의 교과서에서 독도가 일본의 영토임을 밝히고 있다. 2종의 '사회과 지도' 교과서에서도 독도가 일본 영토임을 표기하고 있다. 특히 일본문교출판의 5학년 ≪사회≫ 하에서는 "이 밖에도 시마네 현에 속하는 다케시마를 한국이 불법으로 점거하고 있는 문제가 있다"고까지 명시하고 있다.[35] 이전까지 없었던 현상으로서 2011년도 중학교 사회과 교과서의 검정 결과가 주목되는 이유 가운데 하나도 여기에 있다고 하겠다. 지도에 독도를 竹島로 표기하고 일본의 영토라고 밝힌 교과서는 동경서적과 이전의 大阪書籍의 교과서에서 확인할 수 있다.[36]

---

33) 『中學校學習指導要領解說 社會編』, 文部科學省, 2008.7, 49쪽.
34) 일본정부가 '검정 지도'를 통해 독도에 관한 기술을 강화하려는 태도를 대신하여 한국정부와의 마찰을 각오하면서까지 '성문화한 규정'을 통해 독도에 대한 영유권을 공공연하게 주장하려는 이유는 국제사법재판소의 '페드라 브랑카 섬'에 관한 2008년 5월의 판결과 무관하지 않을 것이다.
35) 『社會』5年下, 日本文敎出版, 2010, 32쪽(검정합격본).

이러한 서술기조는 일본사회의 분위기로 보아도 강화될 것이다. 앞서도 언급했던 일본 외무성의 홈페이지 주장을 4월 6일에 발표한 '외교청서'에서도 그대로 반복했기 때문이다. 즉 "한일간에는 독도를 둘러싼 영유권 문제가 있지만 역사적 사실에 비춰도 국제법상으로도 명백히 독도는 일본 고유의 영토라는 일본정부의 입장은 일관된다"고 명백히 언급하였다. 그 다음날 하토야마 일본 수상은 "독도문제에 대한 일본정부의 입장을 일체 바꿀 생각이 없다"고 단언하였다.

이에 따라 한국정부도 독도 교육을 강화하는 방향으로 교육과정을 개편하려 하고 있다. 그것은 초·중·고교의 '범교과 학습주제'에 독도 교육을 추가하고, 교과별 교육과정에 독도를 명시하며, 교육과정해설서에 독도 관련 기술을 자세히 함으로써 체계적이고 통합적인 교육이 지속적으로 이루어질 수 있도록 하겠다는 것이다. 한일간에 독도를 둘러싼 학교교육에서의 경쟁이 공공연하게 이루어지기 시작한 것이다.

4. 맺음말

이상으로 한국과 일본의 역사교과서에서 독도에 관한 기술이 어떻게 바뀌어 왔는지를 살펴보았다.

독도가 자국의 영토임을 먼저 언급한 나라는 한국이었다. 1950년대에 발행된 교과서에서부터 독도를 간도와 더불어 언급하면서 자국의 영토임을 명기하였다. 역사적인 측면에서 볼 때 한국의 영토라는 의식이 그대로 표출된 결과였다. 반면에 일본의 역사교과서에서 독도가 일본의 영토라는 언급은 21세기 들어와서 였다. 러시아가 지배하고

---

36) 『社會』 5年下, 2010, 東京書籍, 36쪽(검정합격본) ; 『社會』 6年下, 2010, 東京書籍, 39쪽(검정합격본) ; 『社會』 5年上, 日本文教出版, 2010, 8쪽(검정합격본).

있는 남쿠릴열도의 4개 섬을 일본의 영토라는 기술이 1960년대 교과
서에서부터 등장한 점을 고려한다면 매우 뒤늦은 언급인 것이다. 이
는 무주지론에서 출발하는 독도에 관한 이론적 허약성과도 무관하지
않을 것이다.

한국과 일본 양국의 역사교과서에서 기술하고 있는 독도문제의 서
술의 특징을 비교하면, 한국은 독도문제를 국권피탈과 관련된 부분에
서 기술함으로써 역사문제라는 측면을 전면에 부각시키고 있다. 애초
외교와 국경문제라는 측면에 독도문제에 더 주목했지만, 1965년 한일
기본조약 이후 한일관계가 본격화한 것을 계기로 새로운 서술경향이
등장하다 1970년대 들어 침략과 강탈이란 인식을 전면화하였기 때문
이다. 이러한 역사인식과 서술방식이 중고교 역사교육에서 확실히 일
반화한 것은 1980년대의 제4차 교육과정 때부터였다.

이에 비해 일본정부는 남쿠릴센카쿠열도문제와도 다른 영토문제라
는 측면만을 강조하고 있다. 그래서 지리교과서에서 일본의 영토임을
기술하도록 먼저 전면화하고 있다. 그럼에도 불구하고 향후에도 일본
정부는 독도문제를 역사교과서에서 쉽게 기술하지는 못할 것이다. 역
사문제라는 성격을 부각시키지는 더더욱 못할 것이다.

그래서 교과서마다 서술하는 위치가 다른 것이다. 1951년의 샌프란
시스코강화조약에 관해 언급할 때, 1965년 한일기본조약을 기술할
때, 아니면 교과서의 맨 마지막 부분에서 일본의 미래과제를 서술하
면서 언급하고 있다. 맥락이 다른 편집위치에서 기술한다는 것은 독
도문제를 둘러싼 일본의 역사인식에 그만큼 격차가 있다는 것을 의미
한다. 그래서 지리 교육 속에서 영토론에 관한 교육을 강화하려는 것
일지도 모르겠다.

이에 대해 한국정부도 학교교육에서 독도교육을 통합하고 체계화
하며 다양하게 실시하는 방향을 모색하고 있다. 그럼에도 불구하고

경쟁적으로 독도교육을 강화하려는 접근에는 우려스러운 부분이 있다. 그런면에서 한국에서의 독도문제에 관한 역사교육적인 한계를 명확히 인식할 필요가 있다. 즉 한국의 현실 곧, 좁게 말하면 국정에 가까운 검정제 운영 방식으로 인해 내용 전개에 한계가 있을 수 있었겠으나, 앞으로도 '간도문제'를 독도와 함께 일본에 의한 국권피탈을 언급하는 단원에서만 서술하도록 한다면 한계는 노출될 수밖에 없을 것이다. 달리 말하면, 동아시아의 역사문제를 어떻게 관리하고 해결할 것인가에 관해 기술할 수 있는 단원에서 간도문제를 집중적으로 다루지 않는다면 학교교육에서의 한계는 극복되기 어려울 것이다. 더구나 역사적 소유권과 현실적 통치권 사이의 괴리를 학교교육에서 메워내지 못하면 어떤 정부도 자신이 만든 국민감정의 압력적인 시선에서 자유로울 수 없을 것이다. 결국 문제해결지향적인 역사교육을 스스로 지향하고 있지 못하다는 점을 드러낼 것이다. 그래서 앞으로 사용될 동아시아사 교과서에서 이러한 한계를 극복한 교육과정이 설정된 것은 큰 의미가 있다고 하겠다.

참고문헌

「문교부 보고서 : 중·고교 국사교육 국정화」
문교부령 제325호(1973.8.31 개정 공포) 중학교교육과정」, 『초·중·고등학교
　　　사회과·국사과 교육과정 기준(1946-1997)』, 교육부
『중학교 국사』, 문교부, 1975
中央日報, 2006. 4. 6
한겨레신문, 2005. 4. 7

신석호, 1957, 『중학교 사회생활과 國史 1』, 동국문화사.

_____, 1973.1, 『고등 학교 국사』, 광명출판사.

신주백, 2006.12, 「교과서와 독도문제」, 『獨島硏究』 2.

_____, 2009.8, 「광복 후 역사교과서에 나타난 간도인식」.

_____, 2010, 「한일 역사교과서 문제의 사적 전개」, 『제2기 한일역사공동
　　　　연구보고서』 6, 한일역사공동연구위원회.

역사교육연구회, 1956, 『중등 국사』, 정음사.

_____, 1970, 『歷史學報』 49.

이병도, 1956, 『중등 국사』, 을유문화사.

_____, 1966.10, 「紙上座談 改正된 敎育課程과 歷史敎育의 諸問題」, 『歷史
　　　　敎育』 9.

『最新日本史』, 明星社, 2003.

『最新日本史 − 敎授資料』, 明星社, 2003,

佐佐木寬司 외 11인, 2006, 『改訂版 日本史A』, 淸水書院.

宮原武夫 외, 2006, 『高校日本史A 新訂版』, 實敎出版.

石井進 외 3인, 2007, 『常說日本史』, 山川出版社, 360쪽.

宝月圭吾 藤木邦彦, 1966, 『新編 日本史』, 山川出版社.

石井進 외 3인, 2007, 『常說日本史』, 山川出版社, 366쪽.

『中學校學習指導要領解說 社會編』, 文部科學省, 2008. 7.

『社會』 5年下, 日本文敎出版, 2010, 32쪽 (검정합격본)

http://www.mofa.go.jp/region/asia-paci/takeshima/pamphlet_k.pdf(2010.8.3)

(『독도연구』 8, 2010.6)

「동아시아사」 서술에서 영토 문제를 어떻게 기술할 것인가

김 정 인

1. 머리말

2009 개정 교육과정에서 「동아시아사」는 「한국사」, 「세계사」와 함께 고등학교 선택 과목으로 채택되었다. 이는 한국사와 세계사라는 두 줄기를 근간으로 실시되어온 역사 교육의 내용에 일정한 변화가 있게 됨을 의미한다. 한국사를 포괄하는 동시에 세계사 중 동양사의 일부라는 시각에서 보면, 「동아시아사」는 한국사와 세계사의 징검다리인 지역사 교과목이라는 위상을 갖는다.

「동아시아사」의 교육과정으로의 진입에는 전사(前史)가 있다. 우리 학계에서는 90년대부터 동아시아 담론이 본격적으로 제기되었으나, 서구나 일본에서는 일찍부터 동아시아의 통합을 예견하거나 기대하며 동아시아론이 거론되고 있었다. 동아시아의 경제적 급부상에 주목한 서구 학자는 물론이고, 일본의 경우 일찍부터 역사학의 한 분야로서 동아시아사가 다루어지고 있었다.[1]

우리 학계에서 동아시아 담론이 주목받게 된 것은 사회주의권 붕

---

1) 호프하인츠·캘더 공저, 1983, 『동아시아의 도전』, 을유문화사 ; 布目潮渢·山田信夫 편, 1975, 『동아시아사입문』.

괴로 상징되는 격변의 90년대 초였다. 이때부터 국가를 뛰어넘는 지역 질서, 즉 동아시아 공동체 담론이 관심을 끌었다. 하지만, 초기 논의들은 지식인의 당위적 차원의 문제제기일 뿐, 냉혹한 현실과는 무관하다는 비판을 감내해야 했다. 2차 세계 대전을 거치면서 분단이라는 엄혹한 현실-한반도, 중국, 베트남-을 떠안고 출발한 동아시아는 탈냉전이 도래해도 여전히 미완의 과제를 그대로 안고 있었기 때문이다. 더욱이 중국의 부상과 그에 대한 미국과 일본의 견제가 노골화되고 북핵 등으로 한반도 문제가 늘 뜨거운 감자인 오늘날 동아시아의 현실은 동아시아 담론이 시민권을 획득하는 데 있어 결정적 장애물이라 할 수 있다.

이러한 지식인 담론으로만 회자되던 동아시아(공동체)론에 생명을 불어 넣은 것은 2005년과 2006년에 일본 역사 교과서의 왜곡에 맞서 등장한 공동 역사 교재들이었다. 『조선통신사』(2005.4), 『미래를 여는 역사』(2005.6), 『여성의 눈으로 본 한일근현대사』(2005.10), 『마주보는 한일사』(2006.8), 『한일교류의 역사』(2007.3) 등이 그것이다. 그런데 이들 공동 역사 교재의 경우, 역사 대화의 배경과 교재 구성 방식이 다소 차이가 남에도 불구하고, 관점과 서술 내용이 놀랍도록 유사하다. 이는 운동적 접근이든, 학문적 접근이든 동아시아에서의 역사 인식 공유를 위해 만들어진 역사 교재에 담길 만한 역사적 사실과 그 사실을 설명하는 관점은 크게 다르지 않다는 것을 의미한다. 나아가 지역사로서 동아시아사의 연구와 교육이 가능하다는 것을 확인하게 하는 대목이라 할 수 있다.[2]

이처럼 본격적인 학문 성과 축적에 앞서 시민운동과 역사 교육의 차원에서 동아시아사 교재를 출간한 것은 한일, 한중, 중일 간의 역사

---

2) 김정인, 2007, 「동아시아 공동 역사 교재 개발, 그 경험의 공유와 도약을 위한 모색」, 『역사교육』 101.

갈등이라는 현안을 해결해야만 하는 동아시아 현실을 반영한 것이라 할 수 있다. 유럽에서도 일찍부터 쌍방 혹은 다자간 역사 대화가 진행되면서 하나의 유럽사를 만들어가기 위해 노력하고 있다.[3] 2006년에는 독일 – 프랑스 공동 역사 교과서도 등장했다.[4] 이처럼, 공동 역사 교재야말로 역사의 실천성·현재성을 보여준 역사 교육의 성과물로서, 결과적으로는 「동아시아사」가 교과목으로 채택되는 데 일조했다.

한편, 「동아시아사」의 전격적인 과목 채택에는 국가 차원에서 동아시아에서의 역사 '왜곡' 현상에 대응하기 위해 역사 교육을 강화해야 한다는 정책 의지도 반영되어 있다. 그것은 일본의 역사교과서 왜곡과 독도 영유권 주장, 중국의 동북 공정 논란 등에 대한 근본적인 처방으로 역사 교육의 강화를 요구하는 여론에 힘입어 교육계 외부로부터 온 압력이 관철된 것이기도 했다.

하지만, 「동아시아사」가 교과목으로서의 면모를 제대로 갖추기 위해서는 쉽지 않은 길을 가야 한다. 공동 역사 교재는 한일, 한중일 간 역사 대화의 산물이지만, 교과목으로서의 「동아시아사」는 우리 스스로가 자국사적 역사 인식을 넘어 지역적 정체성이 관철되는 지역사를 서술해야 하기 때문이다. 또한 그 지향은 동아시아에서의 역사 대화가 추구했던 바와 같으나, 교과목으로서의 전범(典範)은 전혀 없다.

2. 「동아시아사」 교육 과정의 특징

교육과정 상 「동아시아사」의 성격은 다음과 같다.

---

3) 프레데리크 들루슈 편, 2000, 『새 유럽의 역사』, 까치 ; 쟈크 르고프, 2006, 『청소년들이 쉽게 읽는 유럽 역사 이야기』, 새물결
4) 독일·프랑스 공동 역사 교과서 편찬위원회, 2008, 『독일 프랑스 공동 역사 교과서 – 1945년 이후 유럽과 세계 –』, 휴머니스트.

동아시아사 과목은 동아시아 지역에서 전개된 인간 활동과 그것이 남긴 문화유산을 역사적으로 파악하여 이 지역에 대한 이해를 증진하고 나아가 지역의 공동 발전과 평화를 추구하는 안목과 자세를 기르기 위해 개설된 선택과목이다.[5]

동아시아에 대해서는 '과거부터 지역 내 공동체 상호 간의 긴밀한 교류를 형성해 문자, 사상, 제도 등에서 나름의 정체성을 형성해 왔으며, 오늘날 국제사회에서 차지하는 비중이 증대되고 있는 역동적인 역사 및 지역 단위'[6]로 정의하고 있다. 성격과 정의를 통해 동아시아 역사 갈등이 쟁점화되면서 이에 대한 대응으로 탄생한 정책 과목이라는 우려에도 불구하고, 동아시아의 문화와 역사라는 차원에서 보면 분명 동아시아사가 실체로서 존재하고 있고, 그것을 체계화하는 동시에 평화와 공동 번영의 미래적 가치를 추구하는 교육을 실천하겠다는 의지를 확인할 수 있다.

「동아시아사」교육 과정의 특징으로는 우선 범주 문제를 들 수 있다. 흔히 동아시아사라고 하면, 한·중·일 삼국사를 연상하게 된다. 그런데, 이번 교육과정에서는 문자, 사상, 제도 등에서 동아시아 공통의 정체성을 갖고 있는 베트남사도 동아시아사 범주에 포함된다. 몽골과 티벳 등의 역사도 동아시아사를 이해하는 데 필요한 경우에는 서술할 수 있다.

둘째, 「동아시아사」교육 과정은 나름의 '주체적 시각'을 강조하고 있다. 동아시아사는 한국사도 세계사도 아닌 지역사이다. 한국사 위주로 서술할 수도 없지만, 중국사나 일본사 위주로 서술할 수도 없다. 하지만, 동아시아 문화권에 포함되는 국가간의 역사 대화를 통해 쓰여지는 것도 아니다. 자국사적 관점을 넘어서야 하는 것은 분명하지만, 우리가 써야 하므로, 결국 한국인이 쓰는 동아시아 지역사이어야

---

5) 교육과학기술부, 2009, 「사회과선택과목개정내용」, 28쪽.
6) 위와 같음.

한다. 더욱이 동아시아의 평화와 공동번영을 지향한다는 교육 목표가
뚜렷한 교과목이라면, 이런 안목에서 동아시아사의 상을 만들어가는
노력이 역사 교육에 십분 반영되어야 한다.

단원명	시기 구분
Ⅰ. 동아시아의 시작	선사-기원 전후
Ⅱ. 인구 이동과 문화의 교류	기원 전후~10세기
Ⅲ. 생산력의 발전과 지배층의 교체	10세기~16세기
Ⅳ. 국제 질서의 변화와 독자적 전통의 형성	16세기~19세기
Ⅴ. 국민 국가의 모색	19세기~1945년
Ⅵ. 오늘날의 동아시아사	1945년 이후

셋째, 「동아시아사」 교육 과정은 통상의 역사 교과서와 같은 연대
기순의 역사 서술 방식을 탈피하여 시간 흐름에 따라 전개하면서도
주제 중심으로 서술하는 방식을 채택하고 있다. 6단원을 설정하고
각 단원마다 4-5개의 주제를 선정하여 이를 성취요소로 제시하여 주
제별 서술과 학습이 가능하도록 구성되어 있다. 선정된 주제들은 각
시기에서 가장 중요하다고 생각되는 것, 또는 지역적 양상을 비교하
기에 적합한 것 등이며 정치, 경제, 사회, 문화 등의 각 분야별 주제
를 단원별로 골고루 배치함으로써 동아시아 역사의 다면적 이해를
시도하고 있다. 단원명도 고대-중세-근대-현대 등 통상의 방식과는
달리 각각의 시기의 특징적인 역사적 사실을 함축한 개념들로 적시
하고 있다.[7]

---

7) 정연, 2008, 「고등학교 <동아시아사>의 성격과 내용 체계」, 『동북아역사
   논총』 19 참조.

단원명	내용요소(성취기준)
동아시아 역사의 시작	동아시아의 자연환경, 선사 문화, 농경과 목축, 국가의 성립과 발전
인구 이동과 문화의 교류	지역간 인구 이동과 전쟁, 고대 불교, 율령과 유교에 기반한 통치 체제, 동아시아 국제 관계
생산력의 발전과 지배층의 교체	북방 민족, 농업 생산력의 발전과 소농 경영, 문신과 무인, 성리학
국제질서의 변화와 독자적 전통의 형성	17세기 전후 동아시아의 전쟁, 은 유통과 교역망, 인구 증가와 사회경제, 서민문화, 각국의 독자적 전통
국민 국가의 모색	개항과 근대 국민국가 수립, 제국주의 침략, 민족주의와 민족운동, 평화를 지향한 노력, 서구 문물의 수용과 변화
오늘날의 동아시아	전후 처리 문제, 동아시아에서의 분단과 전쟁, 각국의 경제 성장, 정치 발전, 갈등과 화해

내용 요소를 살펴보면 동아시아사를 통사적으로 구성할 수 있는 시대별 공통 요소의 실체를 다시 한번 확인할 수 있다.[8] 기존 학계의 연구 성과에 기반한 재구성이지만, 최근 발간된 동아시아 관련 통사와 시대사 등도 재구성에 기여한 바가 크다. 하지만, 「동아시아사」 교육 과정에서도 전근대사의 경우, 동아시아 문화권의 관점에서 정치, 경제, 사회, 문화 방면의 공통 요소를 추출하고 있으나, 근현대사에서는 제국주의와 식민지, 국민국가, 민족주의 등 대립과 갈등이 부각되고 마는 고질적 한계를 제대로 극복하지 못했다.

3. 미래 지향적 「동아시아사」 교육

무엇보다도 「동아시아사」 교육은 그동안 역사 교육이 가지고 있던 고질적인 문제를 해결할 수 있는 실마리를 마련하는 계기가 될 수 있을 것

---

8) 교육과학기술부, 앞의 자료, 29쪽.

이다. 우리 역사 교육은 그동안 국사와 세계사의 이원적 체제가 대체로 유지되는 가운데, 국사가 상대적으로 중시되는 방향으로 이루어져 왔다. 그 과정에서 국사 교육은 자민족중심주의·자국중심주의에 매몰되어 있고, 세계사 교육은 서구 중심주의에 입각해 있다는 비판을 받아왔다.[9]

「동아시아사」는 이러한 자민족·자국가 중심주의와 서구 중심주의가 얽힌 부조리한 역사 인식을 극복해야 하는 과제를 안고 출발한다. 하지만, 새로운 지역세계사를 신설한다고 해서 이런 문제점이 쉽사리 극복되는 것은 아니다. 한국사가 민족사라는 견고한 장벽에 균열을 내며 보편 세계와의 소통을 시도하고, 세계사가 강자·우등·선진의 시선을 버리고 호혜평등의 차원에서 재구성될 수 있는 여건이 마련되는 가운데, 「동아시아사」도 주체적이고 개방적이며 평화지향적인 동아시아 역사상을 가르치는 과목으로 자리매김할 수 있을 것이다.

동아시아사는 선린의식을 지향한다. 기존 역사 교육, 특히 한국사 교육이 화이의식과 오리엔탈리즘을 벗어나지 못한 점을 비판하며 미래에는 이웃과 사이좋게 지내길 기원한다. 이웃의 역사, 그리고 우리와 이웃의 관계를 선린의 관점에서 서술하고자 한다. 그러면서 역사인식의 주체·정체가 무엇인지를 고민하고자 한다. 또한 우리의 과거와 현재를 돌아보고, 미래를 모색하는데 역사는 어떤 안목에서 어떤 내용을 가르쳐야 하는지를 탐색하고자 한다. 교육과정으로서의 동아시아사의 목표에도 이러한 문제의식이 담겨 있다.

가. 객관적이고 균형 잡힌 시각에서 동아시아 지역사를 파악하여 역사를 주체적으로 이해하는 안목을 기른다.
나. 각 시기 사회와 문화의 특징을 드러낼 수 있는 공통적이거나 연관성 있는 요소를 주제별 접근 방식을 통해 이해한다.
다. 동아시아 역사와 문화의 다양성을 탐구하여 그 특징을 파악하고 타자를 이

9) 김정인, 2009, 「고등학교 국사 및 한국근현대사 교과서의 동아시아사 서술 분석」, 『역사교육』 110.

해하고 존중하는 태도를 함양한다.

라. 각 시기에 전개된 교류와 갈등 요소를 탐구하여 문제 해결의 방향을 모색하는 자세를 갖는다.

마. 주제와 관련된 자료를 비교, 분석, 비판, 종합하는 활동을 통해 역사적 사고력을 신장시킨다.[10]

앞에서 언급했던 역사 교육, 특히 국사 교육의 문제점을 동아시아사를 통해 우회하여 해결하고자 함을 알 수 있다. 이웃과 함께 했던 우리의 과거를 돌아보며 오늘을 생각하고 나아가 선린의 동아시아 미래를 건설하고자 하는 「동아시아사」의 과감한 도전이 역사 교육을 통해 한국인·동아시아인·세계인이 어우러진 다인종·다문화 사회로 나아가는 데 기여하기를 바란다.

4. 「동아시아사」 교육과정과 영토 문제

「동아시아사」 교육과정에서 영토 문제는 6단원 '오늘날의 동아시아'의 다섯 번째 성취 기준에 명시적으로 등장한다. 그리고 교육과정 해설서에서도 영토 문제를 여기에서 다루도록 명시하고 있다.[11]

성취 기준	동아시아에 현존하는 갈등을 살펴보고, 화해를 위한 방법을 탐구한다.
해 설 서	동아시아에는 과거사 문제, **영토 문제**, 역사 왜곡 등을 놓고 갈등이 현존하고 있고, 이러한 갈등이 국가 간의 외교 문제로 비화되는 경우도 많다. 동아시아의 평화를 위협하고 긴장을 고조시키는 이러한 갈등을 일본군 '위안부' 문제, **독도 문제**, 동북공정 등 여러 사례를 통해 쟁점 중심으로 구체적으로 이해할 수 있도록 한다. 또한 이러한 갈등의 해결을 통해 평화를 모색하는 국제 연대 차원의 활동 등을 제시하여 화해를 위한 다양한 방법을 탐구하도록 한다.

---

10) 교육과학기술부, 앞의 자료, 28~29쪽.

11) 교육과학기술부, 2009, 『고등학교 교육과정 해설4 – 사회(역사)』, 267쪽.

한편, 동북아역사재단은 「동아시아사」 교육과정 채택 이후 이와 관련된 집필 안내서와 사료집 발간 및 교사 연수 등을 통해 동아시아사 교육을 주도하고 있다. 2009년에 발간된 『동아시아사 교과서 집필 안내서』(이하 안내서)에는 교육과정의 성취기준에 맞춰 '동아시아의 갈등과 화해'에 관한 집필 안내 내용이 실려 있다.[12] 이에 따르면 동아시아에는 여러 갈등이 존재하지만, 그 중에서도 동아시아사 개설의 직접적인 배경이 된 것으로는 한중일 삼국 간에 일어난 역사 갈등과 영토영유권 분쟁 등이 있다. 그런데 영토영유권문제는 역사적·경제적·군사적·기술적 문제가 복합된 주권문제이기 때문에 특히 서술에 주의를 요할 것을 제안하고 있다. 그리고 동북아 영유권 분쟁을 다루면서 간도문제에 대해서는 언급하지 않고 독도문제에 초점을 맞춘다.

안내서는 우선 일본정부와 우익의 독도 영토분쟁화 전략을 분석한다. 그들은 개별 국가나 국제 사회에 독도 문제에 관한 자신들의 주장을 전달하며 지지를 요청하고 있다. 이러한 독도의 영토 분쟁화는 북한의 핵무기 보유선언, 일본열도까지 날아드는 대포동 미사일, 북한의 일본인 납치 문제 등과 겹쳐 일본 정부의 헌법 개정과 군비 확장 움직임에 대한 일본 국민의 저항을 누그러뜨리는 역할을 하고 있다. 이에 대한 우리의 대응전략으로는 일본'인'과 국제 사회에 독도 문제에 대한 한일 양국의 자료와 주장을 있는 그대로 제공함으로써, 그들 스스로 사태를 파악하고 필요한 자세를 취할 수 있도록 하는 기회를 많이 줄 것을 제안하고 있다. 이는 「동아시아사」 교과서에도 한일 양국의 독도 문제에 대한 주장과 근거를 동시에 제시하자는 제안으로 보인다.

그런데, 양국의 대표적 주장으로 잘 알려진 것은 고유영토론과 무주지선점론이다. 일본 정부는 일찍부터 어느 쪽 영토도 아닌 무주지

---

12) 동북아역사재단, 2009, 『동아시아 교과서 집필 안내서』, 329~342쪽.

독도를 1905년 국제법적으로 유효하게 자국 영토로 편입시켰고 이후 1945년까지 실효적으로 관리 경영했다고 하는 무주지선점론을 주장해왔다. 1905년 1월 일본 내각 문서에는 무주지인 독도를 자국민에 의한 국제법적 점령의 예에 따라 편입 조치한다는 내용이 명기되어 있기도 하다. 그런데, 2008년 일본 외무성은 일본이 17세기에 독도에 대한 영유권을 확인했다고 주장하면서 독도에 대한 고유영토론을 공식화했다. 이로 인해 일본 스스로 무주지선점론과 고유영토론 중 하나를 선택해야 하는 딜레마에 빠져 있다. 반면, 한국으로서는 일관되게 고유영토론을 주장하며 이를 입증하기 위해 노력하고 있다. 한국이 역사적으로 실효적 지배를 했다는 사실을 능동적으로 입증하고자 하는 것이다. 이런 점에서 가장 주목되는 자료가 대한제국이 1900년 10월 27일 관보에 기재한 칙령 41호의 내용이다. 칙령 41호 2조(울릉도를 울도로 개칭하고 도감을 군수로 개정한 건)에는 "군청 위치는 태하동으로 정하고 구역은 울릉전도와 죽도, 석도를 관할할 사"[13]라고 되어 있다. 여기서 말하는 석도가 곧 독도인 것이다. 문제는 일본은 석도가 독도인 구체적인 증거가 없는 한 인정하지 않는다는 사실이다.[14] 이런 점을 고려하여 안내서는 일본이 어떤 입장을 내세우든 그것을 공박하는 것과는 별개로 역사적 영유권을 입증해야 한다는 점을 강조하고 있다. 비록 한국 정부가 독도문제를 영토 문제가 아니라 역사 문제로 인식하고 있고, 일본 정부는 어떻게든 영토분쟁화하려는 입장을 갖고 있지만, 우리의 입증이 절실하다는 것이다.[15]

---

13) 「칙령 41호」, 『관보』 광무 4년 10월 27일 자
14) 허영란, 2008, 「독도 영유권 문제의 주요 논점과 '고유 영토론'의 딜레마」, 『이화사학연구』 36.
15) 2008년 국제사법재판소는 싱가포르와 말레이시아 사이에 있는 페드라 브랑카라는 섬의 영유권 분쟁에 대해 여러 역사적 증거를 들어 말레이시아가 싱가포르 해협 내 모든 도서에 대해 계속적이고 평화롭게 영유권을 행사했다는 것, 즉 고유영토론을 인정했다. 하지만, 싱가포르가 무주지라는 이유

이렇듯 고유영토론과 무주지선점론이 다시 고유영토론 대 고유영
토론의 갈등으로 '비화'되고 있는 현실에서 양자의 입장을 그대로 싣
는 것도 나름 의의가 있을 수 있으나, 이러한 입장 차이를 객관적으
로 제시한다고 하여 영토 문제에 대한 전망까지 제시할 수 있을 것
같지는 않다. 사실 독도 문제는 일본이 역사/지리/사회 교과서를 통
해 일본 영토임을 주장하는 한, 앞으로 실제 분쟁화될 가능성이 매우
높다. 그러므로 동아시아의 화해와 협력을 지향하는 「동아시아사」
교과서의 경우, 고유영토론과 무주지 선점론의 소개 수준을 넘어 독
도 문제가 '러일전쟁 당시 일본 제국주의의 침탈로 야기된 문제'라는
역사성을 더욱 분명히 짚어 기술하는 것이 필요하다. 즉 독도 문제는
영토분쟁의 대상이 아니라, 일본 스스로 동아시아에 대한 제국주의
적 침략사의 일환으로 인정해야 하는 역사 문제임을 확실히 하는 것
이다.

5. 교과서 집필 상의 영토 문제

역사상의 영토 문제로는 간도 문제와 독도 문제가 있다. 하지만, 안
내서에서도 간도 문제는 다루지 않고 있다. 이는 교육적 차원에서 간
도 문제를 제기하는 것은 부적절하다는 공감대가 있기 때문이다.

동북공정을 계기로 2004년에는 외교통상부 장관인 반기문까지 나
서 간도협약은 법리적으로 무효라고 주장했지만, 민감한 국경 문제로

로 이 섬을 선점하고 실효적으로 지배한 것에 대해 항의하지 않은 것은 묵
인이고 이러한 경우 영유권이 양도된다고 판결했다. 고유영토론과 무주지
선점론 간의 줄타기를 한 듯한 절묘한 판결이라 할 수 있다. 이는 독도의
국제적 영토분쟁화가 어떤 결과를 판결이 나올 수 있을지를 가늠하는데 중
요한 선례라 할 수 있다(『동북아역사재단뉴스』 2010년 6월호 22쪽).

서 백두산 정계비의 '투먼'이 쑹화강이라는 주장에만 의존하는 있는 간도 영유권 주장은 많은 문제점을 갖고 있다. 첫째, 간도 영유권을 주장하면서도 누구도 간도가 어느 지역을 가리키는지 정확히 모른다는 것이다. 투먼강이 쑹화강 지류이고 쑹화강이 헤이룽강으로 들어간다면 쑹화강 동쪽, 헤이룽강 남쪽 지역이 모두 간도라는 것인지 아니면 19세기 말에서 20세기 초에 걸쳐 조선인이 많이 살고 있었던 두만강 북안의 왕칭, 허룽, 옌지 등지가 간도라는 것인지 구체적으로 논의된 바도, 합의된 바도 없다.

둘째, 조선과 청 사이에 실제로 문제가 된 것은 두만강 상류의 어느 것을 국경으로 할 것인가라는 점이다. 정계비를 설치할 당시 청은 압록강 두만강을 넘는 것을 국경 침범으로 간주했고 조선은 청의 국경 조사에 대응하여 압록강 두만강 이남을 강역으로 확보한다는 방침을 세웠던 점으로 미루어 볼 때 정계비의 설치 목적은 백두산 천지에서 발원하는 두만강 지류 중 하나를 국경으로 정하는 것이었다. 1885년과 1887년 두 번에 걸친 조청 국경회담에서도 조선 측은 하이란강 海蘭江 또는 홍투수(紅土水 두만강의 상류 지류)를 국경으로 주장했으며, 중국 측은 홍투수보다 남쪽에 있는 스이수石乙水를 국경으로 주장했다. 정계비에서 지목한 '투먼'이 두만강과 다르고 쑹화강으로 흘러 들어간다는 사실이 19세기에 잘 알려졌지만, 쑹화강을 공식적으로 국경으로 제기한 바는 아니었다.

셋째, 북한과 중국 간에 1962년에 체결된 조중국경조약을 무시하고 간도 영유권을 주장할 경우 백두산 천지를 잃어버릴 수 있다. 1909년 간도협약으로 정계비와 스이수가 국경으로 확정되면서 백두산 천지는 청의 영토가 되었다. 하지만 북한과 중국 간의 국경회담의 결과, 백두산 천지의 중앙과 홍투수가 국경으로 확정된 것이다.[16] 그

---

16) 배성준, 「'간도문제'에 대한 환상」, 『경향신문』 2004년 9월 24일 자 ; 배성

러므로 간도협약이 무효화되면 곧바로 간도가 우리 땅이 될 수 있다
는 '신념'은 실현불가능한 춘몽일 가능성이 높다. 게다가 한국만이
아니라 중국의 19세기 간도 관련 사료들을 분석한 최근 연구성과들
은 간도의 역사문제화도 우리에게 그다지 유리할 것이 없다는 난망
한 현실을 실증적으로 입증하고 있다.[17] 그러므로 「동아시아사」 교
과서에 동북공정이라는 역사 갈등에 대한 교육과는 별도로 간도 문
제를 영토 문제화하여 포함시키는 것은 신중하고 조심스럽게 고려해
야 할 사안이다.

그렇다면, 독도 문제는 영토영유권 문제로 예각화시켜 교육해야 할
것인가? 앞서도 언급했지만, 독도 문제는 단순히 고유영토론과 무주
지선점론을 가르쳐야 하는 수준의 영토 문제를 넘어서는 문제다. 독
도는 동아시아적 차원에서 보면 일련의 영토 문제 중 하나인 동시에
한일 간의 과거사 문제라는 점을 분명히 가르쳐야 한다. 동아시아의
화해와 협력을 위해서는 진정한 의미의 과거사 문제 극복이 전제되어
야 하는 점을 알아야 하기 때문이다.

우선, 「동아시아사」에서는 동아시아적 차원에서 제기된 영토 분쟁
에 대해 기술할 필요가 있다. 동아시아의 영토 분쟁은 주로 해양에서
일어났다. 한국과 일본 사이에는 독도 분쟁, 중일 간에는 센카쿠 분
쟁, 러일 간에는 북방 4도서 분쟁, 그리고 동아시아 여러 나라가 관련
된 남사군도 분쟁 등이 그것이다. 일본이 모두 관련되어 있는 센카쿠
분쟁과 북방 4도서 분쟁은 독도 문제와 상당히 비슷한 과거사에 기원
하고 있다.[18]

준, 2008, 「한·중의 간도 문제 인식과 갈등 구조」, 『동양학』 43.

17) 동북아역사재단, 2009, 『근대 변경의 형성과 변경민의 삶』.

18) 남중국해에 있는 남사군도는 수많은 섬들로 이루어져 있고, 범위가 넓기
   때문에 중국, 베트남, 타이완, 필리핀, 브루나이, 말레이시아 등이 영유권을
   주장하고 있다. 해상 교통의 요충지일 뿐만 아니라 석유와 천연가스가 대

센카쿠 열도는 일본이 19세기 후반 류쿠 왕국을 자국 영토로 편입시키고, 청일전쟁에서 승리하면서 타이완과 함께 일본령이 되었다. 제2차 세계대전 이후 미국의 점령 하에 있다가 일본에 반환되었다. 일본은 무주지 선점론을 주장하고, 중국은 청일전쟁으로 강제 할양되었다는 고유영토론을 내세우며 되돌려 줄 것을 요구하고 있다.

사할린과 홋카이도 이북의 쿠릴열도는 러일전쟁 당시부터 일본이 영유했으나, 제2차 세계대전에서 일본이 패전한 이후 러시아(구소련)가 점령했다. 4개의 섬 중 2개는 사실상 일본령임에도 불구하고 러시아가 점령하고 있으나, 2개의 섬은 논란의 여지가 있다.

이처럼 센카쿠 열도와 북방 4개 도서 문제는 일본의 제국주의 침략이 본격화된 시점으로부터 시작된 영토 분쟁이다. 독도 문제 역시 고중세의 사료를 근거로 고유영토임을 다투기도 하고, 이들 분쟁과는 그 양상과 특징에서 차이를 보이지만, 일본의 침략으로 인해 야기되었다는 공통점은 분명히 인식할 필요가 있다.

그러므로 독도 문제는 과거사 문제임을 분명히 하는 차원에서 가르쳐야 한다. 이에 대한 교육 지침은 노무현 대통령이 2006년 4월 25일에 발표한 담화문에 분명하게 제시되어 있다.[19] 이 담화문은 독도는 일본의 한반도 침탈 과정에서 가장 먼저 병탄된 역사의 땅이라는 논지에서 출발한다. 독도는 일본이 한반도 침략전쟁인 러일전쟁 중에 전쟁 수행을 목적으로 자국 영토로 편입하고 점령하여 망루와 전선을 가설하여 전쟁에 이용했던 땅인 것이다. 이처럼 독도 문제를 일본 제국주의 침략의 일환으로 빼앗긴 땅이었다는 과거사 문제로 접근한다면, "지금 일본이 독도에 대한 권리를 주장하는 것은 제국주의 침략전쟁에 의한 점령지 권리, 나아가서는 과거 식민지 영토권을 주장"하

량으로 매장된 곳이다. 이 지역은 다자 협상을 통해 영유권 분쟁을 평화적으로 해결하려는 노력을 보이고 있다.
19) 『문화일보』, 2006년 4월 25일 자.

는 꼴이 되는 것이다. 이는 곧 한국의 완전한 해방과 독립을 부정하는 행위이다. 나아가 과거사, 즉 과거 일본이 저지른 침략전쟁과 학살, 40년간에 걸친 수탈과 고문·투옥, 강제징용, 심지어 위안부까지 동원했던 그 범죄의 역사에 대한 정당성을 주장하는 행위인 것이다.

이와 같은 역사 문제로 독도 문제를 파악할 때, 우리에게 독도는 완전한 주권회복의 상징이며 일본에게는 야스쿠니 신사 참배, 역사교과서 문제와 더불어 과거 역사에 대한 일본의 인식, 그리고 미래의 한일 관계와 동아시아의 평화에 대한 일본의 의지를 가늠하는 시금석이라 할 수 있다. 즉 독도는 단순히 조그만 섬에 대한 영유권의 문제가 아니라 일본과의 관계에서 잘못된 역사의 청산과 완전한 주권 확립을 상징하는 문제인 것이다.

담화문은 결론적으로 일본 국민과 정부에 대해 새로운 사과를 요구하지 않으며 이미 누차 행한 사과에 부합하는 행동을 호소하고 있다. 잘못된 역사를 미화하거나 정당화하는 행위로 한국의 주권과 국민적 자존심을 모욕하는 행위를 중지하라는 것이다. 그것이 곧 국제사회의 보편적인 가치와 기준에 맞는 행동이기 때문이다. 결론적으로 한일 양국 관계를 뛰어넘어 동북아의 평화와 번영, 나아가 세계의 평화와 번영에 함께 힘을 모아야 할 시기에 일본의 결단을 촉구하고 있다.

그런데, 이 담화문에 대해 일본 정부 측은 국내정치용으로 치부하고 말았다. 더욱이 지금은 학교교육을 통해 더욱 노골적으로 독도를 다케시마라고 하며 일본 땅으로 표기하고 있어 양국 간의 갈등은 악화일로에 있다. 하지만, 이 담화문은 독도 문제에 대한 우리 입장의 정당성을 과거사는 물론 미래 지향적인 차원에서 제시함은 물론 구체적인 대응 자세까지 언급하고 있어 가히 독도 문제 대응의 시금석이라 해도 손색이 없을 것이다. 「동아시아사」 교육에서의 독도 문제 역시 이에 준하여 시행되어야 할 것이다.

그런데, 이 담화문 식의 독도 문제 인식만을 강조하면 「동아시아사」 교육에 걸맞지 않게 자국 중심· 자민족 중심의 시각에 갇혀 있다는 비판이 제기될 수 있다. 왜 우리와 일본인, 나아가 서양인 등이 독도 문제를 다르게 생각하는지에 대한 설명이 생략될 수 있기 때문이다. 「동아시아사」 교육이라는 차원에서 독도 문제를 '차이'라는 시선에서 기술할 수 있는 소재로는 독도 명칭이 있다. 우리가 자명하게 생각하는 독도, 그 독도라는 지명은 언제 만들어진 것일까. 일본과 서양인은 독도를 어떻게 부를까. 그 '기호'의 차이를 통해 영토 문제의 저변에 깔린 독도를 바라보는 다양한 시선을 가르칠 수 있을 것이다.

먼저, 우리의 명칭 변화를 살펴보자. 독도는 처음부터 독도라 불리지 않았다. 일단 신라 대 등장한 우산국 명칭이 11세기 초 기록에서 사라지고 15세기 초에 가서야 우산도 명칭이 등장한다.[20] 다시 15세기 중반에 우산도라는 지명이 기록에서 사라지고 약 200여 년이 지난 17세기 중반, 즉 1656년에 간행된 「여지지」에 우산도 명칭이 다시 등장한다.[21] 그런데, 신경준이 일본 측의 독도 명칭인 송도를 끌어와서 '울릉도-우산도' 2도설을 제기한 점에 주목할 필요가 있다. 즉 우산도를 송도로 비정함으로써 울릉도 명칭이었던 우산이 독도 명칭으로 옮겨갔고, 이로 인해 독도가 조선인의 인식 속에 자리잡는 계기가 되었기 때문이다. 그리고 1900년을 전후하여 우산도라는 지명이 사라지면서 갑자기 석도와 독도라는 지명이 등장한다.[22] 1900년 칙령 제41호에서 울릉도를 울도로 개칭하고 도감을 군수로 개정하면서 제2조에

---

20) "울릉도 : 현의 정동쪽 바다 가운데에 있다. 신라 때 우산국이라 칭하고 武陵 또는 羽陵이라고도 하였다"(『고려사』지 권12 울진현조).

21) "내가 안험컨대 「輿地志」에 이르기를 '일설에 于山과 鬱陵은 본래 한 섬이라고 하나 여러 圖志를 상고하면 두 섬이다. 하나는 倭가 이르는 바 松島인데, 대개 두 섬은 모두 다 우산국이다'라고 하였다"(신경준, 『疆界考』)

22) 배성준, 2002, 「울릉도·독도 명칭 변화를 통해서 본 독도 인식의 변천」, 『진단학보』 94.

서 구역은 울릉전도, 죽도, 석도를 관할할 것을 규정하면서 석도가 등장한다. 울릉도 주민들이 이처럼 독섬 또는 돌섬으로 불리던 것을 한자로 바꾼 것이 석도이고, 음차한 것이 독도인 것이다. 이처럼 독도는 1900년대를 전후하여 등장한 근대적 명칭이다.

일본인들은 앞에서 언급했듯이 17세기 중반 이래 울릉도를 죽도竹島, 독도를 송도松島(마쯔시마)라 불렀다. 그런데, 1870년대를 전후해서는 울릉도를 송도, 독도를 죽도로 명명하기 시작했다.[23] 1905년 시마네 현 고시에서도 독도를 죽도竹島(다케시마)로 부르고 있다. 서양인은 독도를 어떻게 불렀을까. 1849년 프랑스 포경선 리앙쿠르호Liancourt가 독도를 발견했다. 이 사실은 프랑스 해군성이 발간하는 『수로지』 1850년판에 수록되었고, 해도국이 1851년에 제작한 해도에 올려졌다. 이 해도에는 독도가 리앙쿠르 바위섬(Rocher du Liancourt)으로 기록되어 있다. 1854년에는 러시아 해군이 독도를 발견하고 서쪽에 있는 섬(Olivutsa)과 동쪽에 있는 섬(Menelai)을 구분하여 지칭했다. 1856년에 독도를 발견한 영국 함대는 호넷Hornet으로 명명했다. 이렇게 독도는 리앙쿠르, 때로는 호넷과 함께 쓰이다가 점차 리앙쿠르로 통일되었다.[24]

이러한 독도 - 다케시마 - 리앙쿠르의 명칭의 다름을 소개하는 것은 그 명칭의 출현과 관련하여 독도 문제가 19세기 이래 근대 제국주의 시대의 산물이라는 독도 문제 관련 기술의 기본 시각과 일맥상통할 수 있는 역사 인식을 심어줄 수 있을 것이다.

독도문제의 역사화에 있어 또 하나 짚고 넘어갈 것은 '독도 분쟁'의 국제 문제화 과정이다. '독도 분쟁'은 표면적으로 1952년 1월 이승만의 평화선 발표 이후 일본이 항의하면서 시작되었다. 하지만, 엄밀히 말하면 1951년 샌프란시스코 평화 회담 이후 미일 관계에서 출

---

23) 배성준, 위의 논문, 48쪽.
24) 이진명, 2005, 『독도, 지리상의 재발견』, 삼인, 112쪽.

발했다. 즉 독도분쟁의 핵심 결정자는 한국·일본이 아니라 미국이었던 것이다. 독도 문제에 있어 미국은 1950년대 중반까지 철저히 일본의 입장을 옹호했다. 하지만 이 문제가 한일관계만이 아니라 한미, 미일관계를 폭발시킬 뇌관임이 드러나자 곧 중립적인 입장을 취하게 된다.[25] 이처럼 독도 분쟁의 국제 문제화에 있어 미국의 '의도하지 않은' 악역과 그들마저 화들짝 놀라 한발 물러서게 한 일본의 행위, 즉 국가 차원에서 문서 조작을 감행하며 독도 영유권을 주장하는 사실상의 '침략행위'에 대한 맥락적 이해와 비판이 「동아시아사」 교육을 통해 이루어져야 할 것이다.

이처럼 독도 문제를 중심으로 한 「동아시아사」의 영토 문제에 대한 기술은 단순히 영토 분쟁의 차원에서의 교육이 아니라, 역사화를 통해 과거사 문제를 제기하는 데까지 나아가는데 특징이 있다. 이러한 관점의 문제 제기를 통해 「동아시아사」 교육이 추구하는 주체적 시각(한국인)에서 동아시아 역사상을 구현하고 선린의 미래를 개척하는 데 기여할 수 있을 것이다. 영토 문제의 예각화가 아니라 역사화, 이것은 일본은 물론 동아시아의 양심적 지식인들의 호응을 이끌어 낼 수 있는 길이기도 하다.

참고 문헌

교육과학기술부, 2009, 『고등학교 교육과정 해설4 - 사회(역사)』.
교육과학기술부, 2009, 「사회과 선택과목 개정 내용」.

---

25) 정병준, 2006, 「한일 독도영유권 논쟁과 미국의 역할」, 『역사와현실』 60, 15~16쪽.

동북아역사재단, 2009, 『동아시아 교과서 집필 안내서』.

독일·프랑스 공동 역사 교과서 편찬위원회, 2009, 『독일 프랑스 공동 역사 교과서 - 1945년 이후 유럽과 세계 -』, 휴머니스트.

동북아역사재단 편, 2009, 『근대 변경의 형성과 변경민의 삶』.

유철종, 2006, 『동아시아 국제관계와 영토분쟁』, 삼우사.

이진명, 2005, 『독도, 지리상의 재발견』, 삼인.

쟈크 르고프, 2006, 『청소년들이 쉽게 읽는 유럽 역사 이야기』, 새물결.

布目潮渢·山田信夫 편, 1975, 『동아시아사입문』.

프레데리크 들루슈 편, 2000, 『새 유럽의 역사』, 까치.

호프하인츠· 캘더 공저, 1983, 『동아시아의 도전』, 을유문화사.

김정인, 2007, 「동아시아 공동 역사 교재 개발, 그 경험의 공유와 도약을 위한 모색」, 『역사교육』 101.

김정인, 2009, 「고등학교 국사 및 한국근현대사 교과서의 동아시아사 서술 분석」, 『역사교육』 110.

배성준, 2002, 「울릉도·독도 명칭 변화를 통해서 본 독도 인식의 변천」, 『진단학보』 94.

배성준, 2008, 「한·중의 간도 문제 인식과 갈등 구조」, 『동양학』 43.

정병준, 2006, 「한일 독도영유권 논쟁과 미국의 역할」, 『역사와현실』 60.

정 연, 2008, 「고등학교 <동아시아사>의 성격과 내용 체계」, 『동북아역사논총』 19.

허영란, 2008, 「독도 영유권 문제의 주요 논점과 '고유 영토론'의 딜레마」, 『이화사학연구』 36.

(『독도연구』 8, 2010.6)

일본의 북방영토 문제와 독도 문제의 차이점

김 호 동

1. 머리말

일본은 1905년 2월 22일, 무주지선점론에 의해 독도를 강탈하였다. 그 100년이 되는 날이 2005년 2월 22일이다. 일본 시마네현은 2005년 3월 16일에 2월 22일을 '다케시마의 날'로 정하는 조례를 제정하고, 독도를 자기네 영토라는 것을 이론적으로 뒷받침하기 위해 같은 해 6월 '죽도문제연구회'를 조직하였다. '죽도문제연구회'의 설치 목적은 일본 국민들이 별로 관심을 보이지 않고 있는 죽도 문제에 대하여 여론을 불러 일으키겠다는 것이었다. 그러나『죽도문제에 관한 조사연구 최종보고서』(2007)는 "죽도문제에 관한 역사를 객관적으로 연구한다"는 것을 표방하고 있지만 한국영토라는 근거를 부정하고 일본영토라는 논리 개발에 초점을 두었다. 아울러, 동 연구회는 "죽도문제를 객관적으로 연구하여 이를 토대로 계몽활동을 전개한다"는 목적 하에 그 연구 성과를 전국의 도서관, 대학 등에 배포하고, 공보 개발 사업의 실시, 어린이 교육을 위한 교재의 작성과 배포, 고향 기부금제도의 활성화를 통해 연구와 교육, 홍보활동을 연계시키고자 하였다.[1]

---

1) 일본 외무성의 '竹島' 홍보 팜플렛이 죽도문제연구회의 연구결과를 대폭 수

이때 한국의 경우 '독도의 날', 심지어 '대마도의 날' 제정까지 주장하기도 하면서 일본을 규탄하였다. 그런 기류와는 달리 한국이 독도를 실효적으로 지배하고 있는 마당에 독도 문제에 대한 일본의 도발에 일일이 대응한다는 것은 독도문제를 국제사회에서 분쟁지역화하려는 일본의 전략에 놀아나는 것이라는 주장을 펼치는 견해도 없지 않다. 그들은 일본에서 독도에 대하여 관심 갖는 사람은 우익세력과 시마네현 사람들에 국한된 것이고, 대다수 일본 사람들은 독도에 무관심하고 양식있는 일본인들은 독도를 한국 땅이라고 한다고들 하면서 가급적 독도 문제를 끄집어내지 않는 것이 좋다는 논리를 펼친다. 이런 인식은 일본이 교육현장에서 독도 교육을 강화하려는 움직임과 국제사회에서 독도를 '竹島'라고 부르는 것이 증대함을 간과하고 있다.

일본은 2005년에 검정 통과된 공민(후소샤, 도쿄서적, 오사카 서적 등) 교과서 및 지리(일본서적신사) 교과서에 '독도를 한국이 불법 점거' 또는 한일 양국 사이에 분쟁이 있다고 기술하여 독도교육을 강화하기 시작하였다. 나카야마 나리아키(中山成彬) 당시 문부과학상은 국회 답변 과정에서 "독도는 일본의 영토라고 지도요령에 써야 한다"고 말했다. 2005년 2월, 시마네현의 '다케시마의 날' 제정으로 인해 한일 관계가 경색됨에도 불구하고 중앙정부 차원에서 독도를 일본의 영토라고 교육시키겠다는 의도를 노골적으로 드러내기 시작하였다. 한국의 경우 이런 움직임에 대해 당시 후소샤 교과서 개정을 주도했던 우익단체 '새 역사 교과서를 만드는 모임'의 입장을 대변한 것이라는 평가 외에 정부 당국 차원의 별다른 대응이 없었다.

용하였고, 또 일본 문부과학성이 교육현장에서 독도 교육을 적극적으로 해나가는 것을 보면 일본 시마네현의 '죽도문제연구회'는 소기의 성과를 이루고 있는 셈이다. 일본이 연구와 교육, 대내외 홍보에 지방정부와 일본 외무성과 문부과학성이 전면에 나서고 있다는 점을 인식하고, 독도 연구자와 일선 교사, 정부당국이 상호 소통을 통해 독도 교육과 홍보에 임할 필요가 있다.

2008년 현 정부가 들어서면서 과거사 문제를 제기하지 않겠다는 한국정부의 태도도가 있은 뒤 일본은 이명박 대통령의 방일을 계기로 독도문제를 '중등학교 학습지도요령'에 언급하겠다는 의도를 의도적으로 흘렸다. 결국 일본 문부과학성은 7월 14일에 '학습지도요령' 대신에 '중등학교 학습지도요령해설서'에 독도 영유권 주장을 명기하도록 다음과 같이 발표하였다.

> 우리나라(일본 지칭)는 사면이 바다로 둘러싸인 국토이기 때문에 직접 타국과 육지를 접하지 않은 점을 느끼게 한다. 또 국경이 갖는 의미에 대해 생각하게 한다. 따라서 우리나라가 정당하게 주장하고 있는 입장에 기초, 당면한 영토문제와 경제수역 문제 등을 생각하게 하는 것도 중요하다.
>
> 그런 점에서 북방영토가 고유 영토라는 점 등 우리나라의 영역을 둘러싼 문제도 생각하도록 해야 한다. 북방영토(하보마이, 시코탄, 구나시리, 에토로후섬)와 관련, 그 위치와 범위를 확인시킴과 동시에 북방영토가 우리나라 고유의 영토이지만 현재 러시아에 의해 불법 점거돼 있기 때문에 반환을 요구하고 있다는 점 등에 대해 정확하게 다룰 필요가 있다. 또한 우리나라와 한국과의 사이에 다케시마(독도)를 둘러싸고 주장에 차이가 있다는 점 등에 대해서도 북방영토와 마찬가지로 우리나라의 영토·영역에 관해 이해를 심화시키는 것도 필요하다.

'학습지도요령' 대신에 '학습지도요령해설서'에 독도를 명기하면서 '일본의 고유영토'라고 못박은 것에 대해 일본은 한국에 대한 배려를 강조하였다. 그러면서도 "역사적으로 양국 간에 영유권을 둘러싼 대립이 존재하고 있다는 사실마저 한국에서는 무시되고 있으며", "국제적으로 영토문제에서 대립하는 한 쪽의 나라가 자국의 학교 교육에서 자국의 공식 입장을 자국민에게 가르치는 상식적인 일이 한국에서는 '절대 용서할 수 없다'는 것으로서 외교 문제화되는 이례적 상황이 되고 있다"는 점을 부각하였다.

일본은 한국정부를 배려하였는가? 그건 아님을 위 '학습지도요령해설서'는 보여주고 있다. '학습지도요령해설서'에서 "북방영토가 우리나라 고유의 영토이지만 현재 러시아에 의해 불법 점거돼 있기 때문에 반환을 요구하고 있다"고 한 뒤에 "우리나라와 한국과의 사이에 다 케시마(독도)를 둘러싸고 주장에 차이가 있다는 점 등에 대해서도 북 방영토와 마찬가지로 우리나라의 영토·영역에 관해 이해를 심화시키 는 것도 필요하다"고 함으로써 "독도는 일본의 고유의 영토"임을 교 육현장에서 가르치고 독도가 "영토 분쟁 지역"임을 부각시키고자 하 는 의도를 그대로 드러내고 있다. 한국에서는 그나마 '학습지도요령' 에 표기하지 않고, '일본의 고유영토'라고 표현하지 않음에 다행이라 고 여기는 부분도 적지 않았었다. 그런 연장선상에서 2009년 12월 25 일 일본이 고등학교 '학습지도요령해설서'를 발표하였을 때 '독도'라 는 표현은 제외하였으나, "중학교에서의 학습을 바탕으로"라고 기술 한 것을 다행으로 여기면서 미온적 대응을 하였다. 여기에 힘을 얻은 일본 문부과학성은 2010년 3월 30일, 초등학교 사회교과서 검정 때 그 간 5종 가운데 3종에만 독도를 일본 땅이라고 언급한 것에서 한 걸음 나아가 2011년 부터 5종 모두에 독도를 일본 땅이라고 하고, 지도상에 독도를 자국의 경계선 안에 넣어 그리도록 명시하도록 하였다.

일본 문부과학성 발표 사회교과서 지도

일본의 검정교과서 일정은 2011년 3월 중등학교 교과서 검정 발표, 2012년 3월 고등학교 교과서 검정 발표로 이어진다. 독도가 일본의 고유영토임을 싣지 않은 교과서는 검정을 통과할 수 없다는 것을 이번 초등학교 검정 교과서 통과를 통해 알 수 있다.

2008년 7월 14일, '중등학교 학습지도요령해설서'에서 언급한 것처럼 북방영토는 일본의 고유영토이고, 그런 북방영토와 마찬가지로 독도도 일본 고유영토인가? 그리고 그것이 한국에 의해 불법 점거되었는가를 논하여 일본의 학생 및 국민들에게 적극 알릴 필요가 있다. 본고는 그런 시각하에서 집필하였다.[2]

2. 일본 외무성 홈페이지의 '북방영토'와 '竹島' 홍보 사이트의 비교

일본 외무성의 홈페이지에는 일본 입장에서 주변국가와의 현안이라고 생각하는 문제에 관한 사이트를 왼편에 나열하고 있다. '북조선에 의한 일본인 납치문제'와 '죽도', '일본해', '북방영토'의 순서로 배치되어 있다. 일본 외무성의 홈페이지의 경우 '북방영토'에 관해서는 일본어 만이 게재되어 있지만 '독도'에 관해서는 일본어 사이트 외에 한국어·영어 사이트로 개설되어 있고, 팜플렛 '다케시마문제를 이해

---

2) 북방영토와 독도를 비교 연구한 연구는 최장근의 「「북방영토」와 독도 문제의 성격 비교」(『일본문화학보』40, 한국일본문화학회, 2009)가 있다. 그는 "북방영토라는 호칭을 갖고 있다는 말은 자신의 주권이 미치는 지역으로서 영토를 스스로 포기하지 않는다는 의미와도 통할 것이다"라고 하면서 '북방영토는 쿠릴열도 최남단 4도를 두고 말한다'고 하면서 '북방영토라는 용어를 최대한 자제하도록 한다'고 하였다. 그런 시각은 맞지만 본고의 경우 일본의 주장을 비판하는 의도에서 이루어진 것이기 때문에 '북방영토'라는 용어를 갖고 사용하였다.

하기 위한 10 포인트'의 경우 10개 국어 PDF 파일로 제공하고 있다. 이것은 현재 일본이 국제적으로 '북방영토'보다도 '독도'에 관해서 적극 홍보하고 있음을 뜻한다. 그렇기 때문에 '북방영토' 사이트보다 '죽도', '일본해' 사이트가 상위에 위치한다.

그런데 외무성 홈페이지의 경우 일본이 중국과 분쟁을 일으키고 있는 조어도제도(센카구열도)에 관한 사이트는 없다. 아마도 일본이 실효적 지배를 하고 있기 때문에 이에 관한 사이트를 개설하지 않았다고 볼 수 있다. 그렇다고 한국의 경우 '외교통상부' 홈페이지에 '독도' 사이트를 개설하지 않은 것을 한국이 독도를 실효적으로 지배하고 있으니 조용한 외교를 위해 독도 사이트를 개설하지 않은 것이 능사라고 하는 논리를 펴는데 이용하는 잘못을 범해서는 안 된다. 최근 일본의 경우 독도에 관해 연구와 교육, 대내외 홍보를 전방위로 펴는 마당에 결국 일본의 논리가 국제사회와 일본의 학생 및 일반 시민들에게 굳게 박히고 난 다음에 그것을 되돌리기 너무도 어렵다는 것을 '동해/일본해' 명칭의 예를 통해 이미 경험하고 있다. 일본의 '북방영토' 사이트를 열면 '북방영토 문제'란 제목 아래 다음과 같은 목차가 배열되어 있다.

- ▶ 북방영토의 날
- ▶ 북방영토문제에 대하여
- ▶ 북방영토문제의 경위
- ▶ 일소·일로간의 평화조약체결교섭
- ▶ 북방4도를 둘러싼 일러협력의 진전
- ▶ 일로영토문제의 역사에 관한 공동작성자료집
- ▶ 우리들의 북방영토
- ▶ 북방영토에 관한 질문과 답
- ▶ 북방영토방문에 관한 질문과 답
- ▶ 북방4도교류사업등에 관하여
- ▶ 북방4도주민지원사업

북방영토에 관한 첫 번째 목차를 클릭하면 북방영토 지도를 담은 다음과 같은 사진이 상단에 나오면서 '2월 7일은 북방영토의 날'이라고 하는 글자가 전면에 들어온다.

위 사진에서 보다시피 '2월 7일은 북방영토의 날'이라고 내세우면서 북방영토는 일본의 고유영토라고 밝히고 있다. 2월 7일을 '북방영토의 날'로 내세운 것은 1855년 2월 7일, 일본과 러시아가 '日魯通好條約'을 조인하여 하보마이, 시코탄, 구나시리, 에토로후섬의 북방 4도에 관한 국경을 확인한 날을 기념한 것이다. 이 날 이후 한번도 타국의 영토가 된 적이 없는 일본 고유의 영토라고 일본은 주장한다. 1981년 일본 정부는 내각회의에서 2월7일을 '북방 영토의 날'로 제정했으며 북방 영토 문제 해결 관련 법안도 만들었다. 그에 반해 일본이 '竹島의 날'을 제정한 것은 일본 시마네현이 2005년 3월 16일에 2월 22일을 '竹島의 날'로 정하는 조례를 제정하면서 부터이다. 2월 22일을 기념일로 정한 것은 1905년 일본 시마네현이 '시마네현 고시 제41호'를 통해 독도를 '無主地先占論'에 의해 자국의 영토로 강제편

입한 날을 기념하기 위한 것이다. 그런데 일본 외무성의 '竹島' 사이트의 경우 왜 '북방영토' 사이트에서처럼 2월 22일을 '竹島의 날'로 내세우지 못할까? 그 해답을 '竹島' 사이트의 첫 화면에서 찾아보기로 한다.

다케시마 영유권에 관한 일본국의 일관된 입장

1. 다케시마는 역사적 사실에 입각해 봐도, 국제법상으로도 명백한 일본국 고유의 영토입니다.
2. 한국에 의한 다케시마 점거는 국제법상 아무런 근거 없이 이루어지고 있는 불법 점거이며 한국이 이런 불법 점거에 의거해 다케시마에서 행하는 어떤 조치도 법적인 정당성이 있는 것은 아닙니다.
* 한국측으로부터는 일본국이 다케시마를 실효적으로 지배하고 영유권을 확립하기 이전에 한국이 이 섬을 실효적으로 지배하고 있었다는 사실을 보여주는 명확한 근거가 제시되지 않고 있습니다.

2008년 7월 14일의 일본 문부과학성의 '중등학교 학습지도요령해설서'의 경우 북방영토에 기대어 우회적으로 독도를 언급한 것과는 달리 4개월 전의 일본 외무성 홈페이지의 '竹島' 사이트의 경우 '중등학교 학습지도요령해설서'의 '북방영토'에 관한 언급과 마찬가지로 역사적으로나 국제법상 독도가 '일본의 고유영토' 임을 밝힘과 동시에 한국에 의해 불법점거되어 있다고 명확히 하고 있다. 그렇다면 일본 외무성의 홈페이지의 경우 '북방영토'와 달리 '2월 22일은 죽도의 날'이라고 전면에 내세우지 못하는 이유는 무엇 때문일까?

일본 외무성이 '2월 22일은 죽도의 날'이라고 전면에 내세우지 못하는 첫째의 이유는 '북방영토'의 경우 일본과 러시아 사이의 상호 조약에 의해 영토가 확정된 반면 독도에 관한 1905년의 '무주지선점론'에 의한 시마네현 고시는 이해당사국인 한국에 통보도 되지 않았고, 그것이 관보에 게재되지 않은 채 '회람'에 불과한 것이기 때문이다.

둘째로, 일본이 러시아와 영토분쟁을 벌이고 있는 북방영토와 한국의 독도와는 전혀 본질이 다르다. 독도는 러일전쟁의 승리를 위해, 보다 정확하게 말한다면 흔히들 발틱함대라고 부르는 제2태평양 함대와의 해전을 앞두고 전략적 가치 때문에 강제로 빼앗은 것이다.[3] 이에 반해 북방영토는 러일전쟁 승리로 얻은 전리품이었으나 제2차세계대전에서 패배하면서 샌프란시스코 평화조약에 따라 다시 구소련에 돌려주었던 섬들이다. 홋카이도의 동쪽 끝 바다 건너에 있는 현재의 북방영토는 러시아와 일본이 무주지선점론에 의한 자국 영토라고 하지만 원래 아이누족이 살았던 곳이었고, 1855년의 시모다 조약체결 때 국경의 개념을 쿠릴 열도에 강요하기 이전까지 쿠릴열도는 열린 공간이었다. 그리고 러시아와 일본의 최초의 근대적 국경확정이라고 할 수 있는 1855년의 시모다조약에서는 에토로후 섬과 우룹푸 섬의 사이에 양국의 국경선을 정했지만 쿠릴열도의 범위를 명확하게 확정하지 못해 문제의 소지를 남겼다. 이러한 모호성은 결국 북방영토 전체에 대한 권리를 주장할 근거를 러시아와 일본 어느 쪽도 가지고 있지 않다는 것을 의미한다.[4] 1855년의 시모다 조약이 체결될 때 사할린 섬은 어느 나라에 속하는지 결정하지 않았다. 그러므로 사할린 섬에는 일본과 러시아 양쪽 모두 진출하여 일본인과 러시아인이 공존하는 상태가 되고 말았다. 이를 타개하기 위해서 1875년에 러시아와 일본은 상트 페테르부르쿠 조약을 체결하였다. 이 조약은 사할린과 쿠릴열도의 교환 조약으로서, 사할린 전체를 러시아가 지배하는 대신에 쿠릴 열도 전체를 일본측에 할양하는 것이다. 이것은 군사적 압력이 아닌 양국의 주체적 정책 고려에서 행해진 것이기 때문에 국제조약의

---

3) 이에 관해서는 최문형, 「露日 전쟁과 일본의 독도 점취」(『역사학보』 188, 2005)에 잘 정리되어 있다.

4) 박원용, 2008, 「변경의 관점에서 본 쿠릴열도 영유권 분쟁」, 『19세기 동북아 4개국의 도서분쟁과 해양경계』, 동북아역사재단, 279~280쪽.

관례상 쿠릴열도에 대한 일본의 권리도 정당한 것이지만 사할린에 대한 러시아의 권리도 정당한 것이었다. 그것이 러일전쟁으로 깨졌다. 1875년부터 사할린 섬 전체가 러시아 땅이 되었으나 1905년의 러일전쟁 때 사할린 전체를 일본이 점령했다. 러일 전쟁이 러시아의 패배로 끝나고 미국이 중재한 포츠머스 강화조약을 통해 일본은 추가로 북위 50도선 남쪽의 사할린 섬 절반을 러시아로 부터 할양 받게 되었다. 1905년부터 일본이 2차대전에서 패할 때까지 사할린 섬 남부와 캄차카 반도 바로 앞의 쿠릴열도 전체가 일본의 지배하에 들어가게 된 것이다. 1875년의 조약에서 사할린 전체를 러시아가 차지하는 대신 쿠릴열도 전체를 일본측에 할양하는 조건은 러일전쟁 때 일본이 사할린을 점령함으로써 조약이 폐기되었다. 그런 점에서 사할린과 쿠릴열도는 일본의 전리품의 성격을 가진 것이다. 제2차 세계대전 말미에 소련이 대일선전포고를 하면서 전쟁에 참여하여 일본이 항복했을 때 사할린 섬 전부와 쿠릴 열도를 소련군이 점령하였고 일본이 패망함으로써 전리품으로서 쿠릴열도를 챙겼다. 문제는 1855년의 시모다조약에서 쿠릴열도의 범위를 명확하게 하지 못함으로써 북방영토문제가 러일 사이에 생겼다.5) 이처럼 근본적으로 다른 독도문제를 북방영토와 같은 성질의 문제로 취급하겠다는 것은 일본정부가 독도문제의 본질을 흐리게 하겠다는 저의를 드러냈다고 볼 수밖에 없다.6)

한국의 경우 '일본해'라는 명칭은 일본의 확장주의와 식민지 지배의 결과로 널리 확산되었다는 입장이고, 독도는 일본의 한국 침략에

---

5) 북방영토 문제를 포함한 일본의 영토분쟁에 관해서는 『일본의 영토분쟁 - 일본 제국주의의 흔적과 일본 내셔널리즘 -』(최장근, 백산자료원, 2005), 『19세기 동북아 4개국의 도서분쟁과 해양경계』이근우·김문기·신명호·조세현·박원용, 동북아역사재단, 2009) 등이 있다. 일본의 경우 북방영토문제대책협회에서 『북방영토의 지위』(1962)를 출판한 적이 있다.
6) 김화경, 2010.2, 「일본의 대승적 결단을 촉구한다」, 『동북아역사재단 NEWS』, vol.39.

대한 첫 희생물이라는 시각을 갖고 있다. '일본해'의 명칭의 사용과 1905년 '무주지선점론'에 의한 독도에 대한 일본 영토로의 편입(강탈)이 일본의 조선 침략의 시작이라는 입장을 견지하면서 역사적 문제로서 접근하고자 한다. 반면 일본은 19세기 초 고지도에 '일본해'라는 명칭이 다른 명칭을 압도할 정도로 많이 사용된 사실을 거론하면서 '일본해'라는 호칭은 19세기 초에 구미인에 의해 확립된 것이라고 한다. 그리고 이 시기 일본은 쇄국정책을 취하는 에도시대였기 때문에 '일본해'라는 명칭 확립에 어떠한 영향력을 행사한 적이 없었다고 한다. 따라서 19세기 후반의 일본의 확장주의와 식민지 지배에 의해 일본해라는 명칭이 확산되었다는 한국의 주장은 타당성이 없다고 한다.7)

일본 측은 'Sea of Japan'이라는 명칭이 일본 식민주의와 연결이 되면 매우 예민하게 반응하는 것처럼 독도문제가 일본의 대외영토 확장의 과정에서 나온 것이라는 주장에 대해서도 과민 반응한다. 그래서 독도에 관한한 역사적 문제로 접근하기 보다는 영유권 문제로 보고자 한다. 최근 일본이 1905년의 '무주지선점론' 대신에 17세기 영유권확립설을 내세우고 있는 것도 '무주지선점론'이 일본의 대외영토 확장의 과정에서 조선침략의 제1보였다는 한국 측의 논리에 대한 대응 방안에서 나온 것이 아닌가 한다. 이처럼 독도를 일본이 고유영토라고 하지만 북방영토처럼 일관된 관점을 갖지 못하고 그 논리를 자꾸만 바꾸게 되는 것은 그 논리의 설득력이 없다는 방증이다.

셋째로, 앞에서 살펴본 바와 같이 북방영토는 러시아와 일본에 의해 서로의 영토를 주장할 수 있는 조약과 점령이 있었지만 독도의 경우 일본이 독도를 자국의 영토라고 한국에 공식적으로 17세기에 표명한 바가 없다. 도리어 태정관과 돗토리현 등에서 자국의 영토와 무

---

7) http://www.mofa.go.jp/policy/maritime/japan/pamph0903-k.pdf

관한 것이라고 천명하였다. 그런 점에서 북방영토처럼 고유 영토라고 주장할 근거는 전혀 없다. 그리고 1905년 시마네현 고시에 의해 자국의 영토로 편입하였다고 하지만 인접국가인 한국에 그것을 공식적으로 통보하지 않고, 이듬해 隱岐島司 일행이 울릉도에 와서 자국의 영토라고 운운하였을 뿐이다.

넷째로, 일본 외무성 홈페이지의 '竹島' 사이트의 '다케시마 문제의 개요'에 실린 '다케시마의 영유권'에 관한 게시글과 '竹島' 홍보 팜플렛은 1905년의 무주지선점론 대신에 17세기 중엽 영유권 확립설을 내세우고 있기 때문에 '죽도의 날'을 전면에 내세울 수 없다. '竹島' 홍보 팜플렛의 경우 "3.일본은 울릉도로 건너갈 때의 정박장으로 또한 어채지로 다케시마를 이용하여, 늦어도 17세기 중엽에는 다케시마의 영유권을 확립했습니다."라고 주장하고 있다. 일본의 17세기 중엽 영유권 확립설은 오야·무라카와 가문이 '울릉도 도해면허'를 취득하여 울릉도 어업을 한 것에서 도출한다. 그렇다면 일본은 울릉도를 자국의 영토로 주장하여야 하지만 다케시마, 즉 독도 영유권을 확립했다고 한다. 그것은 1693년에 울릉도에서 안용복· 박어둔이 일본 어부들에 의해 납치된 사건으로 인해 '울릉도쟁계(竹島一件)'가 발생하여 일본이 울릉도를 조선의 영토로 인정하지 않을 수 없었기 때문이다. 그래서 일본 외무성의 '竹島' 팜플렛은 죽도일건으로 인해 '17세기말 울릉도로 건너갈 때의 울릉도 도항을 금지했습니다만, 다케시마 도항은 금지하지 않았습니다'라고 한다. 이와 같이 최근 일본의 경우 17세기 영유권 확립설을 내세우는 입장이다 보니 2월 22일을 '竹島의 날'로 내세울 수 없는 것이다. 17세기 영유권 확립설 주장으로 인해 1905년의 시마네현 고시 행위는 독도영유권의 '재확인'으로 포장하고 있다.

과연 일본이 주장하는 17세기 영유권 확립설이 성립될 수 있는가?

‘竹島’ 팜플렛의 ‘10포인트’ 4항에는 17세기말 울릉도 도항을 금지했지만 다케시마 도항은 금지하지 않았다고 한다. 즉 1693년 안용복 사건으로 인해 촉발된 ‘다케시마 일건’으로 인해 1696년 울릉도 도항이 금지되었지만 독도도항은 금지된 것이 아니라고 주장하였다. 이러한 논리가 먹혀들기 위해서는 우선 일본이 1696년 이후, 독도만을 목표로 하여 건너와 어로 활동을 한 적이 있었는가에 대한 자료를 제시하지 않으면 안된다. 아직 일본 측으로부터 이에 대한 자료 제시는 없다. 독도에서의 어로활동은 울릉도를 근거지로 하여 이루어졌다. 그래서 일본 자료(大谷家 문서)에서 ‘죽도(울릉도) 내의 송도(독도)’(竹嶋內松嶋), ‘죽도 근변의 송도’(竹島近邊松嶋) 등으로 기록될 수밖에 없다. ‘울릉도 쟁계’로 인해 울릉도가 조선의 땅임이 분명한 이상 일본 어부들은 ‘독도’ 만을 대상으로 해서 항해하지 않았다. 우리는 이를 부각시켜 나갈 필요가 있다.[8] 그럼에도 불구하고 일본이 외무성 홈페이지나 ‘중등학교 학습지도요령해설서’에서 북방영토와 독도를 같이 일본의 고유영토라고 밝힌 것은 일본의 학생들에게 독도가 북방영토와 같이 비추어질 가능성이 있으므로 이에 대한 차이점을 한국은 적극 홍보할 필요가 있다.[9]

---

8) 김호동, 2009.6, 「독도 영유권 공고화를 위한 조선시대 수토제도에 대한 향후 연구방향」, 『독도연구』 6.
9) “19세기 중반이후의 경과만을 강조한다면 쿠릴열도에 대한 권리 주장의 정당성은 일본이 보다 많이 가지고 있는 것으로 보인다”(박원용, 앞의 글, 260~261쪽)는 평가와 관련하여 일본이 도식적으로 ‘북방영토=일본 고유의 영토’, ‘독도=일본 고유의 영토’라고 교육현장에서 가르친다면 북방영토를 바라보는 시각이 독도를 바라보는 시각으로 전이될 가능성이 있으므로 이것을 경계해야만 할 것이다.

3. 일본 중고등학교 교과서에서의 '북방영토'와 '독도' 기술

2008년 7월 14일 일본이 '중등학교 학습지도요령해설서'를 발표한 다음 날, 동북아역사재단에서 〈일본 역사교과서 학술세미나 - 일본 역사교과서의 재조명〉에 관한 학술세미나를 열었다. 이때 홍성근이 「일본 교과서의 독도 기술 실태와 그 영향」이란 주제를 통해 일본 초, 중, 고등학교 각 교과서의 독도 관련 기술실태를 검토하고, 독도와 비교, 분석할 필요가 있는 남쿠릴열도(일본명, 北方領土)나, 尖閣제도 등의 기술도 개괄적으로 검토한 바 있다. 그 검토 결과를 다음과 같이 제시하였다.

① 첫째, 일본 교과서는 2001년 이후 독도관련 기술을 내용적으로 왜곡 심화시켜 왔다. 처음에는 독도의 위치표시만 했다가, 그 다음 울릉도와 독도 사이에 경계선을 긋고, 그 이후에는 '독도가 일본의 고유영토이며 한국이 불법적으로 점거하고 있다'는 등으로 독도관련 기술을 내용적으로 강화시켜 왔다. 즉 지도에 한 "점"을 찍은 후, 상황을 보아가면서 "선"과 "면"으로 확장시켜 온 것이다. 이러한 예는 동경서적, 후쇼샤, 오사카서적의 중학교 공민교과서(2001년, 2005년 비교) 등에서 확인할 수 있다.

② 둘째, 영역에 대해서는 "현재의 사실상태"를 부정하고 있다. 교과서는 사실을 사실 그대로 서술하는 것이 중요하다. 그럼에도 불구하고 일본은 국제법상 "있는 법 이나"(lex lata), "현재의 사실"을 부정하고 있다. 독도는 한국이 실효적으로 지배하고 있음에도 불구하고 일본의 영역에 포함시키거나, 시마네현에 소속되어 있는 것처럼 표기하고 있다. 또한 남쿠릴열도는 현재 러시아가 점유하고 있고, 첨각제도는 중국과 분쟁 중이어서 해양경계를 획정하지 못했음에도 불구하고 이들 섬들을 포함한 영역도를 교과서에 게시하고 있다. 또한 아직 200해리 배타적 경제수역이 획정되어 있지 않았을 뿐만 아니라, 200해리 경제수역을 가진다고 보기 어려운 오키노토리시마(沖ノ鳥島)에 대해서도 200해리 기점을 적용하여 광대한 범위의 배타적 경제수역 지도를 게재하고 있다. 이러한 서술은 현재의 상황과 전혀 맞지 않다. 이것은 '평화적인 국가, 사회의 형성자로서 필요한 공민적 자질의 기

초를 기른다'는 일본 초·중등학교 학습지도요령의 학습목표를 스스로 외면하는 것이나 마찬가지이다.

③ 셋째, 독도 기술은 "독도가 일본의 영토"임을 전제로 하고 있다. 고등학교 일부 교과서를 보면 한일간에 독도를 둘러싸고 문제가 있다고 서술하고 있다. 그렇다고 하더라도 한국의 독도영유권을 인정하는 사례는 전무하다. 왜냐하면, 교과서의 부교재로 활용되는 지리부도나 지도를 보면, 독도는 예외 없이 일본령으로 표시되거나, 시마네현 소속, 또는 자국의 배타적 경제수역 내에 포함되어 있다. 또한 일본 교과서가 울릉도를 한국 지명에 따라 "울릉도"라고 표기함에 반해, 독도는 일본명, "竹島"라고 호칭한다는 점도 그 한 증거라 할 수 있다.

④ 넷째, 독도 기술에 일본 문부과학성이 적극 관여하여 "독도는 일본의 고유영토"라는 방향으로 이끌어 가고 있다. 일본 문부과학성의 역할은 2005년, 2006년, 2007년 3월 교과서 검정과정에서 거듭 밝혀졌다. 출판사들은 "독도가 일본 영토라는 점을 이해하기 어렵다"라는 문부과학성의 수정의견에 따라, "시마네현에 속해 있는", "일본의 고유영토" 등의 표현으로 수정하였다. 이것 뿐만 아니라, 2005년 3월 일본 국회에서 "독도는 일본의 영토라고 학습지도요령에는 써야 한다"고 발언한 당시 나카야마 문부과학성 장관의 발언과 최근 5월 19일 독도교육의 필요성을 강조한 문부과학성 차관 등의 발언을 통해서도 확인할 수 있다.

2008년 7월에 확정된 「중등학교 학습지도요령 해설서」에 의거한 검정이 이루어져, 이 교과서들이 전면적으로 사용되는 것은 2012년부터이다. 따라서 지금 사용되고 있는 교과서의 경우도 홍성근이 내린 위의 결론에 크게 벗어나지 않는다. 예를 들면, 2008년의 중학교 지리교과서인 『新編新しい社會地理』(東京書籍、2008年2月10日)의 경우 '영역을 둘러싼 문제'의 항목에서 "홋카이도(北海道)의 동쪽에 있는 북방영토는 하보마이제도(齒舞諸島), 시코탄섬(色丹島), 구나시리섬(國後島), 에토로후섬(擇捉島)으로 이루어져 있습니다. 여기에는 일본인이 생활하였고 주변의 해역은 다시마와 게 등의 수산자원이 풍부하였습니다. 일본 고유의 영토입니다만, 현재 일본인은 살고 있지 않습니다. 제2차 세계대전 후에 소련에 점령당하여 소련이 해체된 후에도 러시아연방에 계속하여 점거되고 있기 때문입니다. 1992년부터는 노비자로 교류가 가능하여 일본인 구거주자와 러시아인 현 도민과 상호방문이 이루어지고 있습니다. 일본은 북방영토의 반환을 요구하고 있습니다만 아직 실현되고 있지 않습니다."라고 하여 북방영토의 범위를 설명하고 일본 고유의 영토이지만 제2차 세계대전 후 소련에 점령당하여 현재에 이르고 있다고 하였다. 그에 반해 독도에 관한 특별한 언급은 없다. 『新編新しい社會公民』(東京書籍、 2008. 2.)의 경우 '일본의 해역과 경제수역'이란 항목 아래에서 '북방영토'에 관하여 "제2차 세계대전의 강화조약에서 일본은 치시마열도(千島列島＝쿠릴열도)를 포기하였습니다. 그러나, 에토로후(擇捉) 이남의 섬들은 치시마열도에 포함되지 않는 일본 고유의 영토입니다. 소련이 불법으로 점거한 하보마이제도(齒舞諸島), 시코탄섬(色丹島), 구나시리섬(國後島), 에토로후섬(擇捉島)의 북방 4섬의 반환을 일본은 소련을 계승한 러시아연방에 요구하고 있습니다.(155쪽)"라고 하였다. 그에 반해 독도와 센카쿠제도에 대해서는 '일본의 해역과 경제수역'이라는 지도에서 독도와 울릉도 사이에 국경선을 긋고 일본의 해역을 지도에 나타내고, "시마네현 오키제도(隱岐諸島)의 서북에 위치한 다케시마(竹島), 오키나와현 사키시마제도(先島諸島)의 북쪽에 위치한 센카쿠제도는 일본고유의 영토입니다."라고 하여 북방영토와 마찬가지로 일본의 고유영토임을 밝히고 있지만 북방영토에 비해 분량이 적다. 그 기조는 고등학교의 교과서에서도 반복되고 있다.

중학교 역사교과서의 경우 지리, 공민 교과서에 비해 상대적으로 독도와 북방영토에 관한 기술은 적다. 그것은 고등학교 역사 교과서의 경우에서도 마찬가지이다. 고등학교 교과서 가운데 정치·경제, 지리, 현대사회의 책에 북방영토와 독도문제가 주로 언급되고 있다. 그것은 일본이 독도문제를 역사적 문제로 보기 보다는 영유권 문제로 보고자 하는 입장의 반영이라고 볼 수 있다. 고등학교 교과서의 경우 북방영토에 관한 언급은 일본의 고유영토이며, 그 반환을 요구하고 있다는 기조를 가진데 반해 독도의 경우 그 분량이 북방영토에 비해 적다. 그리고 일본의 고유영토라고 밝히지 않은 책이 보인다. 그러나 홍성근이 지적한 바와 같이 독도 기술은 "독도가 일본의 영토"임을 전제로 하고 있다. 고등학교 일부 교과서를 보면 한일간에 독도를 둘러싸고 문제가 있다고 서술하고 있다. 그렇다고 하더라도 한국의 독도영유권을 인정하는 사례는 전무하다. 왜냐하면, 교과서의 부교재로 활용되는 지리부도나 지도를 보면, 독도는 예외없이 일본령으로 표시되거나, 시마네현 소속, 또는 자국의 배타적 경제수역내에 포함되어 있다. 또한 일본 교과서가 울릉도를 한국 지명에 따라 "울릉도"라고 표기함에 반해, 독도는 일본명, "竹島"라고 호칭한다는 점도 그 한 증거라 할 수 있다. 이제 이러한 기조는 2011년의 중등학교 교과서 검정, 2012년의 고등학교 교과서 검정에 의해 '일본의 고유영토'라고 명시하고, 한국에 의해 불법점거되고 있다는 기조로 모두 바뀌어 갈 것이다.

4. 맺음말

일본의 교과서 검정제도는 학생들에게 다양한 교과서의 선택권을 부여하는, 상당히 민주적인 것 같은 겉모습을 지니고 있다. 그렇지만 관보에 고시하여 법률적 구속력을 지니는 학습지도요령을 통해서 일본의 문부과학성은 교과서의 저술과 제작에 음성적인 간섭을 계속하고 있어, 실제로는 전근대적인 형태를 벗어나지 못하고 있는 비민주적인 제도이다.[10]

---

10) 김화경·노상래, 2009, 「일본 교과서의 독도기술 실태에 관한 연구」, 『한국 사상과 문화』.

일본의 검정교과서 일정은 2011년 3월 중등학교 교과서 검정 발표, 2012년 3월 고등학교 교과서 검정 발표를 앞두고 있다. 독도가 일본의 고유영토임을 싣지 않은 교과서는 검정을 통과할 수 없다는 것을 이번 초등학교 검정 교과서 통과를 통해 알 수 있다. 그런 점에서 일본이 고유영토라고 하는 '북방영토'와 '센카쿠열도', 그리고 '독도'에 관한 비교 연구가 보다 활성화되어야 하리라고 본다.

일본이 교육현장에서 독도를 '일본의 고유영토'라고 한다면 그 영유권이 확립된 시기를 현재 일본 외무성의 '죽도' 사이트에서 주장하는 것처럼 종전의 1905년의 '무주지선점론'에서 '17세기 중엽 영유권 확립설'로 옮겨갈 것이다. 17세기 중엽 영유권 확립설의 최대 걸림돌은 안용복이다. 그래서 일본은 안용복을 거짓말쟁이, 혹은 '모든 악의 근원'으로 몰아간다. 그런 점에서 한국의 경우 교육현장에서 안용복과 '울릉도쟁계'에 대한 정확한 연구에 바탕한 교육이 이루어져야만 할 것이다.

한가지 부언한다면, 일본의 영토분쟁에 관한 교과서 분석의 경우 북방영토와 센카쿠열도, 그리고 독도 관련 언급이 있는 부분만 발췌하여 분석하는 태도는 문제가 있을 듯하다. 한 예를 들면, 중학교 사회교과서인 『新編新しい社會歷史』(東京書籍、2008. 2.10.)의 경우 "러일전쟁에서 일본의 승리는 인도와 중국 등 아시아 제국에 자극을 주어 일본에 배운 근대화와 민족독립의 움직임이 높아졌습니다. 한편 국민에게는 일본이 열강의 일원이 되었다고 하는 대국 의식이 생겨나 아시아 제국에 대한 우월감이 강해져 왔습니다."(158~159쪽)라고 하였다. 이런 문맥 속에 독도는 러일전쟁의 승리를 위해 전략적 가치 때문에 강제로 빼앗은 것이고, 북방영토의 경우도 러일전쟁 승리로 얻은 전리품이라는 부분이 전혀 드러나지 않는다는 점을 고려하여 좀 더 거시적 시각이 필요할 것 같다.

(『독도연구』 8, 2010.6)

초등학교 독도교육의 현황과 문제점

박 진 숙

1. 머리말

독도 영유권 문제는 1952년 우리나라가 「인접 해양의 주권에 관한 대통령 선언」을 하고 이에 대해 일본이 이의를 제기하면서 시작되었다. 그 후 1996년에 일본이 200 해리 배타적 경제수역을 선포하여 독도의 영유권을 주장하면서 양국이 대립하였다. 2005년 2월 22일 일본의 시마네현 의회가 '다케시마(竹島)의 날'을 제정하여 조례안으로 상정하기에 이르렀으며, 독도의 영유권 문제는 한국과 일본 사이에 정치적·사회적으로 표면화되어 주기적으로 이슈화되고 있다.[1] 최근에는 독도를 일본 땅으로 표기한 일본 초등학교 교과서가 공개되면서 독도에 대한 관심이 한층 높아지고 있다. 일본 문부과학성이 독도 영유권 주장을 한층 강화한 5학년 사회 교과서 등 초등학교 1~6학년 교과서 148점을 공개하였으며, 공개된 초등학교 5학년 사회 교과서에는 울릉도와 독도 사이에 국경선이 뚜렷하게 그어져 있고 '일본해(日本海)'라는 표기도 선명하다고 한다. 검정 전 이 교과서 지도에는 '竹島'라는 글씨만 있었지만, 검정을 거치면서 국경선과 '일본해' 표기가

---

1) 강민아, 2010, 「20세기 초 일본의 독도 침탈 과정」, 한국교원대 석사학위논문.

추가되었다.

이렇게 독도에 대한 일본의 영유권 주장이 지금까지도 계속되어 오고 있으나 실제 초등학교 현장에서는 독도 문제의 중요성에 대해서 제대로 인지하지 못하고 있으며, 독도에 대한 역사적 이해를 바탕으로 한 독도교육이 적극적으로 이루어지지 못하고 있다.

경상북도교육청의 경우 초등학교 교육과정 편성·운영 지침(경상북도교육청 고시 제2010-11호)에서의 독도교육과정 운영 지원과 교육감 인정도서인 '독도'교과서를 개발 및 활용을 통해 초등학생들의 독도 사랑에 대한 인식을 고취시키려 노력하고 있다. 그러나 이 또한 여러 가지 문제점을 안고 있으며, 학교 현장에서의 좀더 다양한 독도교육 관련 활동을 전개함으로써 우리 땅 독도에 대한 수호 의지를 학생들에게 심어 줄 수 있는 노력이 절실하다고 본다.

이에 현재 초등학교 현장에서 이루어지고 있는 독도교육의 현황과 그 문제점을 파악해 봄으로써 독도교육에 대한 관심과 지원, 교육 현장에서의 효과적인 독도교육이 이루어질 수 있는 방안을 모색해 보고자 한다.

2. 초등학교 독도교육 추진 배경

1) 초등학교 독도교육의 목적

(1) 영토교육의 목적

영토교육은 학생들의 영토에 대한 지식과 영토에 대한 생각 및 태도를 올바르게 지니도록 하는 교육이라고 할 수 있다.

21세기는 변화와 혁신, 세계화 및 정보화 사회로 지식과 진리가 변화하고 지구촌화와 다문화화 등으로 영토와 국가의 개념이 약화되고 있다. 하지만 자신이 살고 있는 나라를 제대로 알지 못한 채 세계화에 초점을 맞춘다면 국가의 미래는 기약할 수 없을 것이다. 우리나라 교육 이념에 담긴 교육 목적으로 달성하기 위한 영토교육은 국제 사회의 구성원으로서의 자질과 민주 시민으로서의 소양 및 뿌리 깊고 튼튼한 세계 시민을 양성하는데 크게 이바지할 것이다.

즉 영토교육의 목적은 우리 영토에 대한 관심과 애정을 갖고 우리 땅과 이웃에 대한 지식과 감정을 공유하며 국가 공동체 의식과 애국심을 갖고 생활하게 하는 것이다.

(2) 독도교육의 목적

일본의 독도 영유권 주장은 오래 전부터 계획적이고 의도적인 침탈 행위의 양상을 보이고, 침탈의 수위가 일부 보수 극우 세력이 아닌 국가 주요 기관 및 극우 단체, 일반 시민 등 다양한 측면에서 강도 높게 전개되고 있다. 세계 여러 나라의 지도와 문헌 및 지명에 일본식 이름 또는 일본 표기로 작성된 사례가 빈번하게 등장하기도 한다.

이에 우리도 학생들이 독도에 대한 올바른 이해와 국토 수호의 바람직한 자세를 가지도록 교육 활동의 한 과정으로서 독도교육을 편성하여 초등학생들에게 영토 및 독도수호 교육을 해야 할 필요가 있으며, 그 목적은 다음과 같다.[2]

첫째, 독도교육과 관련된 교육과정을 편성하고 지속적인 교육을 전개함으로써 학생들이 우리 영토에 대한 애정을 지니도록 한다.

둘째, 독도와 관련된 주변국의 침탈 행위와 우리 조상들의 독도 수

---

2) 경상북도 초등학교 교육과정 편성·운영 지침(경상북도교육청 고시 제2010-11호)에는 독도에 대한 이해와 독도 사랑의 기회를 확대를 통해 독도가 우리나라 영토임을 알도록 독도교육의 기본 방향과 교육 중점, 지도 방법 및 평가에 대한 내용을 제시하고 있다.

호에 대한 노력을 여러 가지 사료를 통하여 확인함으로써 학생들이
국토 수호의 자세를 가지도록 한다.

셋째, 독도의 역사적·자연적·경제적 가치를 바르게 인식하고, 그
가치를 높일 수 있는 방법을 모색하는 교육활동을 통하여 영토 수호
와 애국심은 물론 한국인으로서의 공동체 의식을 가지고 생활하게 함
을 목적으로 한다.

2) 초등학교 독도교육의 기본 방향 및 운영 방법

(1) 독도교육의 기본 방향

경상북도 초등학교 교육과정 편성·운영 지침(고시 제 2010-11호)에
제시된 독도교육의 기본 방향을 살펴보면 다음과 같다.

첫째, 독도에 대한 올바른 이해를 바탕으로 독도에 대한 관심과 독
도 사랑의 마음을 기른다. 둘째, 다양한 체험 활동을 통하여 독도 사
랑의 기회를 확대한다. 셋째, 독도가 우리나라 영토임을 알고 국토 수
호를 위해 노력하는 태도를 갖게 한다.

그리고 교육과정 편성 운영 지침 중 독도교육의 세 가지 중점으로
독도 바로 알기, 독도 사랑 체험 활동하기, 독도 수호를 위한 일 실천
하기[3]를 제시하고 있다.

(2) 독도교육의 운영 방법

학교 현장에서 실제로 독도 교육과정을 운영하는 방법으로서 경상
북도 초등학교 교육과정 편성 운영 지침에 제시된 내용과 교수학습

---

3) 경상북도 초등학교 교육과정 편성·운영 지침(고시 제 2010-11호)에 제시된
독도교육의 중점 세 가지를 기본으로 한 독도교육 활동이 학교 현장에서
다양하게 이루어지고 있으며, 2011 독도교육 기본 계획에도 교육과정 편성
운영 및 실제 지도에 대한 자세한 안내가 이루어지고 있다.

방법, 평가는 다음과 같이 실시한다.

첫째, 학교는 독도 관련 교육 내용을 교육과정에 포함시켜 편성·운영한다.

둘째, 1~4학년은 독도 관련 지도 내용을 자율적으로 선정하고, 5~6학년은 경상북도교육감 인정 도서를 활용하여 지도한다.

셋째, 지역 및 학교 실정, 학년성 등을 고려하여 체계적인 교수·학습 활동을 실시한다.

넷째, 독도의 자연 환경이나 자원, 가치, 역사적 의의 등의 학습 활동은 자기 주도적이고 탐구적인 활동 중심으로 이루어지도록 한다.

다섯째, 『우리 땅 독도』 입체 동영상, 전자 도서, 애니메이션, 인터넷 검색, 시사 자료 등 독도 교육 관련 자료나 정보를 학생들의 특성에 알맞게 재구성하여 지도한다.

여섯째, 프로젝트, 소집단 공동 학습 등 다양한 교수·학습 방법을 활용하고, 직·간접적인 체험 활동 기회를 많이 가지도록 한다.

이 때 유의할 점으로 독도 교육과 관련된 민감한 시사적 문제는 학년성에 알맞은 객관적 자료를 제시하여 지도하도록 하였으며, 독도와 관련한 행사나 시책은 학교 교육과정과 연계하여 편성·운영하도록 하였다. 독도교육과 관련하여 제시된 내용은 독도 관련 행사 참여하기, 독도 홍보 활동하기, 독도 경비대 및 관련 대상에게 편지쓰기, 독도 전문 인사 초청 수업 전개 등이 있다.

독도교육의 평가에 있어서는 독도의 올바른 이해와 국토 사랑에 중점을 두고 학습 과정뿐만 아니라 다양한 상황에서 독도의 중요성을 인식하고 지키려는 태도를 평가하도록 하였다. 평가 방법으로는 자기 평가, 상호 평가, 서술식, 지필, 포트폴리오, 보고서 등 다양한 평가 방법을 활용하도록 제시하고 있다.

3. 초등학교 독도교육과정 운영의 실제

1) 초등학교 독도교육과정 편성 운영

경상북도 초등학교 교육과정 편성·운영 지침(고시 제2010-11호)에 의거 지역 교육지원청은 학교에서 추진하는 다양한 독도 관련 교육 활동을 지원하여야 하며, 학교는 학교교육과정 편성·운영 시 1~4학년은 독도 교육 관련 교과, 창의적 체험 활동 시간 등을 활용하여 연간 10시간 이상 독도 관련 교육을 하도록 권장하고 있다. 그리고 5~6학년은 관련 교과, 창의적 재량 활동, 특별 활동에서 연간 10시간 이상 확보하여 지도하도록 규정하고 있다.[4]

2009학년도 경상북도교육청 지정 독도교육 시범학교의 독도교육과정 편성 운영 자료를 제시해 보면 다음과 같다.

〈표 1〉 독도 바로 알기 교육과정 편성·운영 (포항 오천초등학교의 예시 자료)

순	운영 형태	활동 내용	대상 학년	연간 시수	장소
1	교과 활동	교과 내용 분석 후 관련 내용 학습	1~6학년	·	학교 및 지역 학습관
2	재량 활동	체험 중심 테마 활동	1~4학년	18시간 내외	
			5~6학년	10시간 내외	
3	재량 활동	경상북도교육감 인정도서 활용	5~6학년	10시간 이상	

---

4) 현행 독도교육과정 편성 시 초등학교 5.6학년의 경우 연간 10시간 이상 창의적 재량 활동 시간을 활용하여 반드시 독도 관련 교육을 실시하도록 하고 있으며, 그 방법적 내용으로 독도 교과서 활용, 독도 애니메이션 및 동영상 자료 활동 등을 통하여 지도에 활용하고 있다.

2) 교과서 및 교사용 지도서 분석

현재 2009 개정 교육과정이 적용되는 1~2학년, 2007 개정교육과정이 적용되는 3~6학년 교과서 및 교사용 지도서에 제시된 독도 관련 내용을 분석하고자 초등학교 전 학년 교과서와 교사용 지도서를 살펴보았다. 전 학년의 내용을 분석해 본 결과, 2학년과 4학년, 5, 6학년 일부 교과에서만 독도 관련 내용을 찾을 수 있었으며, 그 내용을 자세히 살펴본 바 다음과 같은 내용을 도출할 수 있었다.

〈표 2〉 2학년 교과서 및 교사용 지도서의 독도 관련 내용 분석

학년	학기	교과	단원명	학습 주제	독도 관련 내용	교과서 쪽수
2	1	국어 (읽기)	2. 알고 싶어요	무엇을 설명하는지 생각하며 글 읽기	독도의 여러 이름에 대한 설명(우산도, 삼봉도, 돌섬 또는 독섬)	26~29
	2	바른생활	4. 통일을 향해서	통일을 기원하는 마음 지니기	지도 제시	51

먼저 2학년 교과서의 경우 1학기 국어 읽기, 2학기 바른 생활에 독도 관련 내용이 <표 2>와 같은 내용으로 제시되어 있다. 특히 2학년 1학기 읽기 교과서에는 독도의 여러 이름이라는 제재로 오랜 옛날부터 사람들이 독도를 여러 이름으로 불렀으며, 독도의 이름에 얽힌 유래와 함께 동도와 서도, 독도의 괭이 갈매기, 삼형제 굴바위 사진을 함께 제시하고 있다.[5]

---

5) 국어 2학년 1학기 2단원 '알고 싶어요'에서 독도의 이름에 얽힌 내용을 3쪽에 걸쳐 읽기 자료로 제시하고 있으며, 2학년 읽기 수준에 적합한 독도 관

2학년 2학기 바른 생활 교과서에서는 통일을 기원하는 마음을 지녀 봅시다 라는 주제로 학생들이 통일이 되면 할 수 있는 일을 찾아볼 수 있도록 하는 삽화를 제시하고 있다. 우리나라 지도 모양의 삽화 속에 남한과 북한의 초등학교 학생들이 우리나라 곳곳을 현장학습을 다니는 활동을 하는 내용으로, 북한의 여학생이 독도에 배를 타고 가면서 '여기가 바로 우리의 섬, 독도구나'라고 아이의 말하는 내용이 포함되어 있다.

4학년은 주로 사회 교과서에 독도와 관련된 내용이 제시되어 있는데, 사회 교과서와 사회과 부도, 지역화 교과서인 사회과 탐구 – 경상북도의 생활에 나타난 독도 관련 내용은 다음과 같다.

〈표 3〉 4학년 1학기 교과서 및 사회과 부도 독도 관련 내용 분석

교과	단원명	학습 주제	독도 관련 내용	교과서 쪽수
사회	1. 우리 지역의 자연환경과 생활모습	지역의 위치를 나타내는 방법	방위와 좌표로 나타내기 (우리나라 지도에 표기)	10, 12
		우리 지역의 날씨와 기후의 특징 파악하기	독도의 기온과 강수량을 예시자료로 제시 (막대그래프 이용)	21
	3. 더불어 살아가는 우리 지역	우리 지역에서 나는 물건 조사하기	생산지의 위치 찾아 지도 위에 표시하기(지도)	95
		우리 지역의 교통 시설 발달과 다른 지역과의 관계	지도	103, 111
사회과 부도	·	·	독도 지도 1면 전체 제시	1쪽

런 내용을 통해 학생들의 독도에 대한 관심과 이해를 도울 수 있도록 제시하고 있다.

〈표 4〉 4학년 지역화 교과서 및 사회과 교사용 지도서의 독도 관련 내용 분석

학년	학기	교과	단원명	학습 주제	독도 관련 내용	교과서 쪽수
4	1	경상북도의 생활	1. 경상북도의 자연환경과 생활 모습	경상북도의 자연환경-우리 도의 지형과 기후의 특징 조사	울릉도의 투막집과 너와집 소개(사진 자료, 우데기, 너와)	19
				독도의 자연환경	독도의 위치, 독도의 기온 및 강수량, 독도의 동식물 등 소개	28
				지도상에서의 독도 위치	지도로 독도 소개	32, 37, 91
				포항에서 서울 가는 길	포항 여객선 터미널을 이용, 독도나 울릉도 방문 가능함	36
			2. 주민 참여와 경상북도의 발전	경상북도 종합 개발 계획	동부 연안권 설명-독도 해양 과학 기지 건설을 통한 산업과 경제 발전 노력	85
				최근 10년간 경상북도의 변화 모습	독도 박물관 개관 (울릉, 사진 제시)	92
			3. 더불어 살아가는 경상북도	멀리 있어도 우리는 이웃사촌	부산 수영동과 독도리 자매 결연 (경향신문 2008.10.07 기사 및 사진 수록)	104

5학년 사회 교과서에서는 지도로서만 5회 제시되어 있으며, 사회과 탐구의 경우에도 지도 내에 독도의 지도상 위치만 4회 나타나고 있다. 5학년 사회 교과서와 사회과 탐구, 생활의 길잡이에 나타난 독도 관련 내용을 표로 나타내면 다음과 같다.

〈표 5〉 5학년 교과서 독도 관련 내용 분석

학년	학기	교과	단원명	학습 주제	독도 관련 내용	교과서 쪽수
5	전학기	도덕 (생활의 길잡이)	8. 나라 발전과 나	독도 의용 수비대	독도 의용 수비대 관련 내용 제시(독도 사진 및 삽화)	110 111
				자신의 생각을 말하는 가치놀이하기	가치놀이 윷말판 (독도를 지키는 사람들)	117
	1	사회	1. 우리나라의 자연환경과 생활	사람들이 모여 살기 좋은 지형의 특징	우리나라의 지형도 및 인구분포도	8,9
				우리나라 기후의 특징	8월과 1월의 기온과 강수량 비교 지도(울릉도 평균 기온과 강수량 제시)	18
			3. 환경 보전과 국토개발	지역에 따른 자연재해, 국토개발	지도	106, 131
		사회 (사회과 탐구)	1. 우리나라의 자연환경과 생활	여러 곳의 서로 다른 지형	지도	5
				도시가 발달한 곳	지도	7
			2. 우리가 사는 지역	인구분포도 만들기	지도	57
			3. 환경 보전과 국토 개발	폭설로 인한 피해	지도	106

3) 경상북도교육감 인정도서 '독도' 교과서 및 교사용 지도서 활용 실태

2007년 3월 우리나라 주변 국가들의 역사 왜곡과 일본의 독도에 대한 영유권 주장 등로 인하여 우리의 역사와 국토에 대한 바른 인식과 나라 사랑 교육의 강화의 필요성이 절실하게 대두되어, 경상북도 교육청 인정도서심의회규칙(교육 규칙 제395호, 1996.03.15)에 의거 경상북도교육감이 인정한 초등학교용 도서『우리 땅 독도』를 관내 초등학교에서 활용하도록 하였다. 이 도서는 학교교육비 자체 예산으로 구입하고, 4학년 전학생에게 무상으로 배부하였으며, 재량 시간이나 특별 활동, 교과 활동 시간에 활용하도록 권장하였다. 그리고 2009년 경상북도교육연구원에서 자체 개발하여 초등학교로 배부된 경상북도 교육감 인정도서『독도』는 현재까지 경상북도 교육과정 편성·운영 지침에 의거 도내 초등학교 5, 6학년을 대상으로 한 재량활동 시간 교재로서 활용하도록 하고 있다.6)

독도 교과서를 활용한 독도 교육과정 운영 내용과 편성 체계에 대한 내용을 살펴보면 다음과 같다.

⑷ 독도 교과서를 활용한 독도 교육과정 운영 방안

가. 독도교육의 목표

독도교육의 목표는 초등학생들이 독도에 대하여 바른 이해와 독도를 둘러싼 일본의 침탈 및 억지 주장을 타당한 근거로 반론할 수 있으며 , 국토 수호의 바람직한 자세를 갖고 실천할 수 있는 태도를 기르는데 중점을 두고 있다(경상북도교육청, 2010). 그 세부 목표를 살펴보면 다음과 같다.

첫째, 독도가 우리 땅임을 객관적인 자료를 중심으로 타당한 근거를 찾는 경험을 가진다. 둘째, 독도의 역사를 바르게 이해하고, 독도와 관련된 주변국의 침탈 행위를 역사 자료로 고증함으로써 독도 수호에 대한 강한 의지를 기른다. 셋째, 독도의 자연적·경제적 가치를 바르게 인식하고, 천혜의 자원 보고인 독도를 사랑하고 가꾸려는 마음을 가진다. 넷째, 우리 땅 독도를 바람직하게 개발하고 보존하는 방법을 찾아보고, 독도를 보호하고 보존하려는 태도를 가진다.

나. 독도 교과서 내용 체계

독도 교과서는 크게 우리나라 영토로서의 독도와 동해의 중요성과 이유 조사, 독도의 역사와 옛 문헌 및 지도를 통한 독도 사료 탐색, 독도의 자연 환경

---

6) 경상북도교육연구원과 경상북도교육청에서 2009년 개발·보급한 독도 교과서의 경우, 학교별 자율 시간 편성 및 활용을 권장하고 있으나, 일반적으로 총 4개 단원을 2개 단원으로 나누어 5학년은 1, 2단원, 6학년은 3, 4단원을 이어 지도하도록 하고 있다.

및 천연보호구역으로서의 가치 및 경제적 이점 조사, 독도 수호와 독도 개발 및 보존 방법 탐색의 네 가지 내용으로 구성되어 있다.

독도 교과서의 내용 체계를 보면 네 개의 단원과 총 20차시로 구성되어 있으며, 각 단원별 제재와 세부 주제로 다시 나누어져 있다.[7] 각 단원별 내용 체계를 표로 나타내면 다음과 같다.

〈표 6〉 독도 교과서의 내용 체계

단원명	제재	활동 주제
1. 동해에 우뚝 솟은 독도	① 우리나라 가장 동쪽에 있는 땅, 독도	· 세계 속에서 독도는 어디에 있을까? · 독도의 주소는 어떻게 될까?
	② 예로부터 우리 바다인 동해	· 언제부터 동해라고 불렀을까? · 동해는 우리 민족에게 어떤 의미가 있을까? · 옛 지도에서는 동해를 어떻게 표기했을까? · '동해' 이름을 지키려면 어떻게 해야 할까?
	③ 울릉도에서 보이는 독도	· 독도는 어디에 있을까? 그리고 울릉도에서 독도가 보일까? · 내가 살고 있는 곳에서 독도까지 가려면 어떻게 해야 할까?
	④ 화산이 만들어 낸 독도의 지형	· 독도의 모습을 알아볼까? · 독도의 바다 아래 크기는 얼마나 될까? · 동해 해저의 모습과 이름을 조사해 볼까?
2. 우리 땅 독도의 어제와 오늘	① 이름으로 만나는 독도	· 독도라는 이름은 어떻게 생겨난 것일까?
	② 옛 지도 속에서 만나는 독도	· 옛 지도에는 독도가 어떻게 나타나 있을까? · 옛 지도에서 독도를 자세히 알아볼까?
	③ 기록으로 만나는 독도	· 기록 속d- 나타난 독도는 어떤 모습일까? · 고려는 울릉도와 독도에 대하여 어떤 정책을 펼쳤을까?
	④ 조선의 독도 사랑	· 조선 시대에는 울릉도와 독도에 대해 어떤 정책을 펼쳤을까?
	⑤ 독도를 향한 일본의 욕심	· 일본은 어떤 과정을 거쳐 독도를 빼앗으려고 하였을까? · 1950년 이후 일본은 독도를 차지하기 위해 어떻게 하였을까?
	⑥ 독도에 대한 잘못된 주장	· 독도에 대한 일본의 주장이 잘못된 까닭은 무엇일까?

---

7) 독도 교과서 단원 편성 시 단원별 주제와 내용을 구성하는데 있어 학생들의 수준에 맞는 내용과 이해 가능 정도를 고려하여 편성하였으며, 내용이 중복되거나 학자들 간의 논란이 되고 있는 주제는 가급적 제외하였다.

단원명	제재	활동 주제
3. 천혜 자원의 보고, 독도	① 천연 보호 구역, 독 도의 동식물	· 독도에는 어떤 동물이 살고 있을까? · 독도에는 어떤 식물이 자라고 있을까?
	② 자연이 만들어 낸 황금어장	· 독도 주변 바다가 왜 황금어장일까? · 독도가 동해안 어민들에게 중요한 까닭은 무엇 일까?
	③ 미래 자원의 보물 창고	· 독도 주변 동해 해저에는 어떤 자원이 있을까?
	④ 바람과 파도가 빚은 예술 작품	· 독도가 지닌 관광 자원에는 무엇이 있을까?
4. 독도는 영원한 우리 땅	① 독도에 사는 사람들	· 독도에는 누가 어떻게 살고 있을까? · 독도에 사는 공무원은 어떤 일을 할까?
	② 독도와 동해를 사 랑하는 사람들	· 독도와 동해 사랑을 실천하는 사람들은 누구일까?
	③ 정부와 지방 자치 단체의 노력	· 독도를 지키기 위해 정부와 지방 자치 단체에서는 어떤 일을 할까?
	④ 독도의 보존과 개발	· 독도를 보존할까, 개발할까? · 독도는 앞으로 어떻게 변할까?
	⑤ 독도 사랑! 내가 앞 장 설래요	· 나는 독도에 대해 얼마나 알고 있을까? · 독도를 지키기 위해 우리는 어떤 일을 할 수 있 을까?

또한 독도 교육 내용의 단원별 내용 개관과 차시별 내용 구성에 대해 제시해 보면 다음과 같다.

〈표 7〉 독도 교과서 1단원, 동해에 우뚝 솟은 독도 내용 구성

차시	제재	차시별 내용
1	우리나라 가장 동쪽에 있는 땅, 독도	· 세계 속에서 독도의 위치 알기 · 독도의 주소 알기 · 세계 속에서 독도의 위치를 알리는 안내 자료 만들기
2	예로부터 우리 바다인 동해	· 동해 이름의 역사 알기 · 동해가 우리 민족에게 어떤 의미가 있는지 알기 · 옛 지도에서 동해를 어떻게 표기하였는지 조사하기 · 동해 이름을 지키기 위한 노력 알기
3	울릉도에서 보이는 독도	· 울릉도에서 독도를 볼 수 있다는 사실의 중요성 생 각하기

차시	제재	차시별 내용
		· 자기가 살고 있는 곳에서 독도까지 가는 방법 알기 · 독도 여행 계획 세우기
4 ~ 5	화산이 만들어 낸 독도의 지형	· 독도 지역의 지형 파악하기 · 독도의 생성과 주변 해저 지형 알기 · 동해 해저의 모습과 이름 조사하기

1단원에서는 세계 속에서 독도의 위치가 어디인지 알아보고, 우리 조상들에게 동해가 어떤 의미가 있었으며, 주변국은 역사적으로 동해를 어떻게 인식하고 있었는지 사료를 통해 확인할 수 있도록 구성되어 있다. 또한, 울릉도에서 독도까지의 거리 알기, 독도 지형의 특징 및 동해의 해양 지명 알기 등의 내용으로 구성되어 있다.

〈표 8〉 독도 교과서 2단원. 우리 땅 독도의 어제와 오늘 내용 구성

차시	제재	차시별 내용
1	이름으로 만나는 독도	· 독도 명칭의 변화와 유래 알기 · 게임을 통해 독도의 옛 이름 익히기
2	옛 지도 속에서 만나는 독도	· 옛 지도를 통해 오랜 옛날부터 독도가 우리의 영토였 음을 알기
3	기록으로 만나는 독도	· 독도가 우리나라의 영토로 된 내력 알기 · 독도에 대한 고려의 정책 알기
4	조선의 독도 사랑	· 독도에 대한 조선의 정책 알기 · 안용복 게임을 하면서 독도를 사랑하는 마음 갖기
5	독도를 향한 일본의 욕심	· 일본이 독도를 빼앗으려 한 과정과 대응책 알기 · 우리 조상들이 독도를 지키기 위해 어떻게 대응했는 지 역사적 사실을 조사하고, 독도를 수호하려는 마음 갖기
6	독도에 대한 잘못된 주장	· 독도 영유권에 대한 일본의 주장이 잘못된 까닭과 역 사적 근거 파악하기

2단원에서는 역사 속에 나타나 있는 독도의 모습을 살펴보고, 우리 조상들의 독도를 지키기 위해 어떤 노력을 했는지 알아보는 활동을 해 보고, 독도를 지키기 위한 실천 태도를 지니도록 하는 내용으로 구성되어 있다. 또한 일본의 독도 침탈 계획과 그 과정을 조사해 보고, 일본이 주장하는 독도에 대한 영유권이 왜 억지인지를 알아보는 활동을 하도록 구성되어 있다.

〈표 9〉 독도 교과서 3단원. 천혜 자원의 보고, 독도 내용 구성

차시	제재	차시별 내용
1	천연보호구역, 독도의 동식물	· 독도의 동물에 대해 조사하기 · 독도의 바닷속 동물에 대해 조사하기 · 독도의 식물에 대하여 조사하기 · 독도 동식물을 주제로 새로운 독도 우표 만들기
2	자연이 만들어 준 황금어장	· 독도 주변 바다가 황금어장인 까닭 알기 · 독도 주변 바다에서 주로 잡히는 해산물에 대하여 조사하기 · 동해안 황금어장으로서 독도의 중요성에 대하여 알기
3	미래 자원의 보물창고	· 독도가 지닌 미래 자원에 대하여 조사하기 · 가스 하이드레이트 자원에 대하여 조사하기 · 해양 심층수 자원에 대하여 조사하기 · 미생물 자원에 대하여 조사하기
4	바람과 파도가 빚은 예술 작품	· 독도가 지닌 관광 자원 조사하기 · 독도의 사계절 모습 감상하기 · 독도의 미래 관광 모습을 상상하여 그리기

3단원에서는 학생들이 독도의 동식물과 자연생태환경, 황금어장으로서의 독도, 해양 자원과 관광 자원이 우리나라 미래의 삶의 질을 개선하는데 중요한 가치가 있음을 깊이 인식하도록 하는 활동을 통해 독도를 더욱 아끼고 사랑하는 마음을 가질 수 있도록 구성되어 있다.

〈표 10〉 독도 교과서 4단원. 독도는 영원한 우리 땅 내용 구성

차시	제재	차시별 내용
1	독도에 사는 사람들	· 독도에 사는 사람과 그들의 생활 모습 알기 · 독도에 주민과 공무원이 있는 까닭 알기
2	독도와 동해를 사랑하는 사람들	· 독도와 동해 사랑을 실천하는 사람들 조사하기 · 독도와 동해 사랑을 실천하는 분들께 감사하는 마음 갖기
3	정부와 지방 자치 단체의 노력	· 독도를 지키기 위해 정부나 지방 자치 단체에서 하는 일 조사하기 · 국민이 독도에 관심을 가지도록 하기 위해 하는 일 찾아보기
4	독도의 보존과 개발	· 독도 개발에 대한 상반된 주장 알기 · 앞으로 독도의 모습이 어떻게 변할지 상상해 보고 글이나 그림으로 나타내기
5	독도 사랑! 내가 앞장설래요	· 독도를 지키고 사랑하기 위해 내가 할 수 있는 일은 독도에 대해 바로 알고 설명할 수 있는 것임을 알기 · 독도에 대해 바로 알리고 사랑하며 지키기 위해 내가 실천할 수 있는 일 찾기

4단원에서는 독도를 사랑하고 지키기 위해서 국민과 정부가 어떤 노력을 하고 있는지 살펴보고, 앞으로 우리가 독도를 어떻게 발전시켜 나가야 할지 생각해 보도록 구성되어 있다. 그리고 앞서 배운 내용들을 바탕으로 독도를 사랑하고 지키기 위해 학생으로서 할 수 있는 일이 무엇인지 알아보고 실천을 다짐하는 활동을 하도록 구성되어 있다.

4) 독도교육을 위한 교수-학습 자료 보급 및 활용

현재 초등학교 수업 현장에서 활용되고 있는 독도 관련 교수-학습 자료는 대부분 교육청 및 소속 기관 차원에서 제공되어진 자료들과 독도 관련 웹 사이트들로서, 그 유형으로는 CD 파일, 책자, 웹북, 실시간 동영상 자료(웹 사이트 접속), 모형 등이 있다. 경상북도교육청

에서 초·중·고등학생을 대상으로 관련 교과 시간이나 재량 활동 시
간, 계기 교육 시에 활용할 수 있도록 제공된 교수-학습 자료 목록[8]
을 살펴보면 다음과 같다.

〈표 11〉 우리 땅 독도 바로 알기 관련 자료 목록(2008)

구분	자료명	제작처	내용	학습 가능 사이트	비고
책자	독도를 아십니까?	경상북도교육연구원	사회과 학습자료(독도)	경상북도교육청홈페이지/초등교육과/자료실/648	웹북
〃	우리 땅 독도	(주)두산	독도의 환경 및 역사	경상북도교육감인정도서 2006-001(2006.07.05)	책자
〃	초·중·고 독도학습 지도서 해돋는 섬 독도	교육인적 자원부 및 한국교육과정 평가원(2003)	독도의 교수-학습 자료 일본과의 관계 등 관련자료	경상북도교육청 홈페이지/초등교육과/자료실 647	파일
〃	우리 땅 독도 바로 알기	경상북도 교육청	독도수업 교수·학습과정안 및 ppt자료	경상북도교육청홈페이지/초·중등교육과/자료실/초 646,중309, 496	파일
〃	가고 싶은 우리 땅 독도	국립중앙박물관	독도 인문 자연환경 및 도록	국립 중앙박물관	책자
영상 자료	아름다운 우리 땅 독도	경북인터넷교 육방송·울릉 군청	독도 자연환경 소개	경북 교육넷 인터넷방송	14분
〃	독도의 재발견 1부	경북인터넷교 육방송·TBC	독도의 바다 및 자연환경	경북 교육넷 인터넷방송	22분
〃	독도의 재발견 2부	경북인터넷교 육방송·TBC	계절별 특징, 식물 소개	경북 교육넷 인터넷방송	18분
〃	독도의 재발견 3부	경북인터넷교 육방송·TBC	계절별 특징, 식물 소개	경북 교육넷 인터넷방송	18분

---

8) 독도교육에 활용할 수 있는 다양한 교수학습 자료가 제공되어 짐으로써 독
　도 교과서와 함께 좀더 실질적인 독도 교육이 이루어지고 있으며, 사이버
　독도 체험관 운영 등과 같은 독도 관련 사이트를 통한 온라인 교육이 병행
　되어 질 수 있다.

구분	자료명	제작처	내용	학습 가능 사이트	비고
〃	독도 바다사자 1부(2편)	경북인터넷교 육방송·TBC	독도의 해양 동물 생태계	경북 교육넷 인터넷방송	17분
〃	독도 바다사자 2부	경북인터넷교 육방송·TBC	독도의 해양 생태계	경북 교육넷 인터넷방송	18분
〃	독도 영상 자료	KBS 방송국	독도 주변의 환경 자료	http://www.ulleung.go.kr	실시 간
CD-ROM	한국의 동쪽 섬 독도	교육인적자원부	독도 교수학습 자료	멀티미디어학습자료 배부	학교
〃	독도는 우리 땅	경상북도교육청	독도 교수학습자료	학습자료배부 (S/W공모작)	학교
모형	독도 입체 모형도	동북아역사재단	독도 모형 형상화	동북아 역사재단	학교

위의 자료 목록에서도 알 수 있듯이 다양한 독도 관련 교수-학습 자료들이 학교 현장에 보급되었으며, 실제 수업에 적용하여 학생들의 흥미를 끌 만한 동영상 자료들이 다수 제작되어 학생들의 독도 수업 에 효과적으로 활용될 수 있다.

4. 독도교육 관련 활동 전개 현황

1) 교육청 및 학교 단위 독도 관련 교육 활동 전개

지금까지 경북교육 2010 및 2008 경북교육 장학계획을 근거로 일 본 정부의 독도 영유권 주장 및 허구성에 대한 올바른 독도 교육과 기존 독도 교육의 미흡에 따른 효과적인 교육 방법 모색을 바탕으로 이루어지고 있는 독도 교육 행사들이 학교 현장에서 활발하게 전개되고 있다. 특히 독도 교육 시간의 관련 교과 정규 수업의 의무화로 독도에 대한 진실과 위기를 일깨워 독도 사랑 의식을 고취시키고 있으며, 교육청 및 학교별 '독도 바로 알기'교육[9]을 체계적이고 지속적으로 실시하여 독도가 우리 땅임을 일깨우고 있다.

(1) 독도 교육 시간의 확보

2008학년도 2학기부터 도내 전 학교를 대상으로 관련 교과 시간과 재량 활동 시간 등을 활용하여 독도 교육을 실시하도록 하고 있으며, 2009학년도에는 2009 경상북도교육과정 편성·운영 지침에 초등학교 5~6학년의 경우 독도 인정 도서를 활용하여 연간 10시간 내외 지도하도록 명기하고 있다.

(2) 독도 바로 알기 교육 실시

도 및 지역교육청 주관 독도 바로 알기 교육 활동으로는 독도 교육을 위한 학습 주간을 설정 운영하도록 하여 독도 백일장이나 캠페인, 편지쓰기, 정보검색, 탐구대회, 그림 및 포스터 그리기 대회를 각급 학교 및 교육청 단위에서 실시하도록 하고 있다. 교육청 주관 독도 바로 알기 행사 실적을 살펴보면 다음과 같다.

대부분 학교 대회나 행사를 사전 실시하여 지역 및 도교육청 단위 행사를 개최하였으며, 이 외에도 2008학년도의 경우에는 12월 22일부터 24일까지 3일간 도내 초·중·고등학생뿐만 아니라 일반인들의 참여도 가능한 독도 사랑 이벤트를 실시하여 경상북도교육청 홈페이지 이벤트 팝업의 온라인 상으로 독도 관련 퀴즈를 풀어 보게 함으로

---

9) 경상북도교육과정 편성운영 지침(경상북도교육청 고시 제2009-2호)에 의거 독도 교육의 세 가지 중점 중 하나인 독도 바로 알기 교육을 위한 다양한 학교 교육활동들이 활발하게 전개되고 있다.

써 학생과 도민들의 독도 수호 의식을 고취시키고자 하였다.

〈표 12〉 독도 바로 알기 행사 실시 현황

구분	행사명	대상	내용	비고
2008 학년도	글짓기, 그림, 포스터	초, 중학생	영역별 학교 대회 실시 후 최우수 작품 교육청 제출	2009학년도 동일 행사 운영
	웅변대회 (연날리기)	초등학생	웅변대회 최우수 수상 학생 출전 (울릉군민회관, 2008.11.11)	
	독도 골든벨	중학생	교육청 주관 골든벨 대회 (울릉학생체육관, 2008.11.10)	
	독도사랑 ucc 공모전	초·중·고등 학생	독도사랑, 나라 사랑을 주제로 동영상 및 애니메이션 공모	
	독도사랑 정보검색대회	초등학생	독도 관련 정보 활용 및 검색 대회	
2009 학년도	독도지킴이 조직 운영	초·중·고등 학생	경상북도 독도수호대책팀과 연계 운영(사이버 독도사관학교)	학교별 1교 1동아리 이상
	독도 탐방단 운영(도교육청)	초·중·고등 학생 (93명)	울릉도 및 독도 자연환경 및 생태 체험 학습	2009.4.6~4.8
	독도탐방 (예천교육청)	초·중학생 및 교사(75명)	울릉도 및 독도 현장 체험	2009.5.25~ 5.27 2010.5.25~ 5.27
2010 학년도	독도연구학교 지정 운영	울릉 초등학교	독도사랑 체험 프로그램 운영을 통한 우리 땅 독도 지키기 의식 고취	2010.3.1~ 2011.2.28
	독도 탐방 연수	초, 중, 고, 교사	울릉도 및 독도 자연환경 및 생태 체험 학습	5~6월
	독도 지킴이 동아리 운영	초, 중, 고등학교	도내 자율 독도 지킴이 동아리 102교 운영	2010.3.1~ 2011.2.28
	독도교육 관·학 교류 MOU 체결	도교육청	경일대학교	2010.12월

2) 독도교육 연구학교 지정 운영

2008학년도 연구학교 운영 계획서 공모를 통해 선정된 경상북도교육청 지정 독도교육 연구학교를 2009학년도부터 초·중·고 각 1교별로 매년 1년간 현재까지 운영하고 있으며[10], 2010학년도에는 울릉군 도동리에 위치한 울릉초등학교를, 2011년에는 울릉북중학교를 독도교육 연구학교로 지정 운영해오고 있다.

〈표 13〉 경상북도교육청 지정 독도교육 연구학교 운영 현황

운영 년도	학교명	주제	운영 과제	비고
2009	포항 오천초	체험 중심 테마 활동을 통한 우리 땅 독도 바로 알고 지키기	·독도 바로 알기 교육과정 편성·운영 ·독도 사랑 맞춤형 체험 활동 전개 ·독도 알리미 활동으로 독도 지키기 실천 의지 다지기	
2010	울릉초등	독도사랑 체험 프로그램 운영을 통한 우리 땅 독도 지키기 의식 고취	·독도 관련 교육과정 운영 ·다양한 독도 사랑 체험프로그램 운영 ·독도 지킴이 활동 전개	

2009학년도 독도교육 연구학교를 운영했던 오천등학교의 운영 보고서 내용을 살펴보면, 독도 교육 시범 운영 후 학생, 학부모, 교사의 독도 교육에 대한 결과를 설문지, 면담 및 독도 사랑 길잡이 등의 학습 결과물을 활용하여 평가·분석하였다. 먼저 학생 설문 조사를 운영 전후로 비교 분석한 결과, 독도 교육의 필요성과 독도 관련 학습에 대한 관심도, 독도 지키기 실천 태도에서 실시 전보다 높은 수준으로 향상되었다. 이와 같은 결과는 독도 관련 교육과정을 분석하여 관련

---

10) 경상북도교육청 지정 독도교육 연구학교는 2009년부터 오천초등학교를 시작으로 매년 1년간 독도에 대한 다양한 방법적 접근을 시도하고 있으며, 2010년은 울릉도에 위치한 울릉초등학교가 독도교육 연구학교로 지정-운영되고 있다.

교과 시간에 독도에 관련된 교육을 강조하였고, 재량 활동 시간을 활용하여 독도 교육을 실시하였으며, 각종 체험 중심 테마 활동을 실시하여 독도 교육의 필요성과 관심도, 독도 바로 알고 지키기의 실천 태도를 함양시켰기 때문으로 보았다.

학부모 설문 조사를 운영 전후로 비교 분석한 결과, 독도 교육의 중요성과 독도에 대한 관심도, 학생의 독도 지키기 실천 태도 및 독도 교육에 대한 홍보 협조에서 향상된 결과를 얻어 이는 학부모 연수를 통하여 독도 사랑의 실천을 강조하였고, 독도 사랑 어울 마당과 독도 사랑 도서 바자회 등 학부모 독도 알리미 역할을 할 수 있는 기회를 제공하여 참여하였기 때문으로 분석하였다.

3) 독도교육 관련 교사 연수 실시 현황

학교 현장에서의 독도 교육 활성화와 교사들의 독도 관련 이해 및 인식 제고를 위한 교사 연수는 크게 두 가지 형태로 나누어 운영되고 있다. 즉 앞에서 살펴본 독도 탐방 연수와 독도교육 업무 담당자 직무 연수의 형태로, 2009년과 2010년에 실시된 도교육청 및 지역교육청 주관 독도교육 업무 담당자 대상 직무 연수의 실시 내용에 대해 살펴보면 다음과 같다.

〈표 14〉 2009 독도교육 직무연수 '우리 땅 독도사랑 여기 있어요' 실시 내용

일시(장소)	대상	연수 형태	연수 내용	주관
2009.12.22 ~12.23	초·중등 독도교육 업무 담당 교사	집합 연수	·독도를 보는 여러 시점 ·독도교육을 위한 독도의 이해 ·독도교육 자료(독도 그리고 일본) ·독도 교육 우수 실천 사례 ·통일 교육 특강, 2010학년도 독도 교육 계획	경북교육청

5. 초등학교 독도교육의 문제점 및 개선 방안

지금까지 실제 초등학교 현장에서 이루어지고 있는 독도교육 관련 실시 현황과 그 실태를 독도 교육과정 편성·운영과 독도 관련 교육 활동이라는 두 가지 측면에서 살펴보았다. 특히 초등학교 현장에서 독도교육을 담당하고 있는 교사의 입장과서 본 독도교육의 실태 분석에 따른 문제점과 이를 개선할 수 있는 방안을 제시해 보면 크게 세 가지로 요약할 수 있다.

1) 교육과정 편성·운영에서의 시수 조정

먼저 경상북도교육과정 편성·운영 지침(경상북도교육청 고시 제2010-11호)에 제시된 독도교육 운영 지원 관련 내용에 있어 그 구체적 지침과 명시 내용이 학교 교육과정 편성·운영에 직접 적용하기에는 무리가 있다는 것이다. 지침에 제시된 내용은 독도교육의 기본 방향과 교육 중점, 편성·운영 방법과 관련 활동 및 평가로 구분되어 있으나, 그 세부 내용이 현장에 적용함에 있어 다소 구체적이지 못해 학교교육과정 편성에 충분히 투입되지 못하고 있는 실정이다.

또한 지침이 아닌 별도 공문에 의해 초등학교 1~4학년은 자율 연간 10시간 이상 권장, 5~6학년은 경상북도교육감 인정도서를 활용, 연간 10시간 내외로 지도 시간을 확보하여 운영하도록 하고 있으나, 연간 수업일수를 감안하여 본다면 그 지도 시간은 너무 부족한 편이다. 권장학년인 1~4학년의 경우에는 자율적 운영이라 독도교육 연구학교를 제외하면 앞에서 분석된 국정 교과서의 독도 관련 내용 이외에는 학교 행사에서만 독도와 관련된 교수-학습활동을 단편적으로 경험하는 것이 대부분이다. 그리고 5~6학년의 경우에도 10시간 편성된 독도교육 활동 시간이 주로 재량활동 시간을 중심으로 이루어지고 있어, 학생들의 독도 관련 경험 기회는 매우 부족한 실정이다. 그나마 재량활동 시간 운영 시 독도 교과서를 활용하여 5학년의 경우 1~2단원 중심으로, 6학년은 3~4단원을 중심으로 지도하도록 명기하여 중복된 내용을 학습하지 않도록 운영하고 있기는 하다.

이에 독도교육 운영 시수를 현행 10시간보다 좀더 늘릴 필요가 있으며, 5학년부터 독도교육을 시작하는 것이 아니라 저학년 단계에서 학년 수준에 맞는 내용으로 단계적인 독도교육이 이루어져야 한다는 것이다. 그러기 위해서는 학년별 독도 교과서의 개발과 독도교육 연구학교의 일반화 자료 보급을 통해 초등학교 전학년이 독도에 대한 학습 경험의 기회를 충분히 제공받아야 한다.

2) 초등학교 교과 지도에서의 독도교육의 활성화

주로 재량활동 시간을 활용하여 이루어지고 있는 독도교육은 관련 교과 지도 과정 속에서도 함께 지도하도록 지침에는 제시되어 있으나, 실제로 여러 가지 이유로 이러한 교과 관련 독도 학습은 이루어지지 못하고 있는 실정이다. 한 차시의 과도한 학습량과 학생들의 학습 수준 및 속도 차이, 교수-학습 자료의 부족 등의 이유로 실제 교과서에 제시되지 않은 내용까지 다루어줄 수 있는 여건이 마련되어 있지 못하기 때문이기도 하지만, 가장 큰 문제는 실제 독도교육을 담당하고 있는 교사들의 독도에 대한 심도 있는 이해 부족과 그 중요성의 인식 부족이라고 볼 수 있다.

이에 교사들의 독도에 대한 인식 제고와 독도교육 활성화를 위한 다양한 교사 연수가 이루어져야 함은 말할 필요가 없다. 전교원 대상 독도 탐방 기회의 확대, 교육연수원 차원의 독도교육 교사 직무연수 이수의 의무화와 더불어 지역교육청 단위 독도교육 자체 연수, 효과적인 독도교육 교수－학습 방법 연수, 연수 방법의 다양화를 통한 자율적인 독도교육 연수가 이루어질 수 있는 여건이 교육청 단위에서 마련되어져야 한다. 그리고 교사들의 독도교육 연수에 대한 지원과 함께 학교 현장에서 활용이 쉬운 다양한 교수-학습 자료를 적극 개발하여 보급하는 것도 필요하다.

3) 학교 교육활동 속에서의 독도교육 행사 운영

독도교육과정 운영과 함께 학교교육과정 운영의 한 과정으로서 실시되고 있는 독도교육 행사는 일부 학교와 학생들에게 편중되어 있는 실정이다. 교육과정 운영상 학교의 전교생을 대상으로 실시해야 할 여러 행사들로 인해 대부분의 독도 행사의 경우 교사 추천이나 일부 신청 학생들을 대상으로 하는 경우가 많아 대다수 초등학생들에게 독도에 대한 간접 체험 활동이 충분히 이루어지지 못하고 있다. 따라서 학교교육과정 운영과 연계하여 독도의 날 및 독도 주간 운영 기간 동안 도교육청 및 지역 교육청, 각급 학교까지 함께 참여할 수 있는 분위기를 적극 조성해 주어 학생들이 독도 주간 동안 충분한 독도 체험이 가능한 활동을 할 수 있는 다양한 행사 운영이 필요하다. 이 밖에도 사이버 독도교육 체험관 운영의 확대와 홍보, 각급 학교 홈페이지를 활용한 독도체험관 설치, 독도 관련 도서의 충분한 무료 보급 및 자체 확보 등을 통해 초등학생들이 독도에 대해 바로 알고 독도의 중요성을 인식하며 스스로 독도를 지키려는 태도를 가질 수 있도록 해야 한다.

6. 맺음말

초등학교 현장에서 이루어지고 있는 독도교육의 실상은 앞에서 살펴 본 바와 같이 크게 독도 교육과정 편성·운영과 독도 관련 행사 실시, 독도교육 관련 연수 등으로 이루어지고 있다. 이와 관련하여 독도 교육 실시 과정에서의 문제점과 개선 방안을 간단하게 제시해 보면 먼저 독도 교육과정 편성 시 재량 활동 시간뿐만 아니라 교과 관련 지도를 충분히 확보하며, 고학년뿐만 아니라 초등학교 저학년에게도 적용 가능한 교재 개발이 시급하다는 것이다. 초등학교 저학년의 경우에는 독도 교과서의 내용 수준이나 활동 방법에 고학년과의 수준차가 심해 그대로 활용하기에는 무리가 있다.11) 체험 중심의 놀이 학습이나 독도와 관련하여 흥미를 유발할 수 있는 활동 중심의 교재가 필요하며 그 적용 시간에 있어서도 교과 시간과의 주제 통합을 통해 자연스럽게 독도에 대한 이해가 가능하도록 교수-학습 활동을 전개하여야 한다.

그리고 독도에 대한 교사들의 인식 제고와 이해 확산을 위한 연수를 확대하고 직접 체험의 기회도 제공되어져야 한다. 연수 과정에서도 기본, 심화, 체험 연수 등 단계를 거쳐 독도 이해 연수를 진행하는 것도 효과적일 수 있고, 교사 중심의 독도 연구 동아리를 조직·운영하도록 하고, 다양한 지원 체계를 통해 학교 현장에서 독도교육이 원활히 이루어질 수 있는 분위기를 우선 조성해 주는 것도 중요하다. 교사들의 경우 독도교육에 대한 필요성과 그 가치는 충분히 알고 있으나 실제 교수-학습 활동을 전개하려고 하는 의지도 부족한 편이어

---

11) 현재 활용하고 있는 독도 교과서의 경우에는 주제별 내용이 초등학교 저학년 수준의 학생들에게 적용하기에는 다소 어렵고 방법적 접근도 쉽지 않아, 초등학교 저학년들의 흥미와 독도에 대한 관심을 불러일으킬 만한 쉽고 재미있는 활동 중심의 교과서의 개발이 시급하다.

서 원격이나 집합연수 등의 독도교육과 관련한 자율 연수 과정을 개설하여 교사가 독도 수업에 충분한 역할을 수행할 수 있는 여건을 마련해 주는 것도 필요하다.

독도 관련 행사 운영에 있어서도 좀더 내실 있는 행사 계획 수립과 온·오프라인 교육이 모두 가능한 다양한 체험 활동 위주의 행사가 집중적으로 이루어질 수 있도록 노력해야 한다. 앞에서도 언급한 것처럼 대부분의 독도 관련 행사들의 경우 학생들에게 독도에 대한 관심을 증대시킬 만한 독창적인 활동들이 많지 않았다. 초등학교에서 이루어지는 대부분의 일반적 행사 유형인 글쓰기, 그림 그리기, 정보검색 등 소수의 학생 참여가 가능한 행사이거나 관심을 불러일으킬 만한 요소가 빠진 활동들의 대부분이다. 그래서 매년 실시하는 현장학습을 독도 탐방식 테마체험활동으로 전교생이 참여할 수 있도록 한다거나, 각급 학교 홈페이지를 활용하여 사이버 독도체험센터를 구축하도록 하여 학생들이 수시로 온라인 독도 학습을 할 수 있는 장을 만들어 주는 것도 효과적이다.

덧붙여 독도에 대한 관심과 현장에서의 독도교육 활동이 활성화되기 위해서는 교육청 및 학교 차원을 넘어 정부 단위에서 좀더 적극적으로 개입할 필요가 있다는 것이다. 다시 말하면, 정부 차원에서 교과서 개편 시 교과서 내 독도 교육 내용을 의도적으로 대폭 늘리도록 하고, 유치원에서부터 제대로 된 독도교육이 이루어질 수 있도록 유·초·중등 교육과정을 연계하여 운영하는 방안도 모색할 필요가 있다. 또한 일상생활 속에서도 초등학생들이 독도에 대한 관심과 수호 의지를 다질 수 있는 다양한 교육 시설과 체험 행사, 학생과 학부모가 함께 참여하는 독도 관련 행사를 통해 자연스러운 독도교육 활성화가 이루어져야 할 것이다.

마지막으로 지금까지도 계속되고 있는 일본의 독도 영유권에 대한 억지 주장에 맞서 학생들이 독도가 우리 땅임을 올바르게 인식하고

독도 수호에 대한 강한 의지를 길러줄 학교 현장 만들기에 우리 모두
가 노력해야 할 것이다.

참고 문헌

강민아, 2010, 「20세기 초 일본의 독도 침탈 과정」, 한국교원대학교 교육대
     학원 석사학위논문.

교육과학기술부, 2010, 국어 읽기2-1 교과서, (주)미래엔컬쳐그룹.

＿＿＿＿＿＿, 2010, 바른생활 2-2 교과서, 두산동아(주).

＿＿＿＿＿＿, 2010, 사회 4-1 교과서, 두산동아(주).

＿＿＿＿＿＿, 2010, 사회 4-1 초등학교 교사용 지도서, 두산동아(주).

＿＿＿＿＿＿, 2010, 사회과부도, 두산동아(주).

＿＿＿＿＿＿, 2010, 사회 5-1 교과서, 두산동아(주).

＿＿＿＿＿＿, 2010, 사회과탐구 5-1, 두산동아(주).

＿＿＿＿＿＿, 2010, 생활의 길잡이 5, (주)지학사.

경상북도교육청, 2010, 경상북도의 생활 4-1, (주)동화사.

＿＿＿＿＿＿, 2010, 독도(경상북도 교육감 인정 2010-039-심)교과서, 동화사.

＿＿＿＿＿＿, 2010, 독도(경상북도 교육감 인정 2010-039-심)교사용 지
     도서, 동화사.

경상북도교육청, 2009, 경상북도 초등학교 교육과정 편성·운영 지침(경상
     북도교육청 고시 제2009-20호), 형제인쇄기획.

＿＿＿＿＿＿, 2010, 경상북도 초등학교 교육과정 편성·운영 지침(경상북
     도교육청 고시 제2010-11호), 형제인쇄기획.

＿＿＿＿＿＿, 2009, 독도교육 직무연수 우리 땅 독도사랑 여기 있어요,
     경상북도교육청.

필 자 약 력(집필순)

● 김화경

영남대학교 독도연구소 소장

저 서

『독도의 역사』, 『한국 설화의 연구』, 『북한설화의 연구』, 『일본의 신화』, 『한국 신화의 원류』, 『신화에 그려진 여신들』, 『애들아 한국 신화 찾아가자』 등

논 문

「안용복의 2차 도일 활동에 관한 연구」, 「일본측 독도영유권 주장의 허구성에 관한연구」, 「한국의 고지도에 나타난 독도 인식에 관한 연구」, 「독도 강탈을 둘러싼 궤변의 허구성」 외 다수

● 김호동

영남대학교 독도연구소 연구교수

저 서

『독도·울릉도의 역사』, 『고려 무신정권시대 문인 지식층의 현실대응』, 『한국고·중세 불교와 유교의 역할』, 『한국사 6』(공저), 『울릉도·독도의 종합적 연구』(공저), 『독도를 보는 한 눈금 차이』(공저), 『울릉군지』(공저) 등

논 문

「조선 숙종조 영토분쟁의 배경과 대응에 관한 검토」, 「조선초기 울릉도·독도에 관한 '공도정책'의 재검토」, 「개항기 울릉도 개척정책과 이주실태」 외 다수

● 오상학

제주대학교 지리교육과 교수

저 서

『조선시대 세계지도와 세계인식』, 『서양고지도를 통해 본 한국 지도 해설』, 『한국의 옛지도』, 『다케시마문제연구회 최종보고서에 대한 비판적 검토』 등

논 문

「목판본 대동여지전도의 특징과 가치」, 「조선시대 지도에 표현된 대마도 인식의 변천」, 「조선시대 지도에 표현된 울릉도·독도 인식의 변화」, 「조선시대 일본지도와 일본 인식」 외 다수

● 케네스 로빈슨(Kenneth R. Robinson)

일본 국제기독교대학 교수

저 서

『임진왜란 동아시아 삼국전쟁』(공저), 『Status and Social Groups in Early Modern Korea』, 『Korean History Studies in Japan』 등

논 문

「A Japanese Trade Mission to Choson Korea, 1537-40: The Sonkai tokai nikki and the Korean Tribute System」, 「Images of Japan in Four Korean World Maps Compiled in the Fifteenth and Sixteenth Centuries」

● 송휘영

영남대학교 독도연구소 연구교수

저 서

『독도영유권 확립에 대한 연구 II』(공저)

논 문

「일본의 독도에 대한 '17세기 영유권 확립설'의 허구성」, 「쓰시마번사 스야마
쇼에몽과 조일 관계」, 「울릉도쟁계의 타결과 스야마 쇼에몽」 외 다수

● 최장근

대구대학교 일본어일본학과 교수

저 서

『일본의 독도·간도침략 구상』, 『일본의 영토분쟁 -일본제국주의의 흔적과 일
본내셔널리즘-』, 『일본정치와 사회 그리고 영토』, 『왜곡의 역사와 한일관계』,
『근현대일본사』, 『독도의 영토학』, 『독도문제의 본질과 일본의 영토분쟁 정치
학』 등

논 문

「일본의중앙-지방정부의 독도 사료조작」, 「일본의 독도영유권 주장에 대한
'북한'의 대응양상」, 「영토정책의 관점에서 본 '일한병합'의 재고찰」, 「전후
일본의 독도역사성 왜곡에 관한 고찰」, 「'竹島経營者中井養三郎氏立志傳'의
해석오류에 대한 고찰」 외 다수

● 박성욱

한국해양연구원 해양기술정책 연구부장

저 서

『해양영토 확보를 위한 기술혁신 전략』(공저), 『미래사회를 향한 해양국가유
망기술』(공저)

논 문

「독도영유권을 둘러싼 한일 양국의 핵심쟁점 검토」, 「해양과학조사에 관한
국제규범과 주변국의 수용태도에 관한 硏究」, 「한·중·일 EEZ 어업관리체제
및 새로운 어업협정에 관한 고찰」

● 정갑용

영산대학교 법학과 교수

저 서

『한일간 해양관련 사안별 국제재판 성립가능성 연구』,『중일간 동중국해 대륙붕 분쟁과 우리의 정책방향』등

논 문

「독도문제의 국제재판가능성 검토 및 정책방향」,「독도연유권과 Critical Date의 법개념」,「독도문제와 국제재판의 Mixed Case에 관한 고찰」

● 최문형

한양대학교 명예교수

저 서

『러시아의 남하와 일본의 한국 침략』,『열강의 동아시아 정책』,『한국을 둘러싼 제국주의 열강의 각축』,『명성황후 시해사건을 밝힌다』,『국제관계로 본 러일전쟁과 일본의 한국병합』등

논 문

「노일전쟁과 일본의 독도점취」,「로일의 대립과 '민비' 시해사건」,「러시아의 남하정책과 (南下政策) 한국 - 특히 부동항획득을 (不凍港獲得) 중심으로-」,「국제관계를 통해 본 청 일개전의 동인과 경위」외 다수

● 신주백

연세대학교 HK연구교수

저 서

『8 15의 기억과 동아시아적 지평』,『중국 대학 역사교재 속의 한국 한국사』

논 문

「일본 우익 역사교과서의 교사용지도서에 나타난 역사인식」, 「1910 년대 일
제의 조선통치와 조선주둔 일본군」, 「남북한·일·중·대만의 역사교과서 속에
표현된 "전후책임"과 역사교육」 외 다수

● 김정인

춘천교육대학교 역사교육과 교수

저 서

『역사용어 바로쓰기』

논 문

「절망과 희망이 교차하는 시대, 역사학과 역사교육」, 「동아시아 공동 역사교
재 개발, 그 경험의 공유와 도약을 위한 모색」 외 다수

● 박진숙

경북 예천초등학교 교사

저 서

경상북도 교육청 검인정 『독도』 교과서

논 문

「초등학교 독도교육의 현황과 문제점」

독도 영유권 확립을 위한 연구 Ⅲ

초판 인쇄 : 2011년 7월 5일
초판 발행 : 2011년 7월 15일

엮은이 : 영남대학교 독도연구소
펴낸이 : 한정희
편 집 : 신학태, 김송이, 김지선, 맹수지, 문영주, 안상준, 정연규
영 업 : 이화표, 김지현
관 리 : 하재일, 양현주
펴낸곳 : 경인문화사

주 소 : 서울특별시 마포구 마포동 324-3
전 화 : 02-718-4831~2
팩 스 : 02-703-9711
이메일 : kyunginp@chol.com
홈페이지 : 한국학서적.kr
  http://www.kyunginp.co.kr

값 30,000원
ISBN : 978-89-499-0793 2 94910